서울대학교 법학연구소
Medvlla Iurisprudentiae

03

국제법 학업
이력서

정인섭

박영사

서

    법과대학에서 정년을 맞는 교수에게 기념 단행본을 만들어 준다고 했다. 자신이 평생 쓴 논문 중 10편 내외를 골라 일종의 학술적 대표 저작집을 만들라 했다. 고마운 일이나 그게 과연 나에게 의미 있는 작업인지는 의문이 들었다. 대부분의 논문은 이미 인터넷상에 무료로 돌아다니고 있다. 무엇이 대표작인지의 평가는 내가 아닌 남이 할 일이다. 오래 전 쓴 논문을 다시 책자화 한다면 시간적 간격을 메우는 보완작업을 해야 새로운 출간의 의의가 있을 텐데, 그 일 또한 만만치 않으리라 느껴졌다. 나로서는 대표 논문집 제작은 처음부터 생각이 없었다. 안 하겠다고 통보했다.

    그래도 학교의 논문집 제작 제안은 정년을 맞는 나로서 무엇을 하면 좋을까라는 질문을 되새기게 만들었다. 회고록을 쓰기에는 아직 젊고 하고 싶은 일 또한 좀 더 남았다. 그래도 교수라는 직업을 마치는 계기로 후일 기억이 더 흐려지기 전 스스로에 대한 기록 일부를 정리하는 편이 좋겠다는 생각이 들었다. 물론 과거의 기록정리보다 당장은 좀 더 생산적인 작업에 내 시간을 먼저 쏟아야 하지 않나 하는 갈등도 있었다. 그런데 이미 은퇴하신 선배들이 자신에 대한 정리를 남긴 분이 적은 사실을 보면 나이 더 먹을수록 어려워지리라 예상되었다.

    2019년 초부터 틈틈이 정년을 맞아 무엇을 하면 좋을까를 구체적으로 생각해 보았다. 그중 하나가 금년 2월 출간한 「국제법 시험 25년」(박영사)이었다. 다음으로 본 책자를 구상했다. 내용은 국제법 교수생활을 하면서 경험했던 중요한 포인트에 대한 정리 및 회고와 아울러 평생 집필한 책자의 제작배경에 대한 설명이다. 국제법 은사로서 과거 이한기 선생은 학술논문 외에도 당신을 설명하는 수필이나 다른 종류의 글을 적지 않게 남겨 같은 시대를 살지 않은 후학들이 당시의 학문적 분위기를 이해하는데 적지 않은 도움이 되었다. 나의 경험도 정리해 두면 도움이 될 사람이 있으리라 기대했다. 그것이 이 책자의 출발점이다.

이 책은 학교에서 말하는 대표 논문집과는 성격이 다르므로 일단 자비출판을 할 생각이었다. 솔직히 구상만 있었지 언제 출간할지 일정에 관해서는 아무런 예정이 없었다. 우연히 정긍식 법학연구소장과 만난 기회에 정년 논문집 제작을 하지 않는 대신, 이런 책을 출판해 줄 수 있냐고 물었다. 학교 계획과는 전혀 다른 성격이라 거절이 당연하리라 생각하고 그냥 던져 본 말이었다. 정 소장은 고맙게도 선선히 수락했다.

이 책이 정년행사의 일부로 출간되게 되자 나로서도 집필일정을 마련해야 했다. 다른 목적에서 2019년 초반 만든 원고가 일부 있었으나, 전체적으로는 새롭게 집필해야 했다. 이런 저런 개인 사정을 감안하면 빨라야 금년 가을 정도에 출간이 가능할 듯 했다. 내 책은 다른 정년맞이 교수들 책자와는 별도로 천천히 만들자고 했다. 사실 학교의 출간 수락이 없었다면 언제 될지 요원한 책이었다.

2020년 연초 COVID 19가 세계를 습격했다. 2월 초순부터 개인일정이 차례로 없어졌다. 정년을 맞아 집콕이 시작되고, 갑자기 80 노인의 생활로 접어든 듯 했다. 대신 개인시간은 많아졌다. 가을에나 나올 수 있을까 생각했던 이 책이 이렇게 빨리 상재될 수 있은 것은 COVID 19 덕분이다. 지난 석달 가까이 내 방에서 이 책에 집중할 수 있었기 때문이다.

마지막으로 감사의 말씀을 덧붙인다. 우선 정년까지 학교생활을 편안히 하게 만들어준 서울대학교 법과대학에 감사한다. 이 책자를 만들 계기를 만들어 준 일 역시 감사한다. 박영사 관계자들 역시 늦은 원고를 신속히 책자화 하느라 고생 많았다. 도움을 준 모든 분들이 COVID 19를 씩씩하게 물리치기 기원한다.

2020년 5월 1일
정인섭

목   차

I. 국제법 여정

Ⅲ. 자 료

Ⅰ. 국제법 여정

Ⅰ. 국제법 여정

1. 서울국제법연구원의 추억

가. 연구원의 출범[*]

서울대학교 백충현 선생이 한국 국제법학계에 남긴 족적은 한두 가지가 아니나, 많은 사람들의 뇌리에 바로 떠오르는 일의 하나는 서울국제법연구원 설립일 것이다. 아울러 적지 않은 국제법 후학들은 서울국제법연구원을 말할 때 바로 다음으로 나를 연상할지도 모른다. 서울국제법연구원 출범은 나의 교수 취업과 거의 동시에 이루어졌고, 국제법 교수로서 나는 서울국제법연구원을 터전으로 성장했다고 해도 과언이 아니므로 양자를 밀접히 연결시켜도 사실 이상하지 않다. 2011년 초 연구원 이사장직을 물러나기까지 사반세기 이상 서울국제법연구원의 활동에는 대부분 내가 관련되었다. 이후 연구원 업무에 관여하지 않은지 꽤 오래 되었음에도 불구하고, 외부 사람들 인식에서 나와 연구원간의 연결고리가 좀처럼 분리되지 않으리라는 점도 이해가 간다.

백충현 선생은 1968년 서울대학교 법학연구소 전임강사 발령을 받은 이래 2004년 8월 31일 정년퇴임 시까지 36년을 서울대학교 교수로 봉직했다. 기당 이한기 교수 등 광복 후 이른바 제1세대 국제법학자의 바로 손아래 제자로서 제2세대 국제법 학자라고 불릴 수 있다. 제1세대도 그렇지만 제2세대 역시 학자로서는 어렵고 힘든 시대를 거쳐 왔다. 백선생도 1950년대 후반 대학에 입학해 1960년대에 대학원을 다녔다. 그 시기 학문적 여건은 척박했다. 모든 일을 몸으로 부딪치며 해결해야 했으니 힘은 들어도 성과는 올리기 어려운 시대였다. 백선생의 대학교수 시절(1968-2004) 대부분 동안 세상은 늘 어수선했고, 대학가는 데모와 휴교를 반복했다. 학교에서 마음 편히 공부할 수 있는 기간은 1년 중 얼마 되지 않았다. 백충현 선생의 서울국제법연구원

---

[*] 이 항목은 송현 백충현 선생 추모문집 「진리와 사랑으로 이끄신 참 스승」(경인문화사, 2008)에 수록된 정인섭, "송현 선생과 서울국제법연구원의 설립"의 내용을 상당 부분 재활용했다.

설립은 어려운 여건만을 탓하지 말고 내일을 위한 디딤돌이라도 만들어야겠다는 생각에서 비롯되었다.

나는 1980년 3월 서울대학교 대학원 석사과정에 입학했다. 이 시기는 다들 알다시피 1979년 10월 박정희 대통령 피살 이후 국내 정치의 대 혼란기였다. 진학은 했으나 이른 바 "서울의 봄"과 5.18 광주 민주화운동의 발발로 학교 수업이 제대로 진행될 분위기가 못되었다. 매년 데모와 휴교를 반복했던 학부 시절과 마찬가지로 대학원의 첫 학기 역시 잠시 수업을 하더니 5.17 이후 학교는 장기 휴교로 문을 닫았다. 두 달 정도 지난 후 기말 레포트나 하나씩 내라했고, 가을이 되서야 교정 문이 다시 열렸다. 그야 말로 어수선하게 한 해를 보냈다. 당시 서울법대에 국제법 전공생이 몇 명 있었지만 대부분 외무고시를 준비하고 있었고, 순수 전업대학원생은 나 외에 거의 없었다. 석사 1년차를 마칠 무렵인 1980년 말 네덜란드에 연구년을 나가셨던 백충현 선생이 귀국을 하셨다. 백 선생은 국제법을 전공한다는 나를 반가이 맞아 주셨다.

이듬 해 1981년 2월 경 백충현 선생은 연희동 자택에서 1주일에 한 번씩 국제법 관련자들을 모아 연구회를 시작한다며 나에게도 참석을 권했다. 사실 시작이란 표현은 정확치 않다. 백 선생은 그보다 훨씬 전인 1960년대 말부터도 자택에서 국제법에 관한 일종의 연구모임을 가지셨다고 들었다. 1960년대와 70년대 서울 법대에서 국제법에 관심을 가졌던 학생들의 상당수는 외교관의 길을 택했다. 특히 학부 시절 국제법학회 활동을 했던 졸업생 중에 외교관이 된 사람들이 많았다. 국내 생활여건이 척박했던 당시 외국에 갈 기회가 많다는 점 하나만으로도 외교관이란 직업은 인기가 하늘을 찌르던 시절이었다. 또한 교수 등 국제법 연구직이 매우 드물던 시절이었기 때문에 국제법 관심자로서는 다른 진로가 마땅치 않기도 했다. 백충현 선생은 자택에서 당시 외교부에 근무하던 후배들과 외교현안에 관한 논의모임을 종종 가졌다. 신혼 시절 서교동 집 방이 좁아 어떤 때는 한 방에 다 모이지도 못하고, 안방에서 건너 방에 걸쳐 통방을 하며 토론을 했고, 통금이 있던 시절이라 늦은 밤 헐레벌떡 귀가한 일이 비일비재 했다는 즐거운 추억담을 자주 이야기하시곤 했다. 당시는 학술자료 구득이 매우 어려웠던 시절이라 외교부에 갓 들어간 신

참 외교관들로서는 업무상 답답한 일이 한 두 가지가 아니었고, 그 때마다 연구모임이 큰 힘이 되었다고 회고하는 분도 적지 않았다. 하여간 백 선생께서 자택에서 사람을 모아 연구회를 한 기원은 매우 오래되었고, 이런 역사가 후일 서울국제법연구원 설립의 씨앗이 되었다.

1981년 초 백 선생께서 다시 시작한 연구회 모임의 참석자들도 주로 서울 법대 출신 현직 외교관들이었다. 모임 장소는 연희동 자택이었다. 당시 연희동 댁은 2층으로 된 상당히 넓은 집이어서 여러 명이 모여도 수용에 어려움이 없었다. 주제는 그 때 그 때의 외교현안을 논의하거나, 출간된 좋은 글을 소개하기도 했다. 모임이 있을 때마다 사모님은 참석자들의 저녁을 준비하셨다. 사모님은 낮에 치과병원에 근무하고 귀가하시자마자 여러 사람 저녁준비가 쉬운 일이 아니었으리라 생각된다. 석사과정생이던 나는 처음에는 유일한 학생이자 막내였고, 조금 있다가 새로 대학원에 들어온 제성호 교수가 참여한 것으로 기억된다. 연구회는 말로만 듣던 여러 선배들과 교유할 수 있는 좋은 기회였다. 유명환 전 외교장관(당시 서기관)과도 이 때 처음 인사했다. 기억이 정확치는 않으나 대략 반년 가까이 연구회가 지속되었다고 생각된다. 참석자들이 주로 현직 외교관이다 보니 업무를 마치고 저녁 시간에 연희동까지 시간 맞추어 오기가 쉽지 않았을 것이다. 여하간 백충현 선생이 개인적으로 축적하신 연구회의 실적과 경험이 바로 후일 사직동의 서울국제법연구원을 개설하는 바탕이 되었다고 생각된다.

이후 나는 1982년부터 83년 사이 1년간 미국 조지타운 법대 대학원에서 공부했다. 이어 여러 은사들의 도움으로 요행히 1984년 3월부터는 한국방송통신대학 법학과에 전임강사로 자리를 잡을 수 있었다. 방송통신대학에 정식으로 출근하기 아직 전인 1983년 말 어느 날 백 선생이 함께 어디 좀 가자고 해 따라갔더니 현재의 서울국제법연구원이 소재한 사직동으로 향하셨다. 도착한 장소가 지금은 작고하셨지만 당시 김도창 선생이 운영하시던 청운 행정법연구원이었다. 위치는 사직공원 옆 배화여자대학으로 들어가는 길 초입 대로변 단독건물 아파트의 한 층이었다. 김도창 선생은 이 행정법연구원을 본인의 개인 사무실로 쓰며, 다른 한편 행정법을 전공하는 후배 교수들과의 연구 모임을 위한 장소로 사용했다. 본인의 장서도 그곳에 두고 있었다.

행정법연구원을 둘러보고 나오며 백충현 선생은 독립된 연구소를 운영하시는 김도창 선생을 매우 부러워했다. 우리도 이런 공간이 있어야 되겠다고 누차 말씀했다. 자택에서의 비공식적 연구회로는 아무래도 한계가 있을 수밖에 없고, 무언가 좀 더 격식을 갖춘 연구 공동체의 형성이 필요하다고 생각하신 듯 했다.

그러다가 정말 얼마 되지 않아 김도창 선생의 연구실 인근의 한 아파트가 매물로 나와 이를 국제법연구원으로 만들기 위해 구입했다고 말씀하셨다. 이것이 현재의 사직동 사직아파트 31호에 소재한 서울국제법연구원이었다. 백충현 선생과 김도창 선생의 연구원을 방문한지 불과 두 달 후 현재의 서울국제법연구원 자리를 구입한 사실로 미루어 보면 내게 말씀하기 전부터 재원 마련 등 현실적인 준비를 한 듯하다.

사직동 서울국제법연구원은 사직공원 옆길에 소재한 9층 짜리 단독 건물의 3층에 위치했다. 원래는 주거용 아파트로 지어진 건물이 아니었는데, 언제부터인가 한 층에 2채씩의 살림용 아파트로 개조되어 사용되고 있었다. 요즘의 통상적 아파트와 달리 베란다가 따로 없었으나, 내부 전용면적은 약 45평에 달해 상당히 넓은 편이었다. 지은 지 꽤 오래된 건물이라 9층 건물임에도 엘리베이터가 없었고, 총 가구가 18채 밖에 되지 않아 관리인 인건비 분담금이 상당히 높았던 점 등 사실 일반 살림집으로 사용하기에는 불편한 점이 많은 건물이었다. 당시만 해도 서울의 최중심은 광화문 네거리였기 때문에 비교적 낡은 건물임에도 불구하고, 위치의 편리성으로 인해 가격이 상당한 수준이었다. 입주자 중에는 서울국제법연구원 같이 개인이나 단체의 사무실로 사용되는 경우가 여럿이었다. 백 선생은 당시로는 정말 거액의 사재를 들여 1984년 3월 사직 아파트 한 채를 연구공간으로 구입하셨다.

백 선생이 사직동이란 위치를 택한 이유는 본인의 경험상 국제법연구회를 하려면 외교부 근무자들과 밀접한 관계를 맺어야 하므로, 가급적 정부종합청사에서 오기 편한 위치에 있어야 한다고 생각했기 때문이었다. 또한 김도창 선생의 연구소가 가까이 있어서 나름대로 부근에 대한 정보도 쉽게 얻으셨다. 연희동 자택에서 승용차로 바로 접근이 용이하다는 점도 장점이었다. 위치가 사직동이다 보니 서울국제법연구원은 주위에서 정식 명칭보다도 오히려 사직동 연구원으로 불리는 경우가 흔했다.

아파트 내부는 큰 거실과 방 3개, 작은 부엌과 화장실로 구성되었다. 거실에는 대형 탁자를 두어 회의실로 쓰기로 하고, 안방에 해당하는 큰 방은 본인의 원장실, 작은 방 하나는 서고, 나머지 방은 일반 연구실로 용도를 구분했다. 백충현 선생은 본래 심미안이 탁월한 분이라 연구원 시설도 통상의 사무실 분위기 이상으로 구성하셨다. 회의용 탁자 등의 집기를 서울 미대 부수언 교수의 작업장에서 특별 주문했으며, 천장의 전등도 밖으로 튀어 나오지 않게 모두 매립식으로 달고 간접 조명을 상당히 활용하는 등 35년 전으로서는 쾌적한 분위기의 최첨단 사무실로 만들었다. 또한 연구원 건물 구입 후 백 선생은 나를 여러 차례 시내 사무기기 전문점으로 데리고 가 같이 구경도 하고, 필요한 기자재도 구입했다. 당시 아직 웬만한 대학의 경우 단과대학 차원에서나 복사기를 보유했고 학과별로는 엄두도 못 내던 시절이었으나, 서울국제법연구원은 매우 고성능의 복사기를 우선 장만하셨다. 아직 PC는커녕 성능 좋은 타자기만으로도 만족하던 시절 문자 발생기라는 신제품을 구입해 비치했다. 그리고 서고가 그다지 넓지 않아 바퀴 달린 이동식 서가를 설치했다.

백 선생께서 서울국제법연구원을 개설하면서 이의 활용방안에 관해 여러 가지 구상을 했던 것으로 알고 있다.

첫째, 본인의 연구실이었다. 방 하나를 원장실로 꾸미고, 자택의 장서를 모두 연구원으로 옮겨 놓았다. 즉 이곳을 개인 연구의 중심지로 삼을 생각이었다. 다만 이 생각은 사실상 실현되지 못했다. 서울국제법연구원을 마련하고 얼마 되지 않아 백 교수께서 서울대학교 대학신문 주간 발령을 받았고, 이로 인해 학교에 나가있어야 할 시간이 많아졌다. 1년 후인 1985년 봄부터 1년간은 동경대학으로 연구년을 나가게 되어, 아애 국내에 계시지 않게 되었다. 결국 개설 초기 몇 번 방문한 이후 개인 연구에는 이 장소를 거의 활용 못하셨다.

둘째, 국제법 자료센터로서의 역할이었다. 35년 전인 1980년대 중반만 해도 국내 학계의 연구여건은 지금 학생들로서는 상상하기 어려울 정도로 열악한 수준이었다. 예를 들어 조약 당사국을 확인하려는 경우 3-4년 전 통계자료만 만나도 최신 자료라고 즐거워하던 시절이었다. 공기관의 장서가 열악하니 전공자들은 자기 분야 책자 하나를 발견하면 당장 필요 없을지라도 혹시 나중에 소용이 될까 무조건 복사했다. 백 선생은 일찍이 국제법 장서 구입에 남다른 열정을 가지고 사재를 투입하셨다. 아마도 당시 백충현 선생의 국제법 장서는 개인 소장으로는 국제적인 수준이라고 할 수 있을 정도 좋은 자료의 보고였다. 국제법 분야의 최신 자료나 시리즈 물의 질에 있어서 국내 대학 도서관이나 공공 도서관 보다도 질적으로 우수했다. 예를 들어 국제법 연구자에게는 필수적인 책자 중의 하나인 International Law Reports는 당시 국내에서 백 선생만이 전질을 소장하고 계셨다. 백 선생은 자신이 공부하는 과정에서 자료부족의 어려움을 워낙 실감했었기 때문에 후학들에게는 그러한 어려움을 조금이라도 덜어주겠다고 생각하고 본인의 장서를 전공 대학원생에게 개방하기로 결심하셨다. 사실 학자가 가장 아끼는 물건이 장서이고 교수가 가장 싫어하는 일이 남에게 책 빌려주기인데, 백 선생은 후학을 위해 일생일대의 결심을 하셨다.

셋째, 국제법 연구자의 모임을 위한 장소로서의 역할이었다. 자택에서 연구회를 하신 경험이 있던 백충현 선생으로서는 개인 집에서의 모임의 장단점을 잘 알고 계셨다. 자택에서의 모임은 여러 가지 편한 점도 있지만 아무래도 모임의 공식적 성격을 부여하는데 한계가 있을 수밖에 없고, 자주 하기도 쉽지 않았다. 별도의 공간이 마련되면 모임의 진행이나 내용도 형식적인 면에서 더 공식화될 수 있었다. 시간의 제약도 덜 받게 되고, 모이는 사람들도 가족에 대한 미안함 없이 참석할 수 있었다.

넷째, 국제법 전공 학생들을 위한 학습센터의 역할이었다. 당시 서울 법대에 대학원생을 위한 전용시설이라고는 작은 강의실 하나가 전부였다. 대학원생 연구실은 상상조차 하기 어려웠다. 백충현 선생은 국제법 전공의 대학원생이면 낮이건 밤이건 연구원에 와서 자기 공부를 하고, 논문도 작성하라고 하셨다. 연구원에는 당시 국내 최고의 국제법 장서가 있었고, 온갖 사무기기가 갖추어져 있었다. 1980년대 말 개인용 컴퓨터가 처음 국내에서 보급되기 시작하자 백 선생은 누구보다도 먼저 이를 구입해 학생들의 사용에 개방했다. 요즘이야 거의 모든 학생이 개인용 컴퓨터를 갖고 있지만 당시는 말만 개인용이지 아직 개인이 구입하기에는 너무나 고가의 장비였다. 1990년대 중반까지는 적지 않은 국제법 전공학생들이 서울국제법연구원의 PC로 석사논문을 작성했다.

백충현 선생의 연구원 구상 중 끝까지 실현되지 못한 사항이 하나 있다. 백 선생은 좀 더 여유가 되면 같은 층 옆의 아파트(32호)를 마져 구입해 그곳까지 연구원으로 사용하고, 일부는 외빈용 숙소로도 활용할 구상을 했었다. 즉 외국 학자나 경우에 따라 지방대학 교수가 서울을 오는 경우 호텔비 등이 비싸니 이곳을 무료로 숙박에 개방하고, 늦은 밤까지 같이 학술토론도 편하게 할 수 있으리라는 생각이셨다. 이 구상이 실현되지 않은 가장 큰 이유는 바로 옆 아파트가 매물로 나오지 않았기 때문이었다. 간혹 다른 층의 아파트가 매물로 나와 사겠냐는 문의도 받으셨지만, 다른 층은 연계사용이 불편할 것이므로 원하지 않으셨다. 사실 실현이 되었어도 숙소관리가 쉬운 일은 아니었을 것이다.

서울국제법연구원이란 명칭은 백 선생이 직접 작명한 것으로서 서울대 출신 국제법 전공자의 연구공간이라는 의미가 강했다. Seoul International Law Academy라는 영문 명칭은 약호가 SILA가 되기 때문에 기억하고 발음하기 편하다는 최태현 교수의 아이디어에 바탕을 두었다. 1984년 4월경 내부수리도 끝나고, 필요한 집기도 모두 갖추어져 서울국제법연구원이 정식으로 출범하게 되었다. 다만 특별히 공개적인 개소 기념식이나 행사는 물론, 내부적인 개소 발표조차 없었으므로 딱히 어느 날이 서울국제법연구원의 출범일이라고는 지정할 수 없다. 백 선생이 학생들에게 이런 자리가 마련되었음을 알리고, 전공생들이 연구원을 드나들면서 자연스럽게 출범한 셈이다.

백충현 선생의 장서를 모두 연구원으로 옮겨 놓았으나, 제대로 정리는 되어 있지 않았다. 장서의 수가 적은 분량이 아니었기 때문에 있는 책도 찾기가 어려울 정도였다. 이의 정리가 급선무였다. 자택에서야 마음 속 분류에 따라 적당히 배열해도 자기 책을 찾는데 큰 어려움이 없겠지만, 장서를 연구원에서 공개한다면 도서관처럼 객관적 기준에 따른 배치가 불가피하다. 지금까지도 한국 도서관들은 듀이 분류표를 기반으로 한 도서분류법에 따라 장서를 정리하고 있다. 사실 미국에서는 오래 전부터 듀이 십진법에 따른 분류를 더 이상 사용하지 않았고, 이를 몇 배 더 상세화한 의회 도서관식 분류를 사용하고 있다. 모든 분야의 도서를 객관적으로 취급해야 하는 일반 도서관과 달리 연구원의 입장에서는 국제법만의 시각이 반영된 도서분류를 하는 편이 더 유용하다. 예를 들어 간도역사에 관한 서적은 일반적이라면 역사서로 분류되겠지만 국제법 연구자의 입장에서는 영토문제의 일부로 정리하는 편이 유용하다.

　백충현 선생은 라이든 대학에서 1년을 지내면서 네덜란드에는 국제법 분야만을 다루는 특유의 주제 분류표가 있다는 사실을 발견하셨다. 이는 국제법학을 16개 주제 분야로 구분하고, 다시 하위 세분류를 만들어 가는 식이었다. 백 선생은 연구원도 장서를 분류하면 그와 같이 국제법의 시각에서 분류해야 편리하다고 강조하셨다. 장서는 독자의 필요에 부합되게 분류되어 있어야 자료로서의 가치를 더 발휘할 수 있다. 나 역시 백 선생의 말씀에 충분히 공감을 하고, 연구원의 모든 장서를 기본적으로는 네덜란드 국제법학회식의 분류표에 따라 정리하기로 했다. 다만 한국 특유의 주제나 새로운 분야의 새 분류항목이 필요한 부분은 내가 새로 세부항목을 추가했다. 예를 들어 통상적으로는 영토 분쟁 하면 동일 항목에 포함될 내용도 우리의 입장에는 독도문제, 간도문제 등을 각기 별도로 독립된 하위 소항목으로 설정해야 찾아보기 더 편리하기 때문이었다. 결국 연구원 장서는 네덜란드식 분류표를 기반으로 했으나, 구체적으로는 내가 이를 한국적 필요에 따라 보완한 세계 유일의 분류표에 따라 정리된 셈이다. 그 과정에서 하루는 백충현 선생께서 인근 사회과학도서관에 미국서 문헌정보학을 전공하고 근무하는 분이 와 계시다며 같이 만나 한 번 설명을 듣자고 하셨다. 지금 그 분 성함은 잊었지만 사회과학연구원을 방문해 자료 분류의 기본 개념과 유의사항에 관한 이야기를 듣고 저녁도 같이 했다.

1984년 5월경부터 나는 네덜란드식 주제 분류표에 수시로 한국적 특색을 가미시키는 재구성을 하면서 백충현 선생의 장서를 그에 따라 정리하기 시작했다. 그것은 보통 작업이 아니었다. 단순히 주제 분류에 그치지 않고, 도서관 전용물품을 구입해 매 책자마다 새로운 콜넘버를 적어 붙여야 했다. 장서에는 새로 서울국제법연구원 장서라는 도장도 찍었다. 머리도 써야 하지만 일종의 막노동 같은 작업이기도 했다. 도서관 수서과에서 하는 일을 혼자 감당해야 했다. 근 3달 가까이 작업한 끝에 장서의 주제 분류는 거의 마칠 수 있었으나, 분류라벨을 책마다 새로 붙이고, 이에 따라 도서를 재배열하는 작업은 진행하지 못했다. 결국 여름 방학 중 하루 서울법대 국제법학회 학생들을 불러 모아 라벨 붙이는 작업과 이에 따른 서가 재배치 작업을 했다. 도서 분류와 서가 정리가 완료되면서 서울국제법연구원은 외견상 연구소로서의 모습을 갖추게 되었다. 이후에는 새로 구입하는 책들만 한두 주일분을 모아 작업을 하면 되었다. 이런 일을 근 10년 이상 혼자 한 듯하다. 나중에는 후배들에게 이 작업을 물려주었지만 몇 번 하다가 다들 말도 없이 슬그머니 그만두는 바람에 결국 다시 내 일이 되곤 했다.

개인이 서울국제법연구원 같은 연구기관을 설립하기도 쉽지 않지만, 이를 유지 운영하는 일은 더욱 어렵다. 목돈이 있어서 일단 시설을 마련하고도, 이후 매달 들어가는 유지비를 부담하기 어려운 경우가 많기 때문이다. 서울국제법연구원에 대해서도 남들이 가장 궁금해 하던 사항 중 하나가 재정운영이었다. 초기 운영은 백충현 선생이 모든 책임을 지시었다. 재단 출범 후에는 기본기금으로부터 약간의 이자 수입이 있었으나, 이것만으로는 운영이 감당될 리 없었고 그 때 그 때 필요한 돈은 모두 백 선생께서 마련하셨다. 백 선생은 본래 성품이 깨끗하신 분이라 본인을 위해 남에게 아쉬운 소리를 하기 싫어 하셨다. 연구원 운영에 관하여도 마찬가지였다. 다른 사설 연구소처럼 외부 기관을 돌며 프로젝트를 부탁한다거나, 돈 있는 지인에게 지원을 부탁하지도 않으셨다. 기본적인 지원은 항상 본인이 하겠다는 자세였다.

개인적으로 서울국제법연구원과 뗄 수 없는 인연은 연구원 개설 초기 약 1년 9개월 동안 내가 연구원에서 기거하며 지냈다는 사실에서도 비롯된다.

백충현 선생이 연구원을 마련할 무렵 나는 한국방송통신대학 법학과에 막 발령을 받아 학교 인근의 방 하나를 전세로 얻어 지내고 있었다. 연구원 내부시설이 어느 정도 완성되자 백 선생은 나를 찾더니 아예 연구원에 입주해 지내지 않겠냐고 제안을 하셨다. 연구원이 원래 아파트라 간단한 취사도 가능하고, 학교와도 그다지 멀지 않으니, 평소 연구원을 지키면서 관리도 하라는 취지였다. 주거지가 완전히 개인 공간이 될 수 없다는 불편은 있었지만 나로서는 백 선생의 제의를 거절할 수 없었다. 살던 닭칸방보다는 더 넓은 공간이라는 점도 편리했다. 주거용으로 따로 방이 마련되어 있지는 않았으므로 밤에 아무 곳에나 이부자리를 펴고 자면 그곳이 침실이었다. 날씨가 추워지면 회의실 석유난로가 연구원의 유일한 난방시설이었다. 화재의 위험으로 취침 시에는 이를 껐으므로, 겨울철 밤에는 완전 냉방에서 이불 속 전기담요 하나에만 의지해 추위를 견뎌야 했다. 어린 시절 겨울밤 실내에서도 얼음이 얼던 생각이 났다. 그래도 다른 철에는 나름대로 지내기 편리했다. 1986년 2월 1일 결혼하기 직전까지 연구원에서 기거했다.

당초 백충현 선생 개인 재산의 형식으로 일종의 임의단체로 출범했던 서울국제법연구원은 1990년 여름을 기해 재단법인으로 등록하고, 사직아파트 31호를 비롯한 연구원의 모든 재산은 재단법인 소유로 이전했다. 백 선생이 1990년 시점에 서울국제법연구원을 재단법인으로 공식화하려고 결심한데에는 몇 가지 이유가 있었다.

서울국제법연구원 출범에는 김도창 선생의 영향이 적지 않았다. 사법시험의 영향으로 학문적 여건이 행정법 분야보다 더욱 열악한 국제법의 경우 후학들을 위한 학문 공동체의 마련이 절실하다고 생각하셨다. 아파트를 구입해 연구원으로 사용하려는 구상 역시 행정법연구원의 예를 따른 것이었다.

그런데 김도창 선생께서 연로해져 학문 활동이 어려워지자 선생께서는 연구원을 폐쇄하고, 장서는 목촌문고라는 이름으로 서울대학교 법학도서관에 기증을 했다. 그리고 연구원으로 사용하던 아파트는 아들에게 물려주어 살림집으로 사용했다. 백 선생은 학문공동체 설립의 모범사례로 생각했던 행정법연구원이 설립자의 연로함과 함께 흔적도 없이 사라져 버리자 충격을 받으신

듯했다. 서울국제법연구원도 장래에 그런 모습이 되지 않으려면, 연구원 재산을 개인재산이 아닌 공익재산으로 등록시켜 설사 설립자나 사후 그 가족이라 할지라도 함부로 처분하지 못하게 만들어야겠다는 말씀을 여러 차례 하셨다. 한편 그 무렵 서울법대에서 노동법을 담당하시던 김유성 교수를 중심으로 국제노동법연구원이 재단법인으로 설립된 사실에도 자극을 받으셨다. 물론 재단법인으로 되면 기부금 절세가 가능해지고 1가구 다주택으로 인한 제약도 벗어날 수 있다.

서울국제법연구원의 재단법인 등록을 위한 실무작업은 1990년 봄부터 시작했다. 드디어 1990년 7월 9일 재단법인 창립 이사회를 서울국제법연구원 회의실에서 개최했고, 8월 17일 외무부 산하의 재단법인으로 정식 등록이 되었다. 초대 이사의 명단은 아래와 같다. 백충현 선생이 물론 이사장으로 추대되었고, 일반이사로는 장효상, 노명준, 이상우, 신용하, 이재후, 김영무, 한영구, 정인섭, 최태현, 백진현, 제성호 11명이 선임되었고, 감사에 주완, 홍성필 두 사람이 선임되었다. 당초 이사진의 구성은 백충현 선생과의 개인적 친분이 깊은 분들을 모신 셈이었으나, 점차 서울국제법연구원을 거쳐 대학에 국제법 교수로 자리 잡는 숫자가 늘어감에 따라 나중에는 주로 백 선생의 제자들로 대체되었다.

당시 재단법인 설립에는 최소 5000만원의 기금 적립이 요구되었다. 법인 설립을 위해 백충현 선생은 새로 이 돈을 출연하고 연구원이 자리 잡은 아파트를 기본 재산으로 하여 재단법인이 출범했다. 기금의 규모를 최소한으로만 한 이유는 기금이란 처음 조성할 때는 큰돈이라도 물가상승으로 인해 세월이 갈수록 푼돈화된다는 생각 때문이었다. 이후 재단법인 서울국제법연구원에는 백 선생 사모님 명의로 5,000만원의 기금이 추가로 출연되었고, 1995년 기당 이한기 선생께서 작고하시자 그 유족이 부의금 중 1억원을 연구원 기금으로 출연해 2억원을 기금으로 보유하게 되었다.

연구원 설립 이후 근 20년간 국제법 교수로서 나의 활동 중심지는 서울국제법연구원이었다. 연구원은 학교 연구실 다음으로 자주 찾는 공간이었고, 나의 모든 개인 일정은 연구원 사정에 맞추어졌다. 가장 많은 논문을 발표한 학술지는 연구원 발행의 「서울국제법연구」였고, 이곳을 중심으로 국제법 후배들과의 만남과 인연을 이어갔다. 연구원은 교수로서 나의 성장의 터전이었다.

백충현 선생은 서울국제법연구원을 위해 아낌없는 투자를 했으나, 정작 본인에게 직접 돌아간 대가나 영광은 별로 없었다. 백충현 선생은 자신보다는 미래 세대를 위해 연구원을 설립하셨다. 개인 장서를 연구원으로 옮겨와 개방해 후학들에게 많은 도움을 주었으나, 반면 자신의 책으로부터 멀어진 백 선생은 이후 개인적 학문연구에 적지 않은 손해를 피하지 못했다고 생각한다. 백충현 선생은 2007년 작고하셨으니, 이제 새로이 국제법을 공부하려는 세대는 그 분을 직접 모를 것이다. 그러나 서울국제법연구원이나 「서울국제법연구」지를 보면 그 누가 이런 일을 시작했는가를 생각해 주기 바란다.

나. 「서울국제법연구」의 창간

학술기관이 학술기관으로서의 정체성을 확립하고 대외적 위상을 확보하기 위해 통상 하는 일이 자체의 정기 학술지 발간이다.

백충현 교수는 서울국제법연구원 출범 직후 학보사 주간 발령과 연이어 일본 연구년 파견으로 첫 2년여 동안 연구원에 몇 번 출입도 못하셨다. 마침 나도 1987년 8월부터 1년간 해외 연구년 파견을 다녀왔다. 이후 1980년대 말에는 백충현 교수께서 별다른 보직도 맡지 않아 비로소 연구원 모임에 자주 참석하고, 이런 저런 구상도 제시하셨다. 그 과정에서 자연스럽게 연구원의 학술지 발간 이야기가 나왔다. 백 선생은 무슨 일이든지 일단 시작을 하면 최고 수준의 결과를 기대하는 분이셨다. 학술지도 서울국제법연구원이 발간하면 국내 최고는 물론 국제적 기준에서 보더라도 손색없는 결과물을 원하셨다.

이에 나름대로 학술지 발간 구상을 시작했다. 우선 국제적으로 성가가 높은 각국의 대표적 국제법 학술지 10여 종을 수집해 내용 구성과 형식을 분석한 비교표를 만들었다. 이들 내용 구성은 대체로 학술논문, 국내외 국제법 실행 소개, 서평 등 기타 원고의 3분야로 구분할 수 있었는데, 학술지별로 그 구성비율에는 적지 않은 차이가 있었다. 발간 주기는 크게 연감(Yearbook)과

계간지 형식으로 구분되었다. 몇 가지 방향의 계획안을 작성해 백 선생께 드리고 어떤 성격의 학술지를 원하는가와 발간 주기에 관해 지침을 구했다.

그런데 백 선생은 별다른 의견을 주지 않으셨다. 연구원 운영경비의 대부분을 백 선생께 의존하고 있는 상황에서 최소한 연간 예산에 관한 지침이라도 있어야지 발간주기를 정할 수 있고, 그에 따라 내용 구성도 달라질 수 있는데 이에 대해 별다른 이야기가 없으니 일은 진척되지 않았다. 당시 국제법 관련 전문학술지로는 대한국제법학회 논총이 사실상 유일했다. 새로운 학술지 발간이 성공하려면 좋은 글을 모을 수 있는 편집자의 역량이 요구되며, 수익성을 기대할 수 없는 학술지로서는 안정적인 발간비용의 확보 역시 필수적이었다. 따라서 국제법 전문학술지의 창간은 아직 30대 중반 신진 교수에 불과한 내가 앞장서기보다는 백 선생의 진두지휘가 어느 정도 필요한 사업이라 생각했다. 다른 일과 같이 나 혼자 알아서 진행할 사항은 아니었다. 한참 후 한 차례 정도 더 계획서를 작성해 드렸으나, 발간한다면 잘 해야 한다는 언급 외에 별달리 구체적인 방향제시가 없었다.

1994년 8월 서울대학교 배재식 교수께서 정년퇴임을 하게 되었다. 당시는 회갑이나 정년퇴임의 경우 기념논문집을 발간하는 경우가 많았다. 배재식 교수의 경우 회갑 때 「인권과 국제법」이라는 기념논문집을 발간한 바 있어, 정년 시 단행본 논문집은 또 발간하지 않기로 했다. 학교에서 후원하는 퇴임 기념 강연은 1994년 11월 5일로 예정되었고, 서울대학교 법과대학 국제법학회 학생들의 국제법모의재판도 이를 기념해 같은 날 실시하기로 했다. 그것만으로는 무언가 좀 허전했다. 학자를 위해서는 기념논문집은 아니라도 다른 형태의 책자 발간이 있으면 좋겠다고 생각되었다. 이번 기회에 구상만 하던 학술지를 출범시키고, 창간호를 배재식 교수 정년기념호로 꾸미기로 마음먹었다.

당시 내가 「서울국제법연구」 창간을 결심하게 된 또 다른 배경은 한 해 전인 1993년 김석현 교수의 「국제법평론」 간행이었다. 김석현 교수는 프랑스에서 박사학위를 받고 귀국해 아직 대학교수직을 잡기 전이었다. 확실한 직업도 못 가진 김 박사가 매우 용감하게 국제법 전문잡지를 창간하고 일반 판매를 시작했다. 그에 비하면 서울국제법연구원은 훨씬 안정적 기반을 확보하고 있었다. 너무 걱정이나 구상만 하지 말고 배재식 교수 정년기념호를 명분 삼아 일을 시작하자고 생각했다.

이전의 구상단계 시부터 가장 고심했던 점은 가용 인적 자원이 그다지 넓지도 않은 국내 국제법학계에서 대한국제법학회의 공식 학회지 외에 별도의 국제법 학술지를 발간하는 의의를 어디에 둘 것인가였다. 별다른 특색이 없이 서로 원고확보 경쟁이나 한다면 바람직하지 않다고 생각했다. 이에 대한 국제법학회지가 국제법 전반을 다루는 일반적 학술지라면, 서울국제법연구원의 발간물은 국제법을 특히 한국적 시각과 필요에서 조명한다는 특색을 담기로 했다. 수록논문은 원칙적으로 한국과 관련된 주제를 다루거나, 일반적 주제의 국제법 논문이라도 그것이 한국에 대한 함의를 분석하는 부분이 포함되어야 한다는 원칙을 세웠다. 한편 각국의 대표격인 국제법 학술지의 구성을 보면 논문보다 더 많은 양을 차지하고 있는 항목이 자국의 국제법 실행에 대한 보고나 분석이었다. 이에 서울국제법연구원의 학술지는 한국의 국제법 실행이라는 고정항목을 만들어 이 속에 한국이 새롭게 체결한 조약과 새로 제정한 국제법 관련 국내법령을 소개하는 한편, 국내법원에서 내려진 국제법 관련 판결을 수집해 수록하기로 하였다. 또한 서평과 판례평석 항목도 고정화할 계획을 세웠다. 이러한 생각에 바탕을 둔 창간호 발행계획서를 만들어 백 선생께 보여 드리니 아주 좋다고 찬성을 하셨다. 처음에는 원고 확보가 쉽지 않으리라 생각해 연 1회 발간을 생각했으나, 아무래도 최소 2회 발간은 필요하다고 판단되어 반연간으로 결정했다. 제호는 연구원의 이름을 그대로 살려 「서울국제법연구」(Seoul International Law Journal)로 정했다.

당시 창간사의 일부를 소개한다.

"우리나라 국제법 발전의 또 하나의 초석이 되고자 서울국제법연구를 창간하는 바이다. 돌이켜 보면 19세기 말 조선이 근대 국제법에 접하게 된지 약 1세기가 흐르는 동안 한국은 국제관계에서 숱한 경험과 시련을 겪어 왔다. 한일합병과 광복, 남북분단, 6.25 등과 같이 국가 운명의 향방을 결정지었던 대사건이 아니라도 그간 우리가 경험하였던 국제법적 중대사건은 일일이 열거하기 어려울 정도이다. 그러나 우리는 지난 날 그 같은 사건에 대하여 얼마나 현명하고 적절한 법적 대처를 하여왔는가, 아니면 사후에라도 얼마나 적절한 법적 정리를 하고 있는가를 반성하여 볼 때, 이 땅의 국제법학도의 한 사람으로서 평소 자괴감을 금할 수 없다.

20세기 말엽의 현 국제사회는 과거에 비하여 더욱 빠르게 변화하고 있다. 이제 국제관계를 배제하고는 국가의 존립을 상상하기 어려울 정도로 국가간의 교류는 폭발적으로 증가하고 있으며, 그에 따른 국제법적 분석과 대비의 필요성은 과거 어느 때보다 높아만 가고 있다. 이에 본 서울국제법연구의 창간은 국제법학도에 대한 그 같은 사회적 소명에 부응하기 위한 장(場)을 마련한다는 취지에서 비롯되었다."

첫 호는 정년기념호로 제작하므로 일단 배재식 교수의 제자들에게만 원고 청탁을 했다. 평소 배재식 교수의 학문적 관심에 맞추어 "남북한 관계와 국제법"을 창간호의 특집 주제로 정하고, 1994년 4월 20일 첫 원고 청탁서를 발송했다. 원고는 여름 마감해 정년 기념강연일에 맞춰 책을 발행하기로 했다. 그래서 창간호의 발행일이 11월 1일로 되었다. 창간호에는 모두 8편의 논문과 한 편의 연구노트, 한국의 국제법 실행, 서평 등을 수록했다. 총 268쪽 분량이었다.

창간호는 백 선생의 친구 분이 운영하는 을지로의 서울프레스라는 출판사에서 제작을 했다. 서울프레스는 국내에서 특히 영문도서 발간에 나름 상당한 노하우가 축적된 출판사로서 학술도서도 다수 취급했다. 별도의 아트 디렉터가 있어서 표지 디자인도 산뜻하게 만들었다. 지금도 유지되고 있는 「서울국제법연구」의 장정은 당시 학술지로서는 새로운 감각의 디자인이라고 좋은 평을 받았다. 서울프레스는 업무처리가 깔끔하고, 제작 수준도 높으나 대신 가격이 좀 비싼 편이었다. 특히 내가 서울대로 직장을 옮기니 서로 거리가 멀어 교정지를 주고받는 연락이 좀 불편했다. 한 권만 더 서울프레스에서 제작하고, 1995년 제2권 2호부터는 구내의 서울대학교 출판부에서 인쇄했다. 서울대학교 출판부도 업무처리는 깔끔하나 제작 단가가 싸지 않았다. 경비를 줄이기 위해 1999년 제6권 2호부터는 관악사에서 제작을 시작해 오늘까지 계속하고 있다. 사실 책의 외관은 서울프레스에서 제작한 초기 권호가 가장 세련되게 나왔다.

창간은 했으나 이후 원고 확보와 제작비 마련이 쉬운 일은 아니었다. 원고료 지급은 없었으므로 권당 제작비는 인쇄비로 250만－300만원 정도 들었다. 아무리 연구원 경비는 백 선생이 부담한다고 하더라도 매번 손 벌리는 일이 쉽지는 않았다. 제2호 제작비는 학교 1년 선배로 판사 생활을 하다가 변호사 개업을 해 속된 말로 한참 잘 나가던 서현 변호사를 만난 길에 서울국제법연구원을 설명하고 한번 도와달라고 부탁했더니 즉석에서 내게 300만원을 주어 해결했다. 서 변호사는 국제법과 별다른 인연이 없었지만 순수 호의로서 지원을 해주어 감사했다. 제10호 발간을 기념해 이때는 내가 300만원을 기부해 제작비로 사용했다. 나중에는 평생회원제를 만들어 주위 사람들에게 책에 대한 대금이라고 생각하지 말고 연구원을 후원하는 마음으로 들어달라고 부탁해 제작비의 일정 부분을 충당할 수 있었다. 서울대에서 석박사 학위를 한 졸업생도 적지 않게 평생회원으로 가입했다.

원고 확보는 늘 쉽지 않았다. 무엇보다도 학술진흥재단(현 연구재단)의 학술지 평가제도가 일반화되면서 이른바 학진 등재지가 아닌 경우 원고 확보가 점차 힘들어졌다. 나중에는 학진 등재 기준이 많이 변경되었지만, 초기에는 그 요건이 매우 엄해서 이를 만족시키기 쉽지 않았다. 전국적으로 분포된 몇 백 명의 회원을 갖는 학회를 기준으로 등재 요건이 설정되어 재단법인이 발행하는 「서울국제법연구」는 사실상 그 요건을 맞추기가 불가능했다. 그래서 「서울국제법연구」는 상당 기간 학진 등재를 염두조차 내지 못했다. 자연 해를 거듭할수록 원고 확보가 어려워졌다. 교수들의 자진 투고만으로는 분량이 충분치 못해 편집위원장인 내가 사전교섭을 해 필자를 추가 확보해야 했다. 3년차 정도부터는 매 발간시마다 이번 호 거르고 다음 호에 합병호로 출간할까 하는 고민을 해보지 않은 적이 없을 정도였다. 원고 확보가 항상 어려웠음에도 불구하고 한 호도 거르지 않고 지속적으로 발간된 일이 신기할 정도이다. 편집위원장직은 내가 2000년 8월부터 미국으로 1년 연구년을 가게 됨으로써 자연스럽게 그만 두었다. 2001년부터는 한양대 최태현 교수가 편집위원장직을 이어 받았다. 연구지는 학진등재 요건이 여러 모로 변화된 다음인 2006년에야 등재 후보지가 될 수 있었다. 등재 후보지가 된 이후에는 원고 확보가 한층 용이해졌다. 이후 등재지로 승격했다.

한편 지금은 기억하는 사람도 많지 않겠지만 서울국제법연구원에서는 「국제판례연구」라는 또 다른 학술지를 1999년 창간했었다. 국내법 분야에서는 「민사판례연구」, 「형사판례연구」, 「상사판례연구」 등 정례적인 판례연구 정간물이 적지 않았으나, 국제법 분야에는 이에 견줄만한 매체가 없었다. 평소 자주 접촉하던 박영사 관계자와 협의 끝에 서울국제법연구원 기획으로 국제법 분야의 판례연구지를 박영사가 발간하기로 합의했다. 처음에는 격년간으로 그리고 어느 정도 자리가 잡히면 연간으로 발전시키기로 예정했다. 그러나 「국제판례연구」는 2001년 제2호를 내고 더 이상 이어지지 못했다. 원고 확보가 어려웠다는 점이 중단의 가장 큰 원인이었다. 학술진흥재단 등재지 제도가 일반화된 상황에서 이러한 간행물에 기고하려는 필자를 찾기 어려웠다. 「국제판례연구」는 박영사에서 유가 단행본 형식으로 발간했으므로 등재 제도와는 거리가 멀었다. 「서울국제법연구」도 원고 확보가 쉽지 않은 상황에서 이것까지 유지하기는 힘들었다. 판로확보가 쉽지 않은 책자였기 때문에 박영사로서도 별다른 독촉을 하지 않았다. 제2호 발간 이후 내가 더 이상 기획을 진행하지 않았기 때문에 「국제판례연구」는 자연스럽게 잊혀졌다.

다. 450회의 목요 세미나

서울국제법연구원이 출범은 했으나 초창기에는 별다른 활동이 없었다. 백충현 선생께서 바로 학보사 주간을 맡게 됨에 따라 연구원에는 거의 방문도 없었다. 연구원은 사업을 시작하기도 전에 장애를 만난 셈이었다. 나는 처음 몇 달간 백 선생의 장서를 정리하는데 시간을 쏟았다. 1984년 여름 방학이 끝날 무렵 장서 배치도 마쳐 연구원으로서의 외관은 갖추었지만, 특별한 학술 활동이 없으니 내용적으로는 그야말로 개점휴업 상태가 계속되었다. 더욱이 백 선생께서는 1985년 봄부터 1년간 동경대학 방문교수 자격으로 아예 한국을 떠나셨다. 연구원 운영에 관해 별다른 지침은 남기지 않으셨다.

갓 교수가 된 학계 초년병이던 나로서는 연구원이 어떻게 운영되어야 할지 솔직히 막막했다. 모든 활동에는 경비가 소요되는데, 재정확보는 내가 어떻게 할 수 있는 사항이 아니었기 때문이었다. 가만있어도 무어라 탓할 사람은 없었지만 연구원을 혼자 관리하면서 좋은 시설을 하는 일 없이 방치만 하기도 마음이 편치 않았다. 나라도 무슨 학술적 활동을 모색해야겠다고 생각했다. 우선 쉽게 떠오른 생각이 백 선생께서 전에 하시던 연구회였다. 서울대 대학원 국제법 전공자들에게 우리끼리 매 주 한 번씩 연구원에 모여 발표모임을 갖자고 제안했다. 그 때는 서울법대에 세미나실 하나 제대로 없던 시절이라 대학원생들은 시간제한 없이 마음 편히 논의를 할 수 있는 장소가 있다는 사실만으로도 행복할 수 있었다. 그래서 1985년 5월 6일 목요일 저녁 대학원생 동료·후배 등 모두 6명이 서울국제법연구원에 모여 우리끼리의 첫 연구회를 가졌다. 근처 중국집에서 짜장면을 배달시켜 먹고 한 시간 반 정도 1983년 미국의 그레나다 침공사태를 국제법적으로 평가하는 발표와 토론을 했다. 마침 미국 국제법학회지에 관련 논문이 발표되어 이를 중심으로 하였다. 이것이 2009년 말까지 25년 동안 총 450회 진행된 서울국제법연구원의 목요 국제법연구회의 첫 시작이었다. 시작할 당시에는 모임이 과연 잘 운영될지, 또 얼마나 지속될지에 대해 별 자신이 없었기 때문에 백 선생에게 상의나 보고도 하지 않았는데, 이 모임이 25년간이나 계속될 줄은 솔직히 상상을 못했다.

첫 날 모임은 이후 연구회의 기준이 되어 해가 바뀌어도 매주 목요일 저녁에 발표회를 가졌다. 모임은 명칭도 없이 시작했는데, 나중에는 누가 시작했는지 모를 정도로 자연스럽게 목요 세미나(연구회)라고 불렸다. 원칙적으로 매주 모였고, 방학 중에는 더 열심히 모였다. 보통 6시 30분에서 7시 사이 참석자들이 연구원에 도착해 저녁을 같이 시켜 먹고, 7시 30분 정도부터 발표를 시작해 9시나 9시 30분 정도에 마쳤다. 미리 정해진 발제자의 50−60분 내외의 발표를 듣고 질의·토론하는 통상적인 방식이었다. 발표는 각자 그 때 그 때 공부하고 있는 내용을 주제로 삼았고, 대학원생 중심의 초기 모임에는 기말 보고서 내용도 단골 발표거리였다. 정 발표거리가 없는 경우 외국 학술지의 논문 하나를 지정해 요약해 오라기도 했다. 최소한의 격식을 갖추기 위해 내가 사회를 보았고, 지명 토론자는 없었다. 식사비는 이미 취업한 내가 부담했다.

목요연구회는 우리끼리의 모임으로 시작하다 보니 발표자를 구하는 일이 쉽지 않았다. 초창기 상당기간 동안 정례적인 참석자 중 교수는 나 혼자 뿐이었다. 모임을 주관하는 입장인 나로서는 남들보다 자주 발표했고, 발표자를 못 찾으면 언제라도 대타로 나설 수 있기 위해 발표거리를 예비해 두기도 했다. 그러다 보니 초기에는 내가 2−3회를 연속 발표한 경우가 몇 번 있었다. 나중에 세어 보니 첫 10년 동안은 6회의 한번 꼴로 내가 발표했다. 간혹 외부 인사를 초빙해 발표를 부탁하기도 했으나 많지는 않았고, 거의 대부분을 서울대 대학원 국제법 전공자로 꾸려나갔다.

초창기에 저녁은 통인시장 부근의 유성각이라는 허름한 중국집에서 시켜 먹었다. 단골 메뉴는 물론 가장 싼 짜장면이었다. 1년에 몇 십번 씩 매주 목요일마다 저녁을 시켜 먹으니 유성각도 연구회 모임을 알게 되었다. 어느 목요일은 마침 참석자들의 도착이 좀 늦어 저녁 주문도 지연되었다. 그러자 유성각에서 먼저 전화가 왔다. 목요일인데 저녁 주문을 하지 않아 이상해서 자기들이 먼저 전화를 걸었다는 이야기였다. 그 때는 부근에 배달시킬 중국집이 유성각 밖에 없어서 좋으나 싫으나 매주 목요일 저녁은 무조건 그 집 짜장면이었다. 한 7−8년 정도 지났을까 유성각이 문을 닫았다. 배달이 요즘처럼 전문화·활성화되어 있지 않던 시절이라 갑자기 저녁을 시켜 먹을 집이 마땅치 않아 한동안 애를 먹었는데, 곧 이어 부근에 중국집이 몇 곳 생겨 문제가 해소되었다. 1985년 연구회를 시작할 때부터 매주 목요일 저녁마다 짜장면을 먹다 보니 나는 짜장면에 질려 그 때 이후 오랫동안 다른 곳에서는 짜장면을 전혀 먹지 않았다. 짜장면만 보면 속이 느글거렸다. 짜장면은 1주일에 한 번 유성각으로 충분했다.

백 선생은 1986년 일본에서 귀국한 후 곧 이어 1988년까지 2년간 법대 교무부학장직을 맡으셨다. 이 보직이 끝난 후 2−3년간은 목요 세미나에도 자주 참석하셨고, 자연 대학원생의 참여율도 높아졌다. 차츰 목요 세미나를 통해 국제법연구원은 서울법대 국제법 전공생의 구심점이 되어 갔다. 새로 국제법 전공생이 입학하면 으레 목요 세미나에 출석해 동료와 선후배를 만났다. 연구원을 오면 상당한 수준의 국제법 장서가 있고, 아직 개인용으로는 고가였던 PC가 있어 석사논문 작성 등에 활용할 수 있었다. 특히 외국 국제법 전문학술지는 국내에서 가장 많이 구독했다. 서울대학교와 사직동 간의 거리가 상당히 멀었지만, 학생들이 이곳을 찾아올 충분한 가치가 있었다. 처음 대학원을 진학해 여러 모로 낯설어 하는 대학원생들에게 서울국제법연구원은 편안히 안착할 수 있도록 보금자리를 제공했다.

1990년 2월 15일은 제100회를 맞아 이한기 선생을 초빙해 "나의 학문과 인생"이란 주제로 일종의 특강을 실시하기로 했다. 그 날 오후 나는 이한기 선생을 모시러 댁인 잠실 아시아선수촌 아파트로 갔다. 6시 쯤 댁을 출발해 연구원으로 오시면 7시에 특강을 시작하고, 8시 경부터는 인근 한정식 집으로 자리를 옮겨 외교부 국제법규과에서 저녁을 사기로 예정되었다. 특별한 행사인 만큼 외교부 직원도 상당수 참석했다. 같이 시내로 오는데 그 날 따라 시내 교통이 말도 못하게 막혔다. 남산 터널 속에서만도 30분 이상 머물렀던 것 같다. 7시 도착은커녕 8시에도 차는 아직 시내에 묶여 있었다. 휴대전화가 없던 시절이었다. 연구원에서는 왜 이리 늦나, 무슨 사고가 났는가 다들 크게 걱정했을 것이다. 차 속의 이한기 선생과 나 역시 속이 타기는 마찬가지였다. 우리 일행은 아마 8시 반도 넘기고 9시에 육박해 연구원에 도착했다. 잠실에서 사직동 오는데 동경서 서울 오기보다 시간이 더 걸렸다고 말씀하셨다. 특강을 마친 후 식당에는 9시 반도 지나 도착했다. 음식은 물론 다 식었다. 100회라는 숫자를 자랑도 하고 잔칫날 같은 분위기를 고대했는데, 서울의 교통체증으로 완전히 망가진 결과가 되었다.

목요연구회는 계속 내가 주관했다. 아무래도 서울대 교수가 세미나에 임석해야 대학원생 출석율도 높아지는데, 백 선생은 1991년 교무처장과 1994년 법대학장이 되신 이후 거의 출입을 못하셨다. 방송대 교수인 내가 주로 서울대 대학원생을 주축으로 하는 모임을 이끌기에는 어려움이 많았다. 단순히 선배일 뿐인 내가 서울대 대학원생들에게 학교에서 멀리 떨어진 사직동 모임을 나오라고 직접 말하기도 어렵고, 사실 누가 국제법 전공자로 입학했는지 바로 알 수도 없었다.

　참여자 중 교수가 사실상 나 혼자였던 80년대에는 조금만 더 연구회를 이끌다 보면 후배들이 곧 교수가 되고, 이후에는 연구회가 질적으로나 양적으로 크게 활성화되어 서울국제법연구원과 관련된 내 부담도 좀 덜어지리라 기대했었다. 90년대 들어서자 교수로 취직하는 후배들이 늘어갔다. 그런데 문제는 교수로 취직을 하면 연구원 출입빈도가 오히려 줄어든다는 사실이었다. 자기 일들이 바빠지니 연구원에 신경을 쓰지들 않았다. 한편 여러 가지 이유로 90년대 들어 서울법대에서는 국제법 전공학생이 급격히 줄었다. 매번 발표자를 섭외하고 참여인원을 확보하기 위해 몇 안 되는 대학원생 후배들을 다독이며 연구회를 이끌어 나가기는 여러 모로 힘에 벅찼다.

　1990년대 전반은 개인적으로도 분주한 일이 많았다. 1992년 2월 박사학위를 받느라 그 직전 2년여는 특히 바빴고, 학위취득 이후에는 방송대 학보사 주간을 1년 반 정도 맡게 돼 개인 공부가 힘든 생활이었다. 학보사 주간 보직이 길어지자 연구회에 참석해도 국제법 이야기는 머릿속에 잘 들어 오지조차 않았다. 개인 사정상 매주 시간 내기는 점점 부담스러워졌고, 발표자 섭외나 참석자 인원 확보에 신경 쓰기도 피곤했다. 어느 날 참석자 수가 너무 적어 연구회가 무산되면 속으로는 오히려 기뻤다(4명 미만이면 모임 취소). 밖으로 내색은 일체 하지 않았지만 종종 도망가고 싶은 심정이 치솟곤 했다. 그래도 연구회 모임을 억지로라도 붙잡고 있었던 이유는 내가 이 모임을 방치하면 다들 손 놓아 버릴 것이고, 서울국제법연구원의 학술활동은 사실상 중단되리라는 걱정 때문이었다. 나로서는 서울대 국제법 전공이 활성화 되어야만 방송대 국제법 교수로서의 내 인생의 밑받침도 더 탄탄해지리라 믿었다. 서울대 국제법 전공의 후퇴는 결국 내가 딛고 있는 발밑이 무너지는 결과가 될 테니 무언가 대안이 마련되기 전까지는 힘들더라도 내가 이 줄을 놓치지 말고 버텨야 한다고 생각하며 참았다. 1994년 8월 배재식 교수가 은퇴를 하고, 후임 선발절차가 진행되었다. 당시 지원서를 내지 않았던 나는 누가 새 서울대 국제법 교수로 결정만 되면, 그 사람에게 모든 짐을 넘기고 나는 더 이상 연구원 모임에 나오지 말고 내 일에나 전념하겠다는 생각까지 했었다.

1994년 서울대 국제법 공채가 무산되고, 1995년에는 나도 응모해 9월 서울법대 교수로 부임하게 되었다. 당시 서울법대 대학원에서 국제법 수업 수강생은 석박사 과정 통틀어 딱 1명뿐이었고, 다음 학기 겨우 한 명이 더 들어왔다. 연구회 운영은 여전히 쉽지 않았으나, 이제는 남에게 넘길 수도 없는 정말 내 일이 되었다. 연구회는 그 이후에도 15년이 더 지속되었다.

　　200회와 300회 째 연구회는 별 다른 기념행사 없이 넘어갔고, 400회를 기념해서는 "국제법 발전에 대한 한국 외교의 기여"라는 제목의 학술회의를 개최했다. 서울국제법연구원이 일반 공개를 목적으로 개최한 첫 학술회의였다. 2006년 11월 10일 대한적십자사 강당에서 열린 행사에서 나의 "1952년 평화선 선언과 해양법의 발전"을 비롯, 최태현·신창훈·박희권 4명의 발표가 있었고, 많은 국제법학계 관계자가 참석해 성황을 이루었다.

　　그동안 연구회는 매주 발표를 목표로 하고, 실제로 연 30회 내외 모임을 가졌다. 가장 많이 모인 연도는 1989년으로 35회였다. 초창기에는 대학원생 모임 정도라 자신의 기말보고서 내용을 발표한 경우도 여러 번 있었지만, 차츰 연륜이 쌓이다 보니 그런 수준의 발표는 더 이상 없어졌다. 대신 어느 정도 완성된 학술적 정리를 갖춘 발표자를 찾아야 하니, 매주 섭외하는 일이 더 어려워졌다. 결국 1996년 후반기부터 매주 원칙을 포기하고, 월 2회 격주 모임으로 변경했다. 실질적으로는 연 15회 내외 연구회를 진행했다. 수업 등으로 목요일 저녁 모임 참석이 어려운 사람이 많은가 해 토요일 오전으로 요일을 바꾸어 보기도 했으나, 별다른 인원증가 효과가 없어 다시 목요일 저녁으로 복귀했다. 참석자 문호개방을 시도했으나, 이 역시 별 성과는 없었다.

　　연구원이 위치한 장소도 어려움의 한 원인이었다. 연구원이 개설될 때는 광화문이 서울의 중심이었으나, 2000년대에는 모임과 활동의 중심이 강남으로 이동했다. 서울대 대학원 학생들도 대부분 강남이나 학교 부근에서 생활했다. 서울대 교정에서 사직동 연구원을 가려면 대중교통으로 한 시간이 넘게 걸리며, 여러 번 갈아타야 하는 등 차편 연결도 편하지 않다. 사직동이라는 위치에 익숙한 나 역시 서울대에서 연구원 가기가 힘들게 느껴질 정도였으니, 아마 학생들이 느끼는 불편감은 더 컸을 것이다. 연구회 참석자 중 서울대 외 다른 학교에서 오는 사람은 평균 2명 정도에 불과했으므로, 사직동이란 위치는 많은 사람에게 시간적 낭비를 요구한 셈이었고, 자연 참석률 저하의 원인이 되었다.

법학전문대학원 제도가 실시되기로 결정되자 서울법대 내 전업대학원생 숫자는 급속히 감소했다. 결국 2009년 말 제450회를 끝으로 더 이상 목요 세미나를 계속하지 않고, 서울국제법연구원의 학술행사는 공개적 학술회의 형태로 전환하기로 결정했다. 가장 큰 이유는 참석자 감소였다.

별달리 깊은 생각이나 치밀한 계획도 없이 대학원생들과 가볍게 시작한 모임이 나중에 서울국제법연구원의 간판 사업처럼 지속될 줄 몰랐다. 서울대 대학원을 통해 학계 또는 외교부로 나간 많은 사람들이 목요연구회를 거쳐 나갔다. 450회에 달할 때까지 해외 연구년을 간 기간을 제외하고 내가 결석한 횟수를 세어 보지는 않았지만 10번 이하로 추산한다. 그 25년간 목요 세미나는 내 개인 일정 중 항상 최우선이었다. 세미나가 있는 날은 아무리 불가피한 상황일지라도 다른 일정을 만들지 않았고, 국가인권위원을 하는 동안에도 인권위원회 일정보다 목요 세미나를 더 우선했다. 25년간 나는 총 61회의 발표를 했으며, 그중 40회는 초기 10년 동안의 발표였다. 다른 사람들 중에는 아마 제성호 교수가 전기간 중 가장 많이 참여했고, 외부 발표자 섭외도 여러 번 하는 등 기여가 있었다. 그리고 최태현, 서철원, 김영석 교수 등이 자주 나온 편이었다. 2000년대 들어서는 이근관 교수가 상대적으로 꾸준히 참여했고, 특히 2004년 9월 서울대 교수로 부임한 이후에는 발표자 섭외 등의 업무를 대부분 담당했다.

연구회와 관련된 자랑의 하나는 450회 모든 연구회의 일시, 발표자, 제목은 물론 참석자 명단까지 일지로 정리되어 있다는 사실이다. 이는 백충현 선생으로부터 배운 바에서 비롯되었다. 백 선생은 평소 어쩌면 당연한 내용까지도 언제나 일일이 기록을 만들어 두셨다. 처음에는 뭘 이런 것까지 번거롭게 기록하시나 의아한 생각도 들었다. 그러나 사람의 기억이란 그다지 믿을 만하지 못하다. 현장에서는 당연하던 내용도 한 두 달이 지나면 잘 생각이 나지 않아 기록하지 않은 일을 후회한 경우가 적지 않다. 당시 내가 첫 날부터 모임일지를 작성한 일은 바로 백 선생의 기록하는 모습을 보고 배웠기 때문에 가능했다. 항상 연구회 일지 양식을 파일철로 만들어 비치했기 때문에, 나중에는 특별히 지시하지 않아도 참석자중 연소자 한 명이 으레 기록을 정리했다. 백 선생께서 따로 말씀하지는 않았지만 그 분의 삶의 태도가 서울국제법연구원의 역사를 보존하게 만들었다.

행사 기록을 남기려 한 의식의 바탕에는 흥사단 개척자강좌에 대한 기억도 있었다. 이야기가 국제법과는 빗나가지만 개척자강좌에 대한 소개를 잠시 한다. 나는 중 3과 고 1 시절 명동 흥사단 대성빌딩에서 진행되는 금요 개척자강좌에 가끔 참가했다. 흥사단이 주최한 개척자강좌는 1954년 4월 9일(금요일) 시작해서 1400회는 훌쩍 넘기며 1998년까지 계속된 일종의 시민교양강좌였다(이후 2002년 잠시 부활했었다). 자유당과 공화당 권위주의 정부 시절 흥사단 대성빌딩은 종로 5가 기독교방송국 건물과 함께 일종의 작은 정신적 해방구로서 정부 비판의 소리를 시원스럽게 들을 수 있는 몇 안 되는 장소 중 하나였다. 개척자강좌가 정치적 주제만을 다루지는 않았으며, 다양한 사회·문화적 주제를 다루었다. 나는 흥사단 단원이 아니었지만 중3 때 처음으로 안병욱 선생의 강연을 들으러 혼자 대성빌딩에 간 적이 있었다. 주제는 금권정치(金權政治), 배금주의 등에 대한 비판이었다고 기억한다. 중학생이던 나는 이 날 안병욱 선생의 화술과 강연내용에 흠뻑 매료되어 흥분할 정도였다. 이 때 인상적인 사항의 하나가 바로 개척자강좌의 누적횟수였다. 정확한 기억은 없지만 아마 500회째 전후의 강좌가 아니었나 싶다. 당시에도 대단한 숫자라는 인상을 받았다. 한편 그것은 기록을 유지했기에 제시될 수 있는 숫자였다. 이러한 숫자의 무게는 유신시대에도 정부가 개척자강좌를 함부로 다루기 어려웠던 이유의 하나였을 것이다. 개척자강좌에서 주최측이 항상 내세우던 또 다른 자랑은 정시 시작이었다. 1950년대 후반 어느 날 오후 서울에 엄청난 폭우가 쏟아지고 시내 교통이 마비돼 조병옥 선생(이 기억에 자신은 없다)이 지각해 한번 늦은 경우 외에는 개척자강좌는 항시 정시 시작을 했고, 그것이 도산(島山)의 정신이라고 설명했다. 나는 서울국제법연구원의 목요세미나와 이후 서울대에서의 국제법 강독회에서 이 점만은 실천하지 못했다.

약속한 참가자들 일부가 조금 늦으면 최소 5-10분 정도는 기다렸다 시작했다.

연 도	연구회 횟수	정인섭 발표수	연 도	연구회 횟수	정인섭 발표수
1985	11	3	1998	15	2
1986	18	5	1999	11	2
1987	24	8	2000	14	−
1988	8	3	2001	13	1
1989	35	3	2002	19	2
1990	32	7	2003	14	3
1991	28	4	2004	15	1
1992	28	1	2005	12	−
1993	26	1	2006	14	−
1994	26	5	2007	17	2
1995	18	3	2008	15	1
1996	13	1	2009	15	1
1997	9	2	합계	450	61

2. 학술단체를 맡아

가. 대한국제법학회 회장

(1) 학회와의 인연

1980년 봄 서울대학교 대학원 석사과정에 입학하자마자 한 일 중의 하나가 대한국제법학회 가입이었다. 누가 권하지도 않았지만 앞으로 이곳이 내 삶의 터전 일부가 되리라고 생각해 학회 논총 뒤에 적힌 주소를 보고 서소문 삼령빌딩에 있던 대한국제법학회를 혼자 찾아갔다. 작고 지저분하고 퀴퀴한 분위기의 사무실을 학회 간사(사무국장)인 이우택씨가 지키고 있었다. 1957년부터 1968년까지 12년간 학회 간사직을 담당했던 노계현 선생의 후임자인 이우택씨 역시 1981년 초까지 12년 동안 간사직을 맡았으니 두 분은 학회 전반기의 산 증인들이었다. 서울대 대학원 국제법 전공학생으로 회원 가입을 하겠다는 방문취지를 말하고 입회원서 양식을 받았다. 당시는 인터넷이 없던 시절이라 이런 서류 하나를 얻으려 해도 직접 방문해야 했다. 이우택씨는 자기는 독도문제로 학위논문을 쓸 생각이라는 이야기와 함께 학회 운영에 관한 이런 저런 불만도 털어 놓았다. 말이 사무국장이지 당시는 차비 남짓한 보수만 받고 간사 일을 했다고 들었다. 1년 후 이우택씨는 반 타의로 간사직을 그만 둔 이후 학회와 인연을 끊어 후일담은 모른다. 이제 현역 교수 중에는 아마 이우택씨 얼굴을 본 사람이 거의 없을 것이다. 한편 나는 그 무렵 미국 국제법학회도 가입했다. 여기는 간단한 신청서와 돈만 송금하면 회원으로 인정해 주었으니, 추천자가 필요한 대한국제법학회보다 가입이 더 간단했다. 미국 국제법학회 회비는 이후 40년 가까이 납부하다가 정년퇴임 직전에 중단했다.

석사 과정 첫 학기에 대한국제법학회에 가입하고 1980년부터 다른 특별한 일이 없으면 학회 행사에 출석했다. 비교적 이른 나이에 학회를 나가기 시작했기 때문에 연배가 좀 높은 선배보다 학회 출입의 역사는 내가 더 길다. 그 해 학회 모임에 나오는 회원으로 나는 유일한 전업학생이었고, 대부분의 출석 회원은 교수나 다른 유직자들로서 또한 이사이기도 했다. 정확한 시기는 기억나지 않지만 그 무렵 학회 총회를 진행 중 갑자기 이사회에서 결정할 사안이 제기되었다. 잠시 총회를 정회하고 이사회를 열기로 했다. 그런데 총회장에 이사 아닌 회원이 딱 두 명 뿐이었다. 이사회를 개최하기 위해 이사가 다른 방으로 이동하는 대신, 의장은 이사 아닌 두 명에게 잠시 회의장 밖으로 나가달라고 요청했다. 그 때 회의장 밖으로 나가야 했던 회원이 나와 고 이영준 교수였다(당시 시간강사로 나이는 나보다 6살 연상). 둘은 복도 엘리베이터 앞에서 서로 마주 보고 웃었다. 이듬 해 정도에 석사과정생이던 제성호 교수가, 그 다음에 김석현 교수가 학회에 나오기 시작한 것으로 기억한다. 김석현 교수는 성격도 활발하고 목소리가 커서 지금은 학회 모임 어디서나 금방 눈에 띠는 존재지만, 그 때는 박종성 교수를 말 한마디 없이 그림자처럼 수행만 해 학회에서 몇 번을 보았어도 오랫동안 목소리조차 듣지 못했다.

나는 1995년 김명기 교수가 회장인 해 학회 연구이사를 맡음으로 이사가 되었고, 1999년 백충현 교수가 회장인 해 부회장 보임을 받았다. 2008년 1월 14일 배재빌딩에서 개최된 정기총회에서 차기회장으로 선임되었다.

차기회장 제도는 회장으로서 할 일을 미리 준비하라는 취지에서 1999년부터 실시되었다. 그 이전에는 매년 1월 정기총회에서 학회 회장으로 선출되면 그 때부터 직무이사를 선임하고 업무 파악을 하고 연중 계획을 마련해야 했다. 1년 임기 초반 상당 기간을 구체적 실행은 없이 계획 수립으로 보내야 했다. 학회 업무가 차츰 늘어가자 1990년대 중반 회장 임기가 2년은 되어야 제대로 일을 할 수 있다는 의견이 대두되었다. 임기 연장안은 주로 회장을 이미 역임한 전임회장들에 의해 제기되었다. 틀린 말은 아니었으나, 임기를 2년으로 늘리면 회장을 맡을 수 있는 사람이 반으로 줄어든다. 그런데 회장 하고 싶은 사람은 적지 않았다. 당시는 때로 회장 선거가 치열해 후유증이 남기도 했다. 임기 연장은 회장 선거가 더 치열해짐을 의미했다. 현실적으로 현명한 방안이 아닌 듯 했다. 그래서 나는 다른 큰 규모의 학회가 이미 실시하고 있는 차기 회장제를 도입하자고 제안했다. 차기회장제는 1998년 정관개정으로 도입되고, 1999년 1월 정기총회에서 백충현 회장과 함께 유병화 교수가 최초의 차기회장으로 선임되었다.

나는 2006년 1월 7일 정기총회에서 2명의 차기회장 후보 중 한 명으로 추천되었는데, 같이 추천된 전순신 교수에게 양보를 했다. 2007년 1월 4일 정기총회에서도 차기회장 후보로 추천되었으나, 2008년 상반기 외국으로 연구년을 나갈 예정이라 역시 사퇴했다. 2008년 1월 14일 정기총회시 또 다시 차기회장으로 단독 추천되었는데, 이때는 미국 체류 중이라 회의에 직접 참석하지 못했으나 차기회장으로 선임을 해주었다.

⑵ 회장 취임

차기회장으로서 우선 할 일은 학회 업무를 같이 할 임원진의 선임이다. 연구년에서 돌아온 나는 2008년 11월 초까지 차기 집행부 임원 구성을 마쳤다. 부회장에 박배근 교수와 서철원 교수, 총무이사 이성덕 교수, 연구이사 박덕영 교수, 출판이사 김한택 교수, 국제이사 이근관 교수가 동참을 수락했다. 그중 서철원 부회장과 박덕영 연구이사는 2008년부터 임원직을 계속한 경우이고, 김한택 교수와 이근관 교수는 직무이사 취임을 통해 처음으로 이사직에 진입하게 된 경우였다. 우연의 일치지만 나와 같이 일하던 임원들이 나중 2017년부터 서열 순대대로 연속 5년간 학회 회장으로 선출되었다.

회장으로서 가장 큰 고민은 학회 사무국장이었는데 서울대 박사과정생인 김원희(현 KMI) 군이 자원을 해 주어 짐을 덜었다. 김 군은 박사논문을 준비 중이던 사람이라 미안해서 차마 부탁을 못하고 있었는데 도와주겠다고 자청을 했다. 김 군은 1년간 학회 사무국장직을 전심전력을 다해 수행함으로써 아마 자신의 박사논문 완성이 반년이나 1년 정도 늦어졌을 것이다. 2008년 12월 5일 을지로 입구 라칸티나 식당에서 차년도 집행부와 외교부 조약국 직원간 상견례 겸 업무협의용 저녁회식도 미리 마쳤다. 이와는 별도로 2009년도 학회 업무방향에 관한 나의 기본 구상도 설명했다. 이로써 2009년 1월 초 정기총회와 아울러 인수인계를 마치면 곧 바로 업무를 시작할 수 있는 준비를 갖추었다.

2009년 1월 8일 정동 배재빌딩에서 개최된 정기총회에서 정식으로 회장에 취임했다. 2009년은 마침 법학전문대학원이 문을 여는 첫 해로서 대학에서의 국제법 교육에 일대 변화가 예견되었는데, 한국보다 몇 해 먼저 미국식 로스쿨 제도를 도입한 일본의 예로 볼 때 우려스러운 점이 적지 않았다. 학회 장으로서는 1년 임기 동안 새 사무실의 마련과 더불어 학회장 선출제도의 변경, 이사 제도의 변혁, 학술상 선정방식의 변화, 학회 논총의 질 강화 등을 내부에서 추진할 주요 안건으로 생각했다.

학회는 1년 단위의 임원들이 회직을 맡는 학술단체로서 가급적 전례대로 운영함으로써 되도록 서로 부딪치지 않고 다른 소리가 나오지 않도록 원만함을 추구함이 보통이었다. 서열 존중의 문화도 강했다. 당연히 변화가 쉽지 않았다. 국제법학회가 과거 실질 회원 수십 명일 때와 유사한 방식의 운영을 계속하니 회원 수가 크게 늘어난 상황에서는 중견 또는 신진 학자들의 불만이 커가고 있었다. 누구보다도 학회에 오래 출석하던 사람으로 그동안 내재된 문제점이라 생각하던 사항들을 임기 중에 가능한 한 개선해 보고 싶었다. 개선 시도는 기존 제도에 편안함을 느끼는 원로 회원들의 불만을 유발할 수 있다. 그런 소리에 방해받지 말고 추진해야 했다. 개인적 생각의 골격을 취임사에서 밝혔다. 다소 길지만 당시 낭독했던 취임사를 재차 인용한다.

대한국제법학회 회장 취임사(2009. 1. 8.)

존경하는 대한국제법학회 선배, 동료, 후배 여러 분. 우선 오늘 부족한 저를 학회 회장으로 선임하여 주셔서 대단히 감사합니다. 1953년 창설된 대한국제법학회는 우리나라 법학 학회중에서 가장 오랜 역사를 갖고 있으며, 「국제법학회논총」은 국내에서 가장 연륜이 긴 법률논총임을 우리는 늘 자랑스럽게 여기고 있습니다. 더욱 과거로 돌이켜 보면 한말 수많은 애국계몽 잡지에 새로운 국제법 지식의 전파가 애국운동의 일환으로 전개되었고, 우리나라 최초의 서양식 박사학위논문도 고 이승만 대통령의 「미국의 영향을 받은 중립」이라는 국제법상 전시중립에 관한 프린스턴 대학에서의 학위논문이었습니다. 이는 개화기 선각자들부터도 국제법이 우리 사회에 그 만큼 중요하다는 점을 잘 알고 있었음을 보여주는 사실입니다. 이에 국제법을 연구하는 학회 회원 우리 모두는 국제법을 통한 애국과 국가발전, 그리고 국제평화와 국제이해에 이바지 한다는 자부심을 갖고 있습니다. 대한국제법학회가 이러한 임무 달성에 있어서 중심적 기관이 되어야 한다는 사실에는 누구도 이의가 없을 것입니다. 저는 이러한 대한국제법학회의 회장으로 봉직하게 된 사실을 개인적으로 무한히 영광스럽게 여기는 한편 무거운 책임감도 느끼고 있습니다.

오늘 날의 국제법은 국제사회의 급속한 변화만큼 커다란 변화와 도전을 겪고 있습니다. 21세기 벽두에 터진 9.11 사건은 종래의 국제법적 원칙과 실행에 적지 않은 변화를 불러일으키고 있습니다. 인권의 국제적 보호의 강화와 환경의 국제적 보호의 강화의 필요성은 세계인 모두의 합심된 노력을 요구하고 있습니다. 공평한 국제경제법 질서의 확립 역시 간과될 수 없는 숙제입니다. 오늘도 그 밖의 각종 주제에 대한 새로운 국제법 질서의 창조와 확립을 위한 논의가 세계 곳곳에서 진행되고 있습니다. 우리 주변을 돌아보면 남북한 관계는 물론 한반도 주변국과의 관계에서도 국제법적 쟁점이 끊임없이 제기되고 있습니다. 이러한 모든 사실에 대한 대처가 우리에게 부여된 임무라고 생각합니다.

한편 우리의 눈을 안으로만 돌려도 국제법 연구자가 진지하게 고민하여야 할 과제가 산 같이 쌓여 있습니다.

무엇보다도 국가사회의 발전에 있어서 국제법의 중요성과 필요성에 대한 사회적 인식을 고양시키는 것이 중요한 숙제입니다. 대한민국은 경제규모는 세계 13위, 무역규모는 11위로서 세계 최상위권이며, 인구수에서는 26위, 우리 스스로 매우 좁다고 생각하는 영토면적에 있어서도 108위로서 지구상의 국가 중에서 중간 정도의 위치입니다(남북한을 합하면 영토 84위). 이러한 통계에 비추어 볼 때 대한민국은 약소국의 지위를 넘어선지 이미 오래이며, 중급 규모 이상의 강소국의 기반을 갖추고 있습니다. 그러나 동북아에서 대한민국의 위치는 러시아, 중국, 일본, 미국 등 세계 4강 세력에 둘러싸인 형국입니다. 대한민국이 가까운 시일 내에 군사력이나 경제력으로 이들 국가를 압도하기는 어렵습니다. 즉 한국이 인접국과의 관계를 힘의 논리만으로는 풀어가기 역부족일 수밖에 없습니다. 이 같은 지정학적 위치에서 대한민국이 주권국가로서의 자존을 지키며 국가의 번영을 구가하려면 국제사회의 보편 규범인 국제법을 어느 나라보다도 적극적으로 활용하여야 합니다. 그러나 국가사회 발전에 있어서 국제법의 중요성에 대한 국내적 인식은 아직 터무니없이 낮지 않은가 합니다. 이의 개선은 바로 우리의 임무입니다.

둘째, 금년부터의 법학전문대학원 시대에 있어서 어떻게 효율적인 국제법 교육을 확보할 것인가는 당장 우리들 발등의 불이라고 할 수 있습니다. 법학전문대학원의 실시가 법학교육 전반에 커다란 충격을 가져올 것이며, 국제법의 교육과 연구 역시 이러한 충격을 피할 수 없습니다. 미래의 법조계와 법학계를 담당할 인재들에게 어떠한 내용의 국제법을 어떻게 강의할 것인가, 미래의 국제법학자들을 어떻게 양성할 것인가는 우리 모두가 지혜를 모아야 할 화급한 숙제입니다. 아울러 기존의 법과대학 체제에서는 어떻게 국제법 교육을 강의할 것인가에 대한 숙고 역시 간과하지 말아야 할 과제입니다. 저는 2009년 국제법학회가 우선적으로, 공통적으로 그리고 지속적으로 고민할 주제는 바로 이것이 아닌가 합니다.

셋째, 저는 새로운 시대적 변화에 국제법학회가 능동적으로 대응하기 위해서는 학회 나름의 체제 정비 역시 중요한 과제라고 생각합니다. 제가 보기에 현재의 대한국제법학회는 실질적으로 활동하는 회원이 전국의 국제법 교수 20, 30명 정도에 불과하던 시절의 체제를 이제까지 유지하고 있습니다. 근래 연부역강한 새로운 신진기예들이 속속 등장하고 있음에도 불구하고 대한국제법학회가 과연 이들에게 효과적인 활동무대를 적기에 제공하여 왔는가를 되돌아 볼 때가 왔다고 생각합니다. 국내에서 가장 오랜 연륜의 법학회임을 자랑하기에 앞서 과연 지난 수십년 동안 대한국제법학회가 얼마나 사회적 영향력을 확보하고 그 외연을 넓혀 왔는가를 재점검할 때가 되었다고 생각합니다. 제가 보기에 그간 대한국제법학회의 변화는 사회 일반의 발전 속도를 따라 잡지 못하여, 그 사회적 위상과 영향력은 지속적으로 위축되어 왔다고 판단됩니다. 학회의 논총의 질 역시 국제법 분야에 있어서 대한민국 제1의 권위를 유지하고 있다기 보다는 이제는 하고 많은 학술지들 중의 하나로 전락하였다는 점 역시 부인하기 어렵습니다. 지난 약 20년간 학회 구성원의 양과 질에 있어서 많은 변화가 있었습니다. 이제 학회 운영의 방식도 변화된 현실을 하나라도 더 수용할 수 있도록 개선을 모색하여야 할 때가 되지 않았나 싶습니다.

이에 이미 많은 학회 회원들이 필요성을 공감하고 있다고 판단되는 몇 가지 변화를 금년중 모색하려고 합니다. 그 첫 번째로 사실상의 종신직인 현 이사제도의 변화가 필요하다고 생각하며, 이의 변경을 제의합니다. 현재의 제도 하에서는 매년 직무이사를 구성하는데 적지 않은 어려움을 겪고 있다는 사실은 잘 알려져 있으며, 사회적으로 한참 활동하는 회원들의 이사 진입이 어려워 이는 학회로서 바람직하지 않은 현상이라고 생각됩니다. 현재 민사법학회, 상사법학회, 공법학회 등 국내의 다른 규모 있는 법학회의 경우와 비교하여 볼 때, 대한국제법학회의 경우 활동회원 수는 훨씬 적으나 이사 진입 연령은 가장 고령인 편입니다. 위에 지적된 어떠한 학회도 사실상의 종신직 이사제도를 운영하고 있는 예는 찾을 수가 없었습니다. 저는 이사회의 구성이 학문적으로 왕성할 활동을 전개할 나이의 중견 학자들을 자연스럽게 흡수할 수 있는 순환체제가 되어야 하지 않을까 생각합니다. 둘째, 종래 관행적으로 이루어져 오던 회장 선임방식의 변화도 이제는 진지하게 고려하여야 할 때가 되었다고 생각합니다. 근래 일부 예외를 제외하고는 사실상 전임회장에 의한 후임 회장 지명이 이루어져 온 것이 사실입니다. 저 역시 그러한 방법으로 회장이 되었습니다. 이러한 방식은 선거에 따른 부작용을 최소화하는 장점이 있어서 수용되어 왔습니다. 한편 이제까지는 학회의 인적 구성상 활동을 지속하면 대체로 누구에게나 회장직의 기회가 돌아갈 수 있었기 때문에 이러한 방식이 별 탈 없이 유지될 수 있었다고 생각됩니다. 그러나 현재 이사회의 구성원을 살펴보시면 금방 알 수 있겠습니다만, 이러한 방식을 언제까지나 지속하기는 어려운 실정입니다. 학회의 중심적 활동을 하시는 분들의 연령구성상 현재와 같은 방식의 계속은 조만간 불가능해집니다. 이에 대한 대비 역시 필요한 실정입니다.

저는 그 동안 학회 운영의 많은 부분이 온정적 평등배분주의에 입각하여 왔었다고 생각합니다. 심지어 학회의 각종 시상조차 그러한 방식으로 운영되어 왔습니다. 이는 활동회원 수가 소수이던 시대에는 학회 내 갈등을 최소화시키며 무리 없이 운영될 수 있었습니다. 그러나 과거 식의 운영방식을 고수하기에는 시대도 많이 변하고, 학회 구성원의 수와 의식도 크게 변하였다고 봅니다. 학회가 회원들의 역량을 극대화하는데 중심적 기관이 되고, 학회가 과거의 영광을 되찾기 위해서는 이제 운영방식의 변화를 모색하기 위하여 우리 모두가 진지하게 머리를 맞대어야 할 때가 되었습니다. 회장 취임의 자리에 밝은 이야기보다 자성의 소리만을 길게 늘어놓아 죄송합니다만, 학회의 보다 나은 발전을 위하여 학회 회원 여러 분들이 지혜와 성원을 보내 주시기 간곡히 부탁드리는 바입니다.

끝으로 2009년 새해 회원 여러 분 모두에게 건강과 행운이 같이 하기를 바라마지 않습니다. 감사합니다.

---

(3) 학회 사무실 구입

나의 회장 임기 중 가장 큰 외형적 변화를 가져온 사업은 아마 학회가 자체 사무실용으로 오피스텔을 구입한 일일 것이다.

대한국제법학회는 오래 전부터 기금을 적립해 왔다. 기부금이 재원의 출발이었으며, 학회 논총 영인본 판매대금도 운영비로 사용하지 않고 기금으로 적립했다. 기금 적립이 처음부터 구체적 목적을 갖고 시작되지는 않은 것으로 안다. 1988년 2월 29일 이사회는 총액이 2억원에 달할 때까지 운영기금은 원금와 수익을 전액 적립하기로 결의했다.

2006년도 집행부가 학회 경상운영비를 절약해 1,000만원을 기금으로 전입함으로써 2007년 초에는 드디어 기금총액이 2억원에 도달했다. 기금이 당초 설정했던 목표액에 도달하자 이의 사용방법에 대한 논의가 시작됐다. 2007년 3월 31일 학회 이사회에서 전순신 회장은 이 돈을 학회 사무실 구입에 사용하자고 제안했다. 이 안은 이사들의 전반적 지지를 받았으나, 이 해 매입을 위한 본격적인 활동은 없었다. 학회 선배들이 반세기 동안의 노력으로 모아

온 기금의 사용 결정이 쉬울 리는 없었다. 이듬 해 2008년 1월 14일 개최된 총회는 신임 집행부가 적립된 기금을 학회 사무실 구입에 사용하라고 결의했다. 서철원 부회장이 추진위원장으로 위촉되었다. 학회 기금도 1년 단위로 예치를 하면 사무실 매입 시 적기지출에 어려움이 생길 것을 우려해서 3개월 단위로만 정기예금을 했다.

2008년 초 미국에서 시작된 금융위기가 가을 전세계적으로 확산되자 부동산 경기가 크게 위축되었다. 당시 집행부는 부동산을 살 적절한 시점인가 여부가 걱정되어 일단 사무실 구입을 보류하기로 결정했다. 그 때까지 아직 구체적 물건까지 살피지는 않았던 것으로 안다. 나는 2008년 상반기를 연구년으로 미국에서 보냈다. 귀국하자 가을 무렵 이석용 회장이 사무실 구입에 관한 이상의 경과를 설명하고, 이를 내년 회장의 일로 넘기겠다고 알려왔다. 사실 1년 임기의 회장이 사무실 이사까지 하기는 번거로운 일이다. 내 집 사는 일도 아니고, 학회 기금을 통한 사무실 매입은 한층 조심스럽다. 부동산 경기를 정확히 예측할 수 있는 사람이 어디 있겠는가?

기존 사무실은 시청 역 부근에 있어 교통은 편리하나 너무 비좁고 건물도 낡아 근무환경이 열악했다. 임차료와 관리비가 월 100만원 수준이라, 이 비용이 학회 경상운영비에 적지 않은 비중을 차지했다. 학회가 자체 사무실을 확보하면 이 액수의 상당부분을 절약할 수 있다. 학회는 한번 매입하면 상당히 오랫동안 이를 유지할 것이므로 너무 부동산 경기에 민감할 이유는 없다고 생각했다. 욕먹을 각오를 하고 누군가는 결단을 내려야지 1년 임기의 회장이 너무 요리저리 계산을 하면 사무실 구입은 매번 힘들어진다. 별도 위원회를 만들어 추진을 맡기면 의사결정이 너무 느려지고 책임지는 사람도 없어서 실제 진행이 쉽지 않다. 이런 일은 회장이 진두지휘를 해야만 빠른 성사가 가능하며, 또한 회장 임기 초반에 단행해야 실행 가능하다. 경험상 임기 후반부로 가면 귀찮아지기도 하고, 이런 저런 이유로 동력을 잃기 쉽다.

2008년 후반기 한국은 비교적 성공적으로 금융위기의 파고를 넘었고, 국내 부동산 경기는 차츰 안정되었다. 이런 상황이면 다음 해 임기 초 학회 사무실을 구입하는 편이 좋겠다고 결심했다. 일단 나름대로 매입에 관한 원칙을 생각해 보았다. 가용 기금총액이 2억 2천만원 선이니 매입가는 2억원 이내로 하고 나머지는 새 사무실용 집기 구입과 내부시설비 등 이사에 따른 수반비용으로 사용한다. 장소는 많은 사람이 찾기 편한 위치이어야 한다. 서울은 주요 대학이 지하철 2호선 상에 소재하므로 가급적 2호선 역에서 도보 거리에 있어야 바람직하다. 대학이 주로 강북에 위치하고 외교부도 광화문에 있으므로, 값비싼 강남지역은 고려할 필요가 없다. 지방 회원까지 감안하면 서울역에서 그리 멀지 않은 위치면 더욱 좋다. 오랫동안 사용할 예정이므로 가급적 최근 건축된 건물이 바람직하다. 결국 새 사무실은 광화문 일대와 시청 인근, 아무리 멀어도 남대문 이북에서 찾아야 한다고 생각했다. 회장으로 취임한 바로 다음 날 직무이사회를 소집해 3월 중 새 사무실 구입을 완료할 방침임을 설명했다.

2008년 말 경부터 부동산 거래 사이트에서 후보지역 오피스텔 시세를 알아보고, 광화문·시청 방면으로 나갈 기회가 있으면 인근 오피스텔을 살펴보았다. 아는 입주자가 있는 경우 직접 방문해 시세와 사용소감을 들어 보았다. 광화문, 무교동, 종로 1가, 시청 인근에는 준공한 지 3−4년 정도인 오피스텔이 많았는데, 위치에 따라 시세는 조금씩 차이가 있었다. 2억원 내외의 예산이면 기존 삼령빌딩 사무실(7평)의 1.5배 정도 크기를 구할 수 있었다. 그만해도 사무실 환경은 훨씬 좋아지지만 학회 용도로는 다소 비좁다고 느껴졌다. 원하는 크기의 사무실은 가격이 예산범위를 몇 천만원 초과했다.

지하철 2호선 시청역 다음 정거장인 충정로역 부근에도 비슷한 시기에 지어진 오피스텔이 여럿 있었는데, 서소문 네거리 철로를 넘어가면 한 정거장 차이임에도 가격차가 현저했다. 충정로 일대에서는 예산 범위 내에서 기존보다 2배 이상 크기의 사무실을 구할 수 있었다. 2월 초 이 일대를 혼자 답사한 결과 2호선 충정로역 3번 출구에서 불과 몇 십m 거리에 있는 SK 리쳄블의 30평형(실평수 15평)이 적당하다고 판단되었다. 오피스텔로는 비교적 큰 크기로 거실과 방 2개가 있었다. 큰 방은 사무실, 작은 방은 서류창고로 사용하고, 거실은 회의실로 꾸미면 8명 내외인 학회의 통상적인 위원회를 소화할 수 있을 듯 했다. 준공한지 4년 정도 되어 비교적 새 건물이었다. 개인적으로는 마음을 굳히고 부회장과 직무이사들을 불러 한번 같이 방문했다. 다들 별다른 반대 없이 구입에 동의했다. 가격도 1억 9천만원에 합의를 보았으니 학회 예산상으로도 적당했다. 2월 12일 계약서를 작성하고 계약금을 지불했다. 계약 다음 날인 2월 13일 마침 학회 이사회가 예정되어 있었다. 이사회에서 새 사무실 구입 계약을 보고하니 다들 환영해주었다. 이후 3월 27일 잔금을 치루고 열쇠를 넘겨받았다. 이사는 3월 30일 했다.

이사과정에서는 당연하겠지만 김원희 사무국장의 노고가 컸다. 수십년 묵은 각종 짐들을 정리하느라 특히 고생이 많았다. 김 국장은 이사를 계기로 학회 창설 이래의 서류철들을 연도별로 클리어 파일에 재정리했다. 오래 되어 삭아 가던 서류들이 찾아보기 한층 편리해졌다. 김 국장은 시키지도 않은 일을 스스로 찾아 함으로써 학회에 숨은 기여를 했다. 당초 이를 PDF화할 계획이었으나, 1인 사무국 체제에서 그 일까지 감당하기에는 시간이 너무 부족했다. 이들 서류는 클리어 파일 속에서 근 10년을 그대로 지내고, 2018년 서철원 회장이 전체를 PDF 파일로 만들었다.

4월 한 달간 새 사무실을 정리하고 5월 1일 이전 개소식을 가졌다. 학회 창설 56년만의 내 집 마련이었다. 1953년 6월 16일 부산에서 창립총회를 가진 학회는 초창기 한동안의 운영을 거의 전적으로 외무부에 의존했었다. 실무운영의 주역인 간사장(사무총장)을 외무부 정무국장이 맡았고(초대 최문경 국장, 이어 김동조 국장), 학회 일을 도와주던 외무부 직원 책상이 바로 학회 사무실이었다. 그러다 1956년 7월 22일 외무부로부터 독립해 한국법학원에서 청소도구함으로 사용하던 창고를 빌려 나갔다. 1평 남짓의 작은 공간으로 책상 하나만으로도 꽉 차던 협소한 장소였으나, 어째든 독립된 사무실이었다. 이후 학회 재정이 좋아지자 1959년 4월 8일 조선호텔 앞 정신빌딩 403호를 임대해 본격적인 사무실을 개소했다. 학회의 재정 형편이 어려워지자 1965년 2월 14일 다시 한국법학원에서 무료로 방을 빌려 이사를 했다. 1971년 7월 5일부터 당시 양준모 부회장의 호의로 그 분 소유의 서소문 삼령빌딩 1002호를 처음에는 임차보증금도 없이 사용하게 되었다. 1981년 양준모 회장이 퇴임하자 같은 건물의 더 작은 방으로 옮겨 2009년까지 사용했다. 즉, 학회는 창설 초기 잠시를 빼고 계속 자체 사무실을 유지해 왔다. 회장 연구실이 학회 사무실이요, 회장이 바뀌면 학회 주소도 바뀌는 국내 다른 학술단체와는 달리 아무리 작은 방이라도 계속 독립된 공간을 갖고 있었다. 대한국제법학회는 이로 인해 국내 통상적인 학술단체와는 달리 과거 서류가 잘 보관되어 있다. 회장이 바뀌어도 이사할 필요가 없고, 기존 서류는 그냥 두기만 하면 되었기 때문이다. 현재 학회 사무국에는 부산항에 정박 중인 해군함정에서 열린 창립 총회일에 61명이 기념식사를 하고 지불한 13,750환의 식비 영수증까지 보관되어 있다. 열악한 재정상황 속에서도 학회 사무실을 고수한 결과였다. 드디어 학회가 자체 사무실을 소유하게 됨으로써 한층 안정적인 학회 운영이 가능해졌다. 이는 수십년간 한푼 두푼 기금을 모아온 학회 선배들의 공적이었다. 마침 이를 내 손으로 실현할 수 있는 기회를 가졌던 것을 행운으로 생각한다.

학회 사무실 개소시 그동안 학회 기금조성에 기여한 모든 사람의 이름을 명패에 새겨 벽에 부착할 계획이었으나 성사되지 못했다. 그 이유는 기금 출연자의 정확한 명단 확인이 불가능했기 때문이다. 그간 적립된 기금은 크게 4종류였다. 일반기금, 운영기금, 논총 합철본 판매기금, 연구비 기금. 연구비 기금은 각 출연자의 이름과 금액이 항상 개별적으로 관리되어 내용과 근거가 분명했다. 그러나 일반기금과 운영기금은 출연자 이름과 액수가 좀 애매했다. 구체적 기록이 남은 경우도 있지만, 기록이 불분명한 경우가 많았다. 내가 개인적으로 기억하는 사례도 기금 출연자로 관리되고 있지 않았다. 학회는 1990년대부터 원금을 손댈 수 없는 기금 형식의 기부보다 당장 학회 살림에 사용할 수 있도록 경상운영비로의 기부를 권장했다. 학회는 이를 더 고마워해 학회 논총 속표지에 기부자와 금액을 기록해 감사를 표해 왔다. 그런데 이 기부금은 기금에 포함되지 않았다는 이유로 명단에서 제외시킨다면 불공평하다고 생각되었다. 경상 운영비 기부금 중에는 그 때 그 때 써버리고 기록이 제대로 남겨지지 않은 경우도 있었다. 집행부에 따라 정확한 기록을 남긴 해도 있고, 그렇지 못한 해도 있었다. 결국 학회 서류를 모두 뒤진다 해도 그동안 학회 기금출연자에 대한 정확한 명단은 만들기 어렵다고 판단되었다.

기부자 명단 명패는 자칫 공연한 분란만 일으킬 듯 했다. 다소 섭섭해 하는 기부자도 있겠지만 차라리 명패를 만들지 않는 편이 좋겠다고 결론내렸다.

당시 2009년 학회사무실 구입 및 이사와 관련된 기금 사용내역은 아래와 같다. 2009년도 학회 서류에는 좀 더 상세한 세목에 관한 기록이 있다.

기금총액	지출	
2억 2,712만 2,646원	사무실 구입경비	2억 1,091만 3,490원
	－ 매입대금	1억 9천만원
	－ 세금 및 중개료	2천 91만 3,490원
	학술상금	400만원
	이사비용	170만 8,630원
	사무실 집기구입	900만 7,600원
	개소식 행사비	79만 4,150원
	기타 잡비	69만 8,776원
	(지출 총계)	2억 2,712만 2,646원

⑷ 운영제도의 개편

학회 회장에 취임하면 우선적으로 개선해야겠다고 생각했던 사항은 이사 제도와 회장 선출방법이었다. 학회는 회원과 국제법 교수가 얼마 되지 않았던 수십년 전부터의 제도를 그대로 답습하고 있어서 상황이 크게 바뀐 현실과 부조화를 이루고 있다고 생각했다. 서울대학교의 국제법 박사 배출의 예만 보아도 학계 상황이 크게 변했다는 사실을 금방 알 수 있다. 서울대학교에서 개교 이래 1976년까지 국제법 구제(舊制) 박사 취득자는 전원 서울대 교수였던 4명뿐이었다. 이후 1988년까지 12년간 배출된 정규 국제법 박사도 단 3명이었다. 그러나 1989년부터 1996년까지 8년 동안 12명의 국제법 박사가 배출되어 그 이전 43년간 배출된 박사의 근 2배에 이르렀다. 다른 학교들 역시 비슷한 추이였으리라 생각되었다. 그 무렵부터 외국대학에서의 국제법 박사학위 취득도 본격화되었다. 이러한 변화에 따라 오랫동안 느껴 오던 문제점은 다음과 같았다.

㈎ 이사제도

회장에 취임할 무렵 회원들의 가장 큰 불만사항은 이사제도라고 생각했다. 당시 학회 이사 정원은 50명이었다. 형식상 이사 임기는 1년으로 매년 정기총회에서 새로 선출되었다. 그러나 한번 선임되면 교수 정년 연령인 65세까지 계속 재임명되어 사실상 반 종신제였다. 회장이 임기를 마쳐도 일반이사의 지위는 유지했다. 과거 국내 국제법 교수가 몇 안 되고 학회 회원 수가 적을 때는 별 문제가 되지 않았다. 1980년대 말부터 신임 국제법 교수가 차츰 늘기 시작했으나, 학회는 소규모 단체 시절의 관행을 고수함으로써 차츰 이사 진입에 정체현상이 심각해졌다. 다른 학회 같으면 벌써 이사로 선임될 만한 연령과 직급의 회원들의 대기기간이 길어졌다. 그런대도 학술활동을 거의 하지 않고 심지어 학회에 몇 년간 출입조차 하지 않은 이사들조차 65세까지 자리를 보전했다.

이사 빈자리가 잘 나지 않아 신규 이사 진입 연령이 날로 높아졌다. 어떤 교수는 소속대학에서 학장과 교수협의회 회장까지 역임한 다음에야 회장도 아닌 이사가 겨우 될 수 있었다. 이사 피선을 위해 학연, 지연을 동원한 득표전이 벌어진 해도 있었다. 회장보다 이사되기가 더 어렵다고 할 정도였다. 국제법학회 이사로 선임되면 이 사실을 나중에 묘비에 새겨야겠다는 농담까지 오고 갔다. 학회로서는 실무적으로 한창 활약을 할 나이인 40세 전후의 조교수 또는 부교수 급을 가급적 이사로 포용해야 했는데, 현실은 그렇지 못했다. 그러다 보니 소장·중견 교수들의 불만이 컸다. 단순한 불만에 그치지 않고 이사가 되지 못한 일부 중견 교수는 차츰 학회 행사에 잘 참여하지 않는 경향을 보였다. 대신 이들은 다른 유사 학술단체에서 보직을 맡으며 활발한 활동을 했다. 국제법학회에서는 나이든 이사가 발언권을 장악해 진부한 주제에 대해 고리타분한 소리나 반복하고 있다는 불만을 토로하는 회원도 있었다. 결과적으로 학회는 동맥경화에 걸려 노쇠화의 길을 가고 있었다. 종신제의 혜택을 받는 기존 이사들 중에는 바닥에서의 이런 변화와 불만을 잘 감지하지 못하는 사람이 많았다. 조금 더 기다리면 너도 이사가 될 수 있는데 무슨 불만이냐는 생각뿐이었다.

이로 인한 가장 큰 문제는 집행부 구성의 어려움이었다. 직무이사 구인난은 이미 1980년대부터 시작되었다. 기존 이사 거의 대부분이 부회장 또는 직무이사 유경험자라 매년 신임 회장마다 직무이사 확보에 어려움을 겪었다. 번거로운 일이 많은 직무이사는 다들 다시 맡기를 기피했기 때문이다. 1990년대 중반 어느 해는 도저히 신규 충원 자리가 나지 않자 회장과 부회장 3인은 임시로 임기 1년간 이사직을 사퇴하고 그 자리를 신임 직무이사로 보임한 일도 있었다. 정관에 이사회는 회장, 부회장, 이사로 구성한다는 조항이 있음을 이유로 회장과 부회장은 이사가 아니라도 이사회 구성원이 될 수 있다는 좀 희한한(?) 해석을 통해 이사 자리 셋을 마련한 것이었다. 이사 자격을 전제로 회장과 부회장이 이사회 구성원이 된다고 보아야 하므로 사실 법해석의 기본원칙에도 어긋나는 주장이었으나, 직무이사를 구하기 위한 편법으로 다들 눈감아 주었다. 1999년까지 이 방법을 사용하다, 2000년부터 이사 정원 10명을 늘리면서 이 해석을 폐기했다. 어느 해는 8월에 정년퇴임 예정인 이사가 있자, 연초 직무이사 한 명은 일단 서리로 임명하고 반년 후 자리가 나면 정식 이사로 임명하겠다는 제안도 있었다. 그러자 그 자리에 있던 8월 정년 예정인 당사자는 결국 나보고 빨리 나가라는 소리 아니냐고 당장 이사 그만두겠다며 불쾌해 했다. 직무이사를 구하기 위해 매번 정관을 고쳐 이사 수를 끊임없이 늘릴 수도 없었다.

어렵게 이사가 되고도 기본 의무인 이사회비 납부실적은 좋지 않았다. 회장에 취임하며 학회에 기록이 남아 있는 직전 12년간 이사회비 납부 현황을 조사했다. 45명 이사 중 선임 후 이사회비 완납자는 15명에 불과했다. 한 번도 납부하지 않은 이사도 있었으며, 한두 번만 납부한 이사도 몇 명 있었다. 직전 3년간만 보면 2006년 미납 6명, 2007년 미납 13명, 2008년 미납 19명이었다. 당시 학회 「선거직임원선출규정」 제3조에 따르면 회비를 완납한 회원만이 회장, 이사, 감사 등의 선출시 선거권을 행사할 수 있었다. 그러나 실제 선거가 실시되지 않고 통상 박수추대 형식으로 선임되었기 때문에 오랫동안 이 규정이 적용될 상황이 없었다. 이사들조차 이런 규정이 있는지 잘 몰랐다. 결국 내가 회장 취임 당시의 국제법학회는 자체 규정에 따르면 이사의 2/3가 내부 선거권이 박탈당한 상태인 일종의 사고단체였다. 다들 실상을 모르고 있을 뿐이었다.

무언가 변화가 필요하다고 생각하고 법학 관련 다른 학회의 이사제도를 조사해 보았다. 다들 유사한 문제를 갖고 있으리라 예상했다. 그런데 어느 정도 이상의 규모를 갖춘 다른 법학회의 경우 회장 역임 후 다시 이사로 복귀해 일종의 종신직으로 운영되는 사례가 전혀 없었다. 회장은 물론이고 부회장도 회장이 되지 않는 한 이사직에서 퇴임함이 보통이었다. 그러니 매년 5명 이상의 이사 자리가 생기고, 40대 초반의 젊은 교수들이 그 자리에 보임되고 있었다. 회원수가 많아도 학회 집행부 순환에 아무 문제가 없었다. 침목모임으로서의 성격이 더 강한 소규모 학회에서나 회장 역임 후에도 이사직을 유지하고 있었다. 다른 학회원에게 국제법학회의 형편을 설명하니 그러고도 학회가 제대로 돌아가냐고 놀라움을 표시한 교수조차 있었다. 사실 국제법학회에서는 여러 명의 전임 회장이 이사회에 포진하고 있으니 현직 회장의 운신에도 제약이 되었다. 그 결과 학회는 대체로 균분주의적·온정주의적으로 운영되고, 집행부는 새로운 시도를 하기 보다는 과거의 관행을 답습하며 1년간 안정적으로 돌아가기만을 바라는 분위기를 떨쳐버리기 어려웠다.

이사가 되기 어려운 것과는 별도로 국제법학회는 정관상의 임원수가 실질회원의 몇 배가 되는 기형적 구조를 갖고 있었다. 조사를 해 보니 2008년도 회비납부 회원은 113명이었다(명목 회원 대비 납부율 23%). 그중 학생회원이 30명이니 일부 미납 회원과 평생회원을 포함한 학회의 실질 회원 수는 100여명 내외인 셈이었다. 그런데 정관상 임원에 해당하는 이사는 정원이 50명, 평의원은 정원이 250명으로 임원이 무려 300명이나 되었다. 임원 정원이 실질 회원 수의 근 3배에 이르렀다. 모두 현실과 동떨어진 규정들이었다.

사실 이사 50명도 적은 숫자가 아니었다. 2009년 초 학회 사무실을 구입해 법인 명의로 등기를 하려니 먼저 새 회장 포함 이사 45명의 등기를 갱신해야 했다. 등기업무 대행을 맡았던 법무사가 자신은 등기 이사 수가 45명이나 되는 기관은 평생 처음 보았다고 놀라워했다. 등기갱신을 위해 45명의 인감증명서와 위임장을 일시에 받는 일도 쉽지 않았다. 비용도 많이 들었다. 과거 학회에서는 이사 중 일부만 등기이사로 지정해 갱신시 부담을 낮추자는 제안이 있었으나, 그러면 이사에 등급을 매기는 결과가 된다는 반대에 부딪쳐 무산된 적이 있었다. 등기업무가 번거롭다보니 적지 않은 회장이 임기중 등기를 갱신하지 않고 그냥 방치해 두었다. 무언가 전반적 개선이 필요했다.

(나) 회장 선출방법

회장 선출에 관해 정관에는 "총회에서 선출한다"는 조항 하나뿐이었다. 학회가 오랫동안 사용한 방법은 총회에 참석한 전임 회장들이 2명의 회장 후보를 추천하면, 총회가 그중 한 명을 선출하는 방식이었다. 단 이러한 전임 회장 추천절차가 별달리 규정화 되어 있지 않았기 때문에, 매년 총회 때마다 올해의 선출방법을 논의에 부치고 이번에도 전임 회장 추천제를 적용하기로 의결한 다음 후속절차를 진행했다. 때로 학회 사정을 잘 모르는 회원이 다른 방안을 제시하면 그에 대해 갑론을박 하다가 결국에는 올해도 전임 회장의 추천관행을 적용하기로 결론내렸다. 그러면 당일 참석한 전임 회장들의 협의 결과를 기다리는 동안 총회는 잠시 정회했다가 이후 속개했다. 전임회장들은 통상 부회장 했던 순서대로 후보를 선정했다. 전임회장들이 2명의 후보를 추천하면 그중 후배에 해당하는 후보는 사퇴하고 한 명 남은 후보가 박수로 추대되는 것 또한 관례였다. 오랜 관행으로 매년 같은 절차를 적용하면서도 올해도 그 절차를 실시할 것이냐부터 매번 다시 토의를 하는 등 솔직히 매우 비능률적 진행방식이었다. 좀 더 제도화할 필요가 있었다.

두 명의 후보가 추천되었는데 그중 한 명이 불참하면 곤란한 상황이 벌어졌다. 요새야 휴대전화가 보편화되어 외국 체류 중이라도 급하면 즉석에서 의사 확인이 가능하지만 1990년대까지는 그렇지 못했다. 후보가 현장에서 직접 사퇴의사를 밝히지 않는 한 선거를 해야 했다. 1980년대와 90년대에는 종종 두 후보간 선거운동도 벌어졌는데, 실제 선거는 2002년 정기총회를 마지막으로 더 이상 없었다. 이런 일도 기억난다. 이사 명단을 살펴보니 1998년 회장 선거에서는 백충현 교수와 노명준 교수 두 분이 후보로 추천될 차례였다. 두 분은 학교 동기동창으로 평생 친구였다. 학회를 열심히 나오는 노명준 교수와 달리 백충현 교수는 평소 얼굴을 잘 비추지 않았다. 만약 그 해 두 분이 추천되었는데, 백충현 교수가 총회를 불참하면 의사불명으로 자칫 친구 간에 표결이 벌어질 듯 했다. 사실 백충현 교수는 학회에 거의 출입하지 않아 이 분은 학회 회장에는 관심이 없으신가 보다고 생각하기도 했었다. 총회 얼마 전 개인적으로 만난 기회에 직접 질문을 드렸다. 학회 회장 하실 차례가 오면 하실 예정이냐고 물었더니 "당연히 해야지"라고 답하셨다. 그래서 상황을 설명했다. 백 교수도 회장을 한 해 먼저 하겠다고 오랜 친구인 노명준 교수와 표대결을 할 생각은 물론 없었다. 그러면 다음 총회에는 꼭 참석해 이번 회장직은 노명준 교수에게 양보한다는 발표를 하시라고 건의했다. 예상대로 두 분이 추천되었고, 백충현 교수는 그 해 총회장에서 회장직을 노명준 교수에서 양보했고 이듬 해 학회 회장으로 선출되었다.

위와 같은 관행적 방법이 별 무리 없이 수용될 수 있던 이유는 학회에 정례적으로 출석하는 대학교수들은 결국 모두 회장을 할 수 있었기 때문이다. 1960년대와 70년대 임명된 국제법 교수 숫자가 비교적 적었기 때문에 희망자 대부분이 회장이 될 수 있었다. 한두 해 먼저 하냐 나중 하느냐 정도의 차이 뿐이었다. 실질적인 표 대결 없이 박수로 회장이 추대되니 선거 후유증이 없다는 장점이 있었다. 문제는 이사 구성상 1950년대 중반 출생자부터 숫자가 많아진다는 점이었다. 1980대 말부터 국내 대학의 국제법 교수 임용이 늘었기 때문이다. 내가 회장 취임시 이사들의 연령표를 만들어 보았다. 회장 역임자를 제외하고도 1953년 – 1960년 출생 이사가 20명, 1961년 – 1965년 출생 이사가 11명이 있었다. 이 연령대의 이사는 이후에도 계속 늘어날 예정이었다. 이제까지와는 다른 상황이 벌어지게 된다. 회장은 한 해 1명뿐이니 이전과 달리 후보 연령대의 절반도 회장을 할 수 없게 된다. 이들 중 2/3만 회장을 한다 해도 국제법학회 회장은 점차 고령화될 수밖에 없었다. 회장의 지나친 고령화는 아무래도 학회의 활기를 떨어뜨릴 것으로 우려되었다. 그렇지 않아도 신진·중견 학자들 중에는 학회가 지나치게 연공서열 중심으로 운영되고, 노령화 분위기로 가고 있다는 불만들을 가진 회원들이 있었다. 개인적으로 학회 회장은 역시 50대 중반 정도에 맡아야 바람직하다고 생각했다.

전임 회장들에 의한 차기 회장 후보 추천제도 바람직한 방식인지 의문이었다. 그 때는 통상 4-5명 정도의 전임 회장이 총회에 참석했다. 이 숫자는 전임 회장 중 일부에 불과했다. 누가 당일 출석할지 또한 미리 알 수 없었다. 고령의 전임회장은 경우에 따라 연배차가 많이 나는 회장 후보를 잘 알지 못하기도 했다. 그러니 통상 부회장한 순서와 연배를 고려해 추천을 했다. 가장 말썽 없는 방법이었다. 그러다 보니 정작 당사자는 회장할 생각을 사실상 포기하고 있었는데, 전임 회장들의 지명으로 예기치 않게 회장이 된 사례도 있었다.

2009년의 시점에서 회장 선출방식 개편이 당장 발등에 떨어진 불과 같이 긴급 상황은 아니었다. 그러나 앞으로 다가올 시한폭탄이었다. 이 해를 그냥 넘기면 또 누가 이의 개편을 시도할까도 걱정되었다. 이사제도 개선과 함께 회장 선출제도를 포함 학회 운영제도 전반을 같이 바꾸는 편이 바람직하다고 판단되었다.

㈐ 제도개선위원회

회장 취임 후 첫 번째 이사회인 2009년 2월 13일자 회의에서 이상과 같이 학회가 처한 상황을 여러 수치를 통해 설명하며 학회 운영제도에 대한 전반적 개선책 모색이 필요하다고 강조했다. 이사회는 검토위원회를 구성해 개선안을 만들어 보라고 결정했다. 오병선 교수를 위원장으로 박배근, 서철원, 박기갑, 성재호, 이재곤, 장신 6명으로 구성된 제도개선위원회를 출범시켰다. 이 위원회는 몇 차례의 회의 끝에 8월 말경 보고서를 제출했다. 요지는 다음과 같았다.

첫째, 회장 임기는 1년을 유지한다.

둘째, 차기 회장을 당연직 수석부회장으로 보임해 회무수행의 연속성을 도모한다.

셋째, 전임 회장단이 차기회장 후보 2인을 추천해 총회에서 선정하는 방식은 유지한다. 단 1차적으로 5-7인의 차기회장 추천위원회를 별도로 구성해, 여기서 4인 후보를 선정해 이를 대외비로 전임회장단에 추천한다. 전임 회장단은 그중 2명의 후보를 선정한다. 차기회장 추천위원회는 국제법학자대회 참가중인 이사 경력 5년 이상자 중에서 무작위로 선임한다.

넷째, 15인 내외의 상임이사제도를 신설한다. 이들이 등기이사가 되며, 종전 이사회 기능의 대부분을 행사한다.

다섯째, 일반이사는 80명으로 확대한다.

여섯째, 모든 이사의 임기는 3년으로 한다.

일곱째, 평의원 제도는 폐지한다.

이러한 제안은 2009년 9월 25일 이사회에 안건으로 회부되었다. 이사회에서는 여러 가지 논의가 있었으나 기본적인 개선방안을 지지하고 10월 국제법학자 대회기간 중 임시총회를 개최해 내용을 확정하기로 의결했다. 다만 회장 후보 2인을 결정하는 전임 회장단은 직전 10년간 재직한 10명의 전임 회장만으로 구성하기로 했다. 회장 역임이 너무 오래되면 근래의 학회 사정을 잘 모를 수 있으므로 직전 10년 정도로 제한함이 적절하다고 판단되었고, 이런 제한을 도입해야 역할을 부여받는 전임 회장의 범위가 명확해지기 때문이었다. 그리고 상임이사는 1회에 한해 연임할 수 있다는 제한을 설치해 일부 원로회원이 장기간 상임이사직에 재직하며 학회 의사결정에 과도한 영향력을 행사하는 부작용을 막기로 했다. 이어 2009년 10월 17일 국제법학자대회 날 소집된 임시총회는 위 제안을 전반적으로 지지했다. 다만 2010년 1월 7일 정기총회는 이사 정수를 100명으로 늘렸다. 그리고 새로운 방식으로 차기회장을 선출했다. 이어 2010년 1월 30일 최초의 상임이사 선거가 실시됨으로써 개정 정관에 따른 상임이사회와 이사회가 출범했다.

그 결과 이사 수가 대폭 늘어남으로써 이사 진입의 정체가 해소되었다. 이로써 박사학위 취득 후 전문분야에 일정 기간 활약한 중견 회원들을 학회 이사로 수용할 수 있게 되었다. 제한된 숫자의 이사로 구성된 상임이사회가 신설되어 과거 이사회 업무의 대부분을 맡음으로써 업무결정의 효율화를 기하는 한편, 이사회 비대에 따른 부작용을 막도록 했다. 회장 선거방식에서 중견 또는 신진 이사들도 포함될 수 있는 차기회장 추천위원회의 제도를 새로 설치함으로써 너무 연공서열에만 연연해하지 않는 다양한 목소리가 반영될 수 있게 되었다. 개인적으로 회장 선거방식으로 좀 더 개혁적인 방안이 마련되기 기대했으나 현실의 한계도 있었다. 당시 마련된 학회 운영제도의 기본 틀은 크게 변하지 않고 현재까지 유지되고 있다.

다만 당시 새 회장 선출제도를 규정화하지는 못했다. 그 이유는 다음 2010년 정기 총회시 새 제도에 따른 선거를 실시하려면 2009년 10월 17일 국제법학자대회 당일부터 즉시 선출과정이 시작되어야 했기 때문이었다. 이를 먼저 규정화하고 시행한다면 새 제도의 적용은 1년이 더 늦어져 2011년부터 가능했다. 이에 일단 총회 결의를 근거로 새 선출제도를 시작하기로 했다. 그런데 학회는 여전히 2009년 10월 17일 총회 결의만을 근거로 지난 10년간의 회장 선거를 진행해 왔다. 학회 임원선출규정 속에 이의 조문화가 바람직하다.

⑸ 학술상 제도 개선

대한국제법학회는 1971년 이래 학술연구비를 시상해 왔다. 그 시작은 유진오 초대 회장의 기탁금을 바탕으로 시작한 현민 연구비와 2대 회장 전예용 선생 기탁의 진암 연구비였다. 1980년대 들어 연구기금 기탁자가 늘어나 나중에는 총 11개 연구기금이 마련되었다. 처음 출연 당시는 기탁금의 규모도 적지 않았고, 이율도 높아 그 이식으로 학술연구비를 지급할 수 있었다. 그러나 차츰 물가 상승에 따른 화폐가치 하락과 이율 인하로 학술연구비의 액수가 초라한 수준으로 되었다. 1983년 백충현 교수가 진암연구비를 수상했는데, 그 금액이 5만원이었다고 기억한다. 5만원은 당시 보통 교수들이 평소 지갑에 넣고 다니는 용돈 수준이었다. 학술연구비 시상이란 이름이 무색할 지경이었다. 결국 1986년부터 한동안 학술연구비 제도는 시행되지 않았다.

학회는 1993년부터 다시 명칭을 학술상으로 바꾸고 1년에 3명씩 연구비를 시상했다. 그중 현민학술상은 유진오 선생의 서랑인 일조각 한만년 사장이 매년 200만원을 출연해 그 액수를 상금으로 지급했고, 학회에 기탁된 다른 연구기금은 이자를 모아 매년 2명에게 100만원씩의 학술상 상금을 지불했다. 매년 3명씩 학술상을 주니 10년이면 30명의 수상자를 낸다. 처음에는 연배가 높은 원로교수가 수상하는 제도로 시작했으나, 순식간에 수상자가 40대로 내려갔다. 수상자 결정도 점차 학회 연공서열 순으로 주는 방식으로 운영되었다. 연초 학회 이사회에서 올해는 누구 순서지 하고 그 자리에서 수상자를 지명하고 시상했다. 학술적 업적에 대한 심사나 토의도 없었다. 마치 번호계에서 순서대로 곗돈 타는 방식과 마찬가지였다. 점차 100만원이란 액수도 학술상이라기에는 창피스러운 수준의 금액이 되었고, 수상자는 상금을 그대로 학회에 기부하는 전통이 생겼다. 어느 해는 수상자에게 상금을 주지도 않고, "그냥 기부하실거죠?" "네." "그럼 주었다 받을 필요도 없이 받은 것으로 하고 서류만 꾸미지요." "알겠습니다." 하는 문답이 오간 적도 있었다. 상으로서의 권위가 전혀 없었다, 나 자신 2004년 학회 학술상을 받았으나 돈은 바로 기부했고, 자랑할 만한 일도 못된다고 생각해 가족에게조차 이 사실을 알리지 않았다. 그냥 없던 일로 쳤다. 받고도 기쁘지 않으니 그걸 상이라고 할 수나 있는가? 매년 3명씩 시상하니 조금만 더 세월이 흐르면 신진학자 격려상이 될 지경이었다.

개인적으로 오래 전부터 국제법학회가 학술상을 왜 이렇게 운영하는지 부끄럽게 느낄 정도였다. 학술상이라면 연공서열을 어느 정도 감안한다 해도 논문이든 단행본이든 학술적 업적을 심사해서 그중 뛰어난 성과물에 대해 시상함을 기본으로 해야 한다. 아니면 한 개인의 평생 업적을 종합적으로 심사해 그 개인에 대해 시상해야 한다. 그러나 그간의 학회 학술상은 그냥 "올해는 네 차례야"가 유일한 시상 이유였다. 학회에 계속 출석하는 회원은 모두 받을 상이라면 학술상으로서의 권위가 설 리가 없다. 액수도 200만원은 타 학회의 경우와 비교해도 너무 소액이었다.

이전부터 회장이 되면 학술상 제도를 바로 잡아야겠다고 생각했다. 이에 대해 몇 가지 원칙을 세웠다. 첫째, 학술상은 통합해 연 1종으로 줄인다. 둘째, 학술적 업적을 실제 심사해 시상한다. 셋째, 학술상 상금을 대폭 증액해 다른 학회와 비교할 때 창피한 수준은 벗어나야 한다. 그래야 번호계 타듯 모든 회원이 돌아가며 타는 현상을 막고, 학회 학술상으로서의 권위가 좀 서리라 기대했다. 학술상 제도를 개선해야 할 또 다른 이유는 학회 사무실 구입자금으로 학회 기금 속에 포함되어 있던 연구기금도 함께 사용했기 때문에 이

제 연구기금이란 명칭의 돈이 남아 있지 않다는 사실도 있었다.

이에 회장 취임 후 2009년 2월 13일자 이사회에서 향후 학술상 운영은 전통의 현민 학술상 하나로 단일화하고, 학술상은 지난 1년간 가장 우수한 연구업적물을 선정해 시상하며, 연 200만원의 현민 학술상금은 이를 지원하던 일조각측과 교섭해 대폭 인상시키겠다는 방안을 제안했다. 이사회는 전반적 방향에 동의하고, 다만 학술상 외 학회에 공로가 많은 회원에게 주는 공로상 제도를 신설하기로 결정했다. 이 같은 방침에 따라 새로운 「대한국제법학회 수상규정」을 성안해 2009년 9월 25일자 이사회에서 의결 받았다. 이후 학술상은 매년 심사위원회를 구성해 직전 1년간 가장 우수한 논문을 선정해 시상하는 방식으로 바뀌어 현재까지 운영되고 있다.

남은 문제는 현민 학술상의 상금 액수였다. 일조각은 2004년 한만년 선생의 타계 이후 그 분의 둘째 자부인 김시연 사장이 운영을 이어받았는데, 김 사장의 배우자는 한경구 교수로 나와는 30대 시절부터 개인적 친분이 있었다. 2009년 10월 어느 날 한 교수를 찾아가 200만원 상금은 너무 적다고 솔직히 이야기 하고 일조각 출연금의 증액을 요청했다. 사실 일조각에서 오랜 기간 동안 국제법학회에 학술상금을 지급해 준 것은 대단히 고마운 일이었다. 처음 출연했을 때는 200만원이 연구비로 큰 액수였다. 학회 집행부는 초기에 한만년 사장을 찾아가 이 금액을 100만원씩 2명에게 지불하고 싶다는 제안을 했는데, 당시 한 사장께서 상금은 액수가 많아야 권위가 선다며 분할지급안을 거절했다는 일화도 들은 바 있다. 세월이 흐르다 보니 200만원은 상금으로 너무 적은 액수가 되었다. 이제는 학회 살림규모가 커져서 자체 예산만으로 대폭 증액도 어렵지 않았다. 그러나 현민 학술상이라는 명칭을 유지하는 한 유족 측에서 최소한 절반의 액수는 부담해야 명분이 서지 않나 싶었다. 한 교수께는 학회가 반드시 돈이 없어서 증액을 요청하는 것은 아님을 누누이 설명했다. 후일 한 교수는 가족 모임에서 이 문제를 논의해 지원금을 300만원으로 올리기로 했다고 알려 왔다.

「수상규정」 자체에 학술상 상금액수는 규정되어 있지 않으므로 금액은 학회가 결정해야 했다. 개인적으로는 1,000만원으로 인상하고 싶었다. 그래야 학술상금으로서 체면이 설 듯 했다. 그 해 학회 예산 형편상으로도 700만원의 추가 출연은 전혀 무리가 없었다. 사실 2009년 학회 재정형편은 그 한두 해 전에 비해 크게 여유가 있었다. 그러나 일부 직무이사가 올 해는 학회가 외부 지원금을 많이 받아 살림의 여유가 있지만 내년 집행부는 어찌 될지 모르는데 너무 일시에 상금액수를 올리지 말고 500만원 정도로 하자고 주장했다. 사실 그 금액도 전년에 비하면 2.5배 인상이었다. 그리고 내가 한 교수께 말한 유족측 출연이 전체 상금의 절반은 되었으면 좋겠다고 한 말에도 부합되는 범위 내였다. 결국 2010년 현민 학술상 상금은 500만원으로 결정했다. 현재까지도 이 액수가 유지되고 있는데, 학회 예산사정도 많이 나아진 만큼 이제는 금액을 최소한 1,000만원으로 증액했으면 좋겠다. 그리고 대상자 심사도 좀 더 엄격하고 신중하게 진행했으면 한다.

(6) 회비 징수 강화

회장 취임 후 지난 12년간 이사들의 회비 납부실적을 조사해 표로 만들었다고 앞서 설명했다. 그 결과를 2009년 2월 13일 첫 이사회 때 자료로 제시했다. 이사들 모두 스스로의 현황에 놀라워했다. 그 해 처음 이사로 진입한 한 사람은 세상에 이런 엉터리 단체가 다 있냐고 분개할 정도였다. 이사가 이런 상황인데 일반 회원의 회비 미납 여부는 따지기도 어려웠다.

사실 대부분의 이사가 고의로 이사회비 납부를 기피한 것은 아니었다. 사무국에서 연초 한번 정도 이사회비 납부 통지를 한 다음 이후 제대로 관리하지 않은 책임이 컸다. 통지받았을 때 바로 내지 않으면, 깜박 잊어버리기 쉬웠다. 후반기로 가면 상당수의 이사들은 자신이 그 해 이사회비를 냈는지 여부를 정확히 모르고 지내왔다.

규정대로 한다면 매우 오래된 미납 이사회비도 추징해야만 이사들의 선거권이 되살아난다. 이를 어떻게 처리해야 하나 고심했다. 생각 끝에 지난 3년간의 미납 이사회비만 추징하고, 2005년 이전의 미납금은 모두 사면하자고 제안했다. 규정상 근거도 없는 사면령이었으나, 이번에 과거를 봉합하고 앞으로 철저히 회비관리를 하겠다고 약속했다. 아울러 금년에는 적어도 3회 이상 회비납부 현황을 정리해 통지하겠으며, 연말까지 미납 이사가 있다면 무조건 내년 재임명 추천을 하지 말자고 제안했다. 일반 회원은 과거 회비 미납은 모두 사면하고 올해부터 회비를 내면 선거권을 인정하자고 했다. 이사회는 이에 지지를 표했고, 이제부터는 회비 미납 회원의 경우 학회 논총 게재자격을 박탈하기로 결의했다. 그리고 직무이사회를 통해 3년 이상 회비 미납자는 보류 회원으로 분류해 학회지 발송을 중지시키기로 결정하고, 65세 이상 회원에게는 회비를 면제하기로 했다. 그리고 「회원관리 및 회비 등 납부운영 규정」을 신설해 이 같은 내용을 제도화했다.

이후 2009년에는 납부자 명단을 첨부한 회비 납부 안내를 여러 차례 했고, 학회 홈페이지에도 회비 납부자 명단을 게시했다. 연말에는 회비 완납자 명단, 즉 유권자 명단을 작성해 공고했다. 그래도 회비 납부가 지체된 이사에게는 총회 직전 내가 직접 전화를 걸어 완납하지 않으면 다음 번 이사로 재임명 될 수 없다고 통지했다. 그랬더니 해외 체류로 연락이 원활하지 않던 이사 한명을 제외하고 전원이 이사회비를 완납했다. 그 한명은 차년도 이사에서 배제되었다. 이렇게 관리한 결과 2009년도 회비 수입은 2008년도에 비해 근 2배로 늘어났다(1,684만원에서 3,028만원으로).

(7) 논총 DB화

회장 시절 기억나는 일의 하나는 창간호 이래 학회 논총 내용 전체를 DB화한 사업이다. 그리고 누리미디어(현 DB-pia)와의 계약을 통해 학회 논총에 대한 온라인 열람 서비스를 개시했다. 요즘은 대학도서관을 통한 이런 서비스가 일상화되었지만 당시만 해도 누리미디어에 대한 접근성이 요즘처럼 일반화되어 있지 못했다. 그래서 그 때까지의 논총 전체 내용을 CD-Rom으로도 제작해, 이를 학회 이사와 평생회원들에게 무료로 배포했다. 당시 회원들은 누리미디어 서비스 개시보다 CD-Rom 제작을 더 반겼다.

논총 DB화의 가장 큰 장애는 저작권 문제였다. 우선 2009년 2월 13일 개최된 이사회에 학회는 투고된 논문을 종이책에 더해 전자매체를 통한 전자출판을 할 수 있다는 조항을 「편집위원회 규정」에 신설해 달라고 요청해 동의를 받았다. 이 조항을 통해 향후 발간되는 논총의 인터넷 공개가 가능해졌다.

　　문제는 과거 논총이었다. 누리미디어측은 인터넷 서비스의 전제로 학회가 모든 수록논문의 저작권 사용에 관한 책임을 져달라고 요청했다. 당연한 요구였다. 현재 활동 중인 회원은 개별연락을 통한 동의 획득이 가능하지만, 이미 작고한 회원들의 경우는 난감했다. 상속권을 가진 모든 유족을 찾아 동의를 얻기는 사실 불가능한 일이었다. 이론적으로는 모든 저작자권의 동의가 없으면 논총 전체의 온라인 서비스는 불가능했다. 초창기 논총은 거의 등재가 불가능해질 것이었다. 그렇다고 동의를 받은 회원의 논문만 등재하는 일도 우스웠다. 이사회에서 이 일은 회장인 내 책임 하에 진행하겠다고 발표했다. 즉 학회 홈페이지에 과거 저작권자 또는 유족으로서 온라인 서비스를 통해 일반 공개에 반대하는 사람은 일정 기간 내 학회로 연락하고, 그러한 연락이 없으면 동의한 것으로 간주하겠다고 공고했다. 일종의 공시최고를 한 셈인데, 어느 유족이 평소 학회 홈페이지를 눈여겨 보았다가 연락을 하겠는가? 물론 아무 연락도 오지 않았다. 법적으로야 하자 있는 진행이었지만 이렇게 하지 않으면 사업추진이 불가능한 일이었다. 누리미디어와의 협상과 실무연락에는 김원희 사무국장이 많은 수고를 했다.

(8) 이루지 못한 일

　　학회 회장에 취임하면서 임기 중 추진하려고 마음에 두었던 일 중 하지 못한 사항도 여러 가지이다. 직무이사회에서 논의만 하다 추진을 중단한 일도 있고, 마음 속 계획으로만 갖고 있다가 시작도 못한 일도 있다.

　　첫째, 매년 한번은 국제법 관련 여러 학술단체가 같이 모이는 종합학술회의를 개최하려 했는데 성사시키지 못했다. 이는 역사관련 모든 학회들이 한 자리에 모여 며칠간의 종합학술회의를 진행하는 역사학대회나 역시 유사한 성격의 사회학대회와 같은 행사에서 착안한 것이었다. 당시 국제법 관련학회로는 국제경제법학회, 해양법학회 등이 있었고, 생각하기 따라서는 국제사법학회도 초빙할 수 있다고 보았다. 주제별 분과학회와는 달라도 국제법협회, 서울국제법연구원이나 국제법평론회도 참여단체가 될 수 있었다. 그 때만 해도 원로회원 중에는 해양법학회와 같이 분과학회가 만들어지는 현상을 탐탁치 않게 생각하는 사람도 있었다. 미국 국제법학회와 같이 학회내 분위위원회(관심그룹)를 구성함으로써 세부전공자들의 학술모임을 만들 수 있는데, 왜 별개의 단체를 만들어 떨어져 나가냐는 불만이었다. 국제법학회가 역사나 규모에서 큰 집이므로 다른 분과학회와 대등한 자격의 협력은 안 된다는 분도 있었다. 그러나 세부 분과학회의 창설은 국제법 분야에서만의 현상은 아니었다. 역사전공 교수에게 문의하니 한국사학회와 같은 종합학회는 학술모임 참석자가 점점 줄어 위축되고, 이를테면 고대사학회, 고려사연구회 등과 같은 세부주제 학회가 참석자도 더 많은 등 활성화되고 있다고 설명했다. 실제 진행되는 현실에 불만을 가져야 무슨 소용이 있겠는가? 결국 회원 구성은 서로 중복되므로 1년에 한 번 모두 같이 모이는 학술행사를 개최하는 편이 좋겠다고 생각했는데, 이를 성사시키지 못했다. 이의 성사를 위해서는 취임 초부터 계획을 잡아가야 했는데, 개인적으로는 학회 운영제도 개편이 가장 큰 숙제라고 생각해 이에 관심을 쏟다 보니 이 일을 시작할 착수시점을 놓쳤다. 이러한 계획은 최근 학회에서 실현하고 있어서 반갑다.

둘째, 학회가 중심이 되어 주제별 학술서를 매년 1권씩 발행하면 좋겠다고 생각했는데 이를 성사시키지 못했다. 예를 들어 주권면제, 국가관할권, 외교사절 등과 같은 국제법 내 세부분야로서 국내에 특별한 단행본이 발간되어 있지 않은 주제에 관한 학술서를 펴내는 일이다. 이러한 단행본은 꼭 필요하기는 하나 한 개인이 집필하기에는 오랜 시간과 노력이 요구되어 성사가 쉽지 않다. 아무래도 여러 사람들의 힘을 모아야 하는데, 학회가 구심점이 되면 명분도 좋고 성사 가능성도 높다고 생각되었다. 주제에 따른 학회 회원 10－15명 정도가 참여하면 제작이 가능하며, 매년 한 권씩 세부분야 학술서가 성사되어 10년 정도 쌓이면 상당히 유용한 결과물이 되리라 기대했다. 이 역시 임기 초 바로 착수했어야 하는데, 미루다가 시간이 흘러버렸다. 가장 큰 이유는 재원마련에 대한 불안감 때문이었다. 이러한 작업은 학술지 논문이 아니므로, 필자 입장에서는 연구실적 계산에 도움이 되지 않는다. 아무리 학회 사업이라 할지라도 참여를 독려하려면 최소한의 연구비(원고료)를 지급해야 성사가 가능하리라 보았다. 그런데 학회 회장 초반 몇 개월 동안은 연간 재정규모가 어느 정도까지 확보될지 불투명하다. 각종 지원금이 2/4 분기 이후 주로 들어오므로 3월 경에는 학회 재정이 어려움에 봉착하기도 한다. 회장 입장에서는 연간 재정계획도 세우기 어려운 상황에서 적지 않은 예산을 필요로 하는 새 사업을 시작하기 어렵다. 임기 후반부로 가서 예산 여유가 발생해도 그 때는 새 사업을 추진할 동력을 확보하기 어렵다. 이는 모든 회장이 공통적으로 경험하는 현상이다. 연초에 이를 위한 별도 예산을 확보하지 못해도 예년과 같이 재정이 확보되리라는 가정 하에 착수해야만 성사가 가능한 일이다.

셋째, 정기 총회의 학술행사화. 매년 1월 초 정기총회는 학회로서 가장 큰 행사 중의 하나이다. 관행적으로 정기총회일에는 1년간의 사업보고와 차기 회장 선출 등의 행정적 업무만을 처리하고 별다른 학술행사를 갖지 않았다. 개인적으로 학회가 정기총회일에 아무런 학술행사를 갖지 않는다는 점이 불만이었다. 행정업무 처리를 위한 회의는 반나절 정도로 가능하니까 얼마든지 학술행사를 같이 할 수 있다. 통상 3월 하순에 개최하는 신진학자 발표회를 총회일에 같이 하면 별 어렵지 않게 학술행사를 조직할 수 있으며, 미리 준비만 하면 얼마든지 시의에 맞는 학술행사가 가능하다. 그러나 임기 마지막이 다가오면 이런 저런 새 일을 꾸미기 귀찮아진다. 이는 회장 뿐 아니라, 직무이사들 역시 마찬가지이다. 이제까지 해오던 일이나 마무리 짓고 빨리 임기를 마치고 싶어진다. 이 역시 임기 초반 공약으로 내세워 기정사실화 시키고, 미리 미리 준비하지 않으면 성사가 쉽지 않다. 정기총회일의 학술행사는 차기회장이 전담하는 것도 방안이 될 수 있다.

넷째, 연보 발간. 매년 물러나는 집행부는 정기총회에서 지난 1년간의 사업보고를 한다. 통상 10쪽 내외의 보고서에는 1년간의 학회 활동에 대한 간략한 요약만 담겨 있어서 구체적인 활동내용을 파악하기 어렵다. 물론 회의용으로는 그 정도로 충분하다. 이에 더해 1년간 학회 활동에 대한 좀 더 상세한 설명과 자료를 포함한 50−100쪽 정도의 연보를 발행하면, 이후 집행부에게 참고도 되고, 학회의 역사가 축적될 수 있다. 특히 그 해 집행부를 담당한 사람들에게 연보는 추억과 자부심이 담긴 책자가 될 것이다. 사실 내가 회장 임기를 마칠 무렵 평소 내 말에 유의하던 김원희 사무국장이 연보 목차안을 만들어 왔다. 생각 끝에 내가 그만 두자고 했다. 몇 가지 이유가 있었다. 첫째, 연보를 만들면 그 제작비는 차기 집행부에서 부담해야 하는데, 이는 임기 초반 예상하지 않았던 재정적 부담을 떠넘기게 될 듯 했다. 둘째, 연보 제작을 위해서는 아무래도 사무국장이 실무작업의 주역이 되어야 하는데, 임기 마치고 더 이상 보수를 지급할 수 없는 상황에서 이 문제를 어떻게 처리해야 할지 막연했다. 물론 내가 개인적으로 수고료를 지급할 수 있으나, 회장 개인 돈으로 연보를 제작하면 그 사업이 지속되기 어려울 것이다. 다음 회장에게 그 일을 하라고 요구할 수 없게 된다. 사무국장으로서도 그 돈을 받기가 매우 부담스러울 것이다. 그렇다고 무료봉사를 요구하기는 미안했다. 셋째, 김원희 사무국장은 1년간 학회 일을 함으로써 본인 박사논문 작성이 늦어졌는데, 임기 후 몇 달간 연보까지 만들면 학위논문 완성은 그만큼 더 늦어질 수밖에 없었다. 이 점 역시 미안해서 연보작업을 하라 지시하기 어려웠다. 연보 제작은 그렇게 무산되었다. 연보 발행이 가능하려면 임기를 마치는 집행부가 연보제작 경비를 별도 항목으로 준비해 차년도로 이월시켜야 한다.

하여간 1년 임기동안 나름 대한국제법학회의 고리타분한 관행을 찾아 타파하고, 학회를 좀 더 젊은 회원들이 많이 찾는 단체를 만들고 싶었다. 몇몇 후배 교수들은 2009년부터 학회 매뉴얼이 완전히 바뀌었다고 평가했다. 잘된 일도 있고, 잘못된 일도 있을 것이다. 학회 논총의 질적 향상도 큰 목표의 하나였는데, 뚜렷한 방안을 마련하지 못했다. 그래도 학회는 2016년 1월 9일 정기총회에서 내게 공로상을 수여했다. 나의 회장 시절 마련된 공로상은 2010년 김찬규 교수, 2011년 김명기 교수 이래 4년 동안은 수상자가 없다가 5년만의 시상이었다. 상을 준 이유가 무어냐고 묻지는 않았지만 2009년 학회 회장으로서의 활동이 주요 이유가 아니었을까 생각했다.

마지막으로 1년간의 임기를 마치고 2010년 1월 7일 정기총회에서 낭독한 퇴임사를 붙임으로 학회 회장시절의 회고를 마친다.

퇴임사

2009년초 총회부터 학회 회장직을 맡은 지가 바로 엊그제 같은데 벌써 1년이 지나 오늘 마지막 퇴임인사를 하게 되었습니다. 그간 회원 여러 분들의 전폭적인 도움으로 인하여 무사히 회장직을 마치게 되었음을 감사드립니다. 그러나 취임 당시 구상하였던 일들의 몇 %나 달성이 되었는가를 생각해 보면 스스로 부끄럽기 짝이 없습니다. 사실 더 많은 일을 하고 싶은 의욕으로 출발하였으나, 경우에 따라서는 현실의 벽도 있었고, 저 역시 때로는 의욕이 저하되어 그만 둔 일도 있었습니다. 제 능력부족도 큰 원인이었습니다.

그러다 보니 퇴임의 변으로 지난 1년 학회가 이러한 성취를 하였다고 자랑스럽게 이야기하기 보다는 앞으로 학회가 앞으로 헤쳐 나가야 할 숙제나 몇 가지 말씀드리게 됨을 미안하게 생각합니다.

첫째, 제가 학회장을 맡기 이전부터의 고민 중의 하나는 어떻게 하면 학회 행사에 회원들의 참여도를 높일 수 있는가였습니다. 그것은 다른 말로 표현하면 왜 회원들 - 특히 한참 활동하는 소장 및 중견 교수들의 학회 행사의 참여율이 높지 않은가였습니다. 젊고 유능한 중견, 소장 교수, 연구자들의 적극적 참여를 유도할 수 있어야만 학회의 장래가 밝다고 생각합니다. 사실 그 원인을 우리 스스로 어느 정도 알고 있었습니다. 저는 세상은 빠르게 변하는데 학회의 변화는 느렸던 것이 원인이라고 생각합니다. 그런 답답함으로 인하여 유능한 소장, 중견 교수들은 모르는 사이 국제법학회 이외의 다른 장에서 더 많은 활약을 하곤 하였습니다. 제가 가장 신경을 쓴 부분 중의 하나가 바로 이 점이었는데, 돌이켜 보면 소기의 성과는 달성되지 못하였음을 고백하지 않을 수 없습니다. 이 점 차기 회장, 차차기 회장께 숙제로 넘겨 드립니다.

둘째, 국제법 연구분야의 확대에 따른 회원들의 학문적 관심이 다양화되고 있는 현실을 학회가 어떻게 수렴할지에 대하여 고민할 때가 아닌가 싶습니다. 사실 이 점은 방금 전 지적한 회원 참여율 제고와도 직접 관련되는 사항이라고 생각합니다.

이에 대비하여 학회는 현재 분과위원회 제도를 여러 해 전부터 운영하고 있고, 지난 해 재조직을 하기도 하였지만, 아직까지는 분과위 제도가 회원들의 관심범위 속에 들어 있지 못한 것도 부인할 수 없습니다. 그런데 다른 학문분야의 사정을 보아도 그 이유야 어쨌든 여러 세부 분과학회가 늘어나고 있고, 국제법의 경우 역시 예외가 아닌듯합니다. 또한 점차 세부 분과학회의 모임이 종합적, 일반적 학회보다 더 활성화되는 것이 우리 학계의 전반적인 현실이라고도 합니다. 그래서 이미 오래 전부터 사회학, 사학, 경제학 등 여러 분야에서 1년의 한번 정도는 사회학대회, 역사학대회 등과 같은 명칭으로 그 분야의 대표학회는 물론 여러 분과학회들이 같이 모여 종합적 학술행사를 하는 것을 잘 알고 계실 것입니다. 저는 국제법학회의 모습도 앞으로 그런 방향으로 갈 수 밖에 없지 않을까 예상하고 있습니다. 분과학회의 증대에 대하여 국제법학회가 어떻게 대처하고 포용할 것인가는 우리가 같이 머리를 맞대고 고민할 주제라고 생각합니다.

셋째, 학회를 1년간 운영을 해 보니 현재의 사무국 체제로는 학회 운영에 어느 정도 한계가 다다랐다는 생각입니다. 과거의 전례를 답습하는 정도라면 현 체제로도 가동이 별 문제가 없겠지만 학회가 좀 더 활동적이고, 생산적인 활동을 하기 위하여는 운영체제의 변화를 이제는 진지하게 검토되어야 할 것으로 생각합니다. 회장단과 사무국장이 1년마다 바뀌어 매년 새로이 시작하는 체제로는 운영역량이 축적될 수 없습니다. 제가 학회를 맡고 지난날의 서류나 운영실적을 살펴보니 솔직히 누가 임무를 맡았느냐에 따라 정리된 결과는 그 편차가 매우 컸습니다. 이러한 불안정성을 극복하고 보다 학회를 안정적이고 지속적으로 발전시키기 위한 사무국과 직무이사진의 운영체제 마련에 고민을 하여야 할 것으로 생각됩니다.

넷째, 3년 후인 2013년이면 학회 창설 60주년을 맞는데 이에 대한 대비를 하여야 되겠습니다. 대한국제법학회는 법학학술단체로는 가장 오래된 학회이며, 가장 역사 깊은 논총을 발간하고 있음을 우리 스스로 자랑스럽게 생각하고 있습니다. 그럼에도 불구하고 우리는 스스로의 학회사를 정리하지 못하고 있습니다. 이는 1년 짜리 회장제로 운영하는 현실 속에서 제대로 대처하기가 불가능한 작업이라는 점도 부인할 수 없습니다. 이에 앞으로 금년부터 2013년까지의 회장께서는 학회 60주년 사업의 준비를 나누어 맡는다는 생각으로 조금씩 예비작업을 진행하여야 되지 않을까 합니다. 이와 관련하여 지난 1년간 학회 창설 이래의 모든 서류를 우선 연도와 내용별로 분류하여 재정리하고 서가에 꽂아 놓아 일단 찾아 볼 수 있는 형태로 정리를 해 놓았습니다. 당초의 생각은 이들 서류를 목록화하고 PDF 파일화 하여 영구보존 형태로까지는 준비하려고 하였는데, 1인 사무국 체제 속에서 1년 내에 마무리하기에는 역부족이었습니다. 차후의 작업은 후임 회장님께 넘깁니다.

다섯째, 제가 회장 취임시 구상하였던 사업 중의 하나로 이루지 못한 것의 하나가 학회 차원의 기초 연구사업을 추진하고, 그 결과물을 단행본으로 발간하고 싶었는데 결국은 시작도 못하고 1년을 보내게 되었습니다. 앞으로는 국제법학회가 개인 차원에서 착수하기 어려운 기초적 연구사업을 매년 한 가지씩이라도, 또는 다년 사업으로 학회 차원에서 추진하였으면 하는 것이 개인적인 바램입니다.

끝으로 지난 1년간 저와 함께 학회 살림을 맡아주신 두 분 부회장님, 네 분 직무이사님, 그리고 사무국장께 그간의 도움과 지원에 대하여 감사를 드리며, 제 말씀을 마치겠습니다.

나. 인권법학회

2014년 5월 하순 조용환 변호사로부터 점심 한 번 같이 하자는 연락이 왔다. 마침 1학기도 마쳐갈 무렵이라 6월 2일 12시 광화문 화이낸스 센터 지하 키사라라는 음식점에서 둘이 만났다. 용건인즉 국제인권법과 관련한 연구모임을 만들자고 제안하며, 그 일에 앞장서 달라는 요청이었다. 사실 전에도 주변에서 가끔 같은 말들이 나왔지만 추진되지 않던 일이었다. 그 날 바로 즉답을 했는지 여부는 기억이 정확치 않다. 망설인 것은 사실이다.

취지는 충분히 이해가 갔고, 필요성에도 이론이 없었다. 망설인 이유는 당시의 내가 과연 그런 일을 맡을 적임자인가 여부에 대한 스스로의 회의 때문이었다. 국제인권법은 국제법 세부분야 중 과거 내가 가장 관심을 쏟던 주제의 하나였다. 2000년 「국제인권규약과 개인통보제도」(사람생각)와 「국제인권조약집」(사람생각)을 펴내고, 이후 서울법대에서 공익인권법센터장, 국가인권위원회 위원 등을 거치면서 주위 사람들에게 자연스럽게 국제인권법 전공자라는 이미지가 형성되었다. 그러나 50대 중반 지나서는 국제인권법 분야에 관한 저작은 더 이상 발표하지 않고 있었다. 오랫동안 준비하던 국제인권규약 해설서 제작은 사실상 포기하고 있었으며, 개인적 관심분야도 많이 이동해 있었다. 또한 그 무렵 국제인권분야에 새롭게 등장한 젊은 활동가들과의 개인적 접촉도 많지 않았다. 직전 4-5년 간 국제인권법 분야에 관한 뚜렷한 활동이나 저술이 없던 내가 새삼 이런 모임의 대표를 맡는 것은 적절하지 못하다는 생각이 우선 들었다. 조 변호사는 활동 분야가 학계가 아니므로 나의 변화(?)을 정확히 파악하지 못했으리라 생각된다. 한편 내 나이 주변을 돌아볼 때 딱히 그런 일에 앞장 설 사람이 많지 않은 것도 사실이었다. 당시 내 상황으로 보면 사양해야 맞겠지만, 뚜렷한 대안도 마땅치 않았다. 결국 숙고 끝에 해 보자고 답했다. 이 분야에 대한 마지막 봉사라는 어찌 보면 주제넘은 생각에서 수락했다. 답은 했으나, 내가 모임의 적절한 간판이 될 만한가에 대한 걱정은 계속되었다.

이후 준비는 순조롭게 진행되었다. 6월 11일 초기 출발의 중심 역할을 할 학계와 실무계 관심자들 몇 사람이 모여 첫 준비회의를 가졌다. 취지에 공감하고 모임을 만들자는 합의는 쉽게 이루어졌다. 이어 7월 8일 조변호사가 근무하는 지평 사무실에서 제2차 준비회의를 열었다. 모임 명칭을 "국제인권법연구회"로 정하고, 9월부터 월례발표회 형식의 공부 모임을 시작하기로 했다. 취지에 공감할 만한 주변 사람들에게 참여의사를 묻는 연락을 취했다.

2014년 가을부터 월례발표회를 개시했다. 조 변호사의 알선으로 장소는 지평 회의실을 사용하기로 하고, 통상 저녁 7시부터 발표회를 진행했다. 9월 17일 홍관표 교수(전남대), 10월 22일 이주영 박사(서울대 인권센터), 12월 3일

박찬운 교수(한양대), 그리고 해를 넘겨 2015년 1월 28일 채형복 교수(경북대)의 발표가 계속되었다. 평균 15명 내외의 사람이 참석했다. 1월 28일 발표회를 마친 다음 논의 끝에 이 모임을 정식 학회로 발전시키기로 의견이 모아졌다. 단 "국제"라는 용어가 붙으면 모임의 범위를 너무 좁게 한정지을 수 있다는 지적에 따라 명칭은 단순히 "인권법학회"로 정했다. 2월(백범석 경희대 교수)과 3월(홍성수 숙대 교수)의 월례발표회는 정상적으로 계속하는 한편, 학회 창립총회 준비도 진행했다. 3월 초 관심을 가질만한 법학교수, 법조실무가, 인권활동가들에게 창립취지문과 가입신청서를 송부했다. 100통 가까운 가입 신청서가 접수되었다.

이어 3월 23일(월) 저녁 7시 서초동 변호사 교육문화회관 강당에서 인권법학회 창립총회를 개최했다. 예상 외로 많은 인원이 참석해 준비한 우리도 놀랄 정도였다. 이런 모임의 출범에 대한 기대와 목마름이 그 만큼 컸다는 의미로 해석되었다. 홍성수 교수의 사회로 진행된 창립총회에서는 회칙을 제정하고, 초대 임원을 선출했다. 준비위원 중 내가 가장 나이가 많다는 이유 등으로 임기 2년의 회장으로 선임되었다. 김종철(연세대), 박찬운(한양대), 유승룡(화우) 3사람이 부회장으로, 김병주 변호사(원)가 감사로 피임되었다. 곧 이어 4월 6일 운영위원회를 개최하고, 총회에서 위임받은 직무이사 및 이사 선임을 마무리했다. 제1기 직무이사로는 총무이사 이주영(서울대 인권센터), 연구이사 홍관표(전남대) 및 백범석(경희대), 출판이사 도재형(이대), 국제이사 안윤교(UN OHCHR) 제씨가 선임되었고, 임재성 변호사와 최윤영씨가 간사를 맡기로 했다.

인권법학회가 정식으로 출범한 이후 임기 2년 동안 두 번의 학술회의와 13번의 월례발표회를 진행했고, 두 번의 총회 때마다 규모가 좀 작은 세미나를 곁들여 모두 17번의 학술모임을 가졌다. 내가 회장이기는 했으나, 진행에 필요한 실무작업의 대부분은 직무이사들이 담당했다.

월례발표회를 맡은 홍관표 교수(연구이사)는 직장인 광주에서 서울을 오가면서 매번 흥미로운 주제의 발표자를 발굴·섭외해 학회모임의 분위기를 늘 풍성하게 만들어 주었다. 내가 과거 국가인권위원을 할 때(2004-2007년) 홍

교수는 위원회에 사무관으로 근무하고 있었다. 그 때도 조사보고서를 어찌나 꼼꼼하고 학구적으로 작성하는지 특별히 눈에 뜨이던 젊은 변호사였다. 그로부터 근 10년이 지나 다시 만났는데, 여전히 개인연구도 열심히 하고 학회일도 항상 믿음직스럽게 처리했다. 월례발표회 진행에 관해서는 2년 동안 별 신경 쓸 필요가 없었다.

총무이사를 맡은 이주영 박사는 사무처리를 어찌나 야무지게 잘 하는지 놀랄 정도였다. 이주영 박사는 오래 전 인권운동사랑방에서 활동하며 방송대 근무 중이던 나를 한 번 찾아온 적이 있었다. 그리고 영국 에섹스 대학으로 유학을 떠났는데 2007년 12월 내가 그곳을 방문했을 때 마침 만나 지인의 집에서 저녁식사를 같이 했었다. 박사학위를 받고 귀국 후 서울대학교 인권센터에 근무하고 있었는데, 무슨 일을 같이 해보기는 처음이었다. 이 박사는 일반 직장생활의 경험이 없음에도 불구하고, 일의 기획·실행·서류정리 등을 모두 딱 부러지게 처리했다. 학회 총무사항은 아무 걱정 없이 늘 믿을 수 있었다.

그리고 이 두 사람에 백범석 연구이사와 황필규 변호사 등이 주로 가세해 기획한 학술회의 역시 매번 젊고 신선한 분위기 속에서 진행되었다. 회장인 나는 학술회의 주제 선정에만 같이 협의했고, 그 다음 구체적인 발표자와 토론자의 선정 및 섭외는 모두 직무이사들이 담당했다. 기존의 오래 된 학회 같으면 정기 학술대회에서는 어느 정도 나이가 든 발표자를 선정하는 경향이 있다. 인권법학회는 이 작업을 비교적 젊은 직무이사들이 주도하니 새로운 신진 발표자들을 발굴했으며, 이는 학술회의장을 한층 활기차고 신선하게 만들었다.

돌이켜 보면 인권법학회 회장 2년간 나의 개인적 기여는 그다지 크지 않았다고 생각한다. 2년간 활동의 대부분을 직무이사를 비롯한 몇몇 열성 이사들의 도움으로 순조롭게 진행시킬 수 있었다. 여러 가지로 도와 준 분들에게 감사한다. 또한 학회 회장에 걸 맞는 인권법 저술활동을 통한 모범을 보이지도 못했다. 오직 학회를 출범시켜 틀만 잡고 이를 후임 회장에게 인계한 일이 전부 아닌가 싶다. 후임 회장직을 조용환 변호사에게 인계한 결정도 잘 한 일이라고 생각한다. 인권법학회의 첫 회장은 내가 했지만, 출범의 실질적 산파

역은 조 변호사였다고 해도 과언이 아니다. 그는 실무 법조인 중에서 아주 드물 정도로 학구적인 인물이다. 나는 만약 그가 학계의 길로 갔다면 많은 연구성과를 냈으리라 생각한다.

인권법학회와 관련해 한 가지 기록으로 남기고 싶은 사항이 있다. 인권법학회와 취지를 같이한 학술단체로 1991년 6월 29일 창설된 국제인권법학회가 있었다. 이는 은사이신 고 배재식 교수가 창립을 주도하고 회장에 취임하셨는데, 서울대 교수회관에서 열린 창립총회 이후 근 5년간 아무런 활동도 하지 않았다. 창립만 하고 사라졌다고 생각할 정도였다. 배 교수께서는 1994년 8월 정년퇴임을 한 후 곧 바로 1년간 일본 코베 대학교의 객원교수로 나가계셨다. 일본 체류 중 그곳 국제인권법학회에 참석할 기회가 있자 수년 전 본인이 한국의 국제인권법학회를 창설해 회장에 선임되었다는 사실을 보고했다고 한다. 귀국 후 나를 찾은 배 선생은 국제인권법학회를 활성화시켜 보자고 제안하셨다. 우선 학회지를 창간하기로 해 1996년 말 「국제인권법」 제1호(창간호)를 출간했다. 7편의 논문과 자료를 포함 모두 367쪽의 꽤 두툼한 책자였다. 그리고 다시 소강상태였다가 1998년 마침 배재식 선생이 고희를 맞게 되자 2년 만인 1998년 「국제인권법」 제2호를 고희 기념호로 발간했다. 그런데 1999년 10월 배재식 회장이 별세를 했다.

배 선생은 생전에 정년퇴임 시 받은 퇴직일시금 일부를 장래 국제인권법학회에서 사용할 생각으로 저금을 해 두었다는 말씀을 하신 적이 있다. 이 사실을 가족에게도 말하지 않고 오직 내게만 알려주셨다. 그런데 학회가 법인이 아니라 그 돈은 서울대 구내 농협에 개설된 본인 명의의 통장에 들어있었다. 이를 기억하던 나는 배 회장께서 작고하신 후 학교 농협에서 자료를 뽑아 가족에게 알렸다. 확인해 보니 중간에 외환위기를 겪으며 이자율이 크게 높아져 처음 이야기 들었을 때의 원금보다 상당한 거액으로 불어나 있었다. 가족들은 전혀 모르던 돈이었다. 당시는 사망시 금융계좌를 일괄로 확인해 주는 제도가 없었다. 내가 기억하지 못했으면 오랫동안 사장될 수도 있었던 돈이었다. 그렇지만 이 돈이 딱히 국제인권법학회 공금이라고 하기도 어려운 일이었다. 살아 계셨다면 과연 이 금액 전체를 학회용으로 사용하시려 했을

지 여부도 알 수 없었다. 가족들은 그중 일부를 학회로 기부하셨고, 이 돈은 이후 학회 운영에 큰 도움이 되었다.

국제인권법 학회는 1999년 10월 28일 서울대 백충현 교수를 2대 회장으로 선임했다. 학술회의를 몇 차례 개최했고, 학회지 「국제인권법」도 계속 발간했다. 학회지는 학술진흥재단 등재지가 아니었으므로 원고 수집이 쉽지 않아 매년 겨우 겨우 만들어 냈다. 백충현 교수는 회장이기는 하셨으나 국제인권법학회에 별다른 관심이 없으신 듯 했다. 사실 그간 학회는 활발한 활동을 하지 못해 적극적 회원을 별로 확보하지 못하고 있었다. 교수 중심의 당시 학회는 실무법조인이나 인권활동가들을 유인할 만한 태세가 아니었다. 국내에서 국제인권법 관련 활동은 학회 외 다른 곳에 더 활발히 진행되고 있었다. 나로서는 이런 상태의 학회를 언제까지나 지속시켜야 하는가 회의마저 들었다. 비록 회장은 아니었지만 내가 손을 놓아버리면 학회는 그냥 명맥이 끊어질 상황이었다. 학회지 「국제인권법」은 2005년 말 제8호를 마지막으로 나는 더 이상의 발간을 추진하지 않았다. 그래도 뭐라는 사람은 하나도 없었다. 국제인권법학회는 그렇게 다시 가사(假死) 상태로 들어갔다. 그 때 내가 관리하던 학회 통장에 500여 만 원이 들어있었다. 기원을 따지고 보면 배재식 회장이 남긴 돈의 잔금이었다. 이후 나는 이 돈을 어찌 하지 못하고, 내 개인명의의 통장에 계속 보관해 왔다. 나 외에 누구도 존재조차 모르는 돈이었다. 2015년 새로이 인권법학회가 창설되자 결국 이 학회가 과거의 국제인권법학회의 정신적 계승자라고 생각했다. 근 10년간 내 이름으로 관리하던 구 국제인권법학회의 잔금을 새 인권법학회로 기부하기로 했다. 이보다 더 원래의 취지에 합당한 사용처는 없을 듯 했다. 액수는 578만원이었다. 이 돈은 인권법학회 초기 정착에 든든한 밑받침이 되었다. 1994년 배재식 교수께서 정년퇴임 시 마련한 돈이 20년도 더 지나 다시 빛을 발한 셈이었다.

다. 공익인권법센터장

2002년 봄부터 2006년 초까지 BK 21 법학연구단 내 공익인권법센터장을 담당했다. 그 때는 센터장 보다 주로 소장이라고 불렀었다. 약 4년간 이 직을 맡았으니, 나로서는 평생 가장 길게 담당했던 보직(?)이라고 할 수 있다.

정부는 BK(Brain Korea) 21라는 명칭으로 각 학교에 연구비 지원사업을 펼쳤다. 지금도 정부의 BK 21 사업은 계속 중이다. 서울법대에서는 1999년 「세계 속의 한국법 발전 교육연구단」이란 명칭으로 이 사업에 응모해 그 해 연말 선정통보를 받았다. 당시 지원준비과정에서는 한인섭 교수가 가장 주도적인 역할을 했다. 이 사업은 예산의 80%를 대학원생·박사후 연구원 등의 인건비로 지출하도록 되어 있던 점에서 알 수 있듯이 학문후속세대 양성이 가장 큰 목적이었다. 실제 사업은 2000년부터 시작했다. 20여 명의 법대 교수들이 참여했고, 원활한 사업 수행을 위해 법학연구단 내에 4개의 연구센터를 설치해 이를 중심으로 활동하도록 했다. 공익인권법센터는 그중 하나였다. 첫 소장은 안경환 교수가 맡았다. 최초의 센터참여 교수는 안경환, 최대권, 정인섭, 한인섭, 정종섭 교수 5명이었다. 그중 최대권 교수는 2002년 정년퇴임을 하고, 2001년부터 조국·김도균·양현아 교수 등이 매년 차례로 신규 발령을 받으며 센터 교수로 참여했다. 이홍재·신동운 교수도 추가되었다.

언제부터 내가 소장직을 이어받았는지는 정확히 기억하지 못한다. 아니 정확히 말하기 어렵다는 표현이 오히려 더 적합할 것이다. 기억은 불분명하나 2001년 말 또는 2002년 초 무렵 안경환 교수와 한인섭 교수가 점심을 같이 하자더니 앞으로 공익인권법센터 운영은 정교수가 맡아달라고 요청해 나는 알았다고 답했다. 구체적인 인수인계는 없었으며, 임명장은 물론 이를 별달리 공표하고 확인받는 자리도 없었다. 안경환 교수는 2002년 6월 5일 법대 학장으로 취임했는데, 그 때까지는 안 교수가 서류상 소장으로 남아 있었다고 기억한다. 그렇지만 2002년 초반부터 센터의 운영은 자연스럽게 내 일이 되었다. 그 때부터의 모든 센터 업무와 행사는 내가 계획하고, 주관했기 때문이다. 4년간의 공익인권법센터장 시절 주로 한 일들을 회고해 본다.

(1) 학술회의

대학의 연구센터가 통상적으로 하는 사업이 학술회의이다. 설립 후 2001년 말까지 센터는 몇 번의 학술회의를 했으나 다른 기관과 협력 하에 진행한 정도였고, 독자적으로 주최한 행사는 2001년 12월 10일 개최된 양심적 병역거부 학술회의가 사실상 유일했다. 이는 대학에서 양심적 병역거부를 다룬 최초의 학술회의로 화제가 되었다.

센터 운영을 담당하게 된 나는 분기당 한 번 1년에 4번 정도 학술회의를 개최할 계획을 세웠다. 학술단체가 학술회의를 주최할 때 가장 어려움을 겪는 일이 경비 조달이다. 공익인권법센터는 재정에 관한한 BK21 법학연구단이라는 배경이 있었기 때문에 기본 경비는 크게 걱정하지 않아도 연 몇 차례 학술회의를 할 수 있었다.

첫 번째로 기획한 행사는 2002년 4월 12일 개최한 "재외동포법의 재검토"라는 학술회의였다. 2001년 11월 29일 헌법재판소는 주로 재중동포를 적용대상에서 배제하고 있던 "재외동포의 출입국과 법적지위에 법률"에 대해 헌법불합치 결정을 내렸다. 이후 국내에서는 이 법률의 개정방향에 대해 치열한 논란이 벌어지고 있었다. 이 회의는 그러한 논란의 정리를 목적으로 했다. 회의에서는 합일된 결론의 도출보다는 개정방향에 대한 치열한 논전이 계속되었다.

다음으로 2002년 6월 11일 "고교 평준화를 위한 무시험진학제의 인권법적 검토"를 개최했다. 그 무렵 우리 사회에서는 고교평준화 정책의 적절성 여부에 대한 각종 논의가 활발히 전개되고 있었다. 대부분 평준화 정책이 교육적으로 바람직하냐 또는 교육의 수월성 확보를 어떻게 하냐에 관한 논란이었다. 이 날 학술회의는 고교평준화 정책의 헌법 및 법률적 적합성과 인권적 측면에서의 논의를 제기했다. 교육학 전공자들은 생각하지 못하던 문제제기였다. 당시 고교평준화 정책의 일부가 국제인권규약 위반이라는 나의 주장은 후에 적지 않은 파장과 논란을 불러 일으켰다.

2002년 세 번째 행사는 10월 7일 개최한 "성적 소수자: 차이, 차별, 인권" 학술회의였다. 성 소수자 문제는 당시만 해도 우리 사회에서 아직 들어내 놓고 이야기하지 않으려는 주제였다. 유명 연예인 홍석천이 2000년 커밍아웃을 하자 방송출연을 금지당하고 있을 정도였다(2007년에야 방송 출연 재개). 이 날 회의는 사회적으로 타부시 되던 성적 지향문제를 대학에서의 학술회의 주제로 고양시킨 최초의 행사였다.

이 행사를 주최한 결정의 배경에는 한국인권재단 주최의 2002년 2월 22일 −25일의 제주인권회의의 경험이 있었다. 회의에 참석한 나는 국내 각 분야의 인권활동가 중 성소수자가 예상 외로 많음을 알게 되었다. 일부는 커밍아웃을 했으나, 상당수는 커밍아웃을 하지 않았고 다만 이런 저런 뒷소문으로만 알려졌다. 같이 회의에 참석했던 법여성학 전공의 양현아 교수(당시 센터 박사후 연구원)로부터 관련 이야기를 더 들을 수 있었다. 이 문제에 대한 개인적 인식수준이 아직 낮았던 나로서는 적지 않은 놀라움이었다. 성적 지향의 문제는 미처 지표를 뚫고 나오지 못하고 있을 뿐, 땅 밑에서는 곧 터져 나올 듯 부글부글 끓고 있는 듯 느껴졌다. 우리 사회에 곧 닥쳐올 인권적 현안이라고 판단되었다. 나는 바로 이런 문제를 센터가 다루어야 한다고 생각했다. 주로 양현아 교수와 상의하며 회의를 조직했다.

2003년 4월 18일 개최한 "집회의 시위의 자유" 학술회의에서 발표된 논거는 바로 반년 뒤인 10월 30일 헌법재판소에서 (구) 집회와 시위에 관한 법률의 헌법 불합치 결정으로 이어졌다. 미아리 집창촌 단속과 관련해 성매매를 일정 부분 용인함이 이 문제에 대한 보다 효과적인 대처방안이냐에 관해 사회적 논란이 벌어지던 와중에 개최한 2003년 5월 23일 "성매매 피해여성과 법적 대응" 학술회의에서는 참석자들 간에 커다란 고성이 오가는 논전이 벌어졌다. 2004년 4월 28일 "이중국적: 왜 문제인가" 학술회의에서 제기된 주장은 2010년 국적법 개정을 통한 복수국적 허용으로 이어졌다. 이렇듯 공익인권법센터의 학술회의는 사회적 논란의 소용돌이 속에 있던 문제를 대학으로 불러들여 이에 관해 학술적 논전을 벌이는 자리가 되었다.

한편 센터장을 하는 4년 동안 매년 12월 학술회의는 조영래 변호사 추모 행사의 형식으로 진행했다. 나를 포함해 센터 몇몇 교수들이 조영래 변호사 추모사업회와 친밀한 관계였다는 이유도 있었지만 그것만이 다는 아니었다. 평소 서양의 법과대학을 가보면 그 대학이나 그 나라가 배출한 걸출한 법률가의 초상화가 걸린 모습을 자주 본다. 재학생들은 부지불식간에 벽에 걸린 초상화의 영향을 받으며 그 주인공을 자신의 롤모델을 삼을 수 있다. 나는 평소 우리 학생들에게도 그러한 본받을 만한 선배를 보여 주어야 한다고 생각했다. 광복 후 서울법대가 배출한 졸업생 중 누구를 그런 표상으로 내세울 수 있을까 생각해 보았다. 단순히 법학계·법조계 내부에서만 잘 알려진 법률가가 아닌 공적 활동을 통해 일반 국민들에게도 널리 알려진 대중적 이미지를 갖춘 법조인을 찾았다. 국내에 널리 알려진 김병로 대법원장이나 김홍섭 판사 같은 분은 일본 대학 출신이다. 나는 서울법대 졸업생으로 그에 가장 적합한 인물이 조영래 변호사라고 판단했다. 90년대 법과대학 학부 입학시험 면접 때 수험생에게 어떤 사람이 되고 싶냐고 물으면 단연 1위가 조영래 변호사였다. 조 변호사는 불꽃같은 삶을 살다가 불과 44살에 요절해 많은 국민에게 안타까움을 준 바 있다. 재학생들에게 조영래와 같은 졸업생을 환기시키며, 그를 꿈꾸어 보라는 의미에서 매년 기일인 12월 12일 부근에 조영래 추모 학술회의를 개최했다. 한편 조영래 외 서울법대 졸업 여성 법조인으로 역시 학생들에게 롤모델로 제시할 수 있는 분을 찾았다. 가장 적합한 인물이 광복 후 최초의 여성 고등고시 합격자로 가정법률상담소를 설립하는 등 다양한 사회활동을 한 이태영 변호사라고 생각했다. 2005년 12월의 조영래 추모 학술회의의 주제로 "이태영 변호사의 재조명"을 택한 이유였다.

이상과 같이 공익인권법센터는 통상적인 대학 연구기관과 같이 교수 발표자들을 불러 전통적인 주제를 중심으로 한 학술회의를 진행하지 않고, 사회적으로 논란이 되거나 아직은 제도권 밖에서의 문제제기에 머물고 있던 새로운 주제를 대학 차원의 학술논의로 발전시키는데 선도 역할을 하려고 노력했다. 학술회의 주제를 학문 커뮤니티 내에서 찾지 않고, 신문기사 속에서 구하려 했다. 그로 인해 공익인권법센터 학술회의는 자주 언론의 주목을 받았다. 서울대 출입기자들은 취재차 내 연구실을 빈번히 찾아 왔고, 이들은 다음에 예정된 학술회의 주제가 무엇이냐고 궁금해 했다. 기자가 연초에 찾아와 센터의 1년 학술활동 계획을 알려 달라고도 했다. 출입기자들간 인수인계시 서울대에서 뉴스를 생산하는 기관으로 공익인권법센터를 지목하고, 신임 기자들은 부임인사차 나를 방문하기도 했다. 학술회의 예정 보도가 나가면 기사를 본 실무 담당자가 연락을 하며 꼭 하고 싶은 이야기가 있으니 참석하면 발언권을 달라는 요청도 왔다. 평소 대학 연구소에는 별 관심이 없던 (사실은 무시하던) 인권 활동가들도 센터 행사에는 참석이 많았다. 나 역시 센터 활동을 통해 인권 운동가들과의 교분이 늘었다. 공익인권법센터를 맡았던 4년간은 부분적으로는 국가인권위원회 위원 임기와도 겹치는데 개인적으로 나이 50 전후의 한참 활동할 연령대로서 내 생애에 있어서 가장 분주하게 끊임없이 무슨 일을 구상하고 실행했던 시기였다. 지금 생각하면 교수생활을 하면서 어떻게 매년 학술회의를 4-5회 조직하고, 그 결과를 매번 단행본으로 출간했는지 스스로도 아득하다.

임기 중 공익인권법센터에서 주최한 학술회의 주제와 일자는 다음과 같다.

① 재외동포법의 재검토(2002년 4월 12일)
② 고교 평준화를 위한 무시험진학제의 인권법적 검토(2002년 6월 11일)
③ 성적 소수자: 차이, 차별, 인권(2002년 10월 7일)
④ 형사절차에서의 취약집단의 보호 - 조영래 변호사 추모(2002년 12월 10일)
⑤ 집회와 시위의 자유(2003년 4월 18일)
⑥ 성매매 피해여성과 법적 대응(2003년 5월 23일)
⑦ 최종길 교수 30주기 추모 학술회의(2003년 10월 17일)
⑧ 한국 법여성학의 전망과 과제(2003년 11월 5일)
⑨ 단체행동권의 보장과 한계 - 조영래 변호사 추모(2003년 12월 10일)
⑩ 이중국적: 왜, 무엇이 문제인가(2004년 4월 28일)
⑪ 사회적 차별과 법의 지배(2004년 6월 29일)
⑫ 낙태죄에서 재생산권으로(2004년 11월 3일)
⑬ 정주외국인과 지방참정권(2004년 11월 24일)
⑭ 장애인 인권문제의 법제적 대응 - 조영래 변호사 추모(2004년 12월 10일)
⑮ 아동권리협약 발효 15주년(2005년 9월 30일)
⑯ 한국 여성의 인권을 찾아: 이태영 변호사의 재조명 - 조영래 변호사 추모(2005년 12월 10일)
⑰ 국제인권규약의 실행(2006년 2월 23일)

이 이외에도 다른 기관과의 협력 하에 진행되었던 학술회의가 여러 건 더 있었으나, 내가 센터장으로서 주도적으로 준비했다고 할 수 없어 생략했다. 2005년의 활동이 상대적으로 저조했던 이유는 그 해는 BK 21 6년 사업이 마무리되는 연도로 개별 센터에 학술활동 경비를 제대로 배정해 주지 않았기 때문으로 기억한다. 2005년 학술회의 2건은 외부자금에 주로 의존해 겨우 진행했다.

(2) 「공익과 인권 총서」

학술회의는 보통 발표 자료집을 제작한다. 자료집은 대개 임시제본 형태로 만들어지고, 정규 책자로 보존되지는 않는다. 발표자가 그 내용을 다른 학술지에 기고하지 않는 한 찾아보기 어려워진다. 발표 논문이 여러 학술지로 분산되면 그 학술적 의의가 축소되기도 한다. 공익인권법센터는 학술회의의 의의가 사장되지 않도록 가능하면 발표문과 관련 자료를 모아 단행본 책자로 발간하기로 했다. 2001년 말 개최된 「양심적 병역거부」부터 책자화를 추진했다.

1차적으로 부딪친 문제는 발간경비였다. 상업성 없는 책자이므로 별도의 간행비 확보가 필요했다. BK 21 법학연구단에서는 학술사업비를 4개 연구센터에 균등하게 배분했기 때문에 공익인권법센터에만 단행본 간행비를 추가로 지원해 주지 않았다. 사업비 배분은 센터장을 맡은 동안 늘 문제가 되었다. 사실 공익인권법센터는 BK 법학연구단 내 다른 센터 3개를 모두 합친 경우보다 더 많은 학술활동을 했다. 다른 센터와 달리 늘 경비가 부족했다. 2003년 초 법학연구단은 형평을 기한다는 이유로 학술회의 발표자, 토론자, 사회자 사례비를 일률로 책정했다. 이는 평소 공익인권법센터가 지불하는 수준보다 더 높았다. 예산은 한정되어 있으니 그 기준을 적용하면 공익인권법센터는 학술회의 횟수를 반으로 축소해야만 했다. 그래서 우리는 그렇게 지급 못하겠다고 이의를 제기했다. 회의에서 어느 센터장은 공익인권법센터는 왜 그리 학술회의를 자주 하냐며 돈 없으면 줄이라고 내게 핀잔성 지적까지 했다. 예정대로 활동을 계속하려면 다른 센터와 달리 늘 외부자금 확보에 노력할 수밖에 없었다.

단행본 발간경비는 안경환 교수가 해결책을 제시했다. 마침 안 교수는 1990년 결성되었으나 그 무렵에는 사실상 활동중지 상태였던 "서울대학교 사회정의 연구실천모임"의 운영비 잔금을 보관하고 있었다. 안 교수는 회원들의 양해를 구해 이를 공익인권법센터로 이관시켰다. 사연실 기금은 더 이상 사용할 용도가 없었으며, 공익인권법센터 운영방침의 상당 부분이 사연실의 정신과 중복된다는 점을 명분으로 삼았다.

단행본 발간은 한 번에 그치지 않고 센터가 지속적 사업으로 추진할 생각으로 이를 「공익과 인권 총서」로 명명하고 「양심적 병역거부」를 제1호로 발간하기로 했다. 총서로 발간할 예정이면 센터 로고도 만들고, 표지 디자인도 제대로 하자고 논의가 되어 미대 백명진 교수에게 아주 소액의 수고료를 지급하고 이 작업을 의뢰했다. 지금까지 센터에서 사용하고 있는 로고와 디자인 컨셉은 그 때 만들어진 것이다. 출판사는 인권문제 전문출판사로 2000년 내 책을 두 권이나 간행한 인연이 있는 사람생각으로 정했다. 염규홍 사장과 교섭해 매권 발간시마다 센터는 200만원의 지원비를 출판사에 지급하고, 대신 책 200권을 받기로 했다. 초판은 500부를 발간하며, 일반 판매 수익은 출판사가 갖으라고 했다. 즉 센터는 출판사에 최소한의 제작 실비를 보장해 주고, 책만 넉넉히 받기로 한 것이다. 「양심적 병역거부」가 발간되자 국립대학인 서울법대에서 불법을 조장하는 책자를 제작했다는 일각의 비판이 있었다.

이후 나는 연 4회 학술회의를 개최하고, 그 결과를 모두 「공익과 인권 총서」로 매년 4권씩의 단행본을 발간할 목표를 세웠다. 2002년 학술회의의 주제였던 「재외동포법」, 「고교 평준화」, 「성적 소수자의 인권」, 「형사절차상 취약집단의 보호」를 차례로 총서로 발간했다. 대체적인 구성은 학술회의 발표논문의 보완분과 당일 토론내용의 녹취, 기타 관련 자료의 묶음 형식이었다. 이어서 2003년 학술회의 내용도 계속 총서로 발간해, 2004년 12월 발간된 「단체행동권」으로 「공익과 인권 총서」는 3년 만에 10권에 이르게 되었다. 사연실 기금 이후에는 법학발전재단의 지원 등 여러 가지 방법으로 출판비를 조달해 간행했다. 간행된 총서는 법대 교수와 사연실 회원 전원에게 증정했다.

총서 제10호 발간을 기념해 공익인권법센터는 2004년 12월 16일 점심시간에 모든 법대 교수와 사연실 회원을 초빙해 기념식과 함께 점심식사 초대 행사를 개최했다. 처음「양심적 병역거부」를「공익과 인권 총서」제1호로 명명해 발간하려 하자, 센터의 한 참여교수는 총서라는 명칭과 번호를 붙이지 말자고 반대했다. 보나 마나 한 두 권 발행하고 그만 둘 텐데 무슨 번호까지 붙이냐는 취지였다. 경험과 우려에서 나온 주장이었다고 생각되나,「공익과 인권 총서」는 내 임기 중에만 11권이 발간되었고, 이후 14년간 19권이 더 간행되었으니 그 예상은 기분 좋게 틀렸다.

(3) 학술지「공익과 인권」

연구기관이 하는 가장 일반적인 사업은 학술지 발간이다. 2003년 초 센터 회의에서 올해는 센터의 학술지를 발간하겠다고 공약했다. 센터장으로서 금년에도 작년과 똑 같은 일만 하겠다고 할 수 없으니 새 사업으로 학술지 발간을 생각했다. 반년간으로 예정하고, 창간호는 2003학년도 말인 2004년 2월 발행했다. 표지 디자인은 미대 백명진 교수팀이 다시 맡아 주었다.

추진과정에서는 2가지 난관이 있었다. 첫째는 발행 경비의 마련이었다. 이번에도 안경환 교수가 해결책을 마련해 주었다. 법무법인 한결에 요청해 공익자금으로 인쇄비를 지원받을 수 있었다. 권당 인쇄비로 200만원 내외가 필요했다. 한결에서는 2004년과 2005년에 각 400만원씩, 2006년에는 600만원의 인쇄비를 지원해 주었다. 두 번째는 원고 확보 문제였다. 당시에도 이미 학술진흥재단(현 연구재단) 등재지 제도가 운영되고 있었다. 대학 교수들은 등재지가 아닌 학술지에는 원고 기고를 기피했다. 일단 센터 주최 학술회의 발표논문으로서「공익과 인권 총서」간행대상이 아닌 원고와 센터 참여교수, BK 박사후 연구원과 계약교수 그리고 대학원생 원고를 중심으로 논총을 꾸렸다. 성격에 맞는 원고 확보는 늘 쉽지 않았다.

「공익과 인권」은 2006년 2월 제3권 제1호(통권 5호)까지 내가 편집인으로 발행했고, 이후 후임 센터장이 2008년 2월까지 4권을 더 발행하고는 중단되었다. 이후 법학전문대학원이 출범하자 2010년부터 학생단체 인권법학회로「공익과 인권」의 발간 주체를 넘겨 오늘에 이르고 있다.

⑷ NGO 활동가를 위한 인권법 강좌

센터장을 하는 동안 1회 사업으로 그치기는 했으나 2003년 NGO 활동가를 위한 인권법 강좌를 개설한 바 있다. 한국사회에서 NGO의 역할이 적지 않은데, 당시만 해도 법률가의 참여는 많지 않았다. 이에 NGO 활동가들이 현장에서 자주 부딪치는 법률적 문제에 대한 기본 강의를 실시하면 여러 모로 도움이 되리라 생각해서 구상한 사업이었다.

이 사업은 2003년 초부터 계획했다. 원래는 1회당 25명 내외의 활동가를 대상으로 연 1-2회 매년 계속 사업으로 구상했다. 그리고 참여 강사진의 강의원고를 중심으로 「NGO 활동가를 위한 인권법강좌」라는 단행본을 발간할 계획이었다. 가장 큰 난관은 역시 경비 마련이었다. 궁리 끝에 한국인권재단 신용석 이사장에게 사업취지를 설명하고 1,000만원 정도 재정지원을 요청했다. 신 이사장이 이를 쾌히 수락해 2003년 강좌가 성사될 수 있었다.

2003년 8월 25일부터 30일까지 6일간 매일 2강좌 3시간 총 12강좌로 교육과정을 만들었다. 평일 낮 시간 강의였으므로 수강생이 과연 얼마나 올까 걱정도 되었으나, 예상 외로 다양한 단체 다양한 연령층의 지원자가 몰렸다. 그중 47명의 지원자를 선발했는데, 8명만 중도포기를 하고 39명은 끝까지 수강했다. 참석자 대부분이 강좌내용에 만족감을 표시했다. 강좌진행을 위해 한국인권재단에서 895만원을 지원받았으며, 학교(BK 사업단 포함)에서 120만원, 수강생 참가비 129만원을 받아 운영했다. 경비로 총 1,135만원이 지출되었다.

계속 사업으로 예정했던 이 강좌는 한번으로 그치고 말았다. 한국인권재단의 사정상 매년 그러한 액수를 지원받기가 어려웠는데, 대체 후원자를 찾지 못했기 때문이었다. 그리고 단행본 발간계획도 성사되지 못했다. 수강자용으로 작성된 강의안이 여러 가지 면에서 균질적이지 못했고, 일부 원고는 단행본 원고로 발전시키기 곤란한 내용이었기 때문이었다. 이 강좌는 1회로 머물렀으나, 그래도 이때의 경험이 2007년부터 시작한 국제인권법 공개강좌의 밑거름이 되었다. 당시 강의 일정과 강좌 내용은 다음과 같았다.

8월 25일 (1) 정인섭(서울대 법대)/ 인권의 국제적 보호

(2) 이석연(변호사)/ 헌법소송

– 중식 겸 서울법대 학장 특강

8월 26일 (3) 권두섭(변호사, 민주노총)/ 집회 및 시위상의 법률문제

(4) 성낙인(서울대 법대)/ 언론에 의한 인권침해와 구제방법

8월 27일 (5) 차병직(변호사)/ NGO의 조직과 재정상의 법률문제

(6) 조국(서울대 법대)/ NGO 활동상의 형사문제

8월 28일 (7) 이상희(변호사)/ 공익제보와 법률 문제

(8) 경건(서울시립대)/ 정보공개청구상의 법률문제

8월 29일 (9) 황승흠(성신여대)/ 공익소송 – 필요성과 발전

(10) 장유식(변호사, 참여연대)/ 공익소송의 실제

8월 30일 (11) 한상희(건국대 법대)/ 공익법 입법운동

(12) 양현아(BK 21 법학연구단)/ 현장조사 및 자료정리 방법

– 수료식

⑸ **공익인턴쉽 프로그램**

공익활동에 관심과 의사는 있는 학생이라도 막상 어디서 무엇을 해야 하는지 선뜻 쉽게 뛰어들기 어렵다. 특정 분야의 단체가 자신에게 알맞은 기관인지, 어느 정도의 시간을 필요로 하는지도 잘 알기 어렵다. 그래도 학생시절 이러한 공익활동 경험이 있으면 장래 진로설계에 큰 영향을 줄 수도 있다. 이에 법과대학(원) 재학생들의 공익인턴 활동에 적합하며 특히 가급적 변호사가 상근해 법률적 지도가 가능한 단체를 선정해 방학 중 학생들이 인턴활동을 할 수 있도록 지원하는 프로그램을 만들기로 했다. 실무진행은 공감의 황필규 변호사가 담당했다. 사실 황 변호사의 참여가 없었다면 나 혼자서는 진행하기 어려운 사업이었다. 2005년 11월 21일 관련 공고를 하고 인턴 희망자를 모집했다. 10여 명의 학생이 지원을 해 2005년 12월부터 2006년 3월까지 주로 겨울방학 기간 동안 개인별로 3개월에서 2주의 인턴 활동을 수행했다. 단순히 근무를 알선만 하는 것이 아니라, 사전 교육을 실시하고 해당기관 변

호사에 연락해 지도도 부탁했다. 최종적으로 9명의 학생이 활동보고서를 제출했다. 이는 요새 법학전문대학원의 공익인턴 프로그램과 유사했다. 그러나 내가 2006년 초 센터장을 그만 두었기 때문에 이후 이 프로그램은 지속되지 못했다.

⑹ 집담회 등

센터장을 하는 동안 작은 규모의 학술행사로 연 3-4회 집담회를 진행했다. 지금도 가장 인상적인 집담회는 여성 인신매매 실태에 관한 새움터 김현선 대표의 발표였다. 유흥업소 종사 여성에 관해 막연히 생각했던 인식을 바꾸게 만들 정도로 놀라운 발표였다. 집담회 이전에는 김현선 대표와 전혀 모르던 관계였다. 미아리 집창촌 단속이 논란이 되던 시절 한 신문의 작은 기사에서 그의 발언을 우연히 읽었는데 그 내용이 인상적이었다. 갖은 방법으로 연락처를 수소문해 연결이 되었다. 만나보니 체구도 작고 예쁘장한 기혼여성이었는데 어디서 그런 당찬 활동력이 나오는지 놀랄 정도였다. 집담회 청중은 주로 대학원생이었는데 모두들 그의 발표에 충격을 받았다.

그 외 기억에 남는 사업으로는 "저자와의 대화" 씨리즈를 3번 개최했다. 그리 오래 지속되지 못한 이유는 공익인권이란 주제에 합당한 학술서를 자주 구하기 어려웠다는 점과 몇 번 시행해 보니 발표가 기대처럼 흥미롭게 진행되지 못했기 때문이었다. 센터장 기간 동안 진행했던 집담회와 저자와의 대화 일람은 다음과 같다.

[집담회]

① 2002년 3월 29일: 조이여울(여성신문 기자), "뒤틀린 존재라는 낙인: 한국사회의 성적 소수자에 대한 차별"

② 2002년 5월 10일: 이배근(한국아동학대예방협회 회장), "아동학대의 법적 대응과 문제점"

③ 2002년 10월 28일: 김현선(새움터 대표), "여성 인신매매의 실태 및 법률적 문제"

④ 2002년 11월 25일: 김강자(경찰청), "성매매의 현황과 대응방안"

⑤ 2003년 1월 9일: 정강자(국가인권위원회 위원), 박원순(변호사), 류은숙
(인권운동사랑방), "대학내 인권법연구소의 역할 (1)"

⑥ 2003년 2월 10일: 박석운(노동운동가), 조효제(성공회대학교), 차병직(변
호사), "대학내 인권법연구소의 역할 (2)"

⑦ 2003년 5월 16일: 최대권(서울법대), 박명규(서울대 사회학과), 이철우(성
균관대 법대), "재외동포법의 개정방향 모색"

⑧ 2003년 5월 27일: 이성훈(Pax Romana 사무총장), "2003년도 유엔 인권
위원회에서의 국제인권보호상의 주요 쟁점과 동향"

⑨ 2003년 12월 30일: 정대화(변호사, 대표발제), 서경석(조선족 교회 담임목
사), 이철우(성균관대 법대), 이진영(경남대 극동문제연구소), 석동현(법무
부 법무과장), 설동훈(전북대 사회학과), 정신철(중국 사회과학원), 신각수
(외교부 조약국장), 오갑렬(외교부 심의관), 박명규(서울대 사회학과), "중
국동포 국적회복신청"

⑩ 2004년 4월 20일: 김동훈(일본 龍谷大學), "국제인권조약의 국내이행조치"

⑪ 2004년 10월 19일: 이영란(숙명여자대학교 법학과 교수), "형법과 여성
인권"

⑫ 2004년 11월 22일: 이선희(사법연구원 교수), "법에 잠재된 성편견"

⑬ 2005년 3월 29일: 장복희(가톨릭대), "국제법상 전쟁범죄로서의 무력충
돌시 여성에 대한 성폭력"

[저자와의 대화]

① 2002년 9월 30일: 강정인(서강대학교 정외과), "소크라테스, 악법도 법인
가"(민음사)

② 2003년 4월 8일: 최종고(서울법대), "법상징학이란 무엇인가"(아카넷)

③ 2003년 10월 7일: 최송화(서울법대). "공익론"(서울대학교 출판부)

라. 법학연구소장

2005년 12월부터 2007년 10월 말까지 약 2년간 서울대학교 법학연구소 제14대 소장을 역임했다. 법학연구소는 1961년 4월 발족한 서울법대 부설 비교법연구소를 기원으로 하고, 1966년 9월부터 서울대학교 법학연구소라는 법정 국립연구기관으로 되었으니 내가 취임한 시점에 이미 44년 이상의 역사를 갖고 있었다. 학술지「법학」의 발간을 비롯, 적지 않은 학술회의와 각종 학술서의 발간 등 나의 소장 취임 이전부터 해 온 기존 사업이 적지 않다. 여기서는 법학연구소가 이전부터 해오던 사업 외 내 임기 중 새롭게 진행된 몇 가지 행사와 사업에 관해 회고해 본다.

(1) Elgar Korean Law Series

한국경제의 성장과 한국사회의 국제화 추세에 따라 한국법 전반을 소개하는 외국어(특히 영어) 도서의 수요가 증대되고 있으나, 이런 필요를 충족시킬 수 있는 책자가 부족하다는 말은 새삼스러운 이야기가 아니다. 서울법대에서도 한국법 입문이라 영어 강좌를 진행했지만 교재로 사용할 만한 마땅한 단행도서가 없었다.

소장 재임중 법학연구소 주관으로 Introduction to Korean Law라는 제목의 단권 영문도서의 간행을 계획했다. 외국인을 위한 한국법 입문 정도의 책이다. 책의 내용을 12-15개 정도의 소주제로 나누어 각장 별로 필자를 위촉하면 비교적 빠른 시간에 성사될 수 있으리라 기대했다. 필자는 반드시 서울법대 교수로 한정하지 않고, 적합한 필진을 학내외에서 널리 구하려고 생각했다. 2006년 중반기 쯤 기본 목차를 구상하고 필진 후보와 접촉을 시작했다가 의외의 소식 하나를 들었다. 평소 잘 알고 지내는 다른 대학 교수 한 분이 똑 같은 취지의 책을 이미 고려대 김기창 교수가 추진해서 자기도 집필 참여를 수락했다는 이야기였다. 유사한 책자 양쪽에 동일인이 같은 주제의 원고를 주면 모양이 좀 이상하지 않겠냐는 첨언과 함께. 그 쪽은 나름 지원비 등을 확보해 사업이 이미 착수된 셈이라고 했다. 김기창 교수에게 진행상황을 직접 문의해 보지 않았지만 개인적으로는 고민에 빠졌다. 영문 한국법 입문을 제작한다면 국내에서 참여할 만한 인력풀도 넉넉지 않고, 책이 만들어진다 해도 판로가 넓지 않을 것이다. 그럼에도 고려대가 어렵게 시작한 의의 있는 사업을 서울대에서 추종 모방하는 모양새가 되기 때문이었다. 설사 더 좋은 책을 만들 수 있을지라도 그 책이 발간된 다음 수년 후 추진함이 온당할 듯 싶었다. 구상단계에 머물던 한국법 입문 영문도서 제작은 포기하기로 했다.

그 해 2006년 12월 2-3일 보광 피닉스파크에서 법대교수 학사협의회가 있었다. 법학연구소 현황을 보고하며 위 이야기를 했다. 영문 한국법 입문을 구상했으나, 위와 같은 사정으로 중지했다고. 나중에 한 교수가 좋은 일이면 추진하지 왜 다른 곳에서 비슷한 일을 한다고 포기하냐는 질책성 발언을 했다. 돌아와 다시 생각해 보았다. 고려대 사업에 관해 수소문 하니 일이 예정 대로 진척되지는 않는 듯 했다. 사실 그런 일은 원래 수월하게 성사될 가능성이 높지 않다. 결과적으로 그 작업은 영영 성사되지 못했다.

2007년 초부터 다시 구상을 시작했다. 고려대 사업과 중복을 피하기 위해 Introduction to Korean Law 단권의 발행이 아닌, 각 전공별로 영문 법학도서 시리즈를 구상했다. 대신 한국법 입문에 해당하는 책자는 포함시키지 않아 김기창 교수가 추진하는 사업과 충돌하지 않도록 배려하기로 했다. 어느 분야를 대상으로 할까를 검토한 끝에 1차적으로 ① Trade Laws and Regulations in Korea ② Judicial System and Litigation in Korea ③ Business Law in Korea를 대상으로 삼았다. 이런 주제는 추진이 상대적으로 용이하고, 책에 대한 수요가 어느 정도 있으리라 기대했다. 각 도서는 서울대 교수를 편집 책임자로 위촉하고, 그가 10-12명 정도의 필자를 섭외해 권당 300쪽 내외의 책자를 만들 계획을 세웠다. 협의 끝에 위 3책에 관해 ① 장승화 교수 ② 조국 교수 ③ 김화진 교수를 각 편집책임자로 위촉했다. 원고료 등 기본 경비는 법학연구소가 부담하기로 했다.

이어서 ④ Law & Society in Korea와 ⑤ Foreign Relation Laws of the R.O.K. 2권을 더 추진하기로 하고, 양현아 교수와 이근관 교수를 각 편집책임자로 위촉했다. 이상 5권이 발간되려면 3-5년은 소요되리라 생각하고, 그 때

쯤에는 상황에 따라 Introduction to Korean Law를 추진하면 되겠다고 구상했다. 물론 이상의 책자는 그 해 연말까지로 예정된 나의 소장 임기 중에는 출간이 성사될 수 없었으나, 집필자를 확실히 확보해 출발시키면 후임 소장이 관리만 해도 성사되리라 생각했다.

장승화 교수는 이화여대 최원목 교수를 자신의 책의 공동 편집자로 넣어 달라고 요청해 승인했다. 최원목 교수는 부탁도 하지 않았는데, 혼자 외국 출판사를 물색해 영국의 Elgar 출판사로부터 긍정적인 회신이 왔으니 이제 내가 직접 출판조건을 교섭해 보라며 알려 왔다. Elgar는 당시만 해도 비교적 새로이 국제출판시장에 진입하던 출판사였다. 상당히 공격적인 마케팅을 하고 있었고, 어느 정도 성가를 거두며 국제시장에서 자리를 잡아 가고 있었다. 아시아 등 영국 외 필진 개발에 적극적이었다. 사실 십수 년이 더 지난 현 시점에는 Elgar가 훨씬 더 탄탄한 입지를 확보하고 있다. 최원목 교수의 수고 덕분에 만족스러운 출판사와 거래가 트이게 되었다. 2007년 중반 Elgar 측과 여러 차례 서신 교환 끝에 위 5권의 책을 기본으로 서울대학교 법학연구소 기획 Elgar Korean Law Series 출간에 합의했다. 책 표지에 서울대학교 법학연구소 표기와 로고도 넣어주고, 법학연구소는 정가의 35% 가격으로 책을 구입하기로 했다. 우선 ① Trade Laws and Regulations in Korea ② Judicial System and Litigation in Korea 두 권의 출판제안서를 보낸 결과 바로 진행하자는 답을 받았다. 그리고 위 나머지 3권의 추진에도 동의했고, 가능하면 이 시리즈를 계속 확대하기로 합의했다.

나는 2008년 1월 초부터 미국으로 연구년을 떠날 예정이었다. 법학연구소장 임기는 원래 2007년 12월 하순까지였으나, 그 때 그만 두면 후임 소장과의 원활한 인수인계가 어려울 듯 해 10월 말까지만 소장직을 수행하기로 했다. 대신 새 소장은 Elgar 출판사와 기존 협의과정을 잘 모르기 때문에 나의 사임 이후에도 Elgar와의 영문도서 발간에 관한 연락은 내가 당분간 계속하기로 했다.

드디어 2010년 Elgar Korean Law Series 첫 권으로 조국 교수 편집의 Litigation in Korea가 출간되었다. 이후 2011년 장승화·최원목 교수편의

Trade Laws and Regulations in Korea, 2012년에는 김화진 교수편의 Business Law in Korea, 2013년에는 양현아 교수편의 Law & Society in Korea 등 매년 한 권 씩 출간되었다. 그러나 후임 법학연구소장들은 영문책자 시리즈 계속에 별다른 관심을 보이지 않아 내가 소장 시절 편집자를 선정해 작업을 시작한 책자 외에는 새로운 추가 추진이 없었다. 마지막 책자가 나온 지도 이미 7년 가까이 되었으니 Elgar 측은 법학연구소와의 계약을 사실상 포기하지 않았나 싶다.

(2) 작고 명예교수 추모학술회의

2005년과 2006년 서원우, 정희철, 임원택 3분의 명예교수가 작고했다. 소장 임기중(2006-2007) 이 분들의 1주기를 맞아 법학연구소가 추모 학술회의를 개최했다.

2005년 10월 16일 작고하신 서원우 교수의 1주기 추모학술회의를 2006년 10월 13일 법대 100주년 기념관 소강당에서 진행했다. 서원우 교수는 1931년 생으로 1960년 서울대학교 행정대학원 조교수로 교수생활을 시작해, 1975년 서울대 관악산 이전을 계기로 법대로 소속을 옮겼다. 약 20년을 법대에 근무하시다 1996년 정년퇴임을 하셨다. 이 날 추모사와 함께 홍준형 교수의 "남하 서원우 교수의 학문세계"라는 발표가 있었다. 사모님과 가족 친지들이 많이 참석해 학교에서의 예상치 못한(?) 추모행사를 고마워 하셨다.

다음 2006년 3월 21일 작고하신 정희철 교수의 1주기 추모학술행사를 2007년 3월 21일 역시 법대 100주년 기념관 소강당에서 진행했다. 정희철 교수는 1919년 생으로 1958년 4월부터 1985년 2월까지 27년을 법대 교수로 봉직하셨다. 은퇴 후 20년도 더 지나 작고하셨기 때문에 현직 법대교수 중에는 이 분을 직접 모르는 경우도 있었다. 사모님이 외국으로 이주하셨기 때문에 이 날 학술회의는 가족과의 상의나 연락도 없이 후학들만의 행사로 진행할 예정이었다. 마침 1주기를 맞아 사모님이 귀국을 해 연락이 되었고, 행사에도 참가하셨다. 정희철 교수에 대해 양승규 · 정동윤 두 원로교수의 발표가 있었다.

마지막으로 2006년 4월 13일 작고하신 임원택 교수 1주기 추모학술행사를 2007년 4월 13일 법대 기념관 소강당에서 개최했다. 임원택 교수는 1922년 생으로 1962년 11월부터 1975년 2월까지 법대 교수로 재직하셨고, 서울대 관악 캠퍼스 이전을 계기로 학교 방침에 따라 경제학과로 전직한 후 1988년 2월 정년퇴임을 하셨다. 이 분은 전공이 경제학이었지만 법대 교수를 역임한 일을 늘 자랑스럽게 생각하셨고, 따르는 법대 제자들도 많았다. 1988년의 정년퇴임 논문집도 법대 제자들이 만들어 드렸다. 나 역시 간행위원 중 한명이었다. 임 교수께서는 법대와 경제학과 두 기관에 각기 비슷한 기간 동안 재직하셨기 때문에 이 날 행사는 형식상 경제연구소와 합동으로 진행했다. 최종고, 김신행·홍기현 교수의 발표가 있었다.

수십 년 씩 서울대학교에서 봉직하며 후학을 양성하신 선배교수의 작고를 계기로 그 분 생전의 학문세계를 돌아보고 정리하는 작업은 서울법대의 학문적 전통을 쌓아가는 방법의 하나이며, 생전 그 분들의 노고에 대한 치하는 후배교수로서의 학문적 도리라고 생각했다. 그러나 이후 이런 행사는 지속되지 못하고 잊혀졌다. 작고 명예교수의 제자들이 주도적으로 유사한 행사를 추진한 경우 법학연구소가 후원기관의 역할을 담당한 적은 있으나, 더 이상 행사 주최기관은 되지 않았다. 개인적으로 아쉽게 생각한다.

(3) 정년기념 학술회의

소장 임기 중 3분의 법대 교수가 정년퇴임을 하셨다. 2006년 2월 김유성 교수, 2006년 8월 최송화 교수, 2007년 2월 송상현 교수가 정년을 맞았다. 법학연구소는 이 분들의 정년을 기념하는 학술회의를 개최했다.

2006년 5월 20일 "노동법과 차별"이란 주제로 법학연구소 주최, 노동법연구회 주관의 학술회의를 김유성 교수 정년기념행사로 진행했다. 김유성 교수는 1969년 서울대학교 전임강사 발령을 받아, 37년을 근무하셨다. 김유성 교수께서는 학술회의의 내용을 극구 본인과 연관시키지 말라고 하셔서, 개인적 업적에 대한 회고순서는 넣지 않았다.

2006년 9월 4일 "법에 있어서의 공익"이란 주제로 최송화 교수 정년기념 학술회의를 개최했다. 최송화 교수는 1970년 전임강사 발령을 받은 이래 약 36년을 서울대학교에서 근무하셨다. "공익"은 최송화 교수께서 평생 연구해 온 학문적 주제로서 2002년 「공익론」이란 단행본도 간행했다. 이 날 "경제규제와 공익" 등 공익을 주제로 한 5편의 논문발표가 있었다.

2007년 3월 12일 "사법학 연구의 첨단"이란 주제로 송상현 교수 정년기념 학술회의를 개최했다. 송상현 교수는 1972년 9월 서울대학교에 부임해 34년을 근무하셨다. 이 날 회의에서는 송 교수의 학문적 관심분야였던 민사소송법, 상법, 지적재산권법 3분야로 나누어 학술발표가 진행되었다.

이 역시 서울대학교에서 평생을 봉직한 분의 퇴임을 계기로 소속기관이 그 분의 학문세계를 돌이켜 보고 정년을 치하하는 일은 후학들이 마땅히 해야 할 존중의 표시라고 생각했다. 이에 대해서는 앞으로 모든 교수의 정년시마다 이런 행사를 해야 한다면 좀 부담스럽다는 의견도 있었다. 여하간 나로서는 학문 공동체가 당연히 해야 할 행사라고 생각했는데, 이후에는 계속되지 못했다.

⑷ 베세토 학술회의

1990년대 중반 경부터 북경, 서울, 동경의 영문 앞 두 글자를 딴 베세토 (Beseto) 간 협력문제가 사회 여러 방면에서 제기되었다. 2000년 서울대, 동경대, 북경대 총장은 앞으로 공통의 관심사에 관한 베세토 학술회의를 각 대학이 돌아가며 개최하기로 합의했다. 여기에 하노이 대학을 더해 베세토하 회의도 진행되었다. 2007년 초 무렵 법학분야에서도 유사한 협력이 필요하지 않느냐는 논의에 따라 베세토 법대 학술회의를 추진하자는 의견이 제기됐다. 서울대학교 법학연구소가 다른 두 대학에 이를 제안해 첫 회의를 서울에서 개최하기로 했다.

동경대 법대 및 북경대 법대와는 인적 교류가 있는 기회에 이 문제를 제안해 모두 찬동을 얻었다. 중간 과정에 잠시 곡절은 있었으나, 2007년 9월 14일 서울법대에서 최초의 베세토 법대 학술회의가 개최되었다. 법의 지배, 환경, 기업법 3개 분야에 관해 각 대학이 1명 씩 모두 9개의 발표가 이루어졌다. 첫 모임이니만큼 학술발표의 내용보다는 만남과 친목확인에 더 큰 의의가 있지 않았나 싶다. 어쨌든 이 회의를 계기로 베세토 3개 법대는 학술회의를 정기행사로 추진하기로 합의가 되어 현재까지 계속되고 있다.

추진과정에서 발견된 문제점의 하나는 서울법대의 경우 학내 학술행사는 주로 법학연구소가 주관하기 때문에 베세토 학술회의의 추진도 연구소장인 내가 담당했다. 그런데 동경대 법대나 북경대 법대의 경우 서울대의 법학연구소와 같은 법률 종합연구소가 존재하지 않아 추진과정의 파트너를 정하기가 어려웠다. 즉 서울대 법학연구소가 동경대 법대와 북경대 법대와 논의하는 형상이 되었기 때문이었다. 그래서 제1회 회의는 법학연구소가 담당하더라도 다음 회의는 법대가 직접 주관하는 편이 좋겠다고 생각했다. 이 문제는 이후 그런 방향으로 정리되었다. 향후에는 베세토하 법대 회의로 발전시키려는 의도였으나, 이는 아직도 실현되지 못하고 있다. 제1회 회의 때도 하노이 법대에서 토론자라도 한 명 초빙하려 했으나, 성사되지 않았다. 외국 참가자의 항공여비는 각자 자교 부담 원칙이었는데, 당시 하노이 대학은 이를 수용하기 어려운 사정이었다.

⑸ **법과 문화 포럼**

지금도 학기 중 매주 수요일 점심시간에는 법대 구성원을 대상으로 하는 집담회 – 법과 문화 포럼이 진행된다. 법학연구소 주최의 집담회가 수요일 점심 정례행사로 자리 잡은 시작은 김건식 소장 시절인 2002년부터로 기억한다. 당시는 이 집담회가 특별한 명칭이나 횟수 카운트도 없이 진행되고 있었다. 나름 법대에서의 정례적 학술행사인데 좀 더 형식과 외관을 갖추었으면 좋겠다고 생각했다. 우선 명칭을 짓기로 했다. 현재까지 사용되고 있는 "법과 문화 포럼"은 당시 법학연구소 연구부장직을 맡고 있던 정긍식 교수의 아이디어에서 시작했다. 그리고 앞으로도 계속될 집담회라면 매번 횟수를 붙여야 역사가 축적되리라 생각했다. 김건식 소장 시절부터의 집담회는 그리 오랜 전 일이 아니었기 때문에 여러 방법으로 횟수 확인이 가능했다. 그런데 그 이전에도 정례만 아니었을 뿐 유사한 형식의 집담회가 여러 번 개최된 바 있었다. 더 과거로 거슬러 올라가면 1980년대 초 내가 석사과정시절에도 연구소 집담회에 몇 번 참석한 기억이 있다. 완벽한 횟수 복원은 불가능했다. 일단 날짜와 발표자, 제목 등의 확인이 가능한 1998년부터를 개시로 삼아 횟수를 카운트했다. 이것이 법과 문화 포럼이 2019년 말까지 408회 지속되었음을 알 수 있는 근거가 되었다.

3. 공개강좌의 운영

가. 국제인권법 공개강좌

(1) 출발

국제인권법 공개강좌는 2007년 시작했다. 이 강좌는 대학(원)생들을 대상으로 국제인권법에 관한 이해를 고취시키려는 취지에서 매년 가을 학기 주 1회 2시간씩의 야간강좌로서 진행해 왔다. 이 강좌를 시작한 계기는 다음과 같다.

2007년 봄 북한인권시민연합이란 기구에서 인권아카데미 강좌를 운영하는데, 그 첫 번째 시간으로 세계인권선언에 관한 해설 강의를 맡아달라는 요청이 왔다. 수강생은 일반 시민이라 했다. 북한인권시민연합은 1996년 설립된 NGO로 현재는 국제적으로도 널리 알려진 기구가 되었지만, 그 때만 해도 지금처럼 큰 규모의 시민운동단체는 아니었다. 그래도 북한인권문제에 관해 꾸준한 활동을 하는 기구로 나름 자리 잡고 있었다. 개인적으로는 그다지 어렵지 않은 일이기도 하고, 한편으로 이런 시민강좌가 어떻게 운영되는가에 호기심도 있어서 수락을 했다.

강의일인 2007년 5월 3일 저녁 독립문 부근의 북한인권시민연합 (구)사무실로 갔다. 강의 시작 전 윤현 대표와 잠시 환담을 하며 어떻게 이런 강좌를 구상하게 되었냐고 물었다. 윤 대표는 아무리 북한인권문제의 심각성을 제기하고 북한 당국을 향한 목소리를 높여도 북한은 마이동풍 꿈적도 하지 않아 답답하다는 심정을 토로했다. 지금도 그렇지만 당시 역시 국내에서는 북한인권문제를 거론하는 시도 자체를 정치적 진영논리로 색안경을 쓰고 보는 경향이 강했다. 결국 북한을 직접 상대로 한 운동은 효과를 거두기 어려운 것이 현실이므로, 윤 대표는 북한인권문제는 국제인권법을 매개로 한 국제적 압력이 필요하다고 생각하게 되었다고 한다. 그래서 장기적 관점에서 국내에서 국제인권법 보급운동을 벌이기로 하고, 시민교육 차원에서 국제인권법에 관한 강좌를 열었다고 설명했다.

곧 이어 강의실로 가니 허름한 시설에 30명이 조금 안 되는 수강생이 앉아 있었다. 20대 초반의 대학생들이 주축이었으나, 환갑을 넘긴 연로자가 한 명 있었고, 고등학생도 2명인가 있었다. 강의를 마치니 수강생 2명이 자신을 서울대생이라고 소개하며 인사를 왔다. 한명은 서울법대 졸업생이었다. 솔직히 서울대생이 2명이나 포함되었다는 사실에 크게 놀랐다. 그 두 사람에게 왜 굳이 이렇게 먼 곳까지 와서 교양 수준의 국제인권법 강좌를 듣고 있냐고 물었다. 그에 대한 답이 학교에서 이런 강의를 제공해 주지 않으니 여기로라도 들으러 왔다는 것이었다. 그중 한 학생은 곧 미국 유학을 갈 예정이라고 했다. 그 학생들의 말은 내 가슴 속에 오래 남았다. 국내 최고의 대학에 다니며 매학기 수백만원의 등록금을 내도 교양수준 정도의 국제인권법 강의를 들을 수 없어 밤에 학교에서 편도 한 시간도 더 걸리는 서대문의 허름한 건물로 와 자비로 수강료를 내며 고등학생과 함께 강의를 듣고 있다면 이는 무언가 대단히 잘못된 현실이었다. 서울대학교, 법과대학 그리고 나 자신 모두가 직무유기를 하고 있는 듯한 자책감이 들었다.

지금도 그렇지만 당시 법대를 포함한 서울대에 학부생을 위한 국제인권법 강의는 없었다. 법대 대학원에서만 국제인권법 강의가 수년에 한 번 정도 개설되고 있다. 서울법대에서 2003년 처음으로 학부생을 위한 인권법 강의를 개설하려 할 때도 어려움이 적지 않았다. 서울대학교는 교수들이 자신의 취향에 따른 무분별한 강좌 남설을 막기 위해 학과별 강좌 상한선을 두어 기존 과목 하나를 폐쇄하지 않는 한 신규 과목개설은 무조건 안 된다는 방침이었다. 법대의 특성상 기존 과목을 없애기는 매우 어려웠다. 정상적인 방법으로는 새 강좌의 개설이 불가능했다. 외부의 조력을 얻기로 했다. 외교부와 국가인권위원회에 국가적 필요에 따라 서울대학교에서 (국제)인권법 강좌를 개설해 달라는 요청 공문을 서울대 총장에게 보내 줄 수 없냐고 타진했다. 두 기관 모두 취지에 선뜻 공감했다. 외교부 장관 공문은 나의 학교 친구인 외교부 중견간부를 통해 얻었다. 그리고 2002년 국제형사재판소 규정 발효를 기념해 국제인권법학회가 국가인권위원회의 후원을 받아 세미나를 주최했는데, 회의를 마친 후 저녁식사 자리에서 인권위 김창국 위원장에게 관련 공문을 서울대학교로 보내줄 수 없겠냐고 요청해 즉석에서 수락을 받았다.

이런 외부 지원까지 받고 안경환 법대 학장 등 학내 교수들의 노력으로 2003년부터 학사과정에 인권법이 개설될 수 있었으나, 국제인권법 강의는 시도조차 못했다. 학부 인권법 강의마저 현재는 법대 학사과정 폐쇄로 더 이상 개설되지 않는다.

국제인권법 강의를 서울법대 학사과정에 개설하기는 현실적으로 어려웠기 때문에 다른 방안을 찾아야 했다. 그래서 생각해 낸 방법이 북한인권시민연합과 마찬가지로 학점과 관계없는 공개강좌 형식의 국제인권법 강의의 개설이었다. 나는 공익인권법센터장을 맡고 있을 때인 2003년 여름 "NGO 활동가를 위한 인권법강좌"를 운영해 본 경험이 있다. 당시는 학생이 아닌 일반인 활동가를 대상으로 했으며, 2003년 8월 25일(월)부터 8월 30일(토)까지 1주일간 매일 2강좌씩 총 12개 강의를 진행했다. 이 강좌는 이후 경비 마련 문제로 더 이상 실시하지 못했다.

공개강좌 형식의 국제인권법 강좌를 개설하려 할 때 걱정은 2가지였다. 첫째는 역시 경비 마련이었다. 아무리 자원봉사 위주의 절약예산을 짜 봐도 수 백 만원의 경비는 필요했다. 2003년의 인권법강좌와 같이 개인적 친분을 통해 1회성 자금은 구할 수 있을지 모르나, 일단 강좌를 개설하려면 지속적 운영을 위한 재정적 기반을 마련할 필요가 있었다. 둘째, 학점과 관계없는 야간강의에 어느 정도의 수강생이 올까도 걱정되었다. 그리고 지원생 다수가 과연 끝까지 수강할까 역시 걱정되었다. 강좌를 개설했는데, 후반부로 갈수록 학생들이 빠져 나가 강의실이 썰렁해지면 무엇보다도 강사 보기가 민망할 것 같았다. 그 때 나는 20-25명 정도의 수강생이 모집되고, 맨 마지막까지 15명 이상만 남는다면 성공이라고 기대했지만 솔직히 이마저 자신은 없었다.

고민하던 차에 낭보가 전해졌다. 외부기관에서 공익인권법센터에 매년 상당한 금액의 운영비를 지원해 주겠다는 연락이 왔다. 서울법대 공익인권법센터가 그간 눈에 띄는 활동을 해 왔기에 매년 지원을 해 주겠으니 알아서 좋은 일에 쓰라는 취지였다. 당시 센터장을 맡고 있던 한인섭 교수에게 그간 생각했던 학생을 위한 국제인권법 강좌를 운영해 보겠다고 제안해 동의를 얻었다. 공익인권법센터가 이후 십수년을 진행한 NGO 활동가를 위한 법의 대화 역시 이 때 시작할 수 있었다.

2007년 6월 중순 본격적으로 강좌 구상에 착수했다. 제목은 국제인권법 공개강좌로 정하고, 매주 화요일 야간 7시부터 9시까지 2시간씩 10주 정도 강의를 진행하기로 했다. 학생을 대상으로 하는 경우 학기 초를 지나 시작하고 중간 및 기말 고사 일정 등을 감안하면 그 이상은 강좌를 개설하기 어려웠다. 2003년의 경험과 같이 방학 중 1주일 정도를 잡아 매일 하는 방안도 검토했으나, 학기중 주1회 야간강의가 수강생에게 부담이 더 적지 않을까 생각했다. 그리고 모집 대상자는 서울대학생으로 한정하기로 했다. 그 이유는 이런 종류의 강의를 처음 개설하므로 서울대생 내에 어느 정도 수요가 있지 않을까 생각했으며, 같은 교정 내의 학생들이 중도 탈락률이 낮으리라 기대했다. 그리고 수강생에게 3만원의 참가비를 받기로 정했다. 참가비 징수는 그 금액이 강좌운영에 꼭 필요해서가 아니라 학생들도 최소한의 부담을 지고 수강하는 편이 참여의식을 높일 수 있으리라 생각했기 때문이었다. 다른 공연이나 강좌에서도 무료인 경우보다 소액이라도 경비를 지불하는 편이 참석자의 태도가 훨씬 더 진지함을 경험한 바 있다. 3만원이면 수강생으로서는 크게 부담되지 않으나, 그렇다고 해서 쉽게 포기하기는 아까운 정도의 액수라고 보았다. 참가비는 전체 경비의 일부분에 불과했고, 대부분의 비용은 센터가 부담했다.

강의는 2학기 개강 직후인 9월 11일부터 시작하기로 하고, 강의주제 선정과 강사 섭외를 마친 다음 7월 2일부터 8월 10일까지 약 한 달간 수강생 모집 공고를 냈다. 서울대 학부 또는 대학원생으로 한정한 모집이었기 때문에 공고는 서울법대 홈페이지 공지사항에 올리고, A4 용지에 타자한 안내문을 법대 등 교내 몇 군데에 부착했다. 20여 명 정도의 지원자가 있으면 작은 세미나실 하나를 빌려 강좌를 진행할 계획이었다.

지금 생각하면 조잡한 수준의 홍보에도 불구하고 지원자 수가 예상을 훨씬 초과했다. 무려 64명이 신청을 했다. 수강생이 과연 얼마나 있을까에 관한 우려는 완전한 오판이었다. 이는 학생들의 잠재적 학습 욕구를 그간 학교가 채워주지 못했다는 증거였다. 강의실은 법대 100주년 기념관 1층 소강당으로 바꿔야 했다. 강좌가 진행될수록 의무 없는 수강으로 인한 중도 탈락률이 높지 않을까 하는 우려 역시 기우임이 입증되었다. 8회 이상 참가자에게만 수료를 인정해 일반 학교강의보다 출석 요건이 엄격했는데도 48명(75%)의 신청자가 끝까지 남아 수강을 계속했다. 그중 20명은 개근을 했다. 싸이월드에 카페를 개설해 평소 수강생들과의 소통창구로 활용했다.

마지막 날 강의를 마친 후 조촐한 수료식을 했다. 공익인권법센터장 명의의 수료증을 발급하고 참가자 개개인에게 간단한 기념품을 증정했다. 개근자를 위해서는 추가 선물을 마련했다. 수료식 자리에서 48명의 수료생들에게 간단한 소감을 말해 보라 했다. 대부분 종래 들을 수 없었던 강좌를 열어준데 감사하며, 매우 유익한 강의였다고 평가했다. 한 학생이 이 강좌를 통해 자신이 평생 해야 할 일이 무엇인지 알게 되었으며, 자신은 앞으로 인권운동의 길을 가겠다고 열변을 토하던 모습은 아직도 기억에 생생하다. 첫 번째 강좌라 여러 가지 미숙한 점도 적지 않았지만 설문조사 결과 수강생 거의 전원이 강의에 만족을 표시했으며, 내년에 강좌가 개설되면 주변 지인들에게 수강을 권하겠다고 답했다.

2007년의 강좌진행은 시작 전의 모든 우려를 날려 버렸다. 개인적으로 커다란 만족감과 함께 학생들의 이런 수요를 학교가 그간 외면해 왔다는 사실에 대한 자괴감, 그리고 내년에도 이 강좌를 계속해야만 되겠다는 사명감 등을 느꼈다. 2007년 강좌 진행에서는 서울법대 국제법학회 출신으로 평소 알고 지내던 정홍범·백지예 두 사람이 조교역을 담당했으며, 이 커플은 2009년 2월 22일 나의 주례로 결혼을 했다. 2007년 제1회 강좌 구성은 아래와 같다.

2007년 제1회 강좌

① 9월 11일: 개소식 및 정인섭(서울대 법대)/ 국제인권보호의 발전과 UN의 인권보호 체제

② 9월 18일: 김기연(유엔인권정책센터)/ 국제인권보호를 위한 국제NGO 활동

③ 10월 2일: 이정혜(국제이주기구 서울사무소장)/ 국제이주와 인권

④ 10월 9일: 신혜수(여성차별철폐위원회 위원)/ 여성차별철폐협약

⑤ 10월 16일: 조형석(국가인권위원회)/ 장애인권리협약

⑥ 10월 30일: 조용환(법무법인 지평)/ 국제인권법의 국내적 활용

⑦ 11월 6일: 박찬운(한양대 법대)/ 난민지위협약과 한국의 난민정책

⑧ 11월 13일: 최태현(한양대 법대)/ 국제형사재판소

⑨ 11월 20일: 이철우(연세대 법대)/ 국적과 민족, 외국인

⑩ 11월 27일: 정인섭(서울대 법대)/ 국가별 인권위원회
　　　　　수료식

(2) 안정화

이후 국제인권법 공개강좌는 지금까지 한 해도 거르지 않고 계속됐다. 2008년 제2회 강좌는 9월 9일 첫 강의를 시작해, 11월 25일까지 저녁 7−9시 매주 화요일 강의로 11주간 진행되었다. 2008년에는 기간을 한 주 늘려 수강 생 발표회 시간을 추가했다. 전년도 강사 10명 중 7명에게는 유사한 주제의 강의를 재위촉했고, 3분의 새 강사를 모셨다. 비록 대상 학생은 달라도 전년 도 강사의 1/3 정도를 교체하는 원칙은 나중까지 지속했다. 또한 같은 강사에 게는 원칙적으로 연속 4년 이내만 강의를 맡겼다. 같은 강사, 같은 주제의 강 의를 반복할 경우 긴장감이 떨어질 것을 경계했기 때문이다. 참가비는 3만원 을 유지했으며, 8주 이상 참가자에게 수료증을 발급했다.

이 해부터는 타교생에게도 수강을 개방했다. 제1회 때는 서울대생에게만 수강을 한정했지만 어떻게 알았는지 타교생 몇 명이 참석을 허락해 달라고 통사정을 해 2−3명의 타교생이 수강했었다. 제2회 강좌를 타교생에게 개방 하자 총 105명의 신청이 있었다. 서울법대 100주년 기념관 소강당 수용인원 에 맞춰 98명에게 수강을 허용했다. 타교생에게는 강의를 개방해도 일반인의 수강은 허용하지 않았다. 최종적으로 59명이 수료하고, 그중 15명은 개근을 했다. 먼 거리에서 와야 하는 타교생은 아무래도 서울대생보다 수료율이 약 간 낮았다. 정홍범과 정홍규 대학원생이 조교를 담당했는데, 이 두 사람은 친 형제였다.

제2회 강좌부터는 싸이월드에서 네이버로 이동해 수강생 전용 카페를 운영했다. 카페를 통해 공지사항이나 수강용 자료를 제시했다. 또한 인권관련 세미나나 다른 활동 소식도 전했다. 수강생들끼리 소통의 장소로도 활용했다. 수강신청서는 이메일로만 받았다.

이 해에는 수강생에게 과제를 부과하고, 수료식 날 발표회를 가졌다. 자유롭게 구성한 3－4명이 한 팀이 되어 공동과제 형식으로 ① 한국에서 국제인권법에 대한 인식 고양 방안 ② 국가인권위원회에 진정을 할 수 있는 한국의 인권문제 발굴(실태와 진정이유 설명) ③ 국제인권달력의 제작 중 택1을 하라고 했다. 맨 마지막 날 이진호, 한영화, 홍가혜 3명이 준비한 "한국에서 국제인권법의 인식고양 방안"을 발표하고 수강생들과 토론을 했다. 국제인권달력을 제작해 제출한 조도 있었다.

수강생 과제부여를 생각한 이유는 다음과 같았다. 첫 해 강좌 마지막에 설문조사를 하니, 아쉬웠던 점으로 수강생들 간의 소통 미흡, 수강생의 자발적 참여 기회의 필요성 등이 지적되었다. 수강생은 모두 국제인권법이란 공통의 관심사를 갖고 있었지만, 강의가 밤 9시 넘어 끝나니 마친 후 다들 귀가에 바빴다. 서로 안면을 익히기도 어려웠다. 이에 소구룹별 과제를 내 주면 이를 계기도 다른 시간을 정해 만날 수도 있고, 참여 의식도 고취되리라는 제안들이 있었다. 이 아이디어를 적용한 것이다.

이러한 과제부여는 일반 수업과 달리 몇 가지 어려운 점이 있었다. 적지 않은 수강생들은 이러한 추가 부담을 원하지 않았다. 과제 참여는 희망자에 한하며 수료에는 영향을 주지 않는다고 전제했지만, 남들은 일정한 과제를 하는데 본인만 빠지면 이 또한 소외감을 주게 된다. 이런 학생들은 자연 탈락률이 높았다. 그리고 강의 초기 팀을 구성해 함께 작업을 하다가 팀원 일부가 중도 탈락을 하는 경우 나머지 참여자들이 난처해지고, 결국 과제작성을 포기하는 경우가 많았다. 학점 받는 숙제도 아니기 때문에 중도 이탈을 막을 수 없었다. 각기 다른 학교 출신으로 팀을 구성하다 보니 아무래도 팀원간 소통 또한 쉽지 않았다. 그래도 수강생 발표는 나름의 긍정적 효과가 있다고 보아 이후 여러 차례 더 실시했다.

제2회부터는 수료식을 마친 다음 서울대 입구역 부근의 맥주집으로 자리를 옮겨 뒤풀이를 했다. 첫 해에는 수료식 후 강의실 앞 로비에 약간의 다과를 차리고 환담을 하다 헤어졌는데, 11월 말이라 날씨도 춥고 분위기도 살지 않았다. 2008년에는 수료자의 절반 정도가 맥주 뒤풀이에 참석해 늦은 밤까지 즐거운 시간을 가졌다. 참석자의 상당수는 뒤풀이 장소에서 처음으로 통성명을 하고 서로를 소개했다. 다들 강의 초반에 이런 기회가 있으면 수강생 간의 친목과 교류가 한층 돈독해졌을 것이라며 아쉬워했다. 사실 마지막 날 맥주집 뒤풀이는 강의의 하이라이트이기도 했다. 참가자들이 수료했다는 성취감 속에서 서로의 개인적 생각을 부담 없이 나눌 수 있는 기회였다. 늦은 시간에 시작하므로 1시간 정도의 모임이 될 것이라고 예고하지만, 매년 자정을 넘기며 지속되었다.

2009년 제3회 강좌에는 수강 신청자가 더욱 늘었다. 서울법대 홈페이지 공고 외에는 별다른 대외 홍보를 하지 않아도, 과거 수강생들을 통한 입소문이 퍼졌다. 이들은 자신들이 관여하는 커뮤니티에 안내문을 돌렸다. 7월 27일부터 8월 22일 사이 접수를 받으니 모두 122명이 신청을 했다. 서울대생이 1/3(41명), 타교생이 2/3였다(81명). 지원자가 늘어 잠시 고민을 했다. 그동안 사용했던 법대 100주년 기념관 소강당은 좌석이 98석 밖에 되지 않았다. 일부 결석을 감안하더라도 100명 이상은 무리였다. 소강당은 시설이 편안하고, 수업 분위기도 잘 조성되어 포기하기 아까웠다. 이에 이력서를 바탕으로 100명 미만으로 선발을 할까 하다가 더 큰 강의실로 옮겨 다 수용하기로 했다. 일단 법대 15동 601호실을 사용하고, 강의가 4-5주 진행되어 탈락자가 어느 정도 나오면 소강당으로 옮길 예정을 했다. 예상보다 출석율이 높아 결국 제7주차 10월 27일 강의부터 소강당으로 옮겨 진행했다.

2009년 강좌에서는 형식에 있어서 몇 가지 새로운 시도를 했다. 5주차 강의 한번은 나의 사회로 두 사람의 발표자가 나오는 세미나 형식으로 진행하고, 이 날만은 청중의 문호를 일반인에게도 개방했다. 그리고 강의 초반인 2주차와 3주차 강의 후 맥주집 모임을 마련했다. 강의 초반 친목모임 행사를 가져 수강생들이 일찍부터 친해졌으면 한다는 전 해의 건의를 받아들인 것이다. 120명이 되는 수강생을 한 자리로 초대할 수 없어서 2주에 걸쳐 나누어 진행했다.

2009년 강좌에는 83명(68%)이 수료를 하고, 그중 30명이 개근을 했다. 맨 마지막 날에는 이경은의 "대한민국 정신보건분야 인권문제"와 이권일·이동립·조정민의 "사립학교 종교교육에 대한 진정 가능성 고찰"이라는 2건의 수강생 발표가 있었다. 수료식 후 맥주집 뒤풀이 행사는 전과 같이 실시했다. 다만 이 해 맥주집 행사를 3번이나 하다 보니 경비 운영이 약간 힘들었다. 서울대 법전원생 주동진과 강혜림이 조교 역할을 담당했다. 주동진군은 강좌를 마친 후 매우 깔끔하게 서류 뒷정리를 해 기억에 남는다.

2010년에는 제4회 강좌를 진행했다. 7월 22일부터 8월 27일까지 수강생을 모집했다. 이 해부터는 정식의 안내 포스터 100부를 제작해 경인지역대학에 배포했다. 포스터는 서울대 구내에 부착하고, 시내 각 대학에는 친분 있는 법대 교수에게 보내 게시를 부탁하거나 행정실로 발송해 게시판 부착을 요청했다. 나중에 조사해 보니 포스터를 보고 수강신청을 했다는 반응이 의외로 많았다. 제작에 그다지 큰 비용이 들지 않는데 홍보효과가 큰 편이었다. 이후 매년 포스터 제작을 했다.

포스터까지 제작해서 그런지 신청자가 더 늘었다. 전 해인 제3회 때는 120명으로 강좌를 시작하니 전보다 수강 분위기가 어수선 해지고, 중도 탈락 비율도 높아졌다. 생각 끝에 수강생을 100명 이내로 제한하기로 하고, 신청시 제출한 이력서를 바탕으로 선발 절차를 가졌다. 평소 인권에 대한 관심과 활동이 많은 학생을 우선해 선발했다. 그래서인지 이 해는 수료율도 높았고(76명), 개근자 비율도 늘었다(29명). 강의실은 법대 15동 601호실에서 시작했으나, 6주차 강의부터는 수강인원이 줄어 100주년 기념관 소강당으로 옮겼다.

이 해 역시 2주차 강의 후에는 맥주모임을 가져 수강생들끼리 안면을 익히는 시간을 마련했다. 2009년의 경험을 바탕으로 참가비를 33,000원으로 인상했는데, 강의도 1주가 줄어들어 상대적으로 여유 있는 운영이 가능했다. 서울대 법전원의 임동호와 정용수 두 학생이 조교일을 맡았다.

2008년 제2회 강좌

① 9월 9일: 개소식(6시 30분)

정인섭(서울대 법대)/ 국제인권법의 발전과 UN의 인권보호 체제

② 9월 16일: 황필규(변호사, 아름다운재단 공감)/ 이주노동자의 인권보호

③ 9월 23일: 신혜수(여성차별철폐지위원회 위원)/ 여성차별철폐협약과 양
성평등

④ 9월 30일: 이성훈(국가인권위원회)/ 국제인권보호를 위한 국제NGO 활동

⑤ 10월 7일: 나라얀(Amnesty International)/ Amnesty International의 인권
보호활동(영어강의)

⑥ 10월 14일: 조형석(국가인권위원회)/ 장애인권리협약

⑦ 10월 28일: 박찬운(한양대 법대)/ 난민지위협약과 한국의 난민정책

⑧ 11월 4일: 최태현(한양대 법대)/ 국제형사재판소

⑨ 11월 11일: 조용환(변호사, 법무법인 지평)/ 국제인권법의 국내적 활용

⑩ 11월 18일: 정인섭(서울대 법대)/ 국가별 인권위원회

⑪ 11월 25일: 수강생 발표회 및 수료식

2009년 제3회 강좌

① 9월 8일: 개소식

정인섭(서울대 법대)/ 국제인권법의 역사적 발전과 현주소

② 9월 15일: 이성훈(국가인권위원회)/ 인권보호에 관한 국제체제

③ 9월 22일: 신혜수(전 여성차별철폐위원회 위원)/ 여성차별철폐협약과 양
성평등

④ 9월 29일: 이호택(피난처)/ 난민지위협약과 한국의 난민실태

⑤ 10월 6일: 공개 세미나: 혼인 이주여성의 법적 문제 / 사회: 정인섭

(1) 박정해(변호사)/ 결혼이주여성의 법적지위 보장방안 모색

(2) 한국염(한국이주여성인권센터 대표)/ 다문화 시대, 결혼이주여성의
인권실태와 과제

⑥ 10월 13일: 황필규(변호사, 아름다운재단 공감)/ 이주노동자의 인권보호

⑦ 10월 27일: 조효제(성공회대)/ 변화하는 지구화 현실과 국제인권문제

⑧ 11월 3일: 최태현(한양대 법대)/ 국제형사재판소와 국제범죄

⑨ 11월 10일: 조형석(국가인권위원회)/ 장애인권리협약

⑩ 11월 17일: 조국(서울대 법대)/ 국가별 인권위원회

⑪ 11월 24일: 수강생 발표회 및 수료식

2010년 제4회 강좌

① 9월 7일: 정인섭(서울대 법대)/ 인권의 국제적 보호제도

② 9월 14일: 이창근(민노총 정책국장)/ 국제노동기준에 본 한국노동의 실태

③ 9월 28일: 정진성(서울대 사회대)/ 시민사회의 UN 인권메카니즘의 활용: 정대협 운동을 중심으로

④ 10월 5일: 이성훈(한국인권재단 상임이사)/ 아시아의 인권문제와 한국의 역할

⑤ 10월 27일: 공개 세미나 – 난민 개념의 재검토 / 사회: 정인섭

　　(1) 차규근(법무부 국적난민과장)/ 한국의 난민정책과 현황

　　(2) 오승진(단국대 법대)/ 냉전 종식 이후 난민 개념의 재검토

　　(3) 황필규(변호사, 공감)/ 판례를 통하여 본 난민개념의 이해

⑥ 11월 2일: 조국(서울대 법대)/ 국가별 인권위원회

⑦ 11월 9일: 한국염(한국이주여성인권센터대표)/ 지구화 시대 여성이주와 한국 결혼이주의 실태

⑧ 11월 16일: 조형석(국가인권위원회)/ 장애인권리협약과 국내 적용

⑨ 11월 23일: 최태현(한양대 법대)/ 국제형사재판소와 국제범죄

⑩ 11월 30일: 원유민(사법연수원)/ 국제인권기구에서의 인턴생활
　　수료식

(3) 그리고 강좌의 계속

　2011년에는 제5회 강좌를 실시했다. 5년차 정도가 되니까 그간의 경험을 바탕으로 강좌 운영 패턴이 거의 정착화되었다. 8월 13일부터 8월 28일 사이

모집공고를 해 모두 126명이 신청했다. 이 때부터는 학생 자격만 갖추면 다시 신청자를 전원 수용하기로 방침을 바꾸었다. 수강생이 많으면 강의 분위기가 다소 산만해 지기는 하나, 의무사항도 아닌 야간강좌를 원하는 학생 모두에게 수강 기회를 주는 편이 좋겠다는 생각이었다. 법대 15동 601호실에서 강의를 진행했다. 92명이 수료했고, 그 중 24명은 개근을 했다. 수강생 발표 시간에는 김지연양이 아동의 인권에 관해 발표했다. 2주차 강의 후 맥주 모임과 수료식 후 뒤풀이 맥주 파티는 계속했다. 홍정민과 김경민 두 학생이 조교역을 수행했다.

2012년 제6회 강좌에는 125명이 신청해 98명이 수료를 하고, 그중 30명이 개근했다. 법대 100주년 기념관 대강당에서 강의를 진행했으며, 수강생 참가비를 다시 3만원으로 내렸다. 2011년까지는 전체 강의교재를 사전 제본해 첫날 일괄 배포했었는데, 이 해부터는 매주마다 현장 배포로 방침을 바꾸었다. 강좌 초에 수강용 교재를 일괄 배포를 하니 나중에 분실자가 생겨도 추가 공급이 어려웠고, 부피도 커 매번 가지고 다니기 불편했기 때문이다. 강사의 발표자료를 강의 개시 전에 모두 일괄 수합하는 일 역시 쉽지 않다는 이유도 있었다. 마지막 날 5명의 수강생이 발표를 했는데, 수준 높은 발표에 학생들 호응도 좋았다. 이 해부터 맥주 뒤풀이는 강좌 마지막 날 한번만 했다. 최웅식, 홍지의 두 사람이 조교일을 담당했다.

2013년 제7회 강좌에는 당초 117명이 신청했었는데 이런 저런 이유로 참가비를 납부하고 정식으로 수강한 학생은 96명이었다. 수강 신청을 했다가 참가비를 내지 않고 처음부터 포기하는 이유는 여러 가지가 있는 듯 했다. 방학 중 신청서를 제출했지만, 학기 초 수강신청 변경기간을 거치면서 본인의 학교강의 일정이 변경되어 이 강좌를 수강하기 어렵게 된 이유가 가장 많았다. 타교생의 경우 첫 강의를 와 보니 왕복 교통 등 부담이 만만치 않아 다니기 어렵겠다며 포기하기도 한다. 첫 날 강의에 참석해 보니 실제 강의 진행이 본인의 당초 기대와 다른 학생도 있었을 것이다. 제7회 강좌는 법대 15동 601호실에서 강의를 진행했다. 마지막에 81명이 수료하고, 그중 20명은 개근했다. 이 해부터는 수강생의 부담을 조금이라도 낮추기 위해 참가비를 2만원으로 더 낮추었다. 서울대 법전원생인 김보석과 김수현이 조교역을 담당했다. 수강생 발표일에는 북한이탈주민 문제에 대해 손현준이, 고려인의 삶에 대해 이지현이, 탈북민의 인권침해 현황과 국제사회의 노력에 관해 황지영 학생이 발표를 자원했다.

2014년 제8회 강좌에는 당초 156명의 신청이 있었는데, 참가비 납부를 한 최종 신청자는 136명이었다. 그중 102명이 수료를 하고, 49명은 개근을 했다. 이 해부터는 전체 일정중 1회 결석까지만 수료대상으로 인정하기로 했다. 2번까지의 결석을 인정해 주니 매번 근 15% 이상의 학생이 결석을 해 수업 분위기를 산만하게 만들기 때문에 출석 요건을 엄격화 했다. 황명준, 이소희 두 사람이 조교일을 맡았다.

무슨 이유인지 2015년 제9회 강좌에는 신청자 수가 예년보다 다소 줄었다. 당초 98명이 신청서를 제출했으나, 참가비는 83명만 납부했다. 68명이 수료를 하고, 그중 20명은 개근했다. 강의는 법대 100주년 기념관 대강당에서 진행했으며, 박소민·이희동 두 사람이 조교일을 담당했다.

2016년 제10회 강좌에는 당초 101명이 신청서를 제출했으나, 80명만이 참가비를 납부했다. 그중 58명이 수료하고, 23명은 개근했다. 법대 15동 601호실에서 강의를 진행했다. 백상미·김혜인 두 사람이 조교일을 담당했다.

2017년 제11회 강좌에는 당초 114명이 신청서를 제출했으나, 참가비 납부자는 109명이었다. 그중 84명이 수료하고, 14명은 개근했다. 법대 15동 601호실에서 강의를 진행했으며, 법대 대학원생인 이동은·정진해 두 사람이 조교일을 담당했다.

2018년 제12회 강좌에는 운영방식에 있어서 약간의 변화가 생겼다. 서울 법대에 새로 부임한 신윤진 교수와 공동으로 강좌를 진행했다. 정년퇴임을 앞둔 나는 국제인권법 공개강좌의 운영책임을 넘겨줄 사람을 찾았는데 마침 신윤진 교수가 인권법 담당으로 부임해 적임으로 판단되었다. 2018년 한 해는 공동으로 진행을 담당하고, 2019년부터는 신 교수가 강좌 운영을 전담하기로 했다. 2018년에는 106명이 신청했으나, 참가비 입금자는 99명이었다. 최종적으로 66명의 수료자를 배출했고, 그중 16명은 개근했다. 강의실은 법대

100주년 기념관 대강당을 사용했으며, 이현정·안호성 두 대학원생이 조교역을 담당했다.

2011년 제5회 강좌
① 9월 6일: 정인섭(서울대 법대)/ 인권의 국제적 보호제도
② 9월 20일: 정인섭(서울대 법대)/ 세계인권선언과 국제인권규약이란 무엇인가
③ 9월 27일: 김영석(이대 법대)/ 국제형사재판소와 국제범죄의 처벌
④ 10월 4일: 신혜수(UN 인권정책센터 상임대표)/ 국제인권시스템의 활용: 경험과 제언
⑤ 10월 11일: 난민 세미나: 난민 협약 채택 60주년 / 사회: 정인섭
　　(1) 오승진(단국대 법대)/ 난민협약 채택 60년 – 성과와 과제
　　(2) 이호택(피난처)/ 난민협약 국내이행 20년
　　(3) 김종철(서울공익법센터, 변호사)/ 우리 법원의 난민재판 10년
⑥ 10월 25일: 이성훈(한국인권재단 상임이사)/ 아시아의 인권문제와 한국의 역할
⑦ 11월 1일: 한국염(한국이주여성인권센터대표)/ 한국의 결혼이주의 실태와 문제점
⑧ 11월 8일: 이정호(남양주시 외국인근로자 복지센터관장)/ 국내 외국인 노동자의 실태와 제언
⑨ 11월 15일: (1) 공수진(서울대학원 법학전문대학원)/ 국제인권기구에서의 인턴생활
　　(2) 수강생 발표: 우리 생활 속의 국제인권문제
⑩ 11월 22일: (1) 특강: 안경환(서울대 법대)/ 왜 국제인권을 말하는가
　　(2) 수료식

2012년 제6회 강좌
① 9월 11일: 정인섭(서울대 법대)/ 인권의 국제적 보호와 국제인권규약

② 9월 18일: 한국염(한국이주여성인권센터대표)/ 이주여성의 인권현실과 과제
③ 9월 25일: 양현아(서울대 법대)/ 전시 성폭력 – 동아시아에서의 사례를 중심으로
④ 10월 2일: 이정호(남양주시 외국인근로자 복지센터관장)/ 외국인 노동자의 실태와 대책
⑤ 10월 9일: 김홍균(한양대 법대)/ 환경과 국제인권
⑥ 10월 30일: 김종철(변호사, 공익법센터 어필)/ 한국에서의 난민문제
⑦ 11월 6일: 신혜수(UN 인권정책센터 상임대표)/ 유엔 인권이사회의 활동
⑧ 11월 13일: (1) 이주영(서울대학교 인권센터)/ 국제인권분야에서의 활동
    (2) 공수진(서울대학원 법학전문대학원)/ 국제인권기구로의 진출과 인턴 생활
⑨ 11월 20일: (1) 수강생 발표
             (2) 수료식

2013년 제7회 강좌
① 9월 10일: 정인섭(서울대 법대)/ 인권의 국제적 보호와 국제인권규약
② 9월 17일: 한국염(한국이주여성인권센터대표)/ 이주여성의 인권현실과 과제
③ 9월 24일: 백범석(경희대학교)/ 북한인권문제의 국제법적 접근
④ 10월 1일: 조형석(국가인권위원회)/ 장애인권리협약과 장애인차별금지법
⑤ 10월 8일: 김종철(변호사, 공익법센터 어필)/ 난민의 법적 지위
⑥ 10월 29일: 김성준(국가인권위원회)/ 지역별 인권제도의 모범 – 유럽인권조약
⑦ 11월 5일: 양현아(서울대 법대)/ 전시 성폭력 – 일본군 위안부 문제를 중심으로
⑧ 11월 12일: 특강 (1) 안경환(전 국가인권위원회 위원장)/ "좌우지간 인권이다"

특강 (2) 김성태(월드비전 국제사업본부장)/ "국제구호현장에서 필요한 사람들"

⑨ 11월 19일: 수강생 발표/ 수료식

2014년 제8회 강좌

① 9월 16일: 개강식

　　　　　　이성훈(한국인권재단 상임이사)/ 개발과 국제인권

② 9월 23일: 백범석(경희대학교)/ 북한 인권문제의 국제법적 이해

③ 9월 30일: 김종철(변호사, 공익법센터 어필 대표)/ 한국내 난민의 법적 지위와 실태

④ 10월 7일: 이정호(남양주시 외국인근로자복지센터 관장)/ 한국내 이주 노동자의 인권실태와 대책

⑤ 10월 28일: 홍관표(전남대 법대)/ 법원 판결을 통해 본 국제인권기준의 국내이행

⑥ 11월 4일: 신혜수(유엔 사회권위원회 위원, 유엔인권정책센터 상임대표)/ 유엔의 인권보호 메카니즘

⑦ 11월 11일: 김성태(월드비전 국제사업본부장)/ 국제구호현장에서 필요한 사람들

⑧ 11월 18일: 정인섭(서울대 법대)/ 세계인권선언

　　　　　　수료식

2015년 제9회 강좌

① 9월 16일: 이상수(서강대)/ 기업활동과 국제인권규범

② 9월 23일: 백범석(경희대)/ 북한 인권문제의 국제법적 접근

③ 9월 30일: 정인섭(서울대)/ 세계인권선언과 국제인권규약

④ 10월 7일: 양현아(서울대)/ 식민지/전시 여성 성폭력 – 일본군 '위안부' 문제를 중심으로

⑤ 10월 28일: 한국염(한국이주여성인권센터대표)/ 한국내 이주 여성의 인권

현실

⑥ 11월 4일: 김종철(공익법센터 어필)/ 한국의 난민문제: 실태와 문제점

⑦ 11월 11일: 이성훈(한국인권재단)/ 국제개발과 국제인권

⑧ 11월 18일: 강도욱(월드비젼)/ 국제구호 현장의 사람들
　　　　　수료식

2016년 제10회 강좌

① 9월 21일: 개강식 및 정인섭(서울대)/ 세계인권선언과 국제인권규약

② 9월 28일: 이상수(서강대)/ 국제인권규범과 기업활동

③ 10월 5일: 도경옥(통일연구원)/ 북한 인권문제에 대한 국제법적 접근

④ 10월 26일: 양현아(서울대)/ 식민지·전시 여성 성폭력 – 일본군 '위안부' 문제를 중심으로

⑤ 11월 2일: 이주영(서울대 인권센터)/ 표현의 자유의 한계는? 혐오표현의 문제

⑥ 11월 9일: 김종철(공익법센터 어필)/ 한국의 난민 처우와 실태

⑦ 11월 16일: 안윤교(UN 인권최고대표 사무소)/ UN 인권 메카니즘의 이용

⑧ 11월 23일: 강도욱(월드비젼)/ 국제구호 현장의 사람들
　　　　　수료식

2017년 제11회 강좌

① 9월 12일: 개강식 및 정인섭(서울대)/ 세계인권선언과 국제인권규약

② 9월 19일: 신윤진(서울대)/ 국제인신매매의 실태와 법적 대응

③ 9월 26일: 구수정(한베평화재단 상임이사)/ 추모와 기념 사이: 베트남 전쟁의 기억과 청산

④ 10월 10일: 도경옥(통일연구원)/ 북한 인권문제에 대한 국제법적 접근

⑤ 10월 31일: 양현아(서울대)/ 식민지·전시 여성 성폭력: 일본군 '위안부' 문제를 중심으로

⑥ 11월 7일: 김지혜(강릉원주대)/ 이주노동자와 강제노동

⑦ 11월 14일: 안윤교(UN 인권최고대표 사무실)/ UN 인권 메카니즘의 이용
⑧ 11월 21일: 강도욱(월드비젼)/ 국제구호 현장의 사람들
　　　　　　수료식

2018년 제12회 강좌
① 9월 12일: 개강식 및 정인섭(서울대)/ 세계인권선언과 국제인권규약
② 9월 19일: 이일(변호사, 공익법센터 어필)/ 경계에 서있는 취약한 이주자
　　난민과 인권규범체계
③ 10월 10일: 장서연(변호사, 공익인권법재단 공감)/ 성소수자의 인권과 법
④ 10월 31일: 황필규(변호사, 공익인권법재단 공감)/ 재난과 인권
⑤ 11월 7일: 홍성수(숙명여대)/표현의 자유의 한계: 혐오표현
⑥ 11월 14일: 양현아(서울대)/ 일본군 '위안부' 문제와 아시아의 정의
⑦ 11월 21일: 구수정(한베평화재단 상임이사)/ 베트남 전쟁의 기억과 청산:
　　추모와 기념 사이
⑧ 11월 28일: 신윤진(서울대)/ 인권에 대한 초국가적 이해 및 수료식

(4) 정리와 자평

　2007년부터 2018년까지 12년간 서울법대 공익인권법센터의 국제인권법 공개강좌 수료생은 모두 915명(개근 298명)이다. 수료는 못했어도 일부 강의만 들은 학생까지 포함하면 참여자는 총 1,200명이 넘는다. 이 강좌가 비록 정규 학교강의는 아니었지만 국내에서 국제인권법에 대한 관심 고취와 기본 소양 전파에 나름 일정한 역할을 했다고 자평한다.

　강좌는 애초부터 국제인권법에 대한 지식 전달을 목표로 하지 않았다. 수업시간에 강사가 아무리 훌륭한 지식을 쏟아 부어주어도, 학점 취득이나 시험이 없이 단순히 듣고만 가는 강의를 통해 수강생의 머리 속에 많은 지식을 심어주는 데는 한계가 있으리라 생각했다. 대신 수강생들이 국제인권법에 관한 감흥을 느끼고 돌아갈 것을 목표로 삼았다. 수강생 중 국제인권활동의 길을 가는 사람이 나오면 더 없이 좋겠지만, 아마 대부분은 장래 국제인권법을

전공하지도 국제인권활동을 자신의 진로로 삼지도 않을 것이다. 그렇지만 이 강좌를 거쳐 간 수강생들의 마음 한 귀퉁이에는 늘 국제인권법의 중요성과 필요성에 대한 따듯한 감수성이 추억처럼 자리 잡을 수 있으면 소기의 성과 는 달성했다고 생각했다. 이들이 사회에서 어느 길, 어느 자리에 있게 되더라 도 국제인권활동에 대한 마음의 후원을 하는 사람으로 남기를 기대했다.

그래서 강좌의 제목은 국제인권법 공개강좌이지만 법적인 지식 전달을 목 표로 하는 강의는 최소한으로 편성했다. 강사의 상당수는 국제인권법은커녕 법률을 공부해 본적도 없는 활동가들로 섭외했다. 대학에서 국제인권법을 강 의하는 교수보다는 현장 경험이 많은 실무가들을 강사로 다수 섭외했다. 학 생들의 마음을 움직일 공감과 감흥은 1차적으로 현장에서 나오기 때문이다. 법률은 전공하지 않은 현장 활동가가 국제적 문제를 다루면서 알게 된 현실 에 대한 설명은 수강생들로부터 국제인권법의 필요성에 대한 공감을 훨씬 잘 이끌어 내리라고 생각했다. 이 강좌가 12년을 계속하면서 매년 100명 이상의 신청자를 모을 수 있었던 이유는 수강생들에게 지식보다 감흥을 주었기 때문 이라고 생각한다.

강좌를 12년 동안 성공적으로 계속할 수 있었던 이유에는 연인원 112명의 일급 강사의 자원봉사적 참여도 빼 놓을 수 없다. 지금 생각해도 놀라운 일은 12년 간의 강사 섭외시 단 한 사람의 거절도 없었다는 점이다. 강의부탁을 하 면 한결 같이 즉각 수락했다. 다들 바쁜 개인일정의 소유자임에도 불구하고 그냥 말로만 때우는 강의가 아니고 사전에 원고나 PPT 강의자료를 만들어야 하는 번거로움을 마다하지 않았다. 이에는 서울법대와 공익인권법센터라는 기관의 명성이 적지 않게 작용했다고 생각한다. 사실 이 점은 수강생 모집에 도 큰 힘이 되었다. 만약 내가 동일한 국제인권법 강좌를 다른 단체 명의로 다른 장소에서 개설했다면 12년간 900명 이상의 수료자 배출은 물론 불가능 했을 것이다. 한편 2009년부터 시작된 법학전문대학원 제도 역시 이 강좌의 성황에 기여했다고 본다. 장차 법전원 진학을 고려중인 학생들로서는 이 강 좌를 통해 학점 부담 없이 법학에 대한 초보적 경험을 할 수 있었기 때문이 다. 서울대 법전원생 중에서도 입학 전 국제인권법 강좌를 수강했다는 학생들을 종종 만났다.

처음 강좌를 시작할 무렵 서울대학 내에서 타교생까지 수용하는 무학점 야간공개강좌로는 국제인권법 강좌가 유일했다. 이후 이 강좌의 성공이 모델이 되었는지, 이제는 서울대학교 내에 유사하게 운영되는 공개강좌가 여러 건 개설되고 있다. 나는 국제인권법 공개강좌를 서울법대 사회봉사의 일환으로 생각해 왔다.

2007년 처음 강좌를 개설할 때만 해도 정년퇴직이 임박할 때까지 이 강좌 운영을 계속하리라고는 예상하지 않았다. 사실 끝은 생각하지 않고 시작을 했다. 나는 강좌 첫 날과 마지막 날 외에는 꼭 남아야 할 필요가 있지는 않았으나, 멀리 와 준 강사에 대한 예의로서 시작할 때 직접 강사 소개를 하고, 강의가 제대로 진행되는가를 참관한 다음, 강의 마친 후 수고에 대한 감사 표시와 수강생들에 대한 작별 인사를 위해 매번 끝까지 기다렸다가 귀가했다. 개인적으로 해마다 가을학기에는 매주 하루 저녁시간을 이 강좌에 투입해야 하는 일이 부담스럽기도 했다. 강사들에게는 강의자료 제출을 독촉해야 했으며, 매주 강사들이 제 시간에 도착하나 마음 졸이며 기다려야 했다. 간식 준비나 회계 운영 등 신경 쓸 일이 적지 않았다. 혹시라도 강사가 당일 급작스런 사건으로 올 수 없는 사태를 대비해 내가 대신할 여분의 강의 한 편을 늘 준비해 두어야 했다. 경인 각지에서 모인 수강생들에게 강사 사정으로 오늘 휴강하니 그냥 돌아가라고 할 수는 없기 때문이다. 천만다행으로 12년간 그런 사태는 단 한번도 발생하지 않았다. 딱 한 번 지방 출장 후 비행기로 김포공항으로 귀경해 강의실로 직행할 예정이던 강사가 공항 사정으로 비행기가 연발해 45분 정도 늦는 사건이 있었다. 그 때는 내가 예비했던 강의로 전반부를 메웠다.

개인적으로 봄 학기에 국제법 일반에 관한 유사한 성격의 공개강좌를 운영했기 때문에 방학이 아닌 한 이런 생활이 연중 계속이었다. 누가 좀 같이 부담을 나누었으면 하는 생각도 들었다. 그러나 주위에 이 강좌를 맡아줄 마땅한 사람이 없었기에 12년을 지속하게 되었다. 해를 거듭하다 보니 나 역시 매너리즘에 빠져 새로운 시도를 하기 보다는 매년 과거를 답습하고 있는 모습을 발견하게 되었다. 처음에는 10주, 11주 동안 진행하던 강좌를 나중에는 8주만 진행한 것도 성의 감소가 한 원인이었다. 다행히 2019년부터는 법대 인권법 교수로 최근 부임한 신윤진 교수가 이 강좌를 맡게 되어 홀가분하고 기쁘다. 공익인권법센터의 국제인권법 공개강좌가 앞으로 신 교수를 통해 도약하기를 기대한다.

나. 국제법 공개 아카데미

국제인권법 공개강좌가 나름 학생들의 호응을 얻으며 순항하자, 2010년 무렵 국제법 일반에 관한 유사 강좌를 하나 더 계획했다. 그 첫 번째 취지는 국제법에 대한 학생들의 관심을 좀 더 고취시키려는 목적이었다. 2009년부터 법학전문대학원 체제가 실시되자 법학교육에서 국제법의 위치는 더욱 어려워지고 있었다. 혼자의 힘으로 근본적인 타개책을 마련하기는 어려웠으나, 가만이 있을 수만은 없었다. 무언가를 해야 되지 않겠나 생각했다. 길게 보며 씨를 뿌리는 심정으로 학생들에게 국제법이 중요하고, 재미있는 학문이라는 인식을 심어주고 매년 몇 명이라도 국제법을 공부하겠다는 학생들이 나오면 그 의의는 충분하다고 생각했다. 이미 2007년부터 국제인권법 공개강좌를 운영해 본 경험이 있었으므로 이 경우도 주제 선정과 강사 선임만 잘 하면 학생들의 호응을 충분히 끌어낼 수 있다고 예상했다. 또한 서울 법대에서 진행한다는 사실만으로도 상품성이 높아지는게 현실이기도 해 나름 구상단계에서부터 성공에는 어느 정도 자신이 있었다. 문제는 운영비의 확보였다.

생각 끝에 2010년 말경 지평의 조용환 변호사에게 상의하는 이메일을 보냈다. 취지를 설명하고 지평에서 1년에 200만원만 지원해 줄 수 있냐고 부탁했다. 다만 1회성 지원은 사양하겠으니, 지원을 해 주려면 최소한 3년은 계속해 달라고 요청했다. 200만원이라도 지원을 받으면 수강생들로부터 최소한의 참가비를 받고 개인적으로 조금 더 변통하면 재정 운영이 가능하리라고 계산했다. 서울 법대에서 국제법 박사과정을 수료한 바 있는 조 변호사는 즉각 지원해 주겠다고 답신을 주었다.

조 변호사의 쾌락에 바로 강좌 구상을 시작했다. 강좌 명칭은 국제법 공개아카데미라고 지었다. 일단 공식적인 주최기관은 서울국제법연구원으로 했다. 이런 강좌에 참여하는 학생들은 수료증에 민감한 경우가 많은데 개인 명의로 이를 발급할 수 없으므로 형식적으로라도 공식기관 명의가 필요했기 때문이다. 서울국제법연구원 운영진에게 이 계획을 설명하고 단 연구원 예산은 한 푼도 축내지 않겠으며 단지 명의만 빌리겠다고 약속했다. 연구원으로서도 아무 경비도 들이지 않고 운영실적을 하나 얻을 수 있었다. 재정운영은 공익인권법센터의 뒷받침이 있는 국제인권법 강좌보다는 여러 모로 긴축을 해야만 했다. 강사료는 강사들의 선의에 기대해 욕먹지 않을 정도의 최저수준으로만 책정하고, 진행보조는 법대 국제법학회 학생들의 자원봉사 형식으로 도움을 받기로 했다. 국제법학회 학생들에게는 이 강좌가 바로 법대 국제법학회 주관으로 진행된다고 강조했다. 왜냐하면 학회 학생들에게도 국제법에 관련된 의의 있는 일을 한다는 생각을 심어주고 싶었기 때문이었다. 봉사자에게는 보수는 못주는 대신 서울국제법연구원 인턴 증명서를 발급하기로 했다.

2011년 봄 학기에 첫 강좌를 열었다. 국제인권법 강좌와 유사하게 매주 평일 저녁 7시부터 9시까지 2시간 강의를 8주 동안 법대 강의실에서 진행하도록 계획했다. 수강생을 모집하니 첫 해 128명이 지원했다. 강좌를 운영해 보니 국제법 공개아카데미가 국제인권법 강좌보다 대체로 수강생이 더 많은 편이었다. 2011년 첫 해 강사진과 주제는 아래와 같았다.

(1) 3월 24일(목) 한국 외교와 국제법의 활용/ 정인섭(서울대 교수)
(2) 3월 31일(목) 글로벌 거버넌스의 대두와 국제법/ 정서용(고려대 교수)
(3) 4월 7일(목) Cyber Space의 등장과 국제법/ 서철원(숭실대 교수)
(4) 4월 14일(목) 동북아 해양경계: 현황과 과제/ 신창훈(한국해양연구원)
(5) 4월 29일(금) 오후 2시-5시: 역사 속의 국제법: 서울 시내 현장방문
　　 - 원구단, 러시아 공사관터, 경교장, 중명전 등/ 안내 해설: 정인섭(서울대 교수)
(6) 5월 12일(목) 국제통상분쟁의 법적 대처: 한국의 경험/ 김기환(외교통상부 다자통상국장)

(7) 5월 19일(목) 중국의 영토분쟁: 조어도(釣魚島)(첨각(尖角)열도)와 남중국해 도서분쟁/ 박영길(한국해양수산개발원)

(8) 5월 26일(목) 외교통상부 업무와 국제법의 역할/(김선표 외교통상부 국제법규과 과장) 및 수료식

　수강생들로부터는 2만원의 참가비를 받았다. 참가자들이 부담을 느끼지 않을 범위에서 그러나 쉽게 포기하기는 아까운 수준의 참가비를 받는 편이 수강생들의 참여를 지속시키는데 도움이 된다고 생각해 참가비를 부과했다. 나중에 설문조사를 해도 참가비가 너무 높다는 불만은 사실상 없었다.

　제1회 강좌에는 128명의 신청자중 100명이 중도 포기하지 않고 끝까지 수강해 수료를 했다. 강의를 마칠 무렵 수강생들을 대상으로 설문조사를 하니 이번 강좌에 매우 만족 42%, 만족 57%, 보통 1%, 불만 또는 매우 불만 0%였다. 물론 불만인 학생은 중도 포기를 했을지 모르나, 기대 이상으로 반응이 좋았다. 매년 강의 마지막 날 설문 조사를 했는데 정도의 차이는 있지만 수강생들의 만족도가 매우 높았다. 대부분 학교 수업에서는 듣기 어려운 생동감 있는 강의를 들었다고 평했다. 강의 마지막 날 수료증 전달식을 마치고 학생들과 맥주집으로 가서 늦은 시간까지 마지막 뒤풀이를 했다. 수료식 날 맥주집 뒷풀이 행사는 매년 계속했다. 학생들은 뒷풀이 행사와 같은 친교모임이 마지막에나 열리는 것을 아쉬워했으나, 이런 행사를 강좌 도중 수시로 하기는 재정적으로나 시간적으로 힘들었다. 서울대 법전원 국제법학회 1학년 김지현과 전희은이 진행조교일을 맡았었다. 현재는 변호사로 근무 중인 이 두 사람은 아직도 매년 5월에 만나 내게 식사를 대접하고 있다.

　첫 해 강좌 운영을 해보니 재정적으로 약간 적자가 났다. 조용환 변호사에게 다시 연락해 염치없지만 기왕 도와주는 것 지원금을 300만원을 올려 달라고 부탁했다. 지평 사무실로서는 일단 지원해 주기로 한다면 연 200만원이나 300만원을 큰 차이 없지 않겠냐는 기대였다. 이에 대해서도 조 변호사는 쾌히 수락하고 3년이 아니라 계속 지원해 줄테니 걱정 말고 국제법 관심 학생이나 잘 육성해 달라고 부탁했다. 그러면서 이 강좌를 후에 이재민 교수

에게 넘길 때까지 6년을 시종 도움을 주었다. 조용환 변호사는 2011년 말 헌법재판소 재판관 후보로 지명되어 임명이 된다면 지평을 떠나게 되었다. 조 변호사 임명에 대해서는 당시 여야간의 극심한 대립이 있었고, 야당의 반대로 결국 재판관으로 임명되지는 못했다. 조 변호사로서는 임명안에 계류 중이던 몇 달간 극심한 심적 고통을 겪었으리라 생각되나, 그 와중에도 자신이 지평을 떠나도 국제법 공개아카데미 강좌에 대한 지원이 계속될 수 있도록 다른 변호사 한명을 지명해 대비했다. 강좌가 성공적으로 진행될 수 있게 후원해 준 조용환 변호사에게는 늘 감사한 마음을 갖고 있다. 그래도 지평 지원비와 수강생 참가비로 구성된 운영비는 매년 빠듯했고, 가끔 적자가 발생했다. 내가 한 해 2번의 강의를 맡았던 적이 있는 이유는 나는 무료 자원봉사였기 때문에 외부 강사에게 지급될 강사비를 조금이라도 절약하려는 의미가 있었다.

이 강좌는 의무적 수업이 아니기 때문에 1차적으로 수강생들의 흥미와 관심을 끌 수 있는 주제를 선정하는데 유의했다. 학생들의 관심을 끌어야 신청도 늘고, 강의가 흥미진진해야 수강생을 마지막까지 나오게 하는 힘이 나오기 때문이었다. 매번 마지막 강의시 강의평가를 실시해 어느 강의가 반응이 좋았고, 어느 강의에 대한 호응이 낮았는가를 조사했다. 수강생 반응이 좋지 않은 강사는 재위촉을 삼갔다. 비록 수강생은 매년 다르더라도 주제와 강사는 원칙적으로 3회 이상 연속 위촉하지 않고, 새로운 주제와 강사를 물색해 강의운영이 매너리즘에 빠지지 않도록 조심했다. 그러다 보니 한 해 강좌를 마치면 다음 해 초까지 내내 다음 강좌의 주제와 강사를 물색해야 했다.

국제법 공개아카데미에 대한 첫 회 수강생들의 반응도 좋았고, 소문도 퍼지니 둘째 해부터는 수강생이 더 늘었다. 2012년 제2회 강좌에서는 207명이 신청하여 158명이 수료를 했다. 역시 국제법학회의 조아영 등이 조교일을 자원봉사했다. 2013년 제3회 강좌에는 179명이 신청하여 140명이 수료했다. 김예섭, 김말금, 백지열 학생이 자원봉사로 도와 주었다. 2014년 제4회 강좌에는 171명이 신청하여 142명이 수료했다. 김나연, 주신영, 송병철 학생이 역시 자원봉사를 했다. 2015년 제5회 강좌에는 182명이 신청하여 120명이 수료했다. 학회의 정다한, 한장훈, 황호연 학생이 조교일을 맡아 주었다. 2016년 제6회 강좌에는 156명이 신청해 97명이 수료했다. 역시 법대 국제법학회의 심지현, 김대욱, 진호성 학생이 조교일을 맡아 주었다.

2015년부터 신청자에 비해 수료자가 줄어든 이유는 수료 요건을 강화했기 때문이었다. 처음 강좌를 시작할 때 전체 8회 강좌 중 6회 이상을 출석해야 수료증을 발급한다고 공지했다. 수료자에게는 서울국제법연구원장 명의의 수료증을 발급했다. 사실 정규 강의도 아니고 상당수는 서울대 외에서 오는 수강생으로서는 2달 이상 강의를 듣다보면 예기치 못한 사정이 조금씩은 생기리라 생각했기 때문에 2회 결석까지는 용인하기로 한 것이었다. 그러다 보니 생각보다 결석자가 많이 발생했다. 산술적으로는 매번 1/4의 수강생이 결석해도 전원 수료가 가능했기 때문이다. 이에 제5회 강좌부터는 수료를 위해서는 단 1회 결석만 허용하기로 해 출석 요건을 더 엄격화 했기에 수료 숫자가 줄어들었다.

매년 봄 학기와 가을 학기 야간 공개강좌를 운영하다 보니 개인적으로는 좀 피곤하게 느껴졌다. 강좌의 구상과 운영도 그렇지만 학기 중 매주 하루 저녁을 추가로 남는 게 사실 부담스러웠다. 정년도 몇 해 남지 않았으므로 이런 일을 미리미리 다음 사람에게 자연스럽게 넘겨주어야겠다고 생각되었다. 2016년 강좌를 마치고 이런 생각이 더욱 들었다. 고심 끝에 서울법대 이재민 교수에게 내년부터 이 강좌를 맡아서 진행할 생각이 없냐고 물으니 이 교수가 선선히 수락했다. 이 교수는 그간 몇 차례 국제법 공개아카데미에 출강했기 때문에 강좌의 성격에 대해서는 잘 알고 있었다.

이재민 교수는 별다른 조건 없이 강좌를 넘겨받겠다고 했지만, 내년부터 무작정 혼자서 모든 걸 알아서 하라고 할 수는 없었다. 무엇보다도 재정여건을 마련해 주어야 했다. 지난 6년간 조용환 변호사를 통해 지평의 지원을 받았지만, 이재민 교수로서는 별 친분이 없는 조 변호사에게 계속 경비지원을 요청하기가 심적으로 부담스러우리라 판단됐다. 조 변호사는 2016년부터 2017년 사이 안식년을 떠나 제7회 강좌 시에는 서울에 있지도 않을 예정이었다. 아무래도 이재민 교수가 편하게 생각할 새 후원자를 물색해야 했다. 조변호사에게는 지난 6년간의 지원에 감사하며, 2017년부터는 다른 후원을 알아보겠으니 지평에서 더 이상 이 강좌 지원을 하지 않아도 좋다고 연락했다.

2016년 12월 외교부의 박철주 국제법률국장에게 연락해 국제법 공개아카데미에 대한 그간의 운영실적을 설명하며 내년부터 이 강좌 운영을 외교부에서 지원해 줄 수 없냐고 부탁했다. 당초 지평의 조용환 변호사에게는 최소 3년 정도 지원을 해 달라고 부탁을 했었기에 몇 해 전에도 외교부 모 국제법률국장에게 외교부의 지원을 받을 수 없겠는가 문의한 적이 있었다. 외교부로서는 큰 예산이 드는 사업도 아니었는데, 솔직히 좀 의외로 지원을 거절당했다. 그 이유가 이를 지원해 주면 만약 유사한 다른 강좌에 지원요청이 왔을 때 형평성 차원에서 거절하기 어렵다는 좀 이해하기 어려운 답이었다. 그래서 3년을 넘겨서도 계속 지평의 지원을 받았었다. 한편 박철주 국장은 2015년 직접 강의에 참여도 해 본적이 있어서 이 강좌를 잘 알고 있었다. 지원요청을 하자 외교부 사업과도 잘 맞는 강좌라며 내년부터 바로 필요한 재정지원을 하겠다고 약속했다. 2017년 1월 13일 박철주 국장, 황준식 과장과 나 셋이 경복궁 역 부근 식당에서 만나 점심을 같이 하며 협의를 진행했다. 2017년부터는 이재민 교수가 강좌진행의 책임을 맡을 예정이니 구체적인 방식을 이 교수와 상의하라고 했다. 이재민 교수는 황준식 과장과 평소 절친한 사이라 협조가 한층 용이했다. 이에 2017년부터는 이재민 교수가 이 일을 맡아 봄 학기 강좌에 대한 부담은 덜게 되었다. 이 강좌는 외교부의 후원 아래 현재도 지속되고 있다. 한편 박 국장은 참 좋은 프로그램이라며 지방에서도 누가 이런 강좌를 진행하면 좋겠다고까지 했다. 이 격려에 힘입어 부산대 박배근 교수에게도 유사한 강좌를 진행해 보라고 소개해 현재는 부산 지역에서도 강좌가 실현되었다.

아래는 제2회(2012년)부터 제6회(2016년) 사이의 강사와 강의주제이다.

제2회(2012) 국제법 공개아카데미
(1) 3월 22일 정인섭(서울대 법대)/ 한국 외교와 국제법
(2) 3월 29일 이정렬(검사)/ 소말리아 해적의 법적 처리상의 법률문제

(3) 4월 5일 이근관(서울대 법대)/ 동북아시아의 영토분쟁

(4) 4월 12일 신창훈(아산정책연구원)/ 동북아 해양경계: 현황과 과제

(5) 5월 3일 정민정(국회 입법조사처)/ 북방한계선(NLL), 무엇이 문제인가

(6) 5월 10일 정서용(고려대학교 국제학부)/ 기후변화와 국제법

(7) 5월 17일 신희택(서울대 법대)/ 투자자 국가소송제도(ISD)

(8) 5월 24일 김선표(외교통상부 국제법률국)/ 외교통상부 업무와 국제법
　　　 수료식

제3회(2013) 국제법 공개아카데미

(1) 3월 19일 정인섭(서울대 법대)/ 한국 외교와 국제법의 활용

(2) 3월 26일 이근관(서울대 법대)/ 첨각(尖閣)/조어도(釣魚島) 문제의 국제
　　　 법적 검토

(3) 4월 2일 이재협(서울대 법대)/ 기후변화와 국제법

(4) 4월 9일 이재민(한양대 법대)/ 국제통상분쟁의 법적 대처: 한국의 경험

(5) 4월 30일 양욱(한국국방안보포럼)/ 민간군사기업의 등장과 법적 문제

(6) 5월 7일 신창훈(아산정책연구원)/ 북핵 위기와 NPT 체제

(7) 5월 14일 이주영(서울대 강사)/ 국제통상과 인권

(8) 5월 21일 유복근(외교부 국제법률국)/ 외교부 업무와 국제법
　　　 수료식

제4회(2014) 국제법 공개아카데미

(1) 3월 18일: 정인섭(서울대 법대)/ 한국외교의 전개와 국제법

(2) 3월 25일: 서영득(변호사, 전 공군법무감)/ 방공식별구역과 국제법

(3) 4월 1일: 이재민(서울대 법대)/ 국제통상분쟁의 법적 대처: 한국의 경험

(4) 4월 8일: 이재협(서울대 법대)/ 기후변화와 국제법

(5) 4월 29일: 신각수(전 주일대사, 전 외교부차관)/ 한일관계와 국제법

(6) 5월 7일: 이근관(서울대 법대)/ 동북아에서의 영토분쟁

(7) 5월 13일: 안윤주(외교부 조약과장)/ 조약 체결 업무의 진행

(8) 5월 20일: 이소민(서울대 법전원)/ 국제기구에서의 인턴 경험
　　　　　　　수료식

제5회(2015) 국제법 공개아카데미

(1) 3월 17일 정인섭(서울대학교)/ 한국의 영토문제
(2) 3월 24일 서영득(변호사)/ 방공식별구역과 국제법
(3) 3월 31일 김현정(연세대학교)/ 동아시아에서의 해양경계 획정
(4) 4월 7일 신창훈(아산정책연구원)/ 북한 핵문제와 국제법
(5) 4월 28일 박철주(외교부 국제법률국 심의관)/ 외교업무에서 국제법의
　　　활용
(6) 5월 6일 이재민(서울대학교)/ 국제통상분쟁의 법적 대처: 한국의 경험
(7) 5월 12일 최태현(한양대학교)/ 국제형사재판소
(8) 5월 19일 정인섭(서울대학교)/ 왜 국제법을 말하는가?
　　　　　　수료식

제6회(2016) 국제법 공개아카데미

(1) 3월 22일(화) 정인섭(서울대학교)/ 왜 국제법을 말하는가?
(2) 3월 29일(화) 박덕영(연세대학교)/ 기후변화체제와 파리협정
(3) 4월 5일(화) 김원희(한국해양수산개발원)/ 남중국해의 해양·영토분쟁
(4) 4월 12일(화) 신창훈(한국해양전략연구소)/ 북한 핵문제와 국제법
(5) 5월 3일(화) 김현정(연세대학교)/ 동북아시아에서의 해양경계 획정
(6) 5월 10일(화) 이재민(서울대학교)/ 국제통상분쟁의 법적 대처: 한국의
　　　경험
(7) 5월 17일(화) 정찬모(인하대학교)/ 사이버 세계와 국제법
(8) 5월 24일(화) 배종인(외교부 심의관)/ 외교업무에서의 국제법
　　　　　　수료식

4. 국제법 전공생들과 함께

가. 국제법 강독회

(1) 시작의 배경

국제법 강독회는 대학원생들과 함께 국내 국제법 학술지를 읽는 모임으로 2010년 2월 20일부터 시작했다. 이 모임은 다음 몇 가지 이유를 배경으로 시작했다. 첫째, 국제법 전공생들에게 적어도 국내 주요 학술지는 늘 읽는 습관을 붙여 주고 싶었다. 둘째, 학술지 읽기와 토론을 통해 참석 대학원생들이 좋은 논문 작성법을 깨우치기 바랐다. 셋째, 이런 비공식 연구모임을 통해 전공 대학원생들에게 학업생활의 심리적 구심점을 제공해 주려했다. 넷째, 이를 통해 국내 학술논문 읽기를 나 스스로에게도 강제하고 싶었다.

국내 국제법 학자들의 논문 읽기는 연구자로서 게을리 하지 말아야 할 일이나 막상 실천이 쉽지 않다. 국내의 국제법 전문학술지만 해도 「국제법학회논총」, 「서울국제법연구」, 「국제법평론」과 더불어 세부 전공학회지의 발간도 적지 않아 이를 모두 합하면 적어도 매달 1종 이상이 발행되고 있다. 각 대학 또는 연구소에서 발간되는 학술지에 수록되는 국제법 논문도 적지 않다. 이런 학술지를 받아 목차를 살펴본 후 흥미로운 글이 있으면 꼭 읽어야지 하고 마음에 담아 두었다가도 당장 급한 일에 우선 신경 쓰며 차일피일 미루다 보면 어느덧 다음 호가 도착한다. 그러면 지난 호 논문은 잊혀지고, 결국은 읽지 못하고 넘어가게 된다. 나중에 연구·조사를 할 때 필요한 글은 다시 찾아보겠지만 이는 일부에 불과하다. 결과적으로 국내 학자들이 무엇에 관심을 갖고 어떠한 수준의 작업을 진행하고 있는지 잘 모르게 된다. 우리말로 된 국내 학술지 읽기도 쉽지 않은데 외국어로 된 국외 학술지는 더 말할 필요조차 없었다. 나는 석사과정 첫 학기부터 미국의 American Journal of International Law를 구독했지만 도착한 저널 속 논문을 바로 읽은 경우는 솔직히 매우 희귀했다. 후일 필요할 때 찾아 읽을 요량이라면 사실 굳이 돈 들여 개인적으로 구독할 이유가 없고 도서관을 이용해도 된다. 이렇게 세월이 흐르다 보면 국제법의 여러 분야 중 당장 본인이 공부하고 있는 몇몇 분야 외에는 최신의 논의를 따라 잡기 어렵게 된다. 국제법 공부에서 학습의 편식이 발생한다.

한편 국제법의 특성상 교수들은 문헌조사 시 국제적으로 정평 있는 외국 학술지를 먼저 찾게 되고, 국내 문헌은 오히려 읽기를 게을리 하는 경향이 있다. 물론 학술적 우수성이라는 점에서 외국문헌이 더 가치 있는 경우가 많음은 부인할 수 없다. 다만 그러다 보면 외국 학계의 동향은 알아도 국내 학계의 입장은 정확히 파악하지 못하기도 한다. 남의 나라 실행은 잘 알아도 정작 국내 관련관행은 모르는 경우가 생긴다. 국내에서 발간된 좋은 수준의 글이 있어도 간과될 위험이 있다. 모두 바람직한 현상이 아님은 물론이다.

사실 우수한 국내 문헌이 있다면 이를 읽는 것이 외국문헌에 의존하기보다 비할 바 없이 단시간 내 필요한 지식을 습득할 수 있다는 점에서 훨씬 효율적이다. 국내 학술지의 평균 분량이 200-300면 정도이므로 마음먹고 집중한다면 하루에도 다 읽을 수 있다. 평소 국내 학술지 읽기의 필요성과 유용성을 이성적으로는 잘 알지만 실천이 쉽지 않을 뿐이다.

서울법대 대학원생들과 국제법 강독회를 시작한 이유는 전공생들에게 국내 학술지 읽기의 중요성을 강조하고 이를 습관화 시키는 한편, 나 자신부터 국내 학술지 읽기를 실천하기 위한 일종의 강제장치 마련이었다.

한편 강독회가 전공 대학원생들에게 심리적 안식처를 제공할 수 있으리라 기대했다. 옛 경험을 회상해 보아도 대학원에 처음 진학하면 특히 전업학생들은 새로운 환경에 적응하기까지 여러 가지 불안한 심정에 가득 차게 된다. 우선 국제법 전공의 대학원생으로 진학을 결심하기까지 다들 적지 않은 고민을 했으리라 생각한다. 합격 후에는 자신의 장래에 대해 종종 불안감을 느끼는 동시에, 진학이 과연 잘한 결정이었나에 관해 수시로 회의가 들기도 할 것이다. 대학원에 진학하면 공부 방식도 새롭고, 교수와의 관계설정도 새롭고, 같이 공부하는 동료와 선배들도 새롭다. 더욱이 타교에서 서울대로 진학한 경우 아마 처음에는 어디 가서 누구와 점심밥을 먹어야 할지부터 마음이 편치 않을 것이다. 전공교수는 물론 동료 대학원생들과 자연스러운 만남의 기회가 생기기 바라지만 이 역시 처음에는 쉬운 일이 아니다. 이럴 때 수업 외의 모임에서 전공교수와 자연스럽게 조우해 자신을 알리고, 전공 동료들과도 친해져 학교생활에 관한 여러 도움을 얻는 일이 무척 중요하다. 이를 위해서는 무언가 구심점이 될 모임이 필요하다.

사실 서울법대 대학원 국제법 전공생들에게 오랫동안 구심점 역할을 해왔던 모임은 서울국제법연구원의 목요 세미나였다. 그러나 2009년 말을 끝으로 목요세미나는 더 이상 지속되지 않았다. 나로서는 서울법대 국제법 전공 대학원생들에게 무언가 대체 구심점이 있어야겠다고 생각했다.

(2) 출발과 진행

혼자 생각한 끝에 대학원생들과 월 1회 국내 국제법 전문지를 같이 읽는 모임을 구상했다. 2010년 1월 14일 내가 대학원생들에게 보낸 취지문의 일부를 소개하면 다음과 같다.

> "몇 년 전 대학원생과 함께 국내 논문을 같이 읽는 모임을 같이 하였던 분들이 있을 것입니다. 그와 유사한 모임을 금년부터 다시 시작하였으면 합니다. 당시는 특정 주제별로 그 때까지 발간된 국내논문을 10-15개 정도 선별하여 한 달에 한 번 정도 같이 읽고 품평회를 하였습니다. 사실 당시 상당한 주제를 커버하였다고 생각됩니다.
>
> 이번에는 월 1회 정도 모여 최근에 나온 국내 국제법 전문지를 같이 읽고 품평을 하는 모임을 시작하려고 합니다. 현재 나오고 있는 국제법 전반을 대상으로 하는 전문학술지로는 「국제법학회논총」이 연 4회, 「서울국제법연구」가 2회, 「국제법평론」이 2회 발간됩니다. 이들 책이 이미 8권, 기타 조약국의 잡지(논문은 많이 실리지 않는 편입니다), 법무부의 「통상법률」 등 다른 전문지도 포함시킬 수 있으므로 그저 월 1권의 최신의 국내 전문학술지를 읽는다고 생각하면 됩니다. 매달 1회 정도 모여 예를 들어 이번에는 「서울국제법연구」 2009년 12월호 전체를 같이 읽는 모임을 의미합니다.
>
> 이 모임을 시도하려는 의미는 다음과 같습니다. 국내 학술지 논문은 질에 있어서 좀 편차가 있기는 하지만, 일단 우리의 공통적 관심을 끄는 주제를 많이 다루고 있으므로 전공자라면 읽을 가치가 있습니다. 전공자라면 적어도 국내 문헌을 늘 읽고 있어야 합니다. 외국 문헌보다는 훨씬 빨리 읽을 수 있고, 기억에도 오래 남으므로 공부하는 수단으로는 비교적 경제적입니다. 그런데 모두가 경험하고 있는 일이지만 당장 필요한 글이 아니면 바로 바로 읽게 되

지 않는 것도 현실입니다. 그러면 그냥 넘어가게 되지요. 그래서 강제적으로라도 읽기 위한 제도를 마련하려는 것입니다.

모임의 의의는 모든 참가자 스스로가 대상 잡지를 읽고 오는데 있습니다. 특정인이 미리 읽고 요약문을 준비하여 그의 발표를 듣는 모임은 아닙니다. 모든 참가자가 대상 잡지를 읽어 오고 모임에서는 각자의 각 논문에 대한 소감과 평만을 교환합니다. 읽었다는 것을 다른 사람에게 입증하는 것입니다. 따라서 읽지 않고 오면 할 말도 없고, 특별히 들을 내용도 없을 것입니다.

아마 책에 따라 최소한 반나절 내지 하루 종일 정도는 시간을 투자하여야 할 것으로 예상됩니다. 각자 자신의 일에 바쁘고, 당장 논문 작성에 전념하고 싶기도 할 것입니다. 그러나 이 정도는 국제법 전반에 대한 공부로서 각자 자신의 일을 잠시 잊고 매월 투자할 만한 시간이라고 생각합니다.

참가 대상은 일단 현재 대학원 재적생과 비교적 근래 학위를 마치고 각기 직장에 있는 분입니다. 5명 이상만 모이면 모임의 진행에는 지장이 없을 것으로 생각합니다. 사실 너무 많아도 진행에 어려움이 있을 것입니다. 특단의 사정이 없는 한 정기적 참여를 전제로 합니다.

횟수는 월 1회를 생각하고 있으며, 첫 모임은 2월 하순경에 하였으면 합니다.”

모임 시간으로는 평일 저녁과 토요일 오전 2개의 안을 제안하고, 장소로는 서울법대 세미나실, 사직동 서울국제법연구원 또는 강남역 부근의 유료세미나실 중 선호도를 물었다. 우선 8명의 대학원생이 참여의사를 전해 왔다. 시간 선호는 평일 저녁과 토요일 오전이 반반이었으나, 평일 저녁이면 참석이 어려운 사람이 있어 일단 토요일 오전 모임으로 시작하기로 했다. 2010년 2월 20일 토요일 10시 30분 서울법대 서암관 506호 백충현 기념세미나실에서 「국제법학회논총」 2009년 12월호(제54권 제3호)를 대상으로 8명이 첫 모임을 가졌다. 이 날 다시 의견을 수렴하니 토요일 아침 학교까지 오기가 부담스럽다며 경비가 조금 들더라도 교대역이나 강남역 부근의 유료 세미나실을 사용하자는 의견이 다수였다. 이에 3월 두 번째 모임부터는 강남역 인근의 “토즈”에서 오전 10시에 모여 강독회를 진행하기로 했다. 1인당 5천원 정도의 장소 사용료는 각자 분담하고, 모임을 마친 후 점심 비용은 내가 부담하기로 했다. 지금은 한국해양수산개발원에 근무하는 김원희 박사가 당시 박사과정 수료생 신분으로 연락간사 역을 맡았다. 처음에는 특별히 모임의 명칭도 정하지 않아 초기 몇 년간은 국제법 문헌연구 모임, 국제법 논문독회 등 여러 이름으로 불리다가 언제부터인가 국제법 강독회로 명칭이 정착되었다. 강독회란 명칭은 내가 정하지 않았으며, 누가 먼저 이를 사용해 보급시켰는지 모른다. 2월부터 시작한 2010년 첫 해 동안 모두 9회를 모였고, 이후 대체로 여름과 겨울에 한 번씩 쉬고 연 10회 정도의 모임을 지속했다.

읽을 대상으로 「국제법학회논총」, 「서울국제법연구」, 「국제법평론」은 나올 때마다 모두 읽고, 이들 책자가 나오지 않는 달이나 나왔어도 수록논문 편수가 너무 적은 경우에는 내가 최근 발간된 여러 학술지 내용을 검색해 관심가는 논문을 선정해 보충했다. 경우에 따라서 참가자 자신이 작성 중인 논문 초고를 제시하며 평을 부탁하기도 했다.

모임의 진행은 논문별로 각 참석자가 돌아가며 2–3분 정도의 간단한 소감을 피력하는 방식을 취했다. 읽기 않았거나 특별히 할 말이 없으면 억지로 말을 만들지 말고 그냥 지나치라고 했다. 약 2시간 동안 내용에 대한 논평 뿐 아니라, 글의 구성이나 문장 표현력, 각주의 성실성 등 모든 방면에서 각자 나름대로 논문을 평가했다. 단 논문내용의 요약발표는 없으므로 자신이 읽고 오지 않으면 별다른 참가의의가 없었다. 매회 강독회가 끝날 무렵에는 각자 그 날 읽은 논문을 점수로 평가하면 나중에 간사가 이를 집계해 결과를 알려 주었다. 읽은 대상 중 어느 논문이 가장 좋은 점수를 받고 누구 논문의 평가가 나쁜가를 비교한 것이다. 이런 과정을 통해 참가자들은 논문 내용에 관한 지식습득 뿐 아니라, 무언중 좋은 학술논문을 작성하는 방법을 배울 수 있으리라 기대했다. 그리고 모임을 마칠 때는 "사다리 타기"를 통한 추첨으로 당첨자에게 내가 마련한 간단한 경품을 주었다. "사다리"는 재미로 한 일로서 별다른 상품은 아니며 이리 저리 생긴 소소한 물건들이었다.

모임을 토요일 오전 시간으로 잡은 이유는 직장 다니는 졸업생들도 참여할 수 있기 위한 배려였다. 그런데 법대에서 점차 토요일 대학원 수업이 늘자 수업 때문에 본의 아니게 강독회에 참석할 수 없는 사람이 생기게 되었다. 그리고 해를 거듭할수록 유직자의 참여도가 줄었다. 사회적으로 토요일에는 공적 모임을 갖지 않는 분위기도 확산되었다. 결국 주된 참가자들의 의견을 다시 수렴한 결과 토요일보다는 평일 야간에 하자는 사람이 절대 다수가 되어 2017년 6월부터는 수요일 저녁 7시 30분으로 시간을 옮겼다. 수요일 모임의 경우 저녁은 각자 먹고 오고, 강독회를 마치면 인근에서 간단한 맥주행사를 가졌다. 2010년 3월부터 장소는 계속 토즈 강남역점을 이용했는데, 예약 사정으로 몇 번은 신논현역 부근의 강남 토즈2를 사용했다. 2018년 초 토즈 강남역점이 개축으로 인해 사용이 어렵게 되자, 2018년 2월부터는 교대역점으로 옮겨 3번 모임을 가졌다.

언제부터인가 참석자들의 면면을 보면 한두 명을 제외하고는 거의 대부분이 매일 학교를 나오는 전업 대학원생들이었다. 이들은 학교에 있다가 강독회 참석을 위해 저녁에 강남역이나 교대역으로 이동해야 했다. 상황이 그렇다면 굳이 시간과 경비를 써가며 토즈를 이용할 필요가 있나 하는 의문이 들었다. 다시 주된 참여자들의 의견을 수렴하니 시간은 평일 야간을 고수해도, 장소는 학교로 옮기는 편이 좋겠다고 판단되었다. 이에 2018년 6월부터는 서울법대 서암관 506호 세미나실로 옮겨 오늘에 이른다. 학교 세미나실을 이용하면 나는 물론 대다수의 재학생들에게 편리하고 장소 사용료가 들지 않는다는 장점이 있다. 다만 학외에서 오는 유직자들의 참여율은 떨어질 수밖에 없고, 모임을 마친 후 인근에서 간단한 뒤풀이 행사를 갖기 어렵다는 단점도 있다. 사실 뒤풀이도 중요한 행사인데 장소를 학교로 옮긴 뒤에는 하기 어려웠다. 대신 일찍 올 수 있는 참가자들과 6시부터 자하연에서 저녁을 같이 했다.

모임 연락 등을 위해서는 김원희 군이 첫 2년간 간사 역할을 하다가, 개인 사정상 참여가 어렵게 되자 2012년 3월부터는 박사논문 준비생이던 황명준이 그 역할을 인계받았다. 1년 후 황명준이 미국을 가게 되자 2013년 2월부터는 당시 석사과정생인 백상미가 간사역을 인계받아 6년을 계속했다. 2014년 1학기 한 학기동안만 토요일 수업 수강으로 최웅식이 대행했을 뿐이다. 간사는 매월 참석 희망자 수 파악, 그에 따라 적절한 크기의 장소 예약, 평가표의 집계 등을 담당하고, 토즈에서 할 때는 점심이나 뒤풀이 장소를 미리 물색하는 역할을 담당했다.

(3) 9주년 기념행사

나의 정년퇴임이 가까워 오니 강독회 진행을 어떻게 해야 할까를 생각하지 않을 수 없었다. 한 달에 한번 하는 모임이기는 하나, 때로 나로서도 모임 일정을 맞추기 부담스러운 경우가 있었다. 2018년 중반 경부터 이 모임을 언제까지 주관할지를 진지하게 생각했다. 정년퇴임인 2019년 2월 만 10년이 되니 그 정도에서 그만 두면 좋겠다는 생각도 들었다. 2018년경부터 모임에서 이를 언제까지 할 수 있을지 모르겠다는 이야기를 몇 번 했다. 그 때마다 참가자들은 이 모임이 정년과 무슨 관계가 있냐며 계속하자고 했다. 틀린 말은 아니나 아무래도 교수가 정년을 하게 되면 대학원생들의 참여와 신규 유입은 점차 줄어드리라 예상되었다. 버티다 고사를 하기 보다는 다른 대안을 찾거나 정년 전에 종료를 선언해야겠다고 생각했다.

당초 시작할 때 서울대 내 다른 교수의 참여 없이 나 혼자 시작한 데는 나름 이유가 있었다. 원래 좋은 취지였기 때문에 참여를 권유하면 후배교수들로서는 거절하기 어려웠을지 모른다. 그러나 나 역시 새로운 시도였으므로 과연 이 모임이 장수 프로그램으로 존속할 수 있을지 확신하지 못했다. 몇 번 모이다가 흐지부지 될지도 모르는데 바쁜 사람 오라 가라 하기가 싫었다. 또 내가 생각한 모임의 성격이나 목적, 진행방식에 흔쾌히 동의를 해 줄지 확신이 없었다. 학생들과 함께 하는 모임은 교수의 약속이행이 특히 중요한데, 권유로 인해 참여한 교수가 과연 나만큼 책임감을 갖고 참석해 줄지도 미지수였다. 그래서 교수로서는 나 혼자 시작한 모임이 해를 거듭하며 자리를 잡았지만 본인들이 적극적 관심을 표명하지 않는 한 새삼 참여 의향이 있냐고 묻기도 쑥스러웠다. 그렇게 세월이 흘렀다.

생각 끝에 2018년 말 경 이재민 교수에게 다음 해 봄부터 이 모임을 맡을 의사가 있냐고 물었다. 이근관 교수는 안식년으로 외국에 있었기 때문에 이런 제안을 할 수도 없었고, 본인의 대외일정이 늘 많기 때문에 이런 정례모임을 이끌기 부담스러우리라 생각했기 때문이었다. 이재민 교수가 선뜻 수락해 2019년 3월부터는 강독회를 주관하기로 했다. 이에 2019년 2월 강독회 9주년을 맞이해 세미나 형식의 작은 행사를 열기로 했다. 일종의 9년간 모임의 뒤풀이였다. 강독회 9년 일지를 정리했다. 내가 "국제법 강독회 9년의 회고"라는 제목의 발표를 하고, 그동안 참여했던 사람들을 중심으로 9년을 정리하는 토론회를 마련했다. 다만 이런 발표만 하면 너무 학술성이 떨어지므로 국제법의 몇 가지 관심주제에 대한 발표도 겸하였다. 행사 프로그램은 다음과 같았다.

일시: 2019.2.16.(토) 오후 3시 30분 − 6시
장소: 서울법대 17동 5층 교수회의실

제1부 국제법 현안 분석(3:30−4:30)　　　　　　　　사회: 이재민(서울대)
1. 안준형(국방대학)/ "한일 레이더 논란과 그 시사점: 국제법상 소규모 적대행위에 대한 무력대응의 문제"
2. 박문언(한국국방연구원)/ "자율무기의 국제법상 허용 한계"
3. 김민철(변호사)/ "한일 대륙붕공동개발협정: 2028년 이후의 전망과 대책"

제2부 국제법 강독회 9년(4:40−5:55)　　　　　　　사회: 백범석(경희대)
1. 정인섭(서울대)/ "국제법 강독회 9년의 회고"(4:40−5:00)
2. 라운드 테이블 토론/ 무엇을 기대하고, 어떻게 할 것인가?(5:00− 5:55)
이춘선(전 주스페인 대사), 김도형(판사), 김원희(한국해양수산개발원), 백상미(서울국제법연구원 책임연구원), 정세정(서울대 박사과정생), 안호성(서울대 석사과정생)
저녁식사(6시 15분): 호암교수회관(릴리룸)

발표 자료집도 만들고 행사장에는 현수막도 게시하는 등 정식 세미나의 외관을 갖추었으나, 행사 안내는 과거 국제법 강독회에 참여한 사실이 있는 사람에게만 알렸다. 강독회를 거쳐간 사람들의 일종의 reunion 행사로 준비

했다. 얼마나 올까 걱정도 되었으나 약 30명이 참석해 나름 보기 좋은 모양의 세미나가 됐다. 그리고 행사를 마칠 무렵 어찌 보면 뜬금없는 9주년 행사를 하는 이유는 다음 달부터는 강독회 주관자가 이재민 교수로 바뀌기 때문이라고 발표했다. 세미나를 끝낸 후 호암교수회관으로 이동해 다들 유쾌한 저녁 식사를 했다.

⑷ 결산표

2010년 2월부터 2019년 1월까지 만 9년 동안 총 89회의 강독회 모임을 가졌다. 2월의 세미나는 꼭 90번째 모임이었다. 이 모임을 통해 총 543편의 논문을 함께 읽었고, 강독회에 참석한 연인원은 696명이었다. 이와는 별도로 수차례 서울 시내 국제법 관련지에 대한 일종의 역사탐방을 했다. 시내 답사는 통상 그 학기 대학원 수업 수강생들과 같이 갔다. 나는 90번의 모임 중 피치못할 개인사정으로 2015년 5월 30일 딱 한번 결석한 외에는 전모임에 출석했다. 강독회는 운영방식 상 교수가 참석하지 않아도 진행에는 아무 지장이 없다. 그러나 이런 모임에 교수가 참석을 들쑥날쑥 하거나, 개인형편을 이유로 한번 정해진 일자를 때때로 바꾸거나, 바쁘다는 이유로 논문을 제대로 읽지 않고 간다면 모임의 지속성을 확보하기 어렵게 된다. 나로서는 강독회가 예정된 일자에는 어떠한 다른 모임이나 행사도 수락하지 않고 이를 우선했다. 아무리 바쁘거나 부담스러운 개인적 상황이라도 정해진 일자의 모임에 성실히 책을 읽고 참석하려고 노력했다. 그 결과 나는 지난 10년간 국내 주요 국제법 학술지 전체를 다 읽을 수 있었다. 나 다음으로 강독회에 개근하다시피한 참석자는 이춘선 대사였다. 이 대사는 스페인 대사를 역임하고 외교부를 은퇴한 다음 1970년대 중반 잠시 다녔던 대학원에 복학해 만학으로 2011년 8월 법학석사를 취득했다. 늦은 나이임에도 불구하고 2010년 4월 제3회 강독회에 참석한 이래 9년간 몇 번을 제외한 거의 전 모임에 출석했고, 누구보다 논문을 열심히 읽고 참석했다. 의견도 늘 풍부했다. 참으로 젊은 학생들도 따라가기 힘들 정도의 모범적 참석자였다.

국제법 강독회 참가자들이 이를 통해 학술적으로 얻은 점은 다음 몇 가지로 정리할 수 있다.

첫째, 무엇보다도 국제법 전범위에 관한 논문을 읽음으로써 공부의 편식을 어느 정도 방지할 수 있었다는 점이 가장 큰 소득이었다. 최근 정보나 판례에 관한 정보를 얻는데도 도움이 된다. 혼자 공부하는 경우 평소 관심 있는 주제에 집중하게 되는 경향을 부인하기 어렵기 때문에 강독회는 전공자들을 위한 일종의 안전장치가 된다. 또한 혼자 읽을 때는 미처 발견하지 못한 다양한 관점의 논평을 토론과정에서 접하게 된다. 이런 점에서 강독회는 내가 「신국제법강의」 개정판 마련 시마다 많은 도움이 되었다.

둘째, 참가자들로서는 국내 국제법학자 개개인에 대한 보다 정확한 평가가 가능해졌다. 이 작업을 여러 해 지속하다 보면 누가 열심히 논문을 쓰고 있고, 누가 작성한 논문이 주목할 만하고, 누구 논문은 대체로 신통치 않다는 느낌을 참가자들이 갖게 된다. 국내 국제법 학계 인사에 대해 막연한 평가가 아닌 한층 실증적이고 학술적 평가를 할 수 있게 되었다. 평소 그다지 주목하지 않던 교수가 좋은 논문을 내거나 반대로 평소 기대와 신뢰를 갖던 교수가 표절성 논문을 내면 그에 대한 기존평가가 바뀔 수밖에 없었다.

셋째, 즐거운 소식은 아니지만 여러 사람의 눈으로 논문을 읽다 보면 표절이 더 잘 발견되어 강독회를 통해 이 사실을 공유할 수 있게 되었다. 표절이 있어서는 안 되지만 국내 학계에 부인할 수 없는 현실로 존재하는 것도 사실이다. 논문을 읽다가 궁금한 점이 생긴 참가자가 관련 자료를 찾는 과정에서 때때로 표절이 발견되었다. 학회 심사과정에서 발견되지 않은 부분들이다. 여기서 표절이라 함은 외국 단행본 한권을 바탕으로 이를 요약해 1편의 논문으로 만든 경우, 외국 논문의 상당 부분을 각주와 함께 번역(또는 번안)해 자신 논문의 한 부분으로 포함시킨 경우, 외국논문 두세 편을 조합해서 1편의 논문으로 작성한 경우 등 여러 가지였다. 발견된 표절의 필자들은 국내 학계에서 이미 원로·대가의 대접을 받고 있는 교수부터 중견학자들까지 다양했다. 표절행위가 한번 아닌 여러 번 발견된 교수도 있었다. 이런 표절논문을 발견하게 되면 참가자들은 마음속으로 해당 교수를 재평가하게 된다.

넷째, 남의 논문에 비판을 하고, 나중에 채점까지 하는 과정에서 참여자들은 학술논문을 어떻게 작성해야 좋은 평가를 받을 수 있는가에 관한 판단을 보다 확실히 갖게 된다. 교수가 되어 시험출제와 채점을 하다 보면 어떻게 답안 작성을 해야 좋은 점수를 받을 수 있는가를 비로소 깨닫는 사실과 유사하다. 특히 모임 후 채점을 통해 알게 된 사실의 하나는 교수인 나보다 대학원생들의 점수평가가 더 박하다는 점이었다. 나중에 평가점수표를 받고 보면 내가 부여한 점수보다 평균점이 더 낮은 경우가 많았다. 그 이유가 무엇일까 생각해 보았다. 아마 나는 대부분이 교수인 집필자들과 개인적으로 친숙하며, 집필자의 최근 근황이나 개인적 사정 등을 잘 아는 경우가 많았다. 논문이 다소 기대에 못 미쳐도 이 사람 요새 학교 보직하느라 이 정도 쓰기도 참힘들었을 걸 하는 식의 이해를 좀 더 많이 해 평가를 마냥 박하게만 하지 못한 반면, 학생들은 소감 그대로 평가하지 않았나 추측해 보았다. 하여간 논문에 대한 학생들의 기대치가 교수보다 더 높은 셈이었다.

(5) 마치는 소회

9년간 강독회의 진행방식은 거의 변함이 없었다. 추가적 노력을 더 했다면 더 많은 소득을 올리지 않았을까 하는 소회도 있다. 다음은 시도해 보지 못해 아쉬운 사항이며, 앞으로 강독회 주관자가 검토해 보았으면 하는 사항이기도 하다.

첫째, 외국 학술지의 검토. 당초 국내 학술지만 읽기로 한 이유는 외국 학술지를 매달 한 권씩 읽고 토론하는 일이 참가자들에게 상당한 부담을 줄 것이며, 이는 결국 참여 저조로 이어질 수밖에 없으리라는 우려 때문이었다. 외국 학술지를 참석자 전원이 함께 읽지는 못해도 매달 한명 정도 담당자를 정해 주요 외국 저널에 소개된 각국 실행에 관한 최근 동향을 소개하는 정도는 가능했고 또한 매우 유용했으리라 생각되는데, 이를 실천해 보지 못했다.

둘째, 국내 국제법 용어에 관한 검토시간을 갖는 방안을 생각해 보았으나, 이 역시 실행하지 못했다. 예를 들어 "customary international law"를 국내에서 "관습국제법" 또는 "국제관습법"으로 번역하고 있는데, 어느 편이 더 타당한가를 검토하는 식이다. 다음 달 검토할 용어를 사전에 몇 개 지정하고,

각 용어마다 국내 및 일본·중국에서의 용례와 가능하다면 번역어의 기원 등을 조사할 책임자를 정해 간단한 보고를 듣고 토론하는 방식을 생각해 볼 수 있다.

셋째, 1년에 한 두 번 정도는 최근 국내에서 발간된 국제법 단행본을 읽고 평가하는 것도 좋다고 생각하면서 실천하지 못했다. 그 이유는 평소 하던 방식대로 학술지 논문 읽는데도 시간이 넉넉지는 않았고, 단행본의 경우 이를 각자 구입해야만 참여할 수 있으므로 과연 잘 운영될까 하는 걱정이 있었다.

넷째, 강독회 참여자들이 매달 대상 논문에 대한 점수평가를 하는데, 1년 단위로 그 해의 최우수 논문을 선정하는 작업을 추진하면 어떨까 하는 바램이 있었다. 그리고 혹시 가능하다면 집필자를 초빙해 그 논문작성에 관한 설명을 듣는 행사를 가지면 좋겠다고 생각했다. 간단한 시상도 할 수 있다. 대한국제법학회에서도 학술상 제도를 운영하고 있지만, 학생 주도의 평가는 색다른 의미를 지닐 수 있으리라 생각된다. 강독회를 진행하면서 한 두번 조심스레 이 문제에 대한 운을 띄워봤으나, 별 호응이 없었다. 다만 내가 이를 적극적으로 추진하면 정인섭이라는 한 개인의 행사로 오해될 가능성이 크므로 적절치 않다고 생각했고, 참여 대학원생들의 자발적 주도를 바랬다. 외국 법대에서는 학생들이 교수나 기존 법조인을 평가하고 시상하는 행사가 종종 있는데, 국내에서는 이런 식의 발상이 아직 익숙하지 않아서 그런지 이를 추진해 보고자 하는 참가자가 없었다.

[국제법 강독회 9년 일지]

(2010.2. – 2019.1)

2010년

2010년 2월 20일(토) 논문 10편, 8명(서울법대 서암관 506호, 김원희 연락 담당)

2010년 3월 20일(토) 8편, 6명(강남역 토즈에서 진행 시작)

2010년 4월 17일(토) 7편, 11명

2010년 5월 15일(토) 6편, 9명

2010년 6월 26일(토) 8편, 8명

2010년 8월 21일(토) 8편, 7명

2010년 10월 2일(토) 4편, 7명

2010년 10월 30일(토) 3편, 8명

2010년 11월 27일(토) 5편, 6명

(9회, 57편, 70명)

2011년

2011년 1월 15일 5편, 7명

2011년 2월 26일 7편, 9명

2011년 3월 26일 8편, 8명

2011년 4월 30일 6편, 5명

2011년 5월 28일 6편, 5명

2011년 6월 25일 6편, 8명

2011년 8월 27일 6편, 8명

2011년 10월 1일 6편, 8명

2011년 11월 5일 6편, 7명

2011년 12월 3일 7편, 10명

(10회, 66편, 75명)

2012년

2012년 1월 14일 6편, 8명

2012년 2월 11일 7편, 12명

2012년 3월 10일 6편, 6명(이하 황명준 연락담당으로)

2012년 4월 7일 6편, 7명

2012년 5월 12일 6편, 9명

2012년 6월 30일 6편, 5명

2012년 8월 25일 8편, 5명

2012년 10월 6일 8편, 6명

2012년 11월 3일 5편, 6명

2012년 12월 15일 5편, 4명

(10회, 63편, 68명)

2013년

2013년 1월 19일 5편, 6명

2013년 2월 16일 7편, 7명(이하 백상미 연락담당으로)

2013년 3월 23일 5편, 7명

2013년 4월 27일 7편, 8명

2013년 5월 25일 5편, 7명(장소: 이 날만 서울국제법연구원)

2013년 7월 13일 8편, 11명

2013년 8월 24일 6편, 11명

2013년 10월 5일 6편, 9명

2013년 11월 2일 5편, 6명

2013년 12월 21일 6편, 6명

(10회, 62편, 68명)

2014년

2014년 1월 25일 6편, 11명

2014년 2월 22일 6편, 9명

2014년 4월 5일 7편, 10명(14년 1학기에 한해 최웅식 연락담당)

2014년 4월 26일 6편, 4명

2014년 5월 31일 6편, 5명

(6월 28일 시내 국제법 관련 유적지 답사)

2014년 7월 19일 6편, 7명

2014년 8월 30일 5편, 11명

2014년 10월 11일 6편, 9명
2014년 11월 22일 6편, 6명
2014년 12월 27일 5편, 11명
(10회, 59편, 83명)

2015년
2015년 1월 31일 6편, 12명
2015년 2월 28일 6편, 12명
2015년 3월 28일 6편, 11명
2015년 4월 25일 6편, 10명
2015년 5월 30일 4편, 3명
2015년 6월 27일 4편, 5명
2015년 8월 29일 6편, 5명
2015년 11월 21일 7편, 6명
(8회, 45편, 64명)

2016년
2016년 1월 2일 10편, 14명
2016년 1월 30일 6편, 11명
2016년 2월 27일 8편, 9명
2016년 3월 19일 5편, 9명
2016년 4월 23일 6편, 11명
2016년 5월 21일 5편, 11명
2016년 7월 2일 5편, 11명
2016년 8월 20일 5편, 11명
2016년 9월 10일 6편, 11명
2016년 10월 29일 5편, 5명
2016년 11월 26일 5편, 6명

2016년 12월 29일 6편, 9명

(12회, 72편, 108명)

2017년

2017년 1월 21일 6편, 6명

2017년 2월 18일 6편, 6명

2017년 3월 25일 6편, 8명

2017년 4월 29일 5편, 7명

2017년 6월 7일 5편, 7명(이후 수요일 저녁 7시로 시간변경)

2017년 7월 12일 3인(안준형, 이동은, 백상미) 박사논문준비 발표회 형식 14명

2017년 8월 23일 6편, 8명

2017년 9월 27일 5편, 6명

2017년 11월 29일 7편, 5명

(9회, 49편, 67명)

2018년

2018년 1월 10일 6편, 10명

2018년 1월 31일 6편, 6명(강남역 토즈에서 마지막)

2018년 2월 28일 7편, 7명(이하 교대역 토즈로 이전)

2018년 3월 28일 7편, 11명

2018년 5월 23일 7편, 7명

2018년 6월 27일 7편, 9명(이하 서울법대 서암관 506호에서 진행)

2018년 7월 18일 7편, 10명

2018년 8월 29일 6편, 9명

2018년 10월 10일 6편, 8명

2018년 11월 21일 5편, 8명

(10회, 64편, 85명)

2019년

2019년 1월 9일 6편, 8명

총누계: 89회, 543편, 696명

나. 문헌조사모임

앞서의 국제법 강독회 이전에도 전공생들과 국내 학술논문 읽는 모임을 1년 이상 같이 한 적이 있다. 모임의 성격은 비슷했으나, 목적은 달랐다. 이 모임을 착안하게 된 출발점은 논문제출 자격시험이었다.

대학원생이 논문작성과정에서 반드시 거쳐야 할 관문의 하나가 논문제출 자격시험이다. 나 역시 1980년대 석사와 박사 논문제출 자격시험을 치루었다. 당시는 석박사 공히 전공, 영어, 제2외국어 시험이 실시되었다. 박사는 법철학도 필수였다. 요즘은 법철학과 제2외국어 시험이 없어지고, 영어는 TEPS 등 외부시험 성적으로 대체되었다. 실질적으로 전공시험 하나만 남았다.

자격시험의 취지는 전공학위를 받을 만큼 해당분야의 기본적 지식을 습득했는가 여부에 대한 평가이다. 수험생 입장에서 전공과목은 가장 익숙한 과목임에도 불구하고, 그 대비를 어떻게 해야 할지 좀 막막하다. 어느 정도 공부해야 되나 다들 불안해한다. 나 역시 그랬다. 대학원 입시 때 전공과목 준비와 마찬가지로 국제법 교과서 몇 번 읽고 시험에 임하는 경우가 보통일 것이다. "석사 입시"를 준비하던 방식과 사실상 동일하게 "박사 자격시험"까지 준비한다면 무언가 잘못된 듯하다. 그러나 국내에는 국제법 세부주제별 학술서의 발간이 거의 없으니, 응시생들로서는 교과서 읽기 이상의 좀 더 심화된 대비를 어떻게 해야 할지 사실 막연하다. 국제법 세부주제별로 일일이 외국 전문서적을 읽고 내용을 숙지하라는 요구는 비현실적이다.

그냥 내버려 두기보다 무언가 체계적인 대책을 강구할 필요가 있다고 생각했다. 단순히 자격시험의 대비라기보다 대학원 학습의 체계화라는 관점에서 고민되는 부분이었다. 생각 끝에 국제법 교과서에 추가해 세부주제별로 좋은 국내논문 3-5편을 학생들에게 추천해 읽도록 한다면 전반적인 기본지식 습득에 도움이 되고, 결국 그 자체가 훌륭한 자격시험 대비가 되리라 생각했다. 즉 학위과정 동안 각자의 관심분야와 관계없이 국제법 전 분야에 걸쳐 석사생은 50-60편, 박사생은 100편 정도의 국내 논문을 공통적으로 읽는 일은 큰 부담이 아닐뿐더러, 관심 분야만 공부하는 학습의 편식화를 막을 수 있다. 그럼 이를 실시하기 위해서는 각 주제별로 추천할 국내논문목록이 작성돼야 한다. 전공생들과 이 선별작업을 같이 해보기로 했다. 그것이 국내 문헌조사모임을 시작한 이유였다.

2005년 초 전공생들에게 이런 취지를 설명하고 참여자를 모집했다. 즉 한 달에 한번 정도 각 주제별로 국내문헌 10편 내외를 골라 이를 같이 읽자고 제안했다. 그 과정에서 공부도 되고 어느 논문이 선별대상이 될지의 평가도 자연스럽게 이루어지리라 생각했다. 나중에 그 결과를 모아 국제법 전공생들에게 일종의 권장 문헌목록을 제공하려 했다. 한번 목록이 만들어지면 다음부터는 매년 조금씩 보완할 수 있을 것이다.

국내문헌의 1차 선별은 내가 했다. 미리 다 읽고 선정하지는 못하고 주로 학술논문목록 DB를 통해 필자와 제목을 보고 골랐다. 주제에 따라 8-15편 정도의 국내 논문을 추렸다. 아직 학술논문 파일 공개가 일반화되기 이전이라 도서관에서 책을 찾아 복사해 읽을 대상을 제본해 미리 배포했다. 그리고 정해진 일자에 1시간 내지 1시간 30분 정도 대학원생들과 모임을 가지며 각자 읽은 소감을 교환했다. 마치고는 점심 또는 저녁 식사를 같이 했다. 매달 한 주제씩 공부하기로 예정했으나, 여러 사정으로 매달 모임은 무리였고, 그 절반 정도 밖에 모임을 갖지 못했다. 모임의 명칭은 별도로 정하지 않았는데 통상 문헌(조사)모임이라고 불렀다. 국제법 강독회라 부르기도 했다. 국제법 전반을 한번 훑어보는 한시적 모임으로 생각했기 때문에 별도의 일지는 작성하지 않았다. 그래서 모임일자와 주제, 참석자 등에 관한 정확한 기록은 남아 있지 않다. 당시 내 수첩에 의하면 문헌조사모임은 2005년 5월 10일 시작해 2006년 8월 10일까지 모두 9번 모인 것으로 기록되어 있다. 평일 낮의 모임이었으므로 참석자는 모두 전업학생들이었다. 3개 학기에 걸친 모임이었기 때문에 참석자가 항상 일정하지는 않았으나, 도경옥, 박영길, 김원희, 김선일, 이화, 임진원, 최형심 등이 많이 참여했고, 최유경, 장태영, 라확진, 동외 등도 참석했다고 기억된다. 혹시 일부 착오가 있을지 모르겠다.

이 모임은 참여학생들은 물론 나에게도 국제법 전반에 걸친 당시까지의 국내논문을 살펴볼 수 있는 기회가 되었다. 내용 파악도 됐고, 수준에 대한 평가도 이루어졌다. 아마 학생들로서도 교수논문의 상당수가 별 것 아니라는 판단을 갖게 되었으리라 생각한다. 혼자 읽으면서도 그런 의구심을 가질 수 있지만, 여럿이 같이 읽고 서로 유사한 견해임을 확인했을 때의 느낌은 달랐을 것이다. 그렇지만 이를 통해 자격시험 대비용 국내문헌목록 작성이란 목적은 달성하지 못했다. 그 이유는 몇 가지가 있었다.

첫째, 주제에 따라 국내문헌이 비교적 풍부한 분야도 있으나, 반대로 국내논문의 발표가 많지 않아 목록작성이 어려운 분야가 있었다.

둘째, 원래의 목적상 주제가 어느 정도 일반성을 가진 논문이 유용한데, 매우 협소한 세부주제에 관한 논문은 아무리 잘 된 글이라도 선별대상으로 삼기 부적절했다.

셋째, 가장 기본적인 문제는 학생들에게 필독을 권할 만한 논문을 국제법 전 분야에 걸쳐 골고루 구하기 쉽지 않았다는 사실 때문이었다.

이런 이유 등으로 문헌모임은 참석자들의 개인적 공부에 그치게 되고, 전공생용 권장 국내논문목록 작성은 실패했다. 이후 나도 이 문제 대한 별다른 대책을 마련하지 못하고 근 15년의 세월이 흘렀다. 자격시험 대비의 막막함은 현재의 재학생들에게도 지속되리라 생각한다. 석사 또는 박사학위를 받기 전 국제법 전반에 대한 기본지식을 골고루 습득해야 한다는 당위성도 여전하다. 국내에서 국제법 세부주제별 학술서의 발간이 지지부진한 상황 역시 변함이 없다. 서울대 교수로서는 석박사 과정에서 좀 더 체계적인 국제법 학습을 실현할 방법 마련에 고심할 필요가 있다. 지난 15년 동안 국내 학계의 논문도 새로 많이 축적되었으므로 권장문헌목록 작성을 다시 시도하는 방안도 검토해 볼 필요가 있다. 혹시 국내논문이 부족한 분야는 외국 논문으로 보충

할 수 있을 것이다.

<문헌조사 모임일자>

① 2005년 5월 10일

② 2005년 6월 23일

③ 2005년 7월 20일

④ 2005년 10월 4일

⑤ 2005년 12월 21일

⑥ 2006년 4월 20일(외교사절)

⑦ 2006년 5월 18일

⑧ 2006년 6월 29일(주권면제)

⑨ 2006년 8월 10일(영토문제)

사실은 대학원생들과 문헌조사모임을 2004년에도 한바 있다. 이 때는 모임의 성격이 달랐다. 단순히 국제법 관련 국내문헌목록을 조사·정리하는 모임이었다. 당시 국내에서도 여러 학술 DB가 발달하는 만큼 문헌조사가 여러모로 편리해지고 있었다. 이를 국제법의 관점에서 정리한 목록이 있으면 편리하리라는 생각에서 이 작업이 시작되었다. 지금 기억이 분명치는 않으나, 이 일은 내가 주도적으로 시작했다기 보다 전공 대학원생들의 의지가 더 강했던 경우가 아니었나 싶다. 당시 김원희 조교(현 KMI 근무)가 가장 열심이었다고 기억된다. 2004년 모두 7번의 모임을 가졌다.* 대학원생들끼리 분야를 나누어 1달에 한 번 정도 만나 수집된 목록을 구축해 갔다. 종합목록이 작성되면 아무래도 초심자들에게는 유용하리라 기대했다. 결과를 말하자면 뚜렷한 성과는 거두지 못했다. 물론 축적된 결과물은 남았지만 사실 목록을 모으는 일은 어찌 보면 단순작업이다. 질에 따른 평가와 선별이 있어야 더 유용한 결과물이 될 수 있는데, 그 부분까지 나가지 못해 구축된 목록은 실용성을 확

---

* ① 2004년 3월 4일 ② 2004년 4월 1일 ③ 2004년 5월 11일 ④ 2004년 6월 8일 ⑤ 2004년 7월 14일 ⑥ 2004년 8월 17일 ⑦ 2004년 10월 7일.

보하지 못했다. 2005년과 2006년의 문헌조사작업은 바로 그런 질적 평가를 위한 작업이기도 했다.

다. 일간지 기사 오류분석

대학에서 국제법을 강의하면서 학생들이 어떻게 하면 국제법을 좀 더 실감 있게 느끼고, 이의 중요성을 깨닫게 만들까 늘 고민해 왔다. 학생들은 자신의 생활의 주변에서 민사법이나 형사법적인 사례를 종종 체험하거나 목격하게 된다. 특별히 강조하지 않아도 그런 문제에 관한 법률지식의 실용성을 잘 알고 있다. 그러나 국제법의 경우는 형편이 좀 다르다. 국제법적인 사건의 대부분이 국가 간의 일로서 처리되기 때문에 학생의 입장에서는 실감을 느끼기 어렵다. 국제사회에서 국제법이 과연 잘 준수되고 있는가에 끊임없는 의문을 품게 된다.

현실감 있는 강의를 위해 나는 평소 모아둔 신문기사를 종종 활용했다. 신문 속의 국제법 기사 스크랩은 교수 생활 처음부터 내내 해온 일이다. 우리가 모르고 넘어가고 있을 뿐, 신문기사 속에는 국제법적 자료가 자주 등장한다. 국제법 전공자들은 신문기사 속에 국제법적 오류가 종종 등장한다는 사실 역시 잘 알고 있다. 내용상의 오류일 때도 있고, 용어사용상의 오류인 경우도 있다. 이런 것을 접하면 대부분 속으로 웃으며 넘기리라.

2001년 2학기부터 몇 년간 학부 수업시간에 일간지 기사 속 국제법적 오류를 찾아보라는 과제를 내 주었다. 그러면 학생들이 평소 신문기사를 국제법적 관점에서 주의 깊게 살피게 된다. 특정 기사의 잘못 여부를 판단하기 위해 나름 공부도 하고, 때로 동료들과 토론을 하게 됨으로써 좋은 교육적 효과를 거두리라 생각했기 때문이다. 그 과정에서 국제법이 현실에서 어떻게 적용되는지에 대한 지식도 늘고, 국제법의 중요성에 대한 인식 또한 높아지기를 기대했다.

2001년 2학기에 처음으로 수업기간(9월-11월) 중 국내 일간지 기사 속 국제법적 오류를 찾아 학기말에 제출하라는 과제를 내 주었다. 국내 모든 일간지를 조사할 필요는 없고 각자 자기 집이나 주변에서 손쉽게 접할 수 있는 신문기사를 조사대상으로 하면 된다고 했다. 새로운 시도라 그런지 학생들 역시 흥미를 갖고 이 과제를 수행했다고 생각한다. 대부분의 학생들이 평소 무심결에 넘어가던 국제면 기사를 한층 주목하게 되었을 것이다. 나름 교육적 성과가 있다고 판단되어 2002년 1학기에도 동일한 과제를 부과했다. 역시 수업기간(3월-5월) 중 국내 일간지 기사를 대상으로 했다. 아무래도 많은 학생들이 참여하게 되니 평소 내가 거의 보지 않던 다양한 신문들의 기사가 조사대상에 포함되었고, 나 역시 읽었으나 간과했던 오류도 적지 않게 보고되었다.

이렇게 학생들의 숙제를 받고 보니 이를 그냥 사장시키지 말고 좀 더 체계적으로 정리를 하면 좋겠다고 생각했다. 그래서 2001년 2학기와 2002년 1학기에 학생들이 제출한 "오류기사"를 종합·정리할 학생을 모집했다. 그 결과물을 어떻게 활용하겠다는 구체적 목적은 없었다. 그러자 법대 이한주(3학년)와 김태환(2학년) 두 학생이 찾아와 2002년 여름방학 동안 자신들이 이 일을 해 보겠다고 자원했다. 나는 2개 학기의 학생 제출물을 모두 넘겨주며, 자네 둘의 책임 하에 국내 일간지의 국제법적 오류를 정리하라고 격려해 주었다. 이 일은 기본적으로 자네들 작업이며, 나는 조언자의 역할에 머물겠다고 말했다. 아직 학부생 신분으로 작업이 결코 쉽지는 않았으리라 생각했지만 후에 가져 온 결과를 보니 기대 이상으로 잘 정리해 왔다. 그래서 이 내용을 단지 우리들끼리만 알고 있지 말고, 남들에게도 알리자고 제안했다. 다만 남의 흠을 잡는 작업이니 더욱 신중하게 분석해야 한다고 조언하고, 논란의 소지가 있는 항목들을 지적해 주었다. 특히 이론적 대립이 있는 분야는 비록 소수설에 입각한 내용도 오류로 간주하지 말라고 했다. 이한주와 김태환 군은 때때로 나의 자문을 구하며 좀 더 엄격한 기준 하에 다시 검토를 진행했다. 기사별로 오류부분을 지적하고 그 이유를 작성했다. 2002년 연말에 처음보다 훨씬 더 좋아진 결과물을 나에게 가져왔다.

2002년 2학기 학부 수업에서도 동일한 과제를 내주었고, 학기말에 이를 정리할 새로운 지원자를 모집했다. 이번에는 원유민, 유혜인, 유승현(이상 법대 3학년), 김지영(인문대 3학년) 4명의 학생이 나를 찾아왔다. 먼저와 같은 요령으로 학생들 책임 하에 작업을 하라고 제안하고, 김태환 군 등을 만나 경험담도 들어 보라고 알선해 주었다. 4명의 학생은 2003년 2월 초 한 학기분 기사의 정리작업을 마쳤다. 나의 역할을 어디까지나 조언자였다.

2번에 걸친 작업결과의 분량을 보니 작은 책자 한권은 될 만한 내용이었다. 국내 11개 일간지의 9개월간 기사에서 총 66건의 오류를 찾아내 잘못인 이유를 설명했다. 이를 정식 출판은 아니라도, 책과 같이 제본해 여러 관심자에게 돌리고 다음 학기 국제법 수강생에게도 보이고 싶었다. 제작경비 마련을 위해 안경환 법대학장과 정긍식 학생부학장을 찾아가 부탁하니 쾌히 지원을 해 주었다. 「국내 일간지 기사에 대한 국제법적 오류분석」이란 제목으로 300부 정도 제본한 듯싶다. 대학노트 크기로 101쪽 분량이었다. 책자를 참여 학생들은 물론, 주위의 국제법 교수, 외교부 관계자, 언론사 등에 배포했다.

국내에서 처음 시도한 작업이라 그런지 생각 이상으로 각계에서 반응이 왔다. 외교부에서는 이를 출입기자들에 돌리고 다들 읽어 보라 하겠다며 몇십 부 보내줄 수 있냐는 요청이 왔다. 연합뉴스에서 이를 기사화해 국내 여러 언론에서 이를 받아 보도했다. 서울대학교 대학신문에서 참여 학생들을 초대해 사진과 함께 인터뷰 기사를 내 보냈다. 언론노조관련 매체에서도 이를 보도했다. 이를 본 몇몇 언론학 교수들은 개별적으로 한 권 부탁을 해 왔다. 다음에는 TV 뉴스를 분석해 해보라는 외부 제안도 왔다. 참여 학생들은 작업에 그간 많은 개인시간을 투자했지만, 흐뭇한 결과와 반응에 다들 만족해했다.

2004년 1학기와 2학기에도 계속 일간지 기사오류 찾기를 과제로 부여했다. 그리고 학기말에는 이를 종합 정리·분석할 자원자를 모집했다. 1학기 말에는 나원식, 박보람, 윤석준, 정다영(이상 법대 2학년)이 지원을 해 여름 방학 중 정리를 했다. 2학기에는 김택중, 강인희(이상 법대), 유혜연, 이지연(이상 사회대)이 지원을 해 겨울방학 중 작업을 했다. 한 번 만들어진 모델이 있기 때문에 시행착오를 줄이며 좀 더 쉽게 진행할 수 있었다. 나는 여전히 조언자에 머물렀으며, 학생들에게 이 작업의 주인공은 너희들이라고 강조했다. 1학기 작업에는 법대 정민정 조교(현 국회입법조사처 근무)가 1차 조언자의 역할을 했다. 2005년 2월 초 2개 학기분 전체의 정리작업이 마무리 되었다. 이번에도 안경환 학장의 배려로 제본책자를 만들 수 있었다. 국내 10개 일간지 6개월 동안의 기사 중 찾아낸 오류와 해설을 내용으로 총 129쪽의 「국내 일간지 기사상의 국제법적 오류분석」이란 책자가 만들어졌다.

국내 일간지 오류기사 찾기 과제는 이후 더 이상 부과하지 않았다. 그럴 만한 이유가 있었다. 이 과제를 내준 취지는 평소 국제뉴스를 주의 깊게 보고, 오류 가능성이 있는 기사를 발견하면 본인의 국제법적 지식을 동원해 이를 확인하라는 취지였다. 그 과정이 교육적 효과가 있으리라 기대했기 때문이다. 반드시 많은 건수를 찾으라고 강조하지는 않았다. 억지로 이 신문, 저 신문을 찾지 않아도 된다고 말했다. 처음 2-3학기는 학생들이 이런 취지에 맞게 평상시 신문 국제면 기사에 유의하며 간혹 나오는 오류기사를 틈틈이 수집한 것으로 안다. 2004년 2월 첫 책자가 발간되자 이를 이후 국제법 수강생 전원에게 파일로 제공했다. 참고하라는 취지였다. 2000년대 들어 각 신문사마다 기사 DB를 잘 구축해 공개했다. 그랬더니 이후 많은 학생들이 제공받은 과거 작업책자에서 자주 등장한 오류의 키워드를 몇 개 뽑아 각 신문사 DB를 통해 최근 3개월간 기사 속의 동일한 오류를 검색해 정리·제출한다는 이야기를 들었다. 평소 신문기사에는 신경 쓰지 않아도 학기말 몇 시간 작업으로 과제를 완성한다는 것이었다. 그런 방식으로 작업을 하면 과거와 동일한 유형의 오류 기사만 찾을 수 있지, 새로운 오류내용은 발견되지 않는다. 그렇지 않아도 학기를 거듭할수록 학생들이 제출한 오류기사의 다양성이 줄어들고, 계속 같은 유형의 오류만 등장한다는 생각을 하고 있었다. 즉 제출된 과제물의 내용이 과거보다 질적으로 떨어지고 있음을 느끼고 있었으나, 학생들이 그런 방식으로 작업을 하리라고는 상상하지 못했다. 학생들의 그런 행동은 과제물 부여의 취지를 몰각시키고, 소수의 성실한 학생들만 바보로 만들게 된다. 그런 방식의 과제 수행은 머리 쓸 필요도 없는 일종의 육체노동에 불과했다. 참 어이가 없었다. 그런데 막을 방법도 없다고 생각했다. 그래서 전체 수강생을 대상으로 한 일간지 기사 오류 찾기 과제물은 더 이상 내주지 않았다.

그렇지만 기사오류 찾기 작업은 교육적 의의도 있고, 사회적으로도 필요한 작업이라고 생각했다. 2004년 1학기에는 수강생 전원에게 과제물로 부과하는 대신 작업을 하고 싶은 희망자를 모집했다. 생각보다 많은 모두 10명의 학생이 지원을 했다. 그래서 각 5명씩 2개 팀으로 나누어 학기말까지 동일한 작업을 별개로 진행하도록 했다. 여름 방학 중 두 개의 결과물을 하나로 종합할 생각이었다. 학기 중 학생들과 몇 차례 점심을 같이 하며, 작업에 필요한 상담을 했다. 1학기를 마칠 무렵 두 팀이 결과물을 가져왔다. 그런데 작업의 질이 기대에 좀 못 미쳤으며, 참여자 일부의 개인 사정으로 제대로 완료되지 못한 부분도 있었다. 새로운 유형의 오류 찾기에 적극적이기 보다 과거 2번 발간된 책자 속 오류유형에 너무 의존하고 있었다. 이 정도면 결과물을 새롭게 책자화 할 의의가 크지 않다고 판단됐다. 2004년 1학기의 작업은 그렇게 사장되었다. 한편 2004년 1학기에는 국회에서 국회의원의 발언 중 국제법적 오류 찾기를 선택적 과제 중 하나로 부여했는데, 수강생중 이 과제를 선택한 학생이 거의 없었다.

2005년 한 해 일간지 오류기사 찾기는 완전히 쉬고, 2006년에 다시 희망자를 모집했다. 1학기와 2학기 모두 여러 명의 지원자가 나왔다. 역시 학기말에 나름의 결과물을 제출했으나, 여전히 초기 작업 같은 신선함이 부족했다. 참여자들은 별도의 방법으로 격려만 하고, 결과물의 일반 공개는 하지 않기로 했다. 이후 이 작업은 더 이상 하지 않았다.

일간지 오류기사 찾기는 학부 국제법 수강생 전원에게 과제물을 부과한 경우와 희망자만 참여한 경우 모두 합해 총 8개 학기 동안 실시했다. 국제법 전공대학원생이 아닌, 일반 학부생들과의 작업이었다. 초반과 달리 비록 후반부 작업은 책자화 하지 못했으나, 전체적으로 유쾌한 경험이었다. 이를 통한 또 하나의 성과가 있다. 두 번째 책자 작업에 참여했던 원유민은 내가 서울대를 정년퇴임한 다음 2020년 3월 후임 국제법 교수로 임용되었다. 본인도 당시의 오류기사 찾기 작업이 국제법의 길로 들어서게 된 출발점이 되었다고 말한다.

법학을 전공하고 변호사인 대통령의 공식·비공식 발언에서도 때때로 국제법 용어사용이나 내용 인식에 있어서 오류가 발견된다. 일반 국회의원은 말할 것도 없다. 일간신문이든, 방송이든 국내 뉴스 보도에 대한 국제법적 시각에서의 모니터는 사회적으로 필요한 작업이라고 생각한다. 어느 단체에서 이를 계속 사업으로 진행했으면 좋겠다. 대학에서 전공 교수의 지도하에 동아리 형태로 운영될 수도 있을 것이다. 이 글은 읽고 누가 나서면 그 이상의 보람이 없을 듯하다. 혹시 과거 2차례 발간물을 참고하고 싶다면 서울법대 도서관에서 열람할 수 있다.

라. 여행과 답사

1997년부터 대학원 수업의 일환으로 학기당 한번씩 1박 2일 야외로 나가 수업을 진행했다. 이 행사의 가장 큰 목적은 전공 수강생들 간 친목도모였다. 하루 밤을 같이 자며 여행을 하면 수강생들 간에는 강의실에서의 만남과는 전혀 다른 친밀감이 생긴다. 내 경험상 대학원에서 혼자 공부하는 일은 종종 외롭고 힘들다. 수업과 관련해 즐거운 경험을 공유할 수 있는 동료, 선후배가 많으면 학업에 큰 힘이 된다고 생각해 이런 행사를 마련했다. 2012년 2학기까지 연구년 등으로 대학원 강의가 없거나, 수강인원이 지나치게 적거나 또는 너무 많아 여행을 가기 적당하지 않았던 학기를 제외하고는 매 학기 실시했다.

수강생들과 여행을 하며 놀란 사항의 하나는 학생들이 의외로 국내여행의 경험이 적다는 사실이었다. 예를 들어 동해안을 가면 어렸을 때 이후 처음이라는 학생이 적지 않았고, 여행지 주변의 명소를 방문하면 난생 처음이라는 학생이 많았다. 해외여행 경험이 있는 학생들도 많은데 비해, 국내여행은 생각보다 가지 않은 듯 했다. 그래서 그런지 많은 졸업생들이 대학원 생활 중 이 여행이 가장 인상에 남는다고 회고했다.

통상적인 일정은 첫날 아침 서울 출발, 정오 정도에 목적지에 도착해 오후에는 수업을 진행하고, 저녁식사 이후에는 수업을 계속하거나 아니면 환담과 여흥의 시간을 가졌다. 대개 늦은 시간까지 이야기의 꽃을 피웠다. 둘째날은 인근 명소를 둘러보고 오후에 귀경했다. 인원수에 맞춰 나와 몇몇 학생이 승용차를 준비했고, 숙소는 주로 콘도를 이용했다. 때로 수업 수강생 아닌 국제법 전공생이 참여하기도 했다. 초창기에는 학생들이 반찬거리 등을 마련해 직접 식사 준비를 한 경우가 보통이었으나, 차츰 직접 취사는 없어졌다.

진행에 있어서 개인적인 어려움은 숙소 마련이었다. 숙소는 내가 준비했는데, 주로 콘도를 이용했다. 참가 인원수로 인해 통상 2채는 필요했다. 그런데 회원이 아닌 경우 수개월 전 미리 주말 일정으로 여러 채 예약을 할 수 없었다. 이용권 알선업체를 통하면 가능하나 비교적 고가였다. 그래서 가족도 이용할 겸 나중에는 콘도 회원권 하나를 구입했다. 이후 예약은 좀 쉬워졌으나, 가족 이용은 생각처럼 많지 않았다. 대학원생들과 더 이상 여행을 가지 않게 되자 회원권은 갱신하지 않고 처분했다.

이 행사는 2013년 이후에는 진행하지 않았다. 이유는 1박 2일 행사이므로 주로 토-일에 실시했는데, 차츰 토요일 대학원 수업이 늘어나 다른 수업과 중복된다며 참석을 꺼리는 학생들이 늘었다. 또한 대학원생 중 유직자와 기혼자의 비율이 높아지자 주말 행사를 기피하는 분위기도 증가했다. 2013년도 수업시 수강생들에게 1박 2일 여행 희망 여부를 표결에 붙이니 절대다수가 원하지 않았다. 야외 세미나는 개인적으로 상당한 비용이 소요되며 시간적으로는 물론 육체적으로도 부담이 되는 행사인데, 원하지 않는 사람들을 억지로 데려갈 필요는 없다고 생각했다. 이후 1박 2일 야외 세미나는 더 이상 실시하지 않았다. 이번에 세어 보니 수업의 일환으로 대학원생들과 여행을 다닌 횟수가 모두 20회에 달했다. 그 일정과 행선지를 아래에 정리했다.

마지막으로 2019년 12월에는 특별한 여행이 있었다. 수업과 관계없이 나의 정년퇴임을 기념해 졸업생들이 계획한 여수 여행이었다. 20여 명이 참석해 성황을 이루었다. 여수가 고향인 김선일 교수가 전반적인 계획을 수립했다. 전공생과의 여행으로는 처음으로 내가 주도하지 않은 행사였다.

한편 서울 시내 국제법 관련 유적지를 탐방하는 행사도 여러 번 가졌다. 2004년 처음 실시했는데, 당일 행사이므로 항상 참여자들이 많았고, 반응도 좋았다. 수업의 일환으로 진행된 경우도 있고, 수업과 관련 없이 전공생·졸업생들을 모아 진행한 경우도 있었다. 자주 방문한 곳은 중명전(을사조약 체결지), 러시아 공사관지, 정동거리, 경교장, 구 일본 공사관지, 경희궁지, 이화장, 구 서울대학교지 등이었다. 보통 3시간 정도의 도보 일정이었기 때문에 시내 이 곳 저곳을 널리 다니지는 못하고, 한 지역에 집중해야 했다. 주로 정동-서대문 일대가 중심이 된 이유이다.

서울 중심의 여행이라 방문지가 유사한 경우가 많았는데, 여러 차례 참석자도 많았고, 주위 친구나 가족을 데려온 경우도 있었다. 행선지와 강의명 일람은 아래와 같다. 혹시 빠진 기록이 있을지 모르겠다. 하나 아쉬운 사항은 서울 외곽으로 행선지를 넓히지 못했다는 점이다. 교통편 마련이 어려운 문제라 쉽게 결정하지 못했다.

하나 더 기억하고 싶은 행사는 2004년 5월 12일 서울 상암 경기장에서 벌어진 한국-이란 올림픽 최종예선 축구경기를 대학원생들과 단체로 관람했던 일이다. 신범철 박사가 제안했던 행사로 내가 축구장을 직접 간 마지막 경험이다.

(1) **여행**
o 1997년 11월 28-29일: 수안보 상록호텔(국가기본권연구).
o 1998년 5월 16-17일: 포천 OB 베이스타운(조약법연구).
o 1998년 11월 7-8일: 보광 피닉스(국제재판연구).
o 1999년 4월 24-25일: 성우리조트(현 월리월리)(국제연합법연구).
o 1999년 10월 23-24일: 한국 코타 충주호 리조트(국제법특수연구).
o 2000년 4월 22-23일: 성우리조트(조약법연구).
o 2001년 11월 3-4일: 설악 한국콘도(국제인도법연구).
o 2002년 4월 20-21일: 성우리조트(국제형사법연구).
o 2003년 5월 17-18일: 오색 그린야드 호텔(조약법연구).
o 2003년 11월 22-23일: 유성 스파텔(국가기본권론연구).
o 2004년 5월 22-23일: 남원(국가승계연구).
o 2005년 5월 14-15일: 무주리조트(국제인권연구).
o 2005년 11월 12-13일: 보광피닉스 한화콘도(국제판례연구).

o 2006년 5월 5－6일: 보광피닉스 한화콘도(국제법일반이론).

o 2006년 11월 4－5일: 한화 설악콘도(국제법특수연구).

o 2007년 4월 28－29일: 보광피닉스 한화콘도(영미국제법강독).

o 2008년 10월 25－26일: 양평 한화콘도(국제판례연구).

o 2009년 4월 18－19일: 보광피닉스 한화콘도(국제인권연구).

o 2009년 10월 31일－11월 1일: 강촌 엘리시얀 펜션(조약법연구).

o 2012년 10월 27－28일: 보광피닉스 한화콘도(영미국제법강독).

o 2019년 12월 7－8일: 여수(졸업생)

(2) 시내 답사

o 2004년 3월 19일(금): 대학원 국가승계연구. 덕수궁 중명전, 러시아 공사
관지, 이화장 등.

o 2006년 10월 11일(수): 대학원 국제법특수연구. 국가인권위원회, UNHCR,
정동 일대 등.

o 2006년 10월 18일(수): 대학원 국제법특수연구. 외교사료관.

o 2010년 5월 7일(금): 법전원 국제법1. 정동 일대, 경교장, 경희궁, 이화장
등.

o 2011년 4월 29일(금): 국제법공개아카데미 수강생, 정동 일대, 이화장 등.

o 2014년 6월 28일(토): 국제법 강독회, 정동 및 서대문 일대.

o 2015년 4월 18(토): 대학원 영미국제법 강독, 정동 및 서대문 일대.

o 2018년 10월 9일(화): 대학원 국가승계연구, 정동 및 서대문 일대.

o 2019년 6월 15일(토): 대학원 국제법사연구. 구 서울대학교지 등 동숭동
일대.

마. 해외 파견 지원

(1) 제섭 국제법 모의재판

제섭 국제법 모의재판(The Philip C. Jessup International Law Moot Court

Competition)은 미국 국제법학회 연례총회 기간 중 개최되는 학생 국제법 모의재판이다. 1960년 제1회 대회는 미국 하버드 법대 2팀 간의 경연으로 시작했다. 차츰 미국 법과대학의 참여가 늘더니, 1970년에는 6개국이 참여하는 국제적 대회로 확대되었다. 현재 매년 100여 개국에서 약 700개 법과대학이 참여하는 전세계에서 가장 큰 규모의 모의재판대회로 운영되고 있다. 1960년 봄 개최된 제섭 모의재판 소식을 접한 이한기 선생은 서울법대 학생 동아리인 국제법학회도 모의재판을 해보라고 조언했다. 서울법대에서는 그 해 10월 국제법 모의재판이 실시됐다. 국제사법재판소에서와 같이 15명의 판사 앞에서 한국과 일본이 평화선의 합법성을 다투는 내용의 재판으로 진행되었다. 이러한 서울법대 국제법학회의 국제법 모의재판은 현재도 계속되고 있다(2019년 제52회). 국내에서 국제법 모의재판은 지속되었지만, 국제대회로의 진출은 오랫동안 꿈도 못 꾸었다. 영문 변론서를 작성하고 영어로 구두변론을 해야한다는 언어상의 장벽이 컸을 뿐 아니라, 미국 왕복여비 역시 학생들로서는 천문학적 비용이기 때문이었다.

1994년 당시 서울법대 대학원생이던 정서용(현 고려대 교수) 군은 자신이 팀을 꾸려 제섭 국제법 모의재판에 출전하겠다는 무모할 정도의 용감한 결심을 했다. 해외생활 경험이 없어 영어가 능숙하지 않은 정 군은 영어에 익숙한 해외교포 출신 법대 유학생 2명(임진석, 이정인)에게 제섭 대회 출전을 설득했다. 통상 4명이 한 팀을 이루는데 겨우 3명으로 팀을 꾸렸다. 정서용 군이 원·피고 1인 2역을 담당했다. 1995년 봄 대회 출전을 목표로 참가신청을 하고, 변론서를 작성하는 한편, 미국행 여비도 직접 모금했다. 지금도 그렇지만 당시 학생들이 외국행사에 출전할테니 경비를 지원해 달라는 요청에 선뜻 응하는 사람들이 없었다. 나중에 정 군은 정작 대회 변론서 작성보다 여비 구하는데 시간과 신경을 떠 썼다고 술회했다. 이들은 천신만고 끝에 온갖 연줄을 동원해 겨우 비용을 마련해서 미국 워싱톤 D.C.에서 개최된 제섭 대회에 한국 대학팀 최초로 참가했다. 정서용 군은 그 때 난생 처음으로 비행기를 타고 해외여행을 갔다고 들었다. 이상은 내가 서울법대 교수로 임용되기 직전의 일이었다. 물론 진행상황은 대략 듣고 있었다. 하여간 정서용 교수는 한국 제섭 모의재판 참가의 개척자였다.

1995년 9월 서울대로 부임하니 정서용군이 내년에도 제섭 모의재판 참가를 위해 4명의 후배를 모집해 준비 중인데, 문제는 경비마련이라고 걱정했다. 이 소리를 들은 나는 학생들이 어려운 도전을 결심했는데 경비는 당연히 교수가 마련해 주어야지, 학부생들이 어디 가서 비용을 조달할 수 있겠냐고 생각했다. 내년부터 여비는 무조건 마련해 주겠으니 학생들은 준비나 잘 하라고 당부했다. 백충현 교수와 상의하며, 어떻게든 경비를 마련해 주자고 말씀드렸다.

당시 한국 경제의 실정상 4명 학생의 미국 파견 경비는 현재와 비교하면 부담이 매우 컸다. 학교에는 전혀 손 벌리기 어려운 실정이었다. 1996년 대회 참가팀에게 최소한의 예산서를 만들어 보라고 했다. 경비 절약을 위해 대회가 열리는 고급 호텔에는 숙박하지 않고 좀 떨어진 허름한 곳에 4명이 합숙하듯 한 방에서 자기로 하고. 비행기도 직항이 아닌 값싼 경유편을 구하고, 예산의 10% 정도는 참가자 본인 부담으로 하기로 했다. 전년도 참가팀은 자신들을 위해 모금한 돈을 다 쓰지도 않고 아껴 일부 잔금을 갖고 있었는데, 고맙게도 이를 다음 팀 경비로 쓰라고 내 놓았다. 서울국제법연구원과 삼성법무실로부터 일부 후원을 받았고, 나머지 부족한 비용은 나와 개인적 친분이 있는 변호사 몇 사람에게 부탁해 지원을 받았다. 출발 직전에야 겨우 비용을 마련해 줄 수 있었다. 1996년과 1997년 이태를 이런 방식으로 참가팀을 파견했다.

1997년 11월 외환위기가 도래했다. 환율이 하루아침에 3배로 뛰었다. 이는 미국 대회 참가경비가 급증한다는 의미였다. 솔직히 그 때는 눈앞이 캄캄했다. 국가경제 전체가 엉망으로 무너져 내리고 있으니 어디 지원을 부탁할 곳도 없었다. 그 많은 돈을 어떻게 구하나 고민스러웠다. 상황이 이러니 내년에는 가지 말라고 할까까지 생각했으나, 봄부터 준비해 온 학생들을 실망시킬 수 없었다. 그러던 중 우연한 돌파구가 마련되었다. 1997년 말경 예술의 전당의 한 음악회를 갔었다. 하성호씨 지휘의 팝스오케스트라 연주였는데, 중간 중간 지휘자의 멘트가 있었다. 자신의 지인인 휠라(Fila) 코리아 윤윤수 사장이 어떻게 회사를 일굴 수 있었는가에 대한 소개를 했다. 요지는 남들 하지 못하는 도전정신이 있었기에 성공할 수 있었다는 이야기였다. 당시 휠라코리아는 여러 가지로 화제를 제공하던 회사였다. 윤 사장의 성공 스토리를 듣고, 문득 나는 반대로 그 분을 한번 부딪쳐 보자고 생각했다. 우선 휠라에 근무하는 친구에게 당시 회사 경영상태를 물었다. 외환위기에도 불구하고 휠라는 재무상태가 비교적 무난하다고 전해 주었다. 며칠 걸려 장문의 편지를 작성했다. 자기소개를 하고, 비상시국인 이번 한해만 제섭 국제법 모의재판에 도전하는 젊은 학생들을 도와 달라고 요청했다. 윤윤수 사장과는 일면식도 없는 상태였기 때문에 솔직히 별 기대는 하지 않았다. 그런 지원 요청이야 얼마나 많이 받겠는가? 경제파탄으로 실직자가 기하급수적으로 늘고, 자살자가 속출하는 상황에서 미국의 모의재판 참가는 철없는 신선놀음으로 보아도 이상하지 않았다. 하지만 응답이 없어도 편지 쓰느라 내 시간 좀 허비한 것 외에 나로서 크게 손해날 일은 아니었다. 그 때는 돈 마련을 위해 지푸라기라도 잡아야 하는 실정이었다. 정말 의외로 윤 사장으로부터 연락이 왔다. 도와주겠다고 했다. 1998년 봄 대회에는 환율 상승으로 인한 추가분을 휠라에서 지원해 줘 학생들을 파견할 수 있었다. 한번만 도와달라는 요청으로 시작했으나, 고맙게도 휠라는 이후에도 여러 번 제섭대회 파견을 후원해 주었다.

처음에는 서울대 단독으로 출전을 신청해 국내 예선도 없이 나가기 시작한 제섭 국제법 모의재판은 1999년 대회부터는 고려대학 팀이 참가를 시작해 국내 예선(2월 11일)을 거치게 되었고, 2000년에는 고려대학 팀이 이겨 본선에 진출했다. 당시 준비서면 평가점수에서는 서울대 팀이 크게 앞섰으나, 점수 비중이 2배인 구두변론에서 뒤져 탈락했다. 고려대학 팀에는 영어회화가 자유로운 교포 출신 유학생이 한 명 있어서 높은 점수를 받았다. 2000년은 서울법대 팀이 국내 예선에서 탈락한 유일한 해였으며, 이후 항상 국내 대회를 통과해 본선에 진출했다.

국내 예선을 거치게 되자 나로서는 경비 마련이 한층 어려워졌다. 통상 국내 예선은 겨울방학 마칠 무렵인 2월 중하순경 실시했다. 국내 예선에서 통과되어야 미국 본선 진출이 확정되므로 그 이전 미리 경비모금을 시작할 수 없었다. 미국 대회가 대개 3월 하순 진행되므로 국내 예선 후 보름 이내로 천여만원에 이르는 경비를 모금해야 했다. 초기에는 참가할 수 있다는 사실에만도 감사해 하며 어떻게라도 경비절감을 하려던 학생들도 차츰 더 편한 대우를 요구했다. 한국 대표로 나가는데 왜 본인이 경비 일부를 부담하느냐, 숙소는 아무래도 대회가 열리는 호텔에 묵어야 편리하겠다, 경유 비행기는 고생스러우니 직항을 이용하겠다 등 요구조건이 늘어났다. 그에 따라 필요한 금액도 많아졌다.

국내 예선일 저녁 학생들이 서울대 팀의 진출이 확정되었다는 소식을 전해 오면 그 때부터 올해는 어떻게 돈을 구하나를 걱정해야 했다. 매년 이른 봄 나로서는 연례적인 고민이었다. 모금에는 김앤장·세종·광장 등에 근무하는 개인적 친분이 있는 동문 선후배들의 도움을 많이 받았다. 초창기 3년간은 삼성에서도 일부 지원을 했고, 휠라는 매년은 아니지만 1998년부터 2006년까지 여러 차례 적지 않은 지원을 해 주었다. 일부 경비는 참가자들에게 장학금을 마련해 주는 방식으로 간접 지원을 했다. 제섭대회 경비 모금은 보관된 서류에 따르면 내가 해외 연구년을 간 해를 빼면 아마 2009년까지 담당했다. 연구년을 갔던 해에는 백충현 선생이 적지 않은 액수를 부담하신 것으로 알고 있다. 법학전문대학원 체제가 도입되면서 2009년(또는 2010년)부터는 가장 큰 비용부분인 항공료를 법대에서 지원해 주기로 방침을 정해 한 시름 놓았다. 그 이후 제섭지원업무는 이근관 교수가 전담했다.

제섭 국제법 모의재판은 법과대학에서 법학전문대학원 체제로 변경되는 과도기 2010년을 제외하고 매년 서울법대 팀이 결성되어 1995년 이래 한 해만 빼고 항상 미국 본선에 진출했다. 이에 참가했던 국내 동문도 이제 100여명에 이른다. 제섭을 거쳐 간 학생들 대부분이 법률가로 성장해 각계에서 일익을 담당하고 있다.

(2) 유민 팰로우

2009년 법학전문대학원 체제 도입이 결정되자 서울대 대학원에서 국제법 전공의 전업학생 수가 줄기 시작했다. 이는 비단 국제법만의 일은 아니고, 전

전공에 걸친 공통된 현상이었다. 법전원에서의 국제법 수업 역시 과거 법과대학 시절보다 크게 위축되었다. 국제법에 대한 학생들의 관심을 고취시키는 한편, 국제법 전공생들을 격려하기 위한 무슨 방안을 강구해야 했다. 일반학생들의 관심 고취방안으로 시작한 것이 2011년부터의 국제법 공개아카데미였다. 좀 더 전문적 학습을 지원하는 프로그램도 모색했다. 세계적으로 유명한 헤이그 국제법아카데미 여름강좌에 매년 1명씩 전공 대학원생을 파견하면 격려도 되고, 성과도 있을 듯 했다. 3주간 강의 프로그램 참가에 400만원 정도가 소요되었다. 매년 400만원을 지속적으로 후원할 독지가를 찾았다.

편의점 CU 체인을 운영하는 BGF의 홍석조 회장은 법대 선배로서 30대 중반 검사시절 알게 된 분이었다. 실무가임에도 매우 학구적이며, 특히 부친이신 유민 홍진기 선생은 1950년대 후반 대한국제법학회 부회장을 여러 해 역임해 집안이 국제법과 인연이 있다. 검찰생활에 이어 기업경영을 하였는데, 각기 진로가 다르다 보니 평소 만날 기회는 별로 없었다. 그래도 나를 기억하리라 생각하고 2010년 가을 편지를 썼다. 국제법에 관한 학교상황을 설명하고 대학원생 헤이그 아카데미 파견용으로 법대에 연 400만원 정도의 기부를 부탁했다. 단 한해만 실시하고 그만둘 수는 없으니, 시작한다면 최소 3년은 계속해 달라고 요청했다. 며칠 후 선선히 수락하는 연락이 왔다. 회사형편이 아직 넉넉지 않아 기업기부로는 하기 어렵고, 그 정도는 개인기부 형식으로 지원해 주겠다는 답신이었다. 헤이그 아카데미는 이듬 해 수강자 접수를 12월 초부터 받았기에 바로 파견할 대학원생을 모집했다. 무려 26명이 지원해 그중 1명을 선발했다. 이 프로그램 명칭은 국제법학회와 인연이 깊은 홍진기 선생의 호를 따 유민 펠로우라고 붙였다. 그런데 홍 회장은 2011년 봄 학교로 1,000만원을 송금해 주며, 앞으로도 계속 지원하겠다고 약속했다. 당초 예정 금액을 훨씬 초과한 액수였다. 헤이그 아카데미는 이미 신청기간이 지났고, 대신 이의 아시아판으로 출범한 샤먼 국제법아카데미는 신청이 가능했다. 중국이라 여비도 적게 들었다. 이에 새로 샤먼 국제법아카데미 수강희망자를 2명 더 선발할 수 있었다. 이후 홍석조 회장은 2016년까지 6년 동안 서울법대로 매년 1,000만원씩 기부하는 형식으로 국제법강좌 파견을 후원했다. 이를 통해 모두 18명의 학생이 헤이그 또는 샤먼의 국제법아카데미 강좌를 수강할 수 있었다. 그리고 홍 회장은 몇 차례 학생들을 초대해 격려 만찬도 베풀었다. 홍 회장의 그간의 지원과 격려에 감사한다. 서울법대생으로 유민 펠로우로 해외연수를 갔던 명단은 아래와 같다.

법대 내 유민 펠로우 프로그램은 2016년을 끝으로 더 이상 계속되지 않았다. 이유는 홍석조 회장이 2016년 6월 홍진기법률연구재단이라는 비영리 학술지원기관을 설립해 이제는 이를 통해 해외 국제법강좌 수강을 지원하고 있기 때문이다. 유민 펠로우라는 같은 명칭으로 운영되고 있다. 2017년부터 2019년 사이 5명의 서울대 학생이 추가로 재단의 유민 펠로우로 해외 국제법강좌 수강을 지원받았다.

2011년: ① 헤이그 − 김원희(서울법대 대학원)

② 샤먼 − 황명준(서울법대 대학원), 이종혁(서울법대 학부)

2012년: ① 헤이그 − 정태혁(서울법대 법전원)

② 샤먼 − 이지혜(서울법대 학부)

2013년: ① 헤이그 − 황지택(서울법대 법전원), 김보석(서울법대 법전원)

② 샤먼 − 최웅식(서울법대 대학원), 김예섭(서울법대 법전원)

2014년: ① 헤이그 − 백지열(서울법대 법전원)

② 샤먼 − 백상미(서울법대 대학원), 이동은(서울법대 대학원)

2015년: ① 헤이그 − 김보연(서울법대 대학원), 우한얼(서울법대 법전원)

② 샤먼 − 송병철(서울법대 법전원)

2016년: ① 헤이그 − 류아현(서울법대 대학원)

② 샤먼 − 김혜인(서울법대 대학원)

2017년: ① 헤이그 − 최윤정(서울법대 대학원)

바. 국제법 신년회

국제법 전공 대학원생들과 신년회라고 이름을 붙일 정도의 모임을 주선하기 시작한 해는 2009년이다. 2009년 1월 5일 저녁 잠실의 리틀 아일랜드라는 해산물 뷔페 식당에 전공 대학원생 10명 내외를 초대해 새해 인사를 하고 서로 덕담도 나누었다.

요즘은 연초 교수·은사를 찾아 세배하는 풍습이 거의 사라졌지만, 전에는 연초 며칠은 어른 세배 다니는 날로 생각했었다. 연초 세배 풍습이 사라진 현상은 정부의 공휴일 정책과도 관련이 있다. 1990년까지는 1월 1-3일 3일간이 공휴일이고, 음력 설은 하루만 공휴일이었다. 자연히 연초가 신년 세배를 다니기 여러 모로 편했다. 새해라는 기분에도 연초가 더 적합했다. 서울서는 대부분의 사람들이 이른바 신정 1월 1일을 설로 생각했다. 그런데 정부가 설 연휴를 차츰 음력 설로 이동시켰다. 1991년부터 신정은 1일과 2일 이틀만 쉬고, 음력 설은 앞뒤 포함 3일을 공휴일로 지정했다. 2000년이 지나서는 신정은 1월 1일 하루만 공휴일로 되었다. 자연 연초에는 세배 다니기가 불편해졌다. 그렇다고 새해가 된지 한참 지난 음력 설에 새삼 세배가기도 어색하게 느껴졌다. 대학은 1월이 방학이라 교수나 학생들은 1월 초 세배를 다닐 수 있었지만 사회 분위기상 연초 세배는 차츰 사라졌다.

고 백충현 선생은 80년대 중반 어느 해부터 1월 2일을 지정해 그 날 세배를 오라고 하셨다. 그럼 1월 2일에는 졸업생과 재학생이 하루 종일 연희동 자택을 방문했다. 이 방 저 방 동시에 20명 이상이 머물러 있을 정도였고, 아마 많은 경우는 하루 100명도 더 세배를 다녀갔을 듯싶다. 이 힘든 행사를 상당히 여러 해 계속하셨다. 그 때는 국제법 전공자들 끼리 연초 인사를 하는 자리가 바로 백충현 선생 댁이었다. 언제까지 백충현 선생 댁에서 1월 2일 새해 모임을 가졌는지는 정확히 기억하지 못한다. 차츰 설의 기준이 음력으로 넘어가면서 90년대 중반을 지나 자연스럽게 1월 2일 모임이 없어진 듯하다. 특히 2001년부터는 1월 2일이 근무일이 되어 유직자는 낮 세배를 가기 어렵게 되었다. 물론 개별 세배는 계속했고, 2003년부터 2005년은 자택 대신 시내 식당에서 백충현 선생과 국제법 전공 제자들의 신년모임을 가졌다. 그 때까지 국제법 전공자의 신년회는 백충현 선생 중심의 모임이었다.

백충현 선생이 2004년 8월 정년퇴직을 하시고, 2005년 연말 큰 수술을 받으셨다. 이후 경과가 좋지 않았으며, 결국 2007년 4월 타계하셨다. 자연 그 사이 두 해 동안은 서울대에서 국제법 전공생 신년 모임이 없었다. 이어 나는 2008년 벽두인 1월 4일 미국으로 출국해 에모리 대학에서 한 학기를 연구년으로 보내고 6월 21일 귀국했다. 이제 이한기 선생이 1995년, 배재식 선생이 1999년, 백충현 선생이 2007년 돌아가심에 따라 신년 세배를 드리고, 전공생 모임을 같이 할 국제법 은사가 더 이상 없어졌다.

내가 국제법 전공생 신년행사를 시작한 이유는 다음과 같았다. 새해가 되면 학생 입장에서는 연초에 전공 지도교수에게 모른 척하기도 마음이 편치 않고, 집으로 인사를 가야 하나 고민하게 된다. 그러면 빈손으로 갈 수도 없고 새해 선물마련이라는 부담이 발생한다. 교수마다 사정이 같지 않기 때문에 언제 가면 좋을지도 고민이다. 나 역시 젊은 시절 이런 경험이 있었기 때문에 학생들의 부담을 덜어줄 필요가 있다고 생각했다. 신년모임을 주선하면 같은 전공 동료 선후배들과 새해를 시작하는 인사를 한꺼번에 나눌 수 있고, 이런 기회를 통해 모르던 선후배도 알게 된다. 서로 근황을 주고받으면 친분도 깊어지고, 국제법 전공자들 간의 화합과 단합에 도움이 된다. 이런 여러 가지 목적에서 새해 초 전공생들 모임자리를 마련해야겠다고 생각했다. 백선생 중심의 모임이 중단된 후 3년만인 2009년 신년 행사는 당시 대학원 재학생들로서는 처음 경험하는 자리가 되었다. 당연히 즐겁고 유쾌한 기억이 되었으리라 생각된다.

2010년에도 1월 5일 저녁 잠실의 리틀 아일랜드에서 신년모임을 주선했다. 이 해에는 15명 정도의 학생들이 참석했다고 기억한다. 2011년에는 1월 3일 올림픽 공원내 차이나 팩토리라는 중국식 뷔페식당에서 신년모임을 가졌다. 참석자가 점점 늘어 이 해에는 21명이 자리를 같이 했다. 그 때까지는 특별한 명칭도 없이 나의 사적 모임으로 진행했다. 서울대 내 다른 국제법 교수에게 알리지도 않았다. 2012년부터는 모임을 좀 더 공식화 했다. 1월 2일 에슐리 역삼점에서 모임을 가졌고, 이근관 교수에게 처음으로 모임 연락을 했다. 나는 일자와 장소만 예약하고, 연락은 학생들끼리 알아서 하라고 했다. 그랬더니 모임의 명칭을 신년회라 부르며 연락하기 시작한 듯하다. 모이는 숫자는 더욱 늘어 이 해는 30명에 육박하는 졸업생·전공생들이 모였다. 신년모임의 비용은 시종 내가 부담했다.

이후 1월 2일을 국제법 전공 선후배 신년회 날로 예정하고 매년 같은 형식의 행사를 가졌다. 국제법 전공자들은 매년 1월 2일 모여 신년인사를 하는 것으로 알았다. 재학생 뿐만 아니라, 졸업생들도 적지 않게 모였다. 2013년에는 1월 2일 세븐스프링즈 역삼점, 2014년부터 2016년까지는 매 해 1월 2일 에슐리 역삼점에서 신년회를 가졌다. 2013년 이재민 교수가 서울대에 부임하자 이 교수도 참여해 이후 교수는 나 포함 통상 3명이 참석했다. 같은 장소를 자주 사용한 이유는 30명 넘는 인원이 참석할 별도의 공간이 필요하고, 지하철 특히 2호선 역에서 가까운 음식점을 찾으려니 쉽지 않았기 때문이다. 비용 역시 고려사항이었다. 2017년에는 장소를 옮겨 1월 3일 VIPS 봉천역점에서, 2018년에는 1월 2일 에슐리 서울대 입구역점. 2019년에는 1월 3일 같은 에슐리 서울대 입구역점에서 신년회를 개최했다.

2019년 신년회 석상의 인사말을 통해 내가 주관하는 국제법 전공자 신년회는 이번이 마지막이라고 발표했다. 그 해 연말이면 교수생활도 사실상 끝이므로 신년회 주관도 그만 둘 때가 되었다고 생각했기 때문이다. 그럼에도 혹시 다른 교수들이 이 말을 흘려듣고 2020년 초에도 신년회가 자동으로 열리겠지 하고 기다리지 않도록 2019년 가을부터 적당한 기회마다 학생들에게 내년 신년회의 개최 여부는 내 소관사항이 아니라는 점을 환기시켰다. 이 말이 다른 교수 귀에 들어갔는지 2020년에는 1월 14일 국제법 신년회가 그 전해와 같은 장소에서 개최되었다. 이 때는 내가 주최자가 아닌 피초청자의 자격으로 참석했다.

5. 왜 국제법을 전공했나

"왜 국제법을 전공한 교수가 되었냐?" 이는 평소 학생들로부터 가장 많이 받는 질문 중 하나이다. 사실 그 이유에 관해서는 내 기억도 뚜렷하지 않다.

서울법대 학부시절 국제법에 관해 별다른 관심이 없었다. 국제법 강의는 들었으나, 기말시험만 치고 나면 수업내용은 다 잊어버렸다. 국제법에 대한 무관심과 무지에 있어서 나는 아주 평균적인 법대생이었다.

장래에 대해 미처 생각할 틈도 없이 동숭동 캠퍼스에서 학부생활 전반부를 마쳤다. 서울대학교가 관악산으로 이전하고 3학년이 되자 이제 대학생활이 절반도 남지 않았다는 사실이 현실로 다가왔다. 졸업 후 무엇을 해야 하나? 궁리해 봐야 달리 뾰족한 수를 찾지 못해 남들처럼 도서관에서 사법시험 공부를 시작했다. 보통의 서울법대생들처럼 3학년 말 사법시험 1차를 붙고, 4학년 졸업식 직전 2차를 응시했다. 웬만하면 되지 않으려나 내심 기대도 했는데 털컥 떨어졌다.

이후 본격적인 고민들이 몰려 왔다. 물론 장래 진로가 가장 큰 걱정이었다. 국내외를 막론하고 소설 속의 법조인은 나쁜 사람으로 많이 등장한다. 몽테크리스토 백작의 주인공 당테스에게 누명을 씌우는 빌포르 검사에게 분개하지 않을 독자가 어디 있겠는가? 법조인이 되어 평생 절도범, 폭력범, 사기범들과 더불어 사는 인생이 되면 어떻게 하냐는 걱정마저 들었다. 사법시험에 합격하면 나 역시 결국 그런 생활 속으로 빨려 들어가게 될까봐 두려웠다. 그 당시는 기업법무나 인권변호사라는 개념도 제대로 없었다. 법조인의 길이 다양하다는 생각은 제대로 하지 못했다. 아무래도 직업은 교수가 되어야겠다고 마음먹었다. 교수라는 직업은 중고등학교 시절에도 자주 생각하던 길이었다. 어차피 교수직으로 갈 거면 언제 붙을지 보장도 없는 사시를 준비하고, 붙은 후의 사법연수원 생활 2년은 공연한 시간 낭비 같이 느껴졌다. 결국 사법시험은 보지 않기로 결심했다. 사시는 1차 한번, 2차 한번으로 영원히 안녕을 한 셈이다. 그래도 수험생활을 통해 비로소 법학의 전반적 기초를 닦은 셈이니, 사시 준비는 잘한 결정이었다고 늘 생각한다.

교수가 되려면 대학원에서 무엇을 전공할지부터 정해야 한다. 사시 공부할 때는 참고 받아들였던 해석법학의 답답함이 갑자기 몰려 왔다. 법학으로부터 탈출하고 싶은 심정이었다. 이참에 전공을 바꿀까? 그런데 대학생활 후반부를 사시 준비로만 보낸 나로서는 다른 분야에 대해 아는 게 없었다. 어떻게 준비해야 할지, 누구에게 물어보면 좋을지조차 막막했다. 결국 익숙한 법학의 울타리 안에 남기로 했다. 그럼 법학에서 무엇을 전공하나? 해석법학의 굴레를 조금이라도 더 벗어날 수 있는 분야를 찾았다. 당시는 요즘처럼 법학내 세부 전공이 다양하지 않아 선택의 여지가 별로 없었다. 그래도 왜 갑자기 국제법에 끌렸는지는 내 기억도 분명치 않다. 국제법의 세계에서는 좀 더 자유롭고 폭 넓은 사고를 할 수 있으리라 기대했던 듯싶다.

대학원을 가겠다고 하니 주위 어른들로부터 학교에서 너를 특별히 받아줄 교수가 있냐는 질문을 많이 받았다. 그냥 무턱대로 대학원을 간다면 고생한다는 염려와 함께. 특별히 반기는 교수는 없었지만 하여간 1980년 3월 서울법대 대학원 석사과정에 진학하며 예정전공을 국제법으로 적어냈다. 그리고국제법 과목을 중심으로 첫 학기 수강신청을 했다. 이한기, 배재식, 노명준교수의 수업을 들은 것으로 기억된다. 이렇게 국제법의 길로 접어들게 되었다. 백충현 교수는 마침 라이든 대학에 연구년을 가서서 첫 해에는 수강의 기회를 갖지 못했다. 한가로이 대학원을 다닐 만큼 집안 형편이 넉넉지는 못했으나, 학교에서 얻은 작은 일자리와 다행히 우산장학금을 받게 되어 학비와용돈은 그럭저럭 해결할 수 있었다.

입학은 했으나 다들 아다시피 1980년의 봄은 박정희 대통령의 피살 이후국내정치의 혼란기였다. 대학에서는 연일 데모가 벌어졌다. 5.17 이후 학교는장기 휴교로 문을 닫고 교정에는 군인들이 주둔했다. 모든 출입자는 특전사하사의 허가를 받아야 학교 정문을 통과할 수 있었다. 깨끗하지만 다부진 인상의 그 하사 얼굴은 아직도 기억난다. 가을이 돼서야 다시 교정의 문이 열렸다. 뒤숭숭한 사회 분위기에 학교 역시 영향을 받지 않을 수 없었지만, 나로서는 시국보다 개인적 장래가 더 불안했다. 학교만 열심히 다니면 미래가 열리는 것인지? 언제까지 공부하면 취업을 할 수 있는지? 석사 초년생으로서는 물론 알 수 없는 일이었다. 불안감 속에 때로 다시 사시준비나 할까 하는 생각도 문득문득 들었다. 장래 교수가 되려는 막연한 대학원 생활에 비해 사시는 1년에 한 번씩 시험을 보니 뚜렷한 목표감을 갖고 공부할 수 있고, 합격만 하면 경제적 안정도 더 빨리 이룰 것 같았다. 일요일에도 대충 허름한 옷에 운동화를 신고 신촌 집을 나서 학교로 갈 때면 연대 앞이나 관악산 등산로 입구에 형형색색의 등산복이나 나들이옷을 입은 사람들이 바글거리는 모습과 비교할 때 스스로가 초라하게 느껴지기도 했다.

대학원에 들어왔으나 국제법 수업은 대체로 답답한 편이었다. 주로 얇은 교재 한 권을 같이 읽는 방식이었는데, 그나마 휴강도 잦았다. 어떤 수업은 한 학기동안 달랑 논문 한편 읽고 끝이었다. 솔직히 등록금 내고 학교 다니는 의의를 크게 느끼기 어려운 생활이었다. 수업만으로는 부족해서 공부는 따로 해야 할 것 같았다. 당시는 공부에 관해 같이 상의나 토의할 선후배가 거의 없어 외로웠다. 혼자 책상에 앉아 국제법 원서들을 붙잡고 있어도 내가 과연 목표를 향해 바른 길을 가고 있는지 확인할 수 없어 갑갑했다. 아마 전업학생이라면 대학원 생활에서 누구나 겪는, 그리고 누구도 대신 해소시켜 줄 수 없는 답답함이었다. 간혹 떠오르는 사시의 유혹을 떨쳐 버리고 국제법 책을 읽다 보니 차츰 과거로 돌아가기에는 퇴로가 자꾸 멀어졌다. 대학원 생활이 1년 가까이 지날 무렵 사시 생각은 완전히 접었다. 당장은 밝은 출구가 언제나 나타날지 막막했지만, 나오기를 희망하며 계속 국제법의 길을 가는 수밖에 없었다. 특별한 사전지식도 없이 시작한 국제법이었지만 공부를 하다 보니 차츰 재미가 붙었다. 이 분야에서 할 일도 많음을 알게 되었다. 점차 나에게는 오직 국제법 외길 밖에 없었다. 현실에 대한 걱정은 떨쳐 버리고 국제법의 길을 계속 가야 했다.

대학원에 입학할 때만 해도 우리나라에 국제법 교수가 그렇게 적은지 알지 못했다. 당시는 큰 대학에나 국제법 교수가 겨우 한 명 있지, 과반수의 법학과는 국제법 전공교수를 아예 채용하지 않았다. 경희대 법대 구연창 교수란 분이 있었다. 동숭동 시절 법대 조교를 하고 강의도 들어 알게 된 분이다. 1980년 10월 18일 서울대 법학연구소에서 주최한 "환경과 법" 학술회의에 이 분이 왔다가 입구에서 심부름 하고 있던 나를 발견했다. 반가와 하며 요새 무얼 하냐고 물어 국제법 전공 석사과정생이라고 말했다. 그 소리를 듣더니 구교수는 심각한 표정을 지으며 정말 국제법으로 전공을 확정했냐고 물었다. 그렇다고 대답하니 낮은 목소리로 국제법은 교수자리가 별로 없어 취업이 어려우니 너는 석사논문을 쓸 때 가급적 헌법과 관련된 주제를 택해 나중에 헌법 교수로 취직을 시도하라는 조언을 해 주었다. 그 분의 조언이 현실이었다. 국제법 교수 자리가 그렇게 없는 줄 일찍 알았다면 미리 겁먹고 다른 전공으로 방향을 전환했을지도 모른다.

이후 도움을 준 여러 고마운 분들과 인생 도정에서 때때로 만난 행운 덕분에 석사를 마치고부터는 비교적 순탄하게 국제법의 길을 걸을 수 있었다. 유학을 가고 싶은데 경제적 형편이 여의치 않아 고민하던 차에 풀브라이트 장학생으로 선발되는 행운으로 편히 미국을 가게 되었다. 은사들의 도움으로 비교적 이른 나이에 한국방송통신대학 법학과 교수로 자리 잡을 수 있었다.

방송대 10년은 편안하고 재미있는 교수생활이었다. 만약 내가 그 때 방송대에 취업을 하지 못했다면 아마 어느 지방대학에서 교수생활을 시작했을 가능성이 높았으리라. 방송대는 정규 대학이 아니라 사회적 인식에서는 약간의 편견이 있었음을 부인할 수 없었으나, 대학교수로서 첫 10년을 그곳에서 보낸 일은 결과적으로 내 인생에 여러 모로 유익함이 많았다. 서울에 자리 잡은 국립대학이라는 장점에, 녹음·녹화 방식의 강의라 집중적인 개인 연구시간 확보에 유리했고, 재정적으로 비교적 여유 있는 대학이라 연구지원 환경이 나쁘지 않았다. 또한 비슷한 연배의 좋은 타과동료들을 많이 만날 수 있었다. 외부에서 서울대를 바라볼 수 있는 기회를 가졌다는 점도 후일 적지 않은 도움이 되었다.

다시 10여 년 후에는 서울대학교 법과대학 국제법 교수가 되었다. 서울법대에서의 교수 생활은 새로운 도전의 연속이었다. 강의부담이 크게 늘었고, 국제법 교수로서 사회가 요구하는 역할도 다양해졌다. 방송대에는 없던 대학원이 학문적으로는 늘 긴장을 하게 만들었다. 일상은 늘 쫓기는 기분이었으나, 본격적인 국제법 연구의 즐거움을 맛볼 수 있는 생활이었다. 아무래도 학교를 배경으로 더 좋은 여건에서 더 많은 일을 할 수 있었다. 제자들이 사회적으로 자리를 잡아 가는 모습을 보기도 좋았다. 2020년 2월까지 서울대에서 24년 6개월을 재직했고, 지금은 36년 국제법 교수생활을 즐겁게 만족하며 마감했다.

학부 다닐 때는 관심도 없었던 국제법을 전공하기로 결심하고 이를 평생의 업으로 삼았으니 내 스스로 생각해도 신기하다. 그런 결정과정에서 주위에 특별히 상의할 만한 사람도 없었다. 지금 돌이켜보니 당시 내 판단의 전제들이 모두 맞는 생각은 아니었지만, 원래 세상사 중에는 오해와 무지로 인한 뜻밖의 결정이 얼마나 많겠는가? 필연 같이 보이는 인생의 길에도 그 밑에는 많은 우연, 행운, 때로 불운이 깔려 있지 않겠는가? 우연이던 필연이던 잘 알지도 못하고 걷기 시작한 국제법의 길이었지만, 이후의 여정은 늘 흥미롭고 보람을 느끼던 과정이었다. 이 분야는 아직도 할 일이 너무 많은 듯 해 지난날 시간을 좀 더 알차게 보내지 못한 스스로가 후회스럽기도 하다. 누가 새롭게 이 길을 가고 싶다는 사람이 있다면 기꺼이 가보라고 권하고 싶다. 국제법의 길은 재미도 있고, 할 일도 많다고.

Ⅱ. 내가 만든 책들

Ⅱ. 내가 만든 책들

  교수생활 36년간 단독 저서 12권, 공저 6권, 편저 10권, 번역 1권 도합 29권의 책을 발간했다. 그중 한권을 제외하고 서문은 모두 내가 썼고, 개정판이 발간된 경우도 여러 책이기 때문에 그동안 쓴 책의 서문은 총 53편이다. 어떤 분들은 평생 집필한 자신의 저서 서문만을 모아 또 다른 한 권의 책을 내기도 했지만, 그런 경지에는 한참 못 미친다. 발간된 책의 서문들은 굳이 다시 모으지 않아도 이미 스스로 세상을 돌아다니고 있는 글이고, 사실 책의 서문을 쓸 때는 어느 정도 형식적인 수사가 들어가기도 해 반드시 필자의 진심이 그대로 표현되지 못한 경우도 있다. 여기서는 그간의 책들을 간행하게 된 동기와 준비 과정을 소개한다. 내용에 따라 몇 분야로 구분해 보았으며, 세부분야 안에서의 순서는 발간일을 고려하고 단독 저서를 앞세웠다. 해당 책 서문에서 언급된 부분도 있으나, 언급되지 않은 내용 또한 많다. 한편 개인 명의의 저서가 아닌 기관이 발행한 책자이나, 특별한 추억이 겹치는 책자 2권을 포함시켰다. 내 책임 하에 제작이 진행되었으니 "내가 만든 책들"이란 제목에 아주 어긋나지는 않다. 맨 끝에는 아직 하지 못한 숙제장을 첨부했다.

1. 국제법 기본서적

가. 「신국제법강의: 이론과 사례」

초판(박영사, 2010, 804쪽)
개정판(2011, 909쪽)
제3판(2012, 989쪽)
제4판(2013, 1052쪽)
제5판(2014, 1145쪽)
제6판(2016, 1205쪽)

제7판(2017, 1215쪽)

제8판(2018, 1219쪽)

제9판(2019, 1233쪽)

제10판(2020, 1248쪽)

① 2010년 초판

강의용 국제법 교과서의 집필은 오랜 망설임의 결과였다. 대학교수로 여러 해를 근무하게 되면 자기 전공분야의 교과서를 써 볼까 하는 생각이 들기 쉽다. 소위 유명대학에 재직하게 되면 이를 부추기는 출판사의 로비도 자주 받는다. 다만 국제법은 교과서 시장이 그리 넓은 편이 아니라 교수로서는 집필을 통한 금전적 유혹은 별로 느끼지 않는다. 나중에 이 책을 쓰고 알게 되었지만 출판업계 기준으로 상당히 팔린다고 해도 기회비용을 감안하면 국제법 교과서의 집필로 금전적 플러스가 되기는 쉽지 않다.

서울대로 이직한 후 출판사의 부추김이 없지는 않았으나 오랫동안 국제법 교과서의 집필은 나와 관계없는 일이라고 생각하며 살았다. 우선 은사가 학계에 활동하는 동안 제자가 교과서를 출간하는 일은 결례라고 생각해 백충현 교수 재직 중에는 꿈도 꾸지 않았다. 사실 백 교수께서는 이미 정년 수년 전 당신은 국제법 교과서를 집필하지 않을 예정이니 그 문제에 관한한 정교수는 자유롭게 행동하라고 이야기하신 바 있었지만 그런 말은 없던 일로 생각하고 있었다. 2004년 8월 백충현 교수가 퇴임을 하셨다. 은퇴 무렵 청년 같던 분이 2005년 12월 큰 수술을 하시고, 건강이 급속히 악화됨으로써 더 이상의 학술활동은 불가능한 형편이 되었다. 상황이 이렇게 되니 나 역시 스스로의 앞날에 대해 생각해 보지 않을 수 없었다. 교과서 집필은 몇 년의 준비기간이 필요하다. 나이도 만 50을 넘었으니 기왕 할 생각이면 더 늦기 전에 시작함이 좋으리라 생각되었다.

2006년 중반 정도부터 우선 중요한 국제판례들을 읽고 정리하기 시작했다. 단 시작할 때만 해도 구체적 일정은 없었으며 교과서를 출간하겠다는 생각도 확고하지는 않았던 듯싶다. 일단 내 공부의 목적이 더 앞섰으며, 자료가 축적되면 나중에 교과서 집필시 유용하리라고 기대하는 정도였다. 2007년 봄으로 서울대학교에서 내가 국제법을 배운 기당 이한기, 석암 배재식 그리고 송현 백충현 선생까지 모두 타계하시게 되자 무언중 심리적 부담을 느끼게 되었다.

사실 서울법대가 광복 이후 국내 법학계에 기여한 공헌 중의 하나는 어려운 여건 속에서도 재직교수들이 법학교육을 위한 표준적 교과서를 제공해 왔다는 점이라고 생각한다. 민법의 김증한·곽윤직 교수, 형법의 유기천 교수, 헌법의 김철수·권영성 교수, 상법의 서돈각·정희철 교수, 행정법의 김도창 교수 등의 교과서들이 그러한 예이다. 국제법의 경우에도 1949년 당시 서울법대 박관숙 교수가 광복 후 최초의 우리 말 교과서 「국제법요론」(선문사)을 발간한 있다. 이후 이한기 교수의 「국제법학」 상·하(박영사; 1958, 1960)는 국내 국제법 교육과 연구의 새로운 지평을 열었으며, 이 책은 아무런 개정 없이 동일한 내용으로 1980년까지 20년 이상 중판되었다. 1973년 초판이 발행된 이한기 교수의 「국제법강의」(박영사)는 2010년까지 37년 동안 3번의 개정을 거치며 총 50판 63,200부가 인쇄되어 오랫동안 국내에서 표준적 국제법 교과서로서 보급되었다. 그러나 이한기 선생은 1995년 타계하셨고, 세기가 바뀔 즈음 「국제법강의」는 너무 노쇠한 책이 되어 있었다. 사실 내가 1995년 가을 서울대에 부임할 무렵에도 이한기 선생의 「국제법강의」는 이미 좀 노후한 감이 없지 않았다. 서울법대 교수 구성으로 볼 때 결국 내가 그 다음 바턴을 이어받아야 할 듯싶었다. 만약 후배 교수에게 이 짐을 넘기면 이한기 선생의 「국제법강의」와의 시간적 격차가 너무 크게 나기 때문이다.

교과서는 좀 묘한 성격의 책이다. 훌륭한 교과서를 만드는 일은 매우 어렵고 한없는 노력을 필요로 한다. 좋은 교과서의 집필은 자기 분야에 대한 상당한 식견을 갖출 것을 요구하기 때문에 일정한 연령 이상이 되어야 가능한 일이라고 보통 생각한다. 반면 과감히 달려들면 비교적 쓰기 쉬운 책이 교과서이다. 새로운 학문분야에 관해 최초의 교과서를 개발하는 일이 아닌 이상, 이미 국내외적으로 정평 있는 교과서들이 여러 종 발간되어 있을 것이다. 그런 책들을 몇 권 모아 적당히 참고해 작성하면 생각보다 얕은 식견과 노력만으로도 비슷한 외관을 갖출 수 있기 때문이다. 명저의 반열에 오른 교과서는 학계에서 오랫동안 기억되고 인용된다. 그것이 학계의 일반적 동향을 표시하는 기준점이 되기도 한다. 20세기 초 나온 Oppenheim의 International Law는 발간된지 100년이 더 지난 아직까지 인용되기도 한다. 그러나 대부분의 교과서는 학술적 업적으로 인정받기는커녕 독자의 매서운 눈총만 받는다. 교과서류의 서적은 가장 빈번히 발간되기는 하나, 가장 손쉽게 잊히는 책이기도 하다. 그러다 보니 교과서의 집필은 일견 쉬운 일 같지만, 실제로는 매우 어려운 작업이다. 국내외적으로 정평 있는 국제법 교과서가 이미 적지 않은데, 어설프게 내가 집필을 시작했다가 그저 그런 범작 하나를 추가하는 헛수고를 하지나 않을까 걱정이 되었다.

그럼에도 불구하고 국제법 교과서의 집필을 추진하기로 마음먹었다. 국내외적으로 제법 호평을 받는 국제법 교과서가 적지 않은데 왜 나도 집필 대열에 뛰어들었는가? 첫째, 국내에서 발간된 기존 국제법 교과서를 보면 훌륭한 저작도 있으나, 개론서로 사용하기에는 내용이나 분량, 형식 등에 있어서 나름 불만이 있었기 때문이다. 어떤 책은 지나치게 세세하고 기술적인 부분까지 필요 이상 서술하고 있어서 국제법을 재미없게 만든다는 느낌이었다. 어떤 책은 소략해 국제법의 의미를 충분히 설명할 정도가 되지 못한다고 생각되었다. 특히 기존 교과서에는 한국의 국제법적 실행이나 경험이 별로 반영되어 있지 않았다. 국제법 개설서가 외국 사례만을 중심으로 내용을 설명하게 되면 학생들은 자칫 국제법이란 우리와는 상관없는 뜬 구름 같다는 느낌을 받을 우려가 있다.

둘째, 외국서적은 아무리 성가가 높다 해도 우리 대학의 기본 교재로 채택하기에는 적절치 않다. 우선 학생들의 영어 능력도 문제지만, 역시 그 내용에 한국의 사례나 시각이 전혀 반영되어 있지 않기 때문이다. 국제법은 국제적으로 공통인 내용이므로 외국의 저명한 책을 교과서로 사용해도 무방하고, 영어 강의도 손쉬우리라고 생각하는 사람들이 적지 않다. 심지어 영어 교과서를 채택해 영어로 강의해야 한다고 생각하는 사람도 있다. 이러한 지적은 법학의 다른 전공과 비교하면 상대적 타당성이 없지 않으나, 반드시 올바른 이해는 아니다. 국제법 강의라 하여 만국 공통의 내용만을 다루지 않는다. 미국의 국제법 교과서를 보면 그 내용의 상당 부분에는 미국의 경험과 시각이 반영되어 있다. 영국에서 발간된 국제법 교과서를 보면 역시 영국의 경험과 시각이 크게 반영되어 있다. 프랑스의 교과서 역시 마찬가지이다. 그런 의미에서 대학에서의 국제법 강의라 해도 "국적"은 무시될 수 없다.

일단 교과서 집필 생각을 굳힌 채 외부에는 일체 발설하지 않고 기초자료를 모으기 시작했다. 우선 국제판례의 내용부터 정리했다. 국제판례는 국제법 학습의 가장 기본 도구이기 때문이다. 영미의 통상적인 국제법 교과서에서 공통적으로 자주 인용되는 판례를 선별해 그 요지와 핵심 법리를 정리하고 관련 설시 부분을 발췌해 하나씩 파일로 만들었다. 교과서의 기초자료로 사용할 생각이었다. 대부분 익히 접하던 판례지만 교과서 집필을 위해서는 새로운 정리가 필요했다. 바로 이 준비작업이 바탕이 되어 교과서에 앞서 2008년 여름 「국제법 판례 100선」(박영사)의 출간이 가능했다.

동시에 어떤 형식의 교과서를 만들까 고민했다. 이는 가장 중요한 문제였다. 미국의 Cases & Materials 형식의 교과서는 사실 공부하는 학생의 입장에서는 결코 친절한 책이 아니다. 그래서 미국의 법과대학생들 역시 법이론을 간이하게 정리한 형태의 책들을 별도로 구입하는 경우가 많다. 미국에는 영어로 된 각종 저작물, 판례, 자료 등이 워낙 풍부하여 이를 중심으로 미국식의 교과서를 훌륭하게 꾸밀 수 있지만, 우리는 형편이 전혀 다르다. 반면 이론 설명 위주인 전통적 형식의 영국이나 일본의 교과서 형태를 따르면 기존의 국내 교과서와 대동소이하게 될지 모르며, 새로이 교과서를 내는 의의가 과연 무엇인가라는 문제에 부딪칠 우려가 있었다. 그런 교과서로 강의를 하려면 교수는 판결문 등 별도의 수업자료를 추가로 준비해야 한다.

궁리 끝에 양자의 절충형 교과서를 만들어 보기로 생각했다. 이론 설명에 있어서는 기존의 국내 교과서보다 분량을 줄이고, 대신 그러한 이론이 구현되고 있는 판례나 법령과 같은 각종 자료를 같이 수록하기로 하였다. 다만 미국식의 Cases & Materials 형식의 교과서에는 논문이나 단행본의 발췌가 상당한 부분을 차지하나, 국내 학계의 실정상 이러한 인용은 포함시키기 어려웠다. 미국식 교과서보다는 판례의 수록이 적고 이론적 설명이 많으나, 영국식 이론서보다는 이론 설명의 비중이 적고 사례가 직접 반영된 형식이었다. 사실 이러한 절충형 교과서는 국내외적으로 참고할 만한 모델이 있었던 것은 아니다. 한국 학생들에게 국제법을 어떻게 가리켜야 효과적일까를 궁리한 끝에 만들어 낸 개인적 구상의 산물이었다. 나로서는 새로운 형식을 제시함으로써 일종의 모험을 한 셈이었다. 나중에 수강생의 의견을 물으면 상당수가 이 같은 형식에 만족해했다. 후일 집필한 「조약법강의」(박영사, 2016)도 유사한 형식을 취했다.

이미 서울대에서 10년 이상 국제법을 강의했기 때문에 내용에 있어서는 그 강의안이 교과서의 골격이 될 수 있었다. 이는 1983년 가을학기 내가 광운대 행정학과에서 국제법을 처음 강의했을 때부터 만들기 시작했으니 근 25년의 경험이 축적되어 있었다. 서울대에서는 이한기 선생의 「국제법강의」를 교과서로 추천은 했지만 실제 강의는 그와 관계없이 내 나름의 구성을 바탕으로 진행했다. 기본 교과서가 없는 강의라 학생들이 수업중 내용 흐름을 노치지 않도록 매주 1-2쪽 분량의 강의요목을 작성해 사전에 유인물로 배포했다. 이 요목은 요즘의 PPT와 유사한 역할을 한 셈이다. 매 학기당 12-15회 정도의 요목을 수강생들에게 제공하고 이런 방식의 수업을 10년 이상 해왔기 때문에 결국 강의요목의 내용이 책 목차의 골격이 되었다. 2007년 1학기 국제법 1 수업에서는 평상시 강의에서 활용하던 판결문, 조약, 법령 등을 부분적인 내용 설명과 함께 묶은 약 140쪽 분량의 학습자료집을 별도로 만들어 배포했다. 교과서 집필의 아주 원초적인 연습을 한 셈이다. 중간의 연구년을 빼고 2009년까지 강의시마다 이런 학습자료집의 분량을 늘려감으로써 교과서 집필의 기초 원고를 만들었다.

누가 독촉하지 않는 일을 하다 보면 다른 급한 일이 생길 때마다 작업목록의 우선순위에서 뒤로 밀리게 된다. 그런데 2007년 7월 미국식 법학전문대학원의 도입이라는 국내 법학교육의 일대 변화가 예고되었다. 2009년부터 첫 입학생을 받고, 2010년부터는 서울대 법학전문대학원에서 국제법 강의를 해야 했다. 늦어도 2010년 벽두까지는 강의용 국제법 교과서 간행의 필요성이 커졌다. 일종의 시한이 제시된 셈이었다. 2009년에는 가을까지 교과서 집필에 주력하지 않을 수 없었다.

그 때까지도 교과서 집필중이라는 말은 여전히 주위에 발설하지 않았다. 2009년은 마침 대한국제법학회 회장직을 수행하던 해였다. 일상적인 업무에 학회 회장 일이 더해져 사실 더 분주한 시기였는데, 교과서 집필까지 마무리하려니 쉽지 않았다. 2010년 봄학기 교재로 사용하기 위해서는 일단 2009년 10월 중순으로 집필을 마감하고 출판사로 원고 파일을 넘겨야 했다. 원고지 약 5000장에 해당하는 분량이었다. 자료수집으로부터는 3년, 원고 집필에는 대략 2년 정도 걸린 셈이었는데, 물론 그 기간 중 시종 이 작업에만 집중할 수 있는 형편은 아니었다. 초판에는 당초 의도한 내용을 다 담지 못해 아쉬움이 많았지만 어쩔 수 없었다. 미비된 몇 개 주제의 장은 다음 개정시 보충을 예정할 수밖에 없었다.

「신국제법강의」는 제목에서 표방하는 바와 같이 국제법 전반에 관한 강의용 교재를 목표로 만들었다. 외관상 종전의 국내 교과서와 다른 가장 큰 특징은 국제판례를 영어 원문 그대로 발췌해 본문으로 수록했다는 점이다. 국제판례는 그 결론 요지만 간단히 암기해서는 취지를 충분히 습득하기 어려우며, 원전을 직접 읽어야만 법리를 제대로 이해할 수 있는 경우가 많다. 그러면 번역을 통해서는 얻을 수 없는 묘미를 맛보게 된다. 국제사회가 기본적으로 영어의 논리를 바탕으로 소통하기 때문에 영어가 모국어가 아닌 우리로서는 크게 불리한 입장이지만 어쩔 수 없다. 사실 외국의 교과서에서는 국제법적으로 중요한 판례라면 10-20쪽까지 수록되기도 한다. 그러나 한국의 실정을 감안해 영어 원문은 원칙적으로 2쪽 분량을 넘기지 않으려고 노력했다. 다만 일부 발췌만으로 독자가 판례 전체 내용을 파악할 수 없기 때문에 매 판례의 앞부분에는 전체 사안에 대한 개략적인 설명을 붙여 놓았다. 그리고 항목별 설명의 뒷부분에는 "검토"라는 표제 하에 본문 내용과 관련되어 제기되는 법적 쟁점이나 독자들이 공부하는 과정에서 생각해 보라는 문제점들을 제시했다. 영미 교과서의 note 또는 questions과 유사한 성격이었다.

그리고 내용에 있어서는 한국의 판례, 법령, 외교적 경험을 최대한 반영하려고 노력했다. 외국판례의 선정에 있어서도 한국이 관련된 판례가 있는 경우 가급적 이를 우선시했다. 남들이 이 책의 특징이 무엇이냐고 묻는다면 나로서는 국내의 다른 어떤 국제법서보다 한국의 경험과 시각이 많이 반영된 점이라고 답하고 싶었다. 이 점은 이후의 개정에 있어서도 일관되게 유지한 입장이다.

또 하나 신경을 쓴 사항은 이해하기 쉬운 법서 만들기였다. 개인적으로 학부 2학년 1학기 법학을 본격적으로 접하기 시작했을 때, 난해한 법서 읽기에 낭패감을 느꼈던 경험이 있다. 우리말로 된 책인데도 불구하고 영 진도가 나가지 않을뿐더러, 책을 덮고 나면 방금 읽은 내용조차 제대로 기억나지 않는 경우가 많았다. 내가 머리가 좀 나쁜 편인가 또는 그렇지 않다면 최소한 법학이 적성에 맞지 않나 보다 하는 걱정까지 해 보았다. 가장 큰 이유는 법학 초심자로서 법률용어에 익숙하지 않았기 때문이었다. 상급 학년으로 올라갈수록 어려움은 조금 씩 줄었지만, 하여간 법학은 초기 진입장벽이 매우 높은 학문이다. 법학을 가르치는 교수가 되니 내 강의를 수강하는 많은 법학 초심자들 역시 비슷한 어려움을 겪으리라고 생각했다. 수업시간 중 학생들에게 학부 2학기 1학기의 경험을 종종 이야기 해 주었다. 이는 어느 정도 시간이 지나야만 해결되는 문제라며. 그와는 별도로 대부분의 법학 서적이 독자 친화적이지 못하다는 사실 역시 부인할 수 없다.

교수가 된 다음에도 법서와 법률논문 읽기는 여전히 쉽지 않다. 학생들의 기말보고서나 학위논문 초안을 받아도 읽기 힘들고 짜증이 나는 경우가 많았다. 교수 생활을 하면서 도대체 법서는 왜 이리 읽기 힘든가를 다른 각도에서 생각해 보았다. 단순히 내용과 용어가 어려워서만은 아니라고 생각했다. 대부분의 법서는 문장 표현에 있어서 독자에 대한 배려심이 무척 부족하다. 법서의 경우 장문체 문장이 많고, 생경한 번역투의 표현이 많아 그 이유만으로도 읽기 힘들다. 법서의 저자들은 자신이 표현하고자 하는 의도에만 신경을 썼지, 독자가 이를 어떻게 받아들일까에 대해서는 상관 않고 문장을 쓰는 경우가 많다. 이에 「신국제법강의」를 집필하면서는 그러한 결과를 피하고 싶었다. 이 문장이 과연 독자에게 잘 이해될까 하는 점을 끊임없이 생각하며 표현을 다듬고, 의도적으로 장문체 문장을 줄였다. 번역투의 문장이 아니라 우리 말로서 표현되도록 노력했다. 읽기 편한 법서 역시 이 책을 통해 내세우고 싶은 특징이었다.

이 책은 「신국제법 강의 – 이론과 사례」라는 제목으로 2010년 2월 초판이 발매되었다. 종래에 없던 새로운 형식의 교과서를 발간하면서 과연 독자들이 어떻게 반응할까 기대와 걱정이 교차되었다. 전체적으로 영어 지문이 상당한 분량을 차지해 독자의 입장에서는 언뜻 책을 집기에 부담감을 가질 수 있기 때문이었다. 그래도 출간 즉시 독자들로부터 기대 이상의 호응을 얻은 듯 했다. 출판사로서도 예상을 넘는 반응이라고 보았다. 일단 구성에 있어서의 새로운 시도는 성공이라고 자평했다.

② 이후 개정판

초판은 부분적 미완성의 제품이라고 생각했기에 2010년 초부터 바로 개정판 준비를 진행했다. 그 때부터는 책을 실제 강의에 사용해 보며 보완을 준비한다는 이점이 있었다. 수업용 교재에 있어서 이 점은 아주 중요하다. 학생들의 반응도 유익하지만 그에 앞서 필자 겸 강의자로서 책 내용의 전달력에 대한 감을 느끼게 된다.

첫 해부터 학생들로부터 자주 건의를 받았던 사항 두 가지가 있었다.

첫째, "검토"라는 항목에서 질문만 던져 놓지 말고 답을 제시해 달라는 요구였다. 사실 검토사항의 질문 중에는 국제법 전문가들에게조차 어려운 내용도 있었다. 나 자신 또한 정확히 무어라 답을 해야 할지 자신 없는 질문도 있었다. 학생들이 어려워하는 것은 당연했다. 이런 문제는 설명이나 토론에 긴 시간을 요구한다. 제한된 시간 속에 강의자가 이런 문제를 상세히 다룰 시간은 부족할 것이다. 그럼에도 이런 문제를 제시한 이유는 학생들이 항상 남이 제시해 주는 정답만을 그대로 외우겠다는 자세로 공부하지 말았으면 하는 바램 때문이었다. 아마 각종 언론을 통해 외국에 유학 간 한국학생들은 주어진 사항을 외우기는 잘 하지만, 스스로 생각하는 능력이나 창의력은 떨어진다는 말을 귀 아프게 들었을 것이다. 우리의 전 교육제도가 정답만 추구하고, 주어진 답을 외우는 데만 치중했기 때문이라고 생각한다. 이미 형성된 공부 자세를 하루아침에 바꾸기는 어렵겠으나, 관심 있는 학생들이라도 스스로 생각하고, 동료들과 토론하고, 관련 전문서적을 찾아보기를 기대했다. 그래서 이후에도 정답 달라는 요청은 무시했다. 영미 교과서 역시 그런 유형의 질문에 답은 제공하지 않는다.

둘째, 중간에 수록된 영어 판결문을 모두 읽기가 부담스러우니 그중에서 더 중요한 부분에 밑줄을 그어 달라는 요구도 많았다. 아마 이런 요구는 검토의 정답을 달라는 요구와 맥이 통한다고 생각했다. 국제재판의 판결문은 매우 길다. 이 책에 수록된 판결문의 분량은 외국의 정평 있는 교과서와 비교하면 형편없이 짧게 발췌한 것이다. 외국의 교과서라 한다면 그중에서 밑줄칠만한 부분만 수록된 것이나 다름없었다. 공부에 있어서는 항상 원전을 보는 일이 중요하다. 남이 몇 줄로 요약한 내용만 암기하는 방법으로 공부하면 각자의 법적 사고(legal mind)를 발전시키는데 한계가 있다. 그래서 밑줄 쳐달라는 요청에도 응하지 않았다. 사실 영어 판결문은 일반 영어문장보다도 훨씬 난해하다. 국내법을 공부할 때 법률책이 초심자에게 매우 어려운 것과 마찬가지로, 영어 판결문은 미국이나 영국 학생들도 처음에는 어렵다고 한다. 외국인인 우리로서는 더 힘들 수밖에 없다. 꾸준한 노력 밖에 별다른 대책이 없다.

두 가지 요구사항을 모두 거절한 셈이니 학생들에게 이 책은 그다지 친절하지 않게 보였을지 모르겠다. 그러나 그 같은 훈련이 학습의 기초체력을 기른다고 생각했다. 그러한 학습태도는 비단 국제법 뿐만 아니라, 국내법의 공부에도 도움이 된다. 이는 법조인으로서 두뇌근육을 키우는 일이다. 그래야 외국의 법조인과 대적할 능력이 생긴다.

초판 출간 1년 후인 2011년 개정판의 가장 큰 외형적 변화는 "국제경제법과 WTO"라는 새로운 장을 하나 추가한 점이었다. 국제경제법은 별도의 교과서가 필수적이라고 할 정도로 방대한 분야이므로 한 개의 장으로 커버되기는 불가능한 내용이다. 외국의 정평 있는 국제법 교과서 중에는 국제경제법을 아애 취급하지 않는 경우도 많다. 그러나 국내에서는 여러 가지 국가시험에서 국제경제법을 반드시 출제하게 되어 있으므로, 이를 감안해 최소한의 이

해를 돕는 수준에서 추가했다. 전반적인 보완을 하다 보니 약 100쪽 분량의 증가가 있었다.

이후 제5판까지는 매년 개정을 하며 내용을 보완해 갔다. 2012년 제3판은 90쪽, 2013년 제4판은 60여 쪽, 2014년 제5판은 90여 쪽의 분량 증가가 있었다. 특히 제5판에는 "국제인도법"이 새로운 장으로 추가되었다. 이후 현재의 제10판에 이르기까지 새로운 장의 추가는 없었다. 제5판을 발간할 무렵에는 스스로도 이 책이 어느 정도 안정화되었다고 생각했다. 그래서 다음 한 해는 개정판 발간을 거르기로 했다. 단 2년의 공백기간 중 새로운 사건이나 판례, 법령 개정, 중요한 수정사항 등에 관한 신속한 정보 제공을 위해 2013년 말 네이버에 [정인섭 국제법강의]라는 카페를 개설해 운영하기 시작했다. 이 카페는 지금까지 계속하고 있다.

1년을 쉬고 제작한 2016년 제6판은 60쪽 분량이 증가했고, 총 면수도 1,200쪽을 초과했다. 그 때부터는 책의 면수가 더 이상 늘어나지 않도록 유의했다. 사실 국제법이 통상 1개 학기로 개설되고 있는 실정에 1,200면의 교과서는 한 학기에 소화하기 벅찬 분량이다. 2개 학기로 나누어 강의하는 서울대학교에서도 전체 소화가 쉽지 않다. 이 책을 교재로 쓰는 주위의 한 동료교수는 제발 더 이상 분량을 늘리지 말라고 요청하기도 했다. 이후부터는 새로운 내용이 추가되면 유사한 분량을 삭제하려고 노력했다. 그럼에도 야금야금 매년 15쪽 정도씩 분량이 늘어 2020년 제10판은 1,248면에 이르렀다.

사실 1년 사이 국제법 내용이 크게 변하지는 않는다. 개정판을 제작하려면 연말 몇 달은 이에 신경을 쓰느라 논문 작성 등 다른 일을 하기 힘들다. 수험생도 새 판을 살 때마다 경제적 부담을 적지 않을 것이다. 그런데도 왜 자주 개정판을 제작했는가? 책을 내본 사람들은 모두 경험해 보았으리라. 새 책을 받아 보면 교정 시까지 드러나지 않던 오탈자, 어색한 표현, 부정확한 서술이 갑자기 눈에 띈다. 읽다 보면 잘못된 내용조차 발견된다. 매년 개정 시마다 최소 2번 정도의 교정을 보았는데도 몇 년 동안 방치되었던 오탈자도 튀어나온다. 이런 부분이 몇 군데라도 발견되면 필자에게는 마치 양말 속 사금파리 한 조각처럼 느껴진다. 그러면 아무리 좁쌀 크기에 불과할지라도 벗어서 털어내야 마음 편히 걸을 수 있다. 또한 빈번히 인용된 서적의 개정판이 출간되면 이를 반영할 필요가 있고, 국내외 관련 최신 판례도 새로 소개해야 책의 완성도가 높아진다. 법령의 개정은 말한 필요도 없다. 설명을 바꾸고 싶은 대목도 나타난다. 이런 모든 상황이 개정을 자주 하게 만든다. 또한 수험시장이 교육에 큰 영향을 미치는 국내 상황에서는 자주 개정되지 않는 교과서는 도태된다는 현실 역시 무시할 수 없다. 여하간 매년 교과서를 개정하는 일은 저자로서 시간적으로 큰 부담이다. 나 역시 교과서 출간 이후 개별논문의 작성이 줄었음을 부인할 수 없다. 그래서 후배 교수들에게 교과서 집필은 너무 늦으면 실기하지만, 너무 일찍 뛰어들면 학자로서의 성장에 장애를 겪게 된다고 충고하고 있다.

「신국제법강의」는 대학강의용 교과서로 제작되었고, 교과서는 필자가 정년퇴임을 하면 점차 독자가 준다고 한다. 새로운 감각과 내용의 새 교과서가 등장하면 기존 교과서를 대체할 것이다. 이한기 선생의 「국제법강의」는 총 37년간 중판을 찍었다. 그 책은 저자가 학교를 떠난 다음에도 20년을 더 찍었고, 마지막 개정판을 집필할 때는 만 71세였다. 가히 국내 국제법 교과서의 전설이었다. 내가 그 절반의 기록에라도 가까이 갈 수 있을까?

나. 「에센스 국제조약집」

초판(박영사, 2010, 256쪽)
보정판(2013, 276쪽)
개정2판(2015, 292쪽)
개정3판(2017, 293쪽)
개정4판(2020, 300쪽)

이 책은 학부나 대학원에서 국제법 관련 과목의 강의를 수강하는데 필요한 최소한의 조약들을 수록한 소조약집(小條約集)이다. 법전으로 치면 소법전에 해당하며, 전문가용이라기보다는 일반 학생들에게 학습편의를 제공하려는 목적으로 제작되었다.

사실 학부 국제법 과목 수강생 중 별도의 조약집을 갖고 공부하는 학생들은 많지 않다. 대개 교과서 등에 부분적으로 인용되거나 소개된 조약 내용만을 읽고 공부한다. 법학을 전공하는 학생이 법전 없이 공부하는 경우는 찾기 어려운데도 불구하고, 왜 국제법을 공부할 때는 조약집을 마련하지 않는가? 아마도 경제적 부담이 가장 큰 이유가 아닐까 싶다. 법학 교과서는 가격이 높은 편이라 강의시간에 내 교과서의 불법 복사본을 버젓이 면전에 내놓고 수강하는 학생까지 있으니 조약집 같은 부교재까지 관심을 기대하기는 어렵다. 일반 법전은 모든 법학과목에 공통적으로 활용되는 반면, 조약집은 오직 국제법 과목에만 소용이 되므로 활용도에 있어서 차이가 크다. 조약집은 요즘 하는 말로 가성비가 높지 않다.

　　사실 이 책 이전에도 국내에는 더 풍부한 내용을 수록한 두툼한 조약집이 여러 종 발간된 바 있었으나, 대체로 그 가격이 만만치 않았으며 부피도 작지 않아 널리 보급되지 못했다. 막상 구입을 했다고 해도 이용 빈도가 그다지 높지 않은 조약집을 매일 가지고 다니기에는 부피와 무게가 부담스러운 것 또한 사실이었다. 교수인 나조차 수업시간에 두툼한 조약집을 매번 휴대하고 들어가기에 부담이 느껴졌으니 학생들은 더 말한 나위 없었을 것이다.

　　내가 대학원생 시절에는 영어로 된 얇은 조약집이나 일어판 소(小)조약집을 갖고 다니며 공부했다. 그 때는 인터넷이 없던 시절이라 이런 책자를 통해서만 조약을 접할 수 있었기 때문에 나름 필요했고, 유용했다. 요즘은 대부분의 조약 영문본을 인터넷에서 쉽게 구할 수 있으며, 한국이 당사국인 조약은 외교부 등의 홈페이지에서 영문본과 한글 번역본을 누구나 복사할 수 있다. 따라서 조약집은 만드는데 큰 노력이 들지 않는다. 학생들조차 원한다면 자신의 조약집을 편찬할 수 있다. 그럼에도 불구하고 시중 출판사의 조약집을 구입하려는 독자가 있다면 이는 편의성 때문이리라. 단 가격이 어느 수준을 넘어가면 불편하더라도 공개된 조약문을 개별적으로 구하려 할 것이다.

　　그래서 이 책을 만들기 전부터 학생들이 구입하기에 경제적 부담도 적고, 간편하게 휴대할 수 있는 좀 작은 크기의 조약집이 있었으면 하는 바람을 갖고 있었다. 설렁탕 한 그릇 정도 가격의 조약집이라야 일반 학생들이 돈을 지불하리라고 생각했다. 그러나 그런 가격의 책이라면 출판사로서는 별 이윤을 기대할 수 없기 때문에 매력을 느낄 리 없다. 이런 이유로 생각만 있었지 구체적인 추진은 시도하지 못하고 있었다. 2010년 초 「신국제법강의」를 발매한 이후 박영사 담당자와 이런 저런 이야기 끝에 내가 구상하던 간소한 조약집도 출판할 용의가 있다는 답을 들었다. 박영사로서는 이윤보다는 이런 가격의 조약집으로 좀 더 독자 친화적 느낌을 주기 기대한다고 말했다.

이 조약집을 제작함에 있어서 1차적 기준은 일반학생들이 큰 부담을 느끼지 않고 구입할 수 있는 가격이어야 하고, 부피 또한 학생들이 휴대하기 편리한 수준으로 분량을 제한해야 한다는 점이었다. 그러다 보니 초판에서는 수록 대상을 국제법 수강과정에서 가장 빈번하게 등장한다고 판단되는 17종의 국제문서와 4종의 국내법률로 한정했다. 분량을 줄이기 위해 일부 조약은 전문을 수록하지 않고 수강시 자주 등장하는 조문만을 발췌했다. 조약집은 영문을 같이 수록하면 더욱 이상적이지만, 한정된 지면에 맞추기 위해 꼭 필요하다고 판단되는 최소한의 몇몇 조문에 대하여만 영문을 병기했다. 대한민국이 당사국인 조약은 공식 번역본을 사용했으며, 당사국이 아닌 조약이나 기타 문서는 내 책임 하에 번역을 했다. 이 때 기존의 사적 번역본이 있는 경우 이를 참고는 했으나 원칙적으로 원문과의 대조를 통해 새로이 번역을 했다. 초판은 256쪽 분량으로 가격은 8,000원으로 책정되었다. 보통 설렁탕이 6천원 또는 7천원 정도 하던 시절이었다. 8천원은 고급 식당이나 '특'에 해당하는 가격이었다.

이 책은 대략 연 400권 정도가 팔린 듯 했다. 여전히 학부생의 구입은 많지 않아 보였으며, 주로 외무부 시험을 준비하는 수험생들이 산다고 들었다. 전국의 국제법 전공 대학원생이라 해야 몇 되지 않을 테니 큰 독자는 되기 어려웠다. 대략 2년 반 정도마다 재고가 소진되었고 이를 기회로 개정판을 발간했다. 2013년 처음으로 개정판을 낼 때는 2건의 국내법률을 추가하고, 기존 조약은 일부 조문만 보충했다. 약 20쪽 정도의 분량이 추가되었다. 개정판 또는 제2판이라고 부르기에도 민망해 보정판이라고 명했다. 2015년에는 새로운 조약이나 법률의 추가는 없이 기존 내용에 일부 조문만 보완했고, 국내법률의 개정을 반영했다. 약 15쪽 정도가 늘었다. 개정이 있을 때마다 구별하기 편리하도록 이 때는 개정2판이라고 명칭을 붙였으나, 실질적으로는 제3판인 셈이었다. 2017년에는 ILC 초안규정을 하나 삭제하고 국내법률 1건을 추가하는 한편, 국내법률 개정내용을 반영해 개정3판을 발간했다. 분량은 거의 동일했다. 2020년 다시 개정을 하며 조약 1건을 추가하고, 국내법률 개정 사항을 반영했다. 7쪽 분량이 증가했다. 재고가 소진될 때마다 개정판을 낼 수밖에 없던 가장 큰 이유는 수록된 국내법률의 개정 때문이었고, 간혹 발견된 오탈자도 정정해야 했다. 5판까지 나오는 사이 분량이 20% 정도 늘었지만 가격도 12,000원으로 올랐다. 아마 시중 설렁탕 가격 역시 비슷한 비율로 오르지 않았나 싶다. 어느 국제법 교수는 내가 집필한 책자 중 자신이 가장 많이 활용하는 것이 이 조약집이라는 말을 전하기도 했다.

다. 「신국제법입문」

초판(박영사, 2014, 409쪽)
제2판(2017, 427쪽)
제3판(2019, 436쪽)

박영사에서 2010년 「신국제법강의」 초판을 발간하니 그 후 얼마 되지 않아 입문서 형식의 좀 쉬운 국제법서를 발간하자는 제안을 받았다. 박영사는 2008년부터 "신 ○○법 입문"이란 제호의 법학입문 씨리즈를 발간하고 있었다. 일반 교과서류보다 절반 이하의 페이지에 각주도 붙이지 않는다는 원칙 하에 만드는 그야말로 간추린 입문서 형식이었다. 박영사측은 간이하고 분량이 적은 법률 교과서를 필요로 하는 수요 역시 적지 않다고 설명하며, 이 역시 각법의 구색을 갖추려는데 그중 국제법 분야를 맡아달라는 요청이었다. 나로서도 「신국제법강의」가 상당량의 영어 지문을 포함하고 있는 등 법학 전공자가 아니면 읽기에 부담스러운 면이 있다고 생각했던 차라 일단 입문서 집필을 수락했다. 다만 그 때는 아직 「신국제법강의」의 내용 보강에 주력하던 시기라 개인적으로는 당장의 여력이 부족했다. 박영사측은 만약 내가 집필 수락을 한다면 다른 필자를 찾지 않고 일정 기간 기다려 주겠다고 제안했다. 그러다가 2-3년이 지난 듯 했다. 몇 번 재촉도 받았다. 2014년 초「신국제법강의」제5판이 발간되자 나로서도 책의 내용이 어느 정도 안정화되었다고 판단하고, 이의 개정판 발간을 한 해 거르고 대신 미루던 입문서를 집필하기로 마음먹었다.「신국제법강의」제5판 서문에서 다음 해에는 개정판을 내지 않겠다고 공언해 입문서 준비를 내 마음 속으로 기정사실화 했다.

사실 전작인「신국제법강의」는 법학전문대학원 체제 출범에 맞춰 이의 강의교재를 염두에 두고 제작한 책이다. 그런데 여전히 더 많은 대학에서는 학사과정의 법학교육을 운영하고 있었고, 특히 국제법은 반드시 법학 전공자뿐 아니라 인문사회계열 학생들의 수강 역시 많은 과목이다. 그런 점에 비추어 볼 때「신국제법강의」는 법학 비전공자들에게 좀 어렵기도 하고, 특히 국제법을 한 학기 과목으로 진행하기에는 분량도 벅찬 수준이다. 이에 법학을 본격적으로 전공하지 않으며 국제법을 공부하려는 학생, 법학전공자라 할지라도 자신의 진로 설계상 국제법 과목에 크게 강조를 두지 않으려는 학생, 기타 좀 간이한 수준의 국제법 개론서가 필요한 독자들을 대상으로 하는 입문서가 필요하리라 생각했다.

입문서 발간을 제안 받은 이래 틈틈이 이를 어떠한 내용으로 구성할까 생각했다.「신국제법강의」를 아코디온 주름상자를 누르듯 줄여 같은 목차 아래 내용만 요약식으로 설명하는 책자는 만들고 싶지 않았다. 너무 기술적 내용은 포함하지 않고 국제법에 대한 기본적 이해를 돋을 수 있는, 그러나 전공자라도 생각할 만한 포인트를 가득 담고 있는 기본원리 위주의 책자를 쓰고 싶었다. 그리고 오래도록 개정할 필요가 없는 책, 초심자와 전공자 모두가 필요로 하는 책을 내고 싶었다. 사실 나는 바로 이런 국제법서를 내는 게 아직까지도 꿈이다. 주위 다른 전공 교수들에게 해당 분야에서 그런 입문서 형식의 교과서를 내면 좋지 않겠냐고 권하기도 했다. 거의 매년 개정해야 하며 2-3년 이상 개정을 하지 않으면 외면 받기 시작하는 국내 법학교과서 시장은 분명 비정상적이다. 모두 국가시험이 교육을 지배하는 현실에서 배태된 기현상이다.

생각만 있지 진척은 없었다. 무엇보다도 그런 국제법서를 내기에는 개인적 내공이 부족한 듯싶었다. 많은 노력과 시간 투자가 필요한데 개인적 상황상 그 같은 시간 확보가 불가능할 것 같았다. 결국은 교과서의 일종인데 수험시장 위주의 우리 교육현실 속에서 그런 책이 상업성을 확보할 수 있을지도 자신이 없었다. 박영사측에서 가끔 진척이 있냐고 물었다. 미루기도 한도가 있어야 했다. 일단 2015년 한 해는 잠시 「신국제법강의」를 접어두고 "입문"을 집필하기로 했다.

결국 현실과 타협했다. 모두 23개 장의 「신국제법강의」에 비해 「신국제법입문」은 17개 장으로 만들어져 외형상의 체제에는 변화가 적지 않은 듯 보였으나, 내용 대부분은 「신국제법강의」의 발췌 또는 요약으로 구성됐다. 그런 의미에서 당초 내가 바람직하지 않다고 생각한 결과와 유사해져 버렸다. 개인적으로는 만족스럽지 못했다. 어느 정도 팔리기나 할까 걱정마저 들었다. 그러나 우려보다는 그런대로 수요가 있었다. 「신국제법입문」은 초판 이후 2년마다 개정을 해 2019년 3판을 발간했다. 「신국제법입문」은 간추린 교과서의 형태로 되었기 때문에 서울대학교에서 2015년 초 20시간 분량의 동영상 강의를 만들 때는 이 책을 주 대본으로 삼았다. 오래도록 개정이 필요 없는, 초심자와 전공자 모두가 찾는 기본원리 위주의 국제법 입문서 집필은 여전히 꿈으로 남아 있다.

라. 「조약법강의」

(박영사, 2016, 640쪽)

국제법의 여러 분야 중 조약법의 중요성은 아무리 강조해도 지나침이 없을 것이다. 대학원 입학 첫 학기(1980년)에 내가 수업 외 개인적 공부를 위해 읽은 첫 원서 중 하나도 I. Sinclair, The Vienna Convention on the Law of Treaties였다.[*]

조약법은 국제법 학습에 기본적인 과목이므로 내가 서울법대 교수생활 25년 중 대학원에서 가장 자주 개설한 과목이 조약법 강의였다. 이 책을 발간한

---

[*] Manchester University Press 1973년 간행 초판.

2016년 9월 이전 일반대학원에서 7번, 법학전문대학원에서 2번 조약법을 강의했다. 이후에도 일반대학원에서 2번, 법학전문대학원에서 1번 더 조약법 강의를 개설했다. 이렇게 보니 평생 조약법을 12번 강의했다. 강의에서는 주로 영어권에서 발간된 조약법서를 기본서로 사용했다. 일반 대학원 강의에서 2000년 1학기까지는 위 I. Sinclair 책 제2판(1984)을 기본 자료로 사용했고, 이후 2011년 2학기 강의까지는 A. Aust, Modern Treaty Law and Practice의 초판과 개정판을 사용했다.* 2014년 1학기에는 D. Hollis, Oxford Guide to Treaties를 사용했다.** 이런 책들은 이미 국제적으로 성가를 인정받은 학술서이므로 강의교재로서 전혀 손색이 없었다. 그러면서도 늘상 느끼는 아쉬움은 이러한 정평 있는 업적물도 결국 외국책이라는 점이었다. 당연한 소리지만 제시된 실행이나 판례는 저자의 출신국 사례가 중심이다. 한국의 실행은 전혀 소개돼 있지 않았거나 혹은 부정확했다. 조약법에 관한 공통된 법이론을 배우는 데야 부족함이 없었지만, 대학원에서 그것만 가르치고 배우기에는 무언가 허전했다. 우리의 시각에서 필요한 주제는 별도 자료를 통해 강의해야 했다.

조약법 지식에 관한 수요는 비단 국제법 학계 뿐 아니라, 법조계나 행정 실무계는 물론 타전공 분야에서도 적지 않다. 국내법을 주로 다루는 일반 법조인들이 국제법적 문제와 가장 자주 부딪치는 분야는 한국이 당사국인 조약의 해석·적용일 것이다. 그러나 국제법 전공자가 아니면 외국어로 쓰여진 조약법 책을 쉽게 구해 단시간 내 읽고 필요한 지식을 습득하기는 어렵다. 이에 오래 전부터 아무래도 우리말로 집필된 조약법 책이 필요하다고 생각해 왔다. 사실 국제법 모든 세부주제가 개별 개설서를 필요로 하지만 그 순서를 정한다면 조약법은 제1 순위군에 속할 것이다.

우리 말 조약법 책을 만들기 위해 1차적으로 생각할 수 있는 방안은 외국의 정평 있는 조약법서의 번역이다. 번역은 훌륭한 내용을 국내적으로 쉽게 보급할 수 있다는 점에서 매우 필요한 작업이다. 그러나 법학서의 번역은 고

---

* Cambridge University Press 초판(2000), 제2판(2007). 그리고 2013년 제3판이 발간되었다.
** Oxford University Press(2012).

되고 힘든 일임에도 불구하고 정확한 의미 전달이 어려운 상황에 종종 부딪친다. 번역서를 읽다 보면 도대체 무슨 소린가 하는 심정에서 전공자들은 원서를 찾는 경우가 많다. 대학원 강의에서는 차라리 원서를 사용하는 편이 더 능률적이다. 번역서를 갖고 강의를 하려면 국내 실행에 관한 자료는 여전히 따로 수집해 제공해야 한다.

이에 2010년 「신국제법강의」를 출간한 이후 국제법 학계에 대한 다음 기여로 무엇을 할까 생각하던 끝에 조약법에 관한 책을 집필하기로 마음먹었다. 책의 목표는 국제법 개설서보다 조약법을 심도 있게 소개하나, 여전히 조약법에 관한 개설적 수준의 내용을 전달하는 것으로 잡았다. 독자의 편의와 대학원 수준의 강의에서 활용되기 위해 관련 판례나 자료 원문을 함께 제공하는 형식을 취하기로 했다. 대체로 나의 「신국제법강의」와 유사한 방식이다.

원래는 2015년을 출간 목표연도로 계획했었으나 늘상 그렇듯이 여러 가지 개인적 사정으로 착수가 늦어졌다. 마침 2015년 2학기 연구학기를 얻어 이 기간 중 집중적인 작업을 진행하기로 마음먹고, 이때부터 자료 정리를 본격화했다. 연구학기 초반에는 다른 일로 조약법 집필에 착수하지 못하다가 2015년 11월 경부터 이 책자 집필에 시간을 집중했다. 겨울방학인 2016년 2월 말까지 3－4개월의 작업으로 대략 80% 이상 수준의 원고화가 진척되었다. 일단 이를 가제본한 후 2016년 1학기 서울대학교 법학전문대학원의 조약법 강의에서 한 번 시험적으로 사용했다. 원래는 강의를 하면서 드러나는 문제점을 그 때 그 때 보충해 종강 무렵에는 원고를 완성하려 했으나 학기 중에는 별 진전이 없었다.

2016년 1학기 조약법 강의를 마칠 무렵 책의 목표와 수준에 대해 다시 한 번 고민했다. 연말 정도까지만 작업을 계속하면 훨씬 만족스러운 수준의 책자가 될 것 같았다. 사실 조약법은 많은 부수의 판매를 기대하기 어려운 책이므로 통상적인 교과서처럼 개정판을 통해 차츰 보완하기도 어렵다. 한번 책을 낼 때 충실한 내용을 갖출 필요가 더 높다. 그러나 여러 가지 개인 일정상 연말까지 조약법에만 매달리기는 어렵다고 판단되었다. 당초 예정대로 6월 한 달 동안만 추가적인 보완 작업을 하고 집필을 마무리 했다.

그래도 640쪽에 달하는 책자 집필이 비교적 빠르게 진척될 수 있었던 이유는 조약법 분야에 관해 과거 작성했던 논문들을 부분적으로 재활용할 수 있었고, 그간 대학원에서의 여러 차례 강의 경험과 이제까지 보관해 온 당시의 수업자료들 그리고 수강생들의 보고서 등으로부터 많은 도움과 아이디어를 얻었기 때문이었다.

사실 이 책자가 조약법에 관한 국제법 이론을 심도 있게 전개하는 수준에는 미치지 못한다. 그 같은 목적에서는 이미 국제적으로 정평 있는 책자들이 적지 않으며, 비엔나 조약법 협약에 관한 상세한 주석서도 여러 종 발간되어 전공자의 학습과 연구에 큰 도움이 되고 있다. 조약법에 관한 심오한 학술서 출간은 나의 능력을 넘어선 일이라는 것이 솔직한 심정이다. 이에 대학원 수준의 조약법 강의교재를 책자의 1차적 소임이라고 생각하고 제목도 「조약법강의」로 정했다. 나름의 특색은 조약법에 관한 국내 실행과 판례를 가급적 많이 수록·소개하려고 노력했다는 점이다. 그야말로 국제적으로도 정평 있는 국내 조약법 이론서의 발간은 능력이 보다 출중한 후학들의 소임으로 미루기로 했다.

사족 하나! 「조약법강의」의 출간을 통해 개인적으로 오랫동안 꿈꾸어 오던 책자 1종의 간행을 포기했다. 그 주제는 조약의 국회동의였다. 이에 대한 배경은 사뭇 역사가 깊다. 나는 국제법에 대해 별다른 사전 지식도 없는 상태에서 우연히 이를 전공으로 택했다. 석사 초년 시절 국제법 공부를 시작하니 국내 교과서에조차 온통 남의 나라 이야기뿐이었다. 예를 들어 국제법의 국내적 효력문제만 해도 외국의 사례는 상대적으로 자세히 설명되어 있으나, 우리의 경우에 관해서는 설명도 빈약하고 논거도 실증적이지 못했다. 국제법이 우리 현실에 무슨 의미를 지니는지 회의가 들기도 했다. 국제법은 평상시 외교 담당자들이 점잖 빼며 가식적 주장을 펼 때나 등장하며, 국가들이 국익을 위해 다투기 시작하면 존재감은 온데간데없어지고, 우리의 일상과는 동떨어진 구름 위 딴 세상 이야기 같기만 했다. 1980년 중반까지 헌법(憲法) 역시 마찬가지였다. 헌법은 "헌(old worn-out)"법에 불과했다. 국내 재판정에서 변호사가 위헌을 주장하면 판사나 상대방은 저 친구 오죽 할 말이 없으면 위헌이라는 소리나 할까 내심 웃었다는 것이 법조현실이었다. 그러다 석사 초년시절 우연히 접한 L. Henkin, Foreign Affairs and the Constitution과* 같은 저자의 How Nations Behave 2nd ed.를** 무척 재미있게 읽었다. 미국의 법률책을 읽으니 국제법과 헌법이 세상 속에서 살아 움직이고 있었다. 국제법과 헌법이 연결되어 실제 작동하고 있었다. 관련된 논전도 치열하고 흥미로웠다. 우리에게는 왜 이런 학술적 주장이나 논란이 없는가 부러웠다. 그러면서 국제법과 우리 국내법이 연결되는 주제에 관한 책이 있으면 국제법이 좀더 현실적으로 느껴지지 않을까 생각했다. 오랫동안 막연히나마 이를 개인적 학문 화두의 하나로 마음에 품고 있었다.

차츰 중견 교수의 나이로 접어들게 되자 이를 실현시킬 구체적 주제를 찾아보았다. 조약의 국회동의가 우선 눈에 뜨였다. 이는 엄격히 말하면 국내 헌법상의 문제이나, 대상이 조약이라는 점에서 국제법적 관점의 분석도 필요한 주제이다. 국내 헌법교수들은 기본권이나 통치기구 관련 주제를 주로 연구하지 대외관계에 관한 조항은 거의 취급하지 않았으며, 이 주제에 관한 기존의 국내 논문은 주로 국제법 교수들이 작성했다. 그런데 한 편의 논문으로 조약의 국회동의 전반을 커버하려다 보니 대부분 피상적 분석에 그치고 있었다. 특히 국회동의의 실제는 전혀 조사하지 않고 작성된 논문들뿐이라, 내용이 전혀 실증적이지 못했다. 현실에 뿌리박지 못한 논의들이나 하고 있었다.

2001년 여름 미국에서의 연구년을 마친 후, 조약의 국회동의에 관한 논문을 세부 주제별로 작성하기 시작했다. 2002년 "조약체결에 대한 국회의 사후동의"(서울국제법연구 제9권 1호)를 필두로 이제까지 이 주제와 관련해 모두 9편의 논문을 발표했다. 이들 논문의 작성을 위해 광복 이후 모든 조약의 국회동의 실태를 최대한 개별적으로 조사했고, 학생들의 도움을 받으며 수년에 걸쳐 조약의 관보공포문을 모두 찾아 복사했다. 아직 다루지 못한 몇몇 세부 주제에 관한 원고만 완성하면 "조약의 국회동의"라는 단행본을 낼 수 있을

---

* Foundation Press(1972). 이 책은 후일 Foreign Affairs and the United States Constitution (Oxford University Press, 1996)라고 제목을 약간 바꾼 개정판이 나왔다.
** Columbia University Press(1979). 이 책의 초판은 1968년 Praeger Publishing에서 발간했다.

듯 했다. 그러나 한편 이 책자가 출간되면 이를 읽은 독자는 내가 초년 시절 생각했던 바와 같이 과연 국제법을 우리 현실과 좀 더 가까운 법으로 인식할까에 의구심이 들었다. 조약의 국회동의에 관한 국내실행이 크게 개선될까도 생각해 보았다. 두 가지 질문에 모두 자신이 없었다. 반면 조약의 국회동의와 관련된 초반 논문은 이미 작성된지 15년이 넘어 현 시점에서 단행본을 내려면 적지 않은 업데이트가 필요하게 되었다. 이 역시 상당한 시간과 노력의 투여가 필요했다. "조약의 국회동의"에 관한 단행본 집필이 나에게 주어진 시간의 효율적 사용인가 회의감이 들었다. 그러던 차에 「조약법강의」를 집필하게 되고, 그간의 논문 내용을 요약해 약 50쪽에 달하는 "조약체결에 관한 국내절차"를 한 장으로 넣었다. 그리고는 "조약의 국회동의"에 관한 단행본 출간은 개인적 예정목록에서 일단 지웠다. 이것이 내 작업목록 속으로 다시 부활할 수 있을지는 자신이 없다.

마. 「국제법 시험 25년」

(박영사, 2020, 342쪽)

시험은 누구에게나 괴롭다. 인생 진로에 큰 영향을 주는 입시는 물론이고, 학생시절 매 학기 치루는 학과목 시험 역시 늘 몸과 마음을 힘들게 만든다. 아무리 많이 준비를 해도 시험에 임하는 마음은 늘 불안하다. 나 역시 30대 중반에 박사과정 논문제출 자격시험을 마치니, 이제 내 인생에서 당락이 결정되는 중요시험은 더 이상 없겠구나 하는 생각에 정신적 해방감을 느꼈었다. 시험문제철은 그런 의미에서 많은 사람에게 괴로움을 준 기록 모음이다. 그럼에도 이 책을 내게 된 계기는 다음과 같다.

여러 해 전 이화여대 오수근 교수가 특유의 부드러운 미소와 함께 예고도 없이 불쑥 내 연구실을 찾아 왔다. 미국 미시간 법대로 안식년을 다녀왔는데, 그곳에서 내가 보면 틀림없이 좋아할 책자를 하나 발견해 복사를 떠 왔다며 내밀었다. 그 제목이 "놀랍게도" − 실제로 정말 놀랐었다 −「미시간 대학 국제법 시험 100년(100 Years of International Law Exams, University of Michigan)」

이었다. 책자 앞에는 전설적인 대가(大家) William Bishop, Jr.(미시간대 1948-77년 재직) 등의 사진이 수록되어 있었고, 가장 오래된 문제는 이름도 처음 듣는 Kirchner 교수란 분이 1896년 6월 출제한 내용이었다. 이를 보는 순간 가슴 속 깊이 가벼운 흥분과 전율을 느꼈다. 와아, 19세기의 실제 문제를 목격할 수 있다니! 얇은 책자지만 대학의 역사가 정리되고 축적되는 모습을 당당히 과시하고 있었다. 명문대학이 하루아침에 이루어지지 않았구나 하는 사실을 새삼 실감하게 되었다. 바로 이런 과정을 통해 대학의 학문적 전통이 쌓이는 것 아니겠는가? 반면 우리 대학은 언제 이런 비슷한 흉내라도 낼 수 있을까 하는 데 생각이 미치자 가슴 한편을 무거운 돌이 짓누르는 느낌이었다. 이후 미시간대 국제법 문제집은 마음 속 깊이 한 구석에 동면하듯 자리 잡았다. 이 책의 출발점은 바로 그 순간이었다. 자신의 전공과는 무관한 책자를 일부러 구해다 준 오수근 교수(상사법)에게 감사한다.

미국의 법대들은 - 아마 어느 정도 수준 이상의 대학은 전부 - 모든 교수의 모든 시험문제를 도서관에 비치해 공개한다. 학생 입장에서 기출문제에 대한 궁금증은 동서고금이 다를 리 없다. 우리 역시 대다수 학생들이 갖은 방법으로 담당교수의 기출문제를 입수하려 한다. 아마 누구는 비교적 손쉽게, 누구는 좀 더 어렵게 구하리라. 그 과정에서 인맥과 개인적 요령도 작용할 것이다. 요새는 학생들이 운영하는 인터넷 공간에 적지 않은 기출문제가 게시되어 있다고 들었다. 과목에 따라 기출문제 획득이 어렵거나 불가능한 경우도 물론 있으리라 생각한다. 수강생 일부는 기출문제를 학기 초부터 알았고, 일부는 끝까지 몰랐다면 예기치 않은 불공평이 발생할 수 있다. 시험문제가 무슨 기밀사항도 아니고 결국 다수의 학생이 이를 입수한다면, 학생편의 제공 차원에서 우리도 학교 당국이 매학기 기출문제를 수집해 공개함이 타당하지 않겠는가? 일반 학과목 시험문제 뿐 아니라, 석박사 과정 입학시험이나 학위논문제출 자격시험 문제도 공개함이 좋다고 생각한다. 나 역시 교수 생활을 하면서 같은 국제법 전공 선후배 교수들이 어떻게 출제하는지를 직접 볼 기회가 한 번도 없었다. 문제가 일반에 공개되면 출제자들은 더 한층 신중할 수밖에 없고, 동료 교수들끼리도 참고가 된다. 출제에 관한 기관 전체의 노하우가 쌓이게 되며, 이를 통해 학교의 역사와 학문적 전통도 축적된다.

서울대 부임 수년 후부터 서울법대도 매학기 시험문제를 수집해 공개하자고 행정 담당자에게 여러 차례 건의했으나, 누구도 이에 관심을 표하지 않았다. 유학시절 자신 또한 그런 편의를 보았을 분들도 기출문제 수집·공개에 신경을 쓰지 않으니 이상하기조차 했다. 오히려 여러 가지 부작용이 예상된다며 학생들끼리 알아서 구하도록 방임하는 편이 좋다는 분도 있었다. 그런 소리 들을 때마다 솔직히 답답했다.

개인적으로 매학기 강의를 마치면 시험 문제지를 파일철에 묶어 정리하고, 컴퓨터 파일로도 보관해 왔다. 가장 큰 목적은 한 두 해 전과 사실상 동일한 문제를 다시 출제하는 실수를 범하지 않기 위해서였다. 일단 개인적으로라도 매 학기 강의 초반 지난 몇 년 간의 그 과목 기출문제와 채점 소감을 수강생들에게 제공하기로 했다. 이번 학기에 반드시 동일한 스타일의 문제가 출제된다고는 미리 장담할 수 없어도, 같은 교수가 같은 과목의 출제를 하는데 갑자기 엄청난 변화가 있기야 하겠냐는 설명과 함께.

채점소감에 대해 잠시 설명한다. 나는 2004년 1학기부터 정년퇴임 시까지 서울대학교에서 필기시험을 본 모든 과목에 대해 성적평가 후 채점소감을 홈페이지 수업게시판에 공시했다. 시작은 더 이전부터 했다. 보관된 가장 오랜 기록은 1999년 1학기 채점소감이다. 학교 홈페이지가 제대로 정착되기 전에는 간단한 소감을 학교 게시판에 방문(榜文)으로 붙여보기도 했다. 하여간 2003년도까지는 일정치 않았던 듯싶고, 보관도 되어 있지 않다.

채점소감을 공시한 이유는 다음과 같았다. 학생 입장에서는 자신이 받은 기말성적의 근거가 궁금하겠지만 과거 서울법대의 경우 국제법 수강생이 150명 내외나 되 일일이 개인적 강평을 해주기 어려웠다. 아마 소수의 용감한 학생만이 교수에게 직접 연락해 자신의 성적에 대한 이의나 문의를 했을 것이다. 내가 이의제기 학생을 만나 답안지를 다시 검토한 후 평가상 실수를 인정하고 성적을 고쳐준 경우는 평생 딱 한번 있었다. 답안지를 찾아 문제점을 지적해 주기 시작하면 대부분의 학생들이 설명의 반도 마치기 전 자신의 성적에 승복하고 말문을 돌렸다. 즉 자신이 무얼 잘못했는지 모르고 온 것이다.

그래도 학생을 만나 답안지를 보여 주며 성적평가의 이유를 설명하려면 최소 30분은 걸리고, 1시간도 금방 지난다. 성적에 민감해 하는 분위기가 형성됨에 따라 찾아오는 학생들이 점차 늘어갔다. 자기 성적에 궁금해 하는 학생을 탓할 수야 없지만, 이의 제기 면담은 피차 괴로운 일이었다. 시간적으로도 부담스러웠다. 그래서 수강생에 대한 최소한의 서비스로 채점소감을 학교 홈페이지에 공시하기로 했다. 답안작성의 방향, 중요 논점, 평가시 기준으로 삼은 사항, 많은 학생들이 범한 실수, 좋은 답안을 작성하기 위한 일반적 조언 등을 그야말로 두서없이 나열했다. 체계적인 강평은 못되고, 모범답안의 제시는 더욱 아니었다. 그래도 학생 입장에서는 자기 점수에 대한 어느 정도의 이해를 얻을 수 있으리라 기대했다. 결과는 나름 만족스러웠다. 이후부터 성적이의 방문자가 거의 사라졌다. 채점소감을 작성하는 일이 부담은 되었지만, 개인적으로는 그 몇 배의 시간을 벌 수 있었다. 채점소감은 차년도 수강생에게 기출문제와 함께 제시해 참고하도록 했다. 특히 처음 법학과목 수업을 듣는 학생들에게 지침이 될 수 있기를 기대했다. 오랫동안 이를 계속하니 그 내용도 상당한 분량이 되었다.

2019년 2학기를 마지막으로 서울대학교에서의 24년 6개월의 교수생활을 마치게 되었다. 나름 교수로서 정리할 수 있는 부분은 이번 기회에 정리하기로 마음먹고 할 수 있는 일을 찾아보았다. 가슴 속 한 귀퉁이에 깊숙이 자리잡고 있던 「미시간 대학 국제법 시험 100년」이 다시 떠올랐다. 나 혼자라도 비슷한 작업을 해보자고 생각했다.

책상 뒤 서가에서 25년 동안 모아온 시험문제철을 꺼내 처음부터 살펴보았다. 하나의 파일철 속에 묶인 시험문제지는 A4 용지 수백장이 되었다. 문제 자체보다 채점소감의 분량이 더 많아 다 합하면 족히 책 한권은 될 듯 했다. 종이 문제지의 내용이 모두 컴퓨터 파일로 보관되어 있는가를 점검하니 예상외로 1/8 정도의 분량은 컴퓨터 파일이 없었다. 주로 석박사 과정 입시나 자격시험, 과제물 문제 파일들이 보관되고 있지 않았다. 아무래도 중간·기말 시험문제보다는 관리에 소홀했던 듯싶다. 그래도 종이 문제지가 남아 있는 경우 다시 컴퓨터 파일을 만들 수 있었다. 중간 및 기말 시험문제는 모두 확보되어 있으나, 입시문제나 과제물의 경우 일부 완전 분실도 있으리라 생각된다.

막상 서울대 교수생활 25년간의 시험문제를 한 권의 책으로 엮으려 하니 몇 가지 걱정이 떠올랐다. 이를 책자로 다시 내는 작업이 과연 의의가 있는 일인가? 혹시 개인적 호사에 불과하지 않을까? 돌이켜 보면 시험문제 내용에 미숙한 점도 있고, 채점소감에 부끄러운 부분조차 있는데 이를 공개해 스스로 창피를 불러일으킬 필요가 있을까? 내 실력의 밑천이 너무 적나라하게 들어나고 흉이나 잡히지 않을까? 책을 내면 독자가 얼마나 있을까? 이런 저런 고민이 없지 않았으나 이 모두 나 개인이나 학교가 거쳐 온 역사의 한 모습이라고 생각하고 이를 활자화하기로 결심했다. 마치 회고록이란 부끄러움의 기록이듯 말이다. 처에게 이런 의사를 말하자 후배들에게도 좋은 귀감될 거라며 적극적인 지지를 표했다. 그래, 좋다. 맡아줄 출판사가 없다면 자비 출판이라도 하자고 마음먹었다.

주변 몇몇 사람에게 먼저 이런 책자를 계획한다는 말을 해 반응을 떠 보았다. 모두들 처음 듣는 종류의 이야기였을 것이다. 아니, 자신의 시험문제를 모아 책을 만든다고? 첫 표정은 좀 어리둥절해 하는 경우도 많았다. 이 책의 출간을 맡아준 박영사 담당자의 첫 반응 역시 비슷했다. 그 때마다 「미시간 대학 국제법 시험 100년」 이야기를 하며, 이 책의 구상은 거기서 시작되었다고 하면 태도가 좀 달라졌다. 해 볼만 한 시도라며 적극적인 격려로 바뀌기도 했다. 다행히 박영사와 출간에 합의할 수 있어서 자비출판은 면하게 되었다. 그래도 제작이 진행되어 교정을 볼 때까지 이게 과연 잘하는 일인가에 관해 알 듯 모를 듯한 불안감이 치솟기도 했다.

시험문제의 내용은 크게 세 가지였다. 첫째, 매학기 실시한 중간 및 기말시험. 이에는 종종 과제물 문제가 포함되며, 중간시험은 보지 않은 학기도 적지 않았다. 둘째, 석박사 과정 입학시험. 셋째, 석박사 과정 논문제출 자격시험. 채점소감은 물론 중간·기말 시험에 대해서만 첨부되어 있다. 과제물의 경우 다양한 형태의 과제를 부여한 바 있는데, 그중 사례풀이형 문제가 아닌 경우 이 책자의 성격에 맞지 않아 생략했다. 대학원 석박사 입시와 논문제출 자격시험은 내가 매년 출제를 담당하지 않았기에 빠진 연도가 많다. 여러 해 강의와 출제를 하다 보니 문제 중에는 유사한 경우가 없지 않고, 기말시험 문제를 약간 변형해 수년 후 과제물 문제로 활용하기도 했다. 다소 중복적인 이런 내용 역시 빠짐없이 수록했다. 채점소감은 처음 제시된 내용을 그대로 전재함을 원칙으로 했으나, 당초 거칠게 작성된 표현이 적지 않아 독자의 편의를 위해 약간의 윤문을 한 부분도 있다.

이 책자가 나오니 내 인생의 한 페이지가 정리된 느낌이었다.

바. 「국제법 판례 100선」

정인섭 · 정서용 · 이재민, 초판(박영사, 2008, 552쪽)
개정판(2010, 647쪽)
제3판(2012, 706쪽)
제4판(2016, 703쪽)

대학의 법학강의에서 판례연구의 중요성은 오래 전부터 강조되어 왔다. 특히 국제법의 경우 연구와 강의에 있어서 판례가 차지하는 비중이 대단히 무겁다. 그럼에도 불구하고 과거 국내에서는 학부나 대학원 수준에서 국제법 판례를 공부하기 위한 교재가 마땅치 않았다. 외국의 저명 판례집을 택해 수업용으로 사용해도 보았지만, 수록 판례의 선정은 집필자가 어느 나라 출신인가에 큰 영향을 받게 되므로 딱히 우리의 입맛에 맞지 않는 점이 있었다. 특히 우리 국내 판례가 포함되지 않았다는 한계가 있다.

물론 국내에도 주요 국제판례의 요지 등을 한글로 설명한 책자가 몇 종 발간되어 아쉬운 대로 학생들의 학습욕구에 부응하기도 했으나, 번역을 통한 간략한 소개라서 원 판례가 제시하는 법리를 정확히 공부하는데 한계가 있었다. 「국제법 판례 100선」은 국제판례의 강의와 학습의 어려움을 조금이라도 극복하기 위한 시도의 하나로 만들어졌다.

개인적으로 이 책 준비의 시작은 2006년 중반 경부터라고 할 수 있다. 그 무렵 내 공부도 할 겸 후일 국제법 교과서를 집필하면 활용하기 위해 주요 국제판례 정리작업을 시작했다. 영미의 유명 국제법 교과서와 판례집에서 공통적으로 자주 등장하는 판례목록을 만들고, 사안과 주요 판결내용, 핵심법리를 보여주는 판결문 부분 등을 정리했다. 특별한 일정은 세우지 않았고, 틈나는 대로 하루에 한 건이든 두 건이든 정리를 진행했다. 물론 매일 하지는 못했다. 그래도 몇 달 지나니 꽤 많은 양이 축적되었다. 이를 별도의 국제판례집으로 만들면 좋겠다고 생각해 보았다. 혼자 할까 하다가 이번 책은 후배교수들과 함께 진행하기로 마음먹었다. 협업도 해 보고, 일 부담도 좀 덜기 위해서였다. 서울대 외 대학 재직자로 고려대 정서용 교수와 한양대 이재민 교수에게 동참할 의향이 있냐고 물으니 다들 찬성이었다. 한 번 같이 모여 기본방향을 의논하자고 했다.

2006년 12월 28일 팔래스 호텔(현 쉐라톤 서울 팔래스 강남호텔)에서 조찬을 겸한 첫 모임을 가졌다. 작업의 취지와 그간 생각한 방향을 설명하고, 대체적 일정 등을 의논했다. 마침 내가 2008년 초 미국으로 연구년을 나갈 예정이었으므로 2007년 연말을 출간의 목표로 하고, 각자의 원고는 2007년 8월 말까지 완성하기로 예정했다. 내용은 전체를 20개 정도의 장으로 구성해 각각 1/3씩 분담하기로 했다. 추진의 기본 방향은 합의가 되었으므로 우선 각자 샘플 원고를 한 두건 만들어 보고 이를 갖고 다시 협의하자고 했다.

출판사 경영자에게 들은 말이다. 책의 공저는 결코 쉬운 일이 아니다. 단순히 주제를 각 필자에게 배분해 나중에 원고를 합치는 방법으로 진행하면 거의 100% 실패한다고 했다. 책이 전체적인 조화와 통일성을 갖추지 못하기 때문이다. 물론 집필 가이드라인을 만들어 적용한다지만 통일된 기준이 각 필자의 글에 녹아들어가기는 결코 쉽지 않다. 독자는 공저의 문제점을 본능적으로 느낀다. 사실 나 역시 국내외 서적을 막론하고 여러 명의 필자가 참여한 책은 우선 구입을 꺼린다. 경험상 일부 필자의 글만 읽을 만하지, 책 전체가 내실을 갖춘 경우는 드물었기 때문이다. 출판업자에 따르면 성공한 공저의 공통점은 필자들이 지겨울 정도로 만나 협의를 반복했다고 한다. 결국 공저의 성패는 준비과정에서 필자들 사이에 얼마나 조율이 잘 이루어지냐에 달렸다. 공저의 실패를 피하기 위해서는 필자들이 되도록 자주 만나 지속적으로 내용 협의를 해야 한다. 남의 글을 자신의 글만큼 열심히 읽고 거리낌

없는 비판과 지적을 해야 한다. 일단 우리는 원고가 완성되기까지 매달 1회씩 만나자고 제안했다. 그 때마다 각자 집필한 원고를 같이 읽고 토론하기로 했다.

2007년 1월 11일 서울국제법연구원에서 3인이 다시 모였다. 샘플 원고를 만들어 본 경험을 바탕으로 구체적인 제작방향을 논의했다. 나중에 실제 책이 만들어질 대강의 모습을 이 날 합의했다. ① 20장으로 내용을 구분하고, 각 장당 5−7개 정도의 판례를 선정한다. 전체적으로 100건 정도, 최대 110건 이내의 판례를 수록한다. 동일 판례는 한 군데만 수록한다. ② 분량은 한 판례당 책자 기준 6쪽 정도로 한다. 총 600면 내외. ③ 매 판례당 원고 내용은 사안(facts) − 쟁점(issue) − 판결(holding) − 판결문 발췌(judgments) − 해설(note) 및 참고문헌의 순으로 정리한다. 그중 판결문 발췌는 영어 원문을 수록하고, 나머지 부분은 한글로 작성한다. 기타 소소한 여러 기술적 사항에 합의했다.

판례 해설을 "사안−쟁점−판결−판결문 발췌−해설"의 순으로 구성하는 방식은 개인적으로 매우 오랜 사연을 갖고 있다. 서울대 법학연구소는 아시아재단의 지원을 받아 1970년대에 판례교재 시리즈를 법문사를 통해 발간했다. 1973년 곽윤직 교수의 「물권법」을 시발로 1982년까지 모두 12종의 판례교재가 출간되었다. 이는 우리나라 법학교육에 있어서 판례의 전면적 활용을 가능하게 만든 획기적 기획물이었다. 그 때 국제법도 계획에 포함되어 있었다고 들었다. 아마 이한기·배재식·백충현 3인 공편으로 계약되지 않았을까 추측한다. 1980년 이한기 교수가 학교를 떠나고, 1982년 이상면 교수가 새로 서울대 국제법 교수로 부임했다. 배재식 교수는 신임 이상면 교수에게 작업 합류를 요청하고, 내심 중심적인 역할을 맡아주기 기대하셨다. 그런데 이상면 교수는 여러 가지 사정을 이유로 참여를 거절했다. 결국 실질적으로 일을 할 사람은 백충현 교수 한 분만 남았다. 미국 조지타운에서 LL.M.을 마치고 시간강사를 하던 1983년 늦가을 정도에 백 선생이 나를 찾았다. 판례교재에 관한 그간의 경위를 설명하시더니 어떻게 하면 좋겠냐며 우리끼리 일을 해야 할 상황이라고 하셨다. 그 때까지 백 선생은 판례교재에 대해 아무런 구상이 없었다. 내게 참고하라며 외국의 판례집을 몇 권 빌려주셨을 뿐, 어떤 방향으로 작업을 하자는 특별한 의견이 없었다. 겨우 석사를 받은 내가 무엇을 어떻게 해야 할지 처음부터 기획을 해야 했다. 우선 국내에서 발간되는 책이므로 국제판례를 번역 수록한다고 생각하면 일이 너무 엄청났다. 시간도 많이 걸릴 뿐 아니라, 제대로 된 번역이 가능할지 자신도 없었다. 그래서 궁리해 낸 현실적 방안이 판결문은 영어 원문 그대로 발췌하고, 사안 – 쟁점 – 판결요지와 해설 부분은 한글로 작성하는 식이었다. 백 선생은 좋다며 그렇게 하라고 하셨다. 1983년 말부터 1984년 초까지 국제법 전공 대학원생 몇을 모아 그런 방식으로 국제판례 정리작업을 진행했다. 정확히 세어보지는 않았으나 100건을 훨씬 넘는 판례를 정리했었다. 물론 석사생 수준의 대학원생들 정리가 학술적으로 우수할리는 없었다. 하여간 작업이 잘 진행되었으면 국내 최초의 국제법 판례집이 탄생했을 텐데, 이 작업은 결국 결실을 맺지 못했다. 왜 작업이 중단되었는지는 기억이 잘 나지 않는다. 그리고는 없던 일로 되었다. 법문사 국제법 판례교재는 영영 발간되지 않았다. 「국제법 판례 100선」의 골격은 1983년 구상했던 방식의 부활이었다. 자국어와 외국어를 섞어서 만든 이러한 체제의 국제법 판례집은 국제적으로 유례가 없던 새로운 시도가 아니었을까 싶다.

이후 우리 3인 필자는 평균 한 달에 한 번씩 각자 작업한 내용을 가져와 토론을 하며 내용을 조율했다. 2007년 2월 1일, 3월 2일, 4월 5일, 6월 12일, 7월 6일 협의모임을 가졌다. 그러면서 박영사에 이런 책을 출간한 의향이 있냐고 물으니 하겠다고 했다. 국영문 혼합의 특이한 형식의 책이므로 작업 초기부터 출판사 편집자와도 상의하는 편이 좋다고 생각되어 2007년 3월 2일 모임에는 박영사 편집부 사람과 합동회의를 했다.

나는 2006년 중반부터 개인적으로 국제판례 정리하고 있었기 때문에 다른 두 사람보다는 작업을 수월하게 진행할 수 있었다. 매달 정리해 오는 초고를 보면 두 사람은 힘들게 겨우 겨우 해온다는 점을 느낄 수 있었다. 합의된 가이드라인이 제대로 지켜지지 않는 경우가 의외로 많았고, 솔직히 작업의 질에서도 좀 우려가 들었다. 무엇보다도 예정된 속도로 진행이 이루어지지 못했다. 더구나 2007년 7월 법학전문대학원제도 도입에 관한 법개정이 이루어졌다. 전국 법과대학에서는 소동이 났고, 저마다 대비책 마련에 총력을 기울이는 분위기였다. 미국 JD 출신인 이재민 교수는 한양대에서 그 준비작업의 주역을 맡느라고 시간이 더 쪼들렸다. 7월 31일과 8월 21일 협의모임을 계속했으나 8월 말 완성은 물 건너갔고, 연말 출간을 위한 마지막 데드라인인 10월 1일 탈고도 도저히 불가능해 보였다. 내 경우 2007년 2학기는 연구년으로 강의부담이 없었다. 솔직히 나 혼자 하는 편이 더 빠를 것 같았다. 결국 분담표를 재조정하자고 제안했다. 내가 전체의 절반인 10개장을 맡고, 정서용 교수가 6개장, 이재민 교수는 4개장만 담당하기로 했다. 이어 10월 3일과 10월 27일 협의모임을 가졌으나, 여전히 진도는 예정대로 나가지 않았다. 연말 출간은 포기할 수밖에 없었다. 12월 26일 마지막 협의회를 했으나, 나 말고 다른 두 사람은 그 때까지 본인 담당분 원고를 완성하지 못하고 있었다. 결국 나는 2008년 1월 4일 한 학기 연구년차 미국으로 출국하고, 두 사람은 작업을 계속해 겨울방학 중 박영사로 원고를 넘기기로 했다. 기왕 늦어진 일 내가 6월 21일 귀국 후 최종 마무리 교정을 보고, 책은 여름에 출간하기로 했다. 「국제법 판례 100선」은 7월 말에야 상재되었다.

개인적으로는 「국제법 판례 100선」은 그다지 마음에 들지 않는 책에 속한다. 여러 번의 개정을 거쳤음에도 불구하고 여전히 통일성에 미흡한 부분이 있으며, 내용에 있어서도 개선이 필요한 점들이 남아 있다. 처음에는 몇 년만 발매하다가 절판시키고, 기회가 되면 다른 형태의 국제판례집을 구상해 볼 생각도 했었다. 그런데 이런 종류의 책으로는 국내 최초라 그런지 의외로 꾸준히 판매가 되었다. 국내법 판례집 못지않게 팔린다고 했다. 당초 박영사의 예상을 넘는 판매량이었다. 절판할까도 생각 중이라 했더니, 출판사에서는 꾸준한 호응이 있는 책인데 왜 그러냐고 펄쩍 뛰었다. 결국 대략 2−3년 마다 재고가 소진되면 새로 판을 바꾸어 2016년에는 개정 4판을 찍었고, 2020년 중 다시 개정 5판을 제작할 예정이다. 필자 중 한 사람인 정서용 교수는 개인 사정상 제2판 개정 시까지만 참여했고, 제3판부터는 나와 이재민 교수 둘이 개정작업을 담당했다. 정서용 교수 담당부분은 내가 넘겨받아 전체 20개 장

중 15-16개장의 개정은 내가 맡았고, 이재민 교수가 4-5개장을 손보아 현재에 이른다.

내가 발간한 책 중 공저·공편의 경우가 여러 권 있었으나, 다른 공저는 각 집필자의 원고를 모아 기본적인 점검만 했거나 공편의 경우 다른 편자는 이름만 올린 경우가 다수였다. 「국제법 판례 100선」은 제작을 위해 1년 동안 필자들이 12번 회합을 했고, 매번 다른 필자 원고에 대한 구체적 지적을 하는 협의회를 진행했으므로 공저라는 의미에 가장 합당하게 만들어졌다. 한편 이 과정을 통해 공저가 단독 집필보다 결코 쉽지 않다는 점을 깨닫게 만든 책이기도 하다.

사.「한국방송통신대학 국제법」

① 「국제법 Ⅱ」: 백충현·정인섭 공저(한국방송통신대학 출판부, 1984, 165쪽), (1989, 224쪽), (1993, 225쪽).
② 「국제거래법」: 백충현·정인섭 공저(한국방송통신대학 출판부, 1986, 252쪽), (1989, 320쪽); 백충현·정인섭·최승환 공저, (1993년, 323쪽), (1996년, 338쪽).
③ 국제법: 정인섭·최승환·이근관·김영석·박현석·서철원·신창훈·이성덕·이재민·정서용·정진석·제성호·주진열·최태현 14인 공저(한국방송통신대학 출판부, 2006, 458쪽), (2010, 500쪽).
   정인섭·이근관·이재민·정진석·최태현·이성덕·정서용·김영석 8인 공저(한국방송통신대학 출판부, 2015, 388쪽).

①「국제법 Ⅱ」

한국방송통신대학 법학과는 내가 교수생활을 시작한 곳이다. 박사학위도 없이 나이 만 30세도 채 못된 1984년 3월 19일 전임강사 발령을 받았으니 요즘 같으면 꿈도 꾸기 어려운 일이다. 군 면제자였던 내 친구 한 명은 석사학위를 받자마자 만 24살에 지방대학 교수 발령을 받았으니, 당시는 내 경우가 별달리 이례적 사례는 아니었다. 사실 그 한 해 전에도 모 지방대학 교수 발령 이야기가 잠시 오간 적 있었다.

　방송대는 1972년 서울대학교 부설 2년제 전문대학과정으로 설립되었다가, 1982년부터 5년제 학사과정대학으로 분리 독립을 했다. 법학과는 1983년 처음으로 신입생을 받아 내가 부임한 1984년에는 아직 2학년까지 밖에 없었다. 방송대는 원격교육기관으로서 모든 교과서를 자체 제작했다. 그리고 일반 대학교재와는 비교할 수도 없이 저렴한 가격으로 원칙적으로 자체 학생에게만 판매했다. 학과당 정원이 수천명에 이르러 대량 제작에 따른 규모의 경제화가 가능했다.

　전임강사 발령을 받자마자 떨어진 첫 번째 임무 중의 하나가 바로 다음 학기에 사용할 「국제법 Ⅱ」 교재를 여름 전에 제작하는 일이었다. 두 달 남짓한 기간에 책 한 권을 집필해야 했다. 당시 나는 겨우 1년 반 전 서울대에서 석사학위를 받았고, 박사과정에 막 입학한 상태였다. 도대체 국제법을 얼마나 안다고 교과서를 집필할 수 있겠는가? 그러나 하여간 해야 했다. 방송대 교재는 매 학기용 수업교재의 형태로 제작됐기 때문에 국제법은 Ⅰ과 Ⅱ 2권으로 분리되어 있었고, Ⅰ은 이미 배재식 교수 명의로 발간된 책자로 강의가 진행 중이었다. 방송대는 서울대 산하기관으로 출범했기 때문에 독립 후에도 몇 년간은 여전히 서울대 영향 하에 놓여 있었다. 교과서 집필 역시 서울대 교수와 공저가 권장되었다. 「국제법 Ⅱ」 역시 형식적으로는 나와 서울대 백충현 교수와의 공저로 예정되었다. 그러나 실제로는 목차 구성부터 내용 집필에 이르기까지 모든 사항을 전적으로 혼자 알아서 해야만 했다.

　일단 국내, 영미, 일본 등지에서 발간된 대표적 국제법 교과서를 각 몇 종씩 구해 비교하며 목차를 구상했다. 「국제법 Ⅱ」에서 다룰 내용은 국제분쟁의 평화적 해결제도와 국제사회에서의 무력사용 관련부분이었으니 비교적 단출했다. 이한기 선생의 국제법강의 교과서는 이 부분을 국제분쟁의 평화적 해결, 안전보장, 전쟁법 ─ 이렇게 3부분으로 나누어 설명하고 있었다. 국내 다른 교과서나 일본 교과서 역시 대동소이했다. 방송대 「국제법 Ⅱ」 또한 같은 구성을 취했다.

　방송대 교과서는 일반 대학교재와 달리 몇 가지 점에서 특수했다. 첫째,

한 학기 20회 방송강의용 교재이기 때문에 일반 대학교재보다는 간추린 내용만을 담아야 했다. 너무 상세한 내용의 교재는 소화하기 힘들어 부적절했다. 둘째, 강의용 교재로서 각주가 불필요했다. 많이 참고한 책이 있으면, 서문 정도에서나 언급하고 말았다. 이 점은 집필자의 부담을 크게 덜어준다. 셋째, 강의용 교재로서 가급적 일반론에 입각한 통설의 소개에 주안점을 두고, 필자 개인의 입장을 너무 강조하지 않는 편이 바람직했다. 모두 방송대 재학생만을 위한 수강용 교재라는 특징에서 비롯되었다. 그런 점에서 방송대 교과서는 "저서"라고 부르기에 미흡하다고 볼 수 있다.

그래도 국제법 연구의 초심자와 다름없는 내가 교수 발령을 받자마자 두어 달 안에 책 한권을 만든다는 일은 상당히 벅찬 일이었다. 결국 국내외 교과서를 비교하며 주제별로 잘 된 부분을 골라 번역하고, 요약하고, 정리해 원고를 만들었다. 3달 가까이 주말 포함 거의 매일 늦은 밤까지 연구실에서 작업을 계속해 160쪽 분량의 「국제법 Ⅱ」를 혼자 집필했다. 당시는 PC가 보급되기 이전이었다. 원고지에 일일이 손 글씨로 작성해야 했다. 200자 원고지로 약 1,000장 분량이었다. 사실 「국제법 Ⅱ」는 내용이나 구성에서 별달리 내세울만한 특징은 없는 책이었다. 잘 간추린 강의교재를 목표로 했을 뿐이었다.

그렇지만 이 책을 쓰면서 몇 가지 배운 점이 있다. 첫째, 훌륭한 교과서를 만들기 힘들지, 평범한 범작은 생각보다 어렵지 않게 만들 수 있다는 사실이었다. 국내외적으로 그 분야에 이미 정평 있는 교과서들이 있으므로 이를 몇 종 골라 적당히 비교하며 그 내용을 취사·선택하면 생각보다 빈약한 지식의 소유자도 얼추 외관을 갖춘 교과서를 집필할 수 있다고 생각되었다. 특히 법학 교과서는 내용이 상당히 정형화 되어 별달리 새로운 구성을 시도하지 않아도 크게 책잡힐 일이 없었다. 과거 일어 세대의 한 법학교수는 긴 독서대를 만들어 일본책 3-4종을 동시에 나란히 앞에 두고 좌우로 이리 저리 읽으며 (베껴서?) 자신의 교과서를 만들어 낸다는 일화를 들은 적 있다.

둘째, 국내 유명교수들의 교과서 중에도 외국책을 참고 이상 야금야금 많이 베낀 경우들이 있다는 사실을 알게 되었다. 이는 참조를 위해 여러 교과서를 비교하는 과정에서 드러났다. 특정한 한권의 책에 전반적으로 많이 의존한 경우도 있었고, 장별로 달리 하며 복수의 외국책에 의존하고 있는 경우도 있었다.

셋째, 방송대에서 교수생활을 충실히 하려면 통상적인 대학교수와는 비교할 수 없을 정도로 많은 양의 원고를 작성해야 했다. 젊은 나이에 교과서 집필 참여 외에도 원격교육기관으로서 평소 학생들과의 소통을 위한 학습자료의 제작이 많기 때문이었다. 그 학문에 대한 이해가 부족한 상태에서 많은 원고를 만들어 내는 일이 바람직한가 여부와는 별개로, 개인적으로는 상당한 글쓰기 훈련이 되었다고 생각한다. 즉 글은 많이 써볼수록 잘 쓰게 된다. 그리고 빨리 쓸 수 있는 능력이 키워진다. 운동선수가 몇 주 쉬면 운동능력이 많이 떨어지듯이, 글도 자주 쓰지 않으면 필력이 준다. 그런 의미에서 방송대는 교실강의의 부담이 적은 대신 깊이 있는 학술적 자료는 아니라도 교수에게 끊임없이 글쓰기 훈련을 시키는 기관이었다. 이 점은 내가 후일 서울대로 옮긴 다음 남보다 많은 단행본을 만들 수 있었던 바탕의 일부가 되었다고 생각한다.

방송대 교과서는 출간 3년 이후 개정을 원칙으로 했다. 여러 학교 일에 분주하다보니 3년마다 개정은 쉽지 않았고, 사실 개정의 필요도 크지 않았다. 그래도 5년에 달하게 되면 가급적 개정을 권고한다. 1984년 발간된 「국제법 Ⅱ」는 5년 후인 1989년 개정판을 발간했다. 전체적인 구조는 크게 달라지지 않았으나, 약 60쪽 분량의 설명을 보완했다. 이어 1993년 다시 한번 개정했다. 전체적인 분량은 비슷했는데, 1989년 판보다는 본문 내용을 30쪽 가량 축소하는 대신 참고 자료를 보완했다. 방송대 학생의 특성상 전쟁법이나 국제재판에 관해 지나치게 기술적 사항까지 강의할 필요가 없다고 생각되었기 때문이다. 내가 1995년 8월 말 방송대를 떠났기 때문에 「국제법 Ⅱ」 교과서는 1993년판이 마지막이 되었고, 이 책이 2000년 대 초반까지 계속 사용되었다.

② 「국제거래법」

방송대 재직 중 두 번째로 집필한 교재가 「국제거래법」이다. 국제거래법은 법학과 5학년 과목으로 편성되었고, 이 책은 내가 방송대 교수로 재직 3년

차에 발간되었으므로 위「국제법 Ⅱ」와는 달리 좀 더 시간 여유를 갖고 준비할 수 있었다. 1986년 초판은 백충현 교수와 2인 공저 형식으로 되어 있으나, 백충현 교수는 집필에 관여하지 않았고 대신 대학원생 제자인 최태현·문익조·최승환·고순석 제씨가 부분적으로 참여했다.

이제 국제거래법은 국제적 경제활동의 사법적 측면을, 국제경제법은 주로 공법적 측면을 다루는 분야를 가리키는 용어로 구분이 정착되어 있지만, 당시만 해도 이들 용어의 개념이 제대로 자리 잡고 있지 못했다. 방송대 국제거래법은 서울법대 교과과정상의 용어를 차용해 설강된 강의인데, 내용은 요즘의 국제경제법(International Economic Law)을 지칭하는 의미였다.

당시만 해도 International Economic Law라는 과목에서 무엇을 다룰지에 대해서는 국제적으로도 그 윤곽이 뚜렷이 부각되지 못하고 있었다. 외국의 교과서들을 살펴보아도 필자의 취향이나 전공에 따라 각기 다루고 있는 분야나 강조하는 초점이 달랐다. 국내 교과서로는 장효상의「국제경제법」(박영사) 정도 밖에 없었는데, 이 역시 교과서로서의 구도가 잘 잡혀있다고 보기 어려웠다. 나 또한 이 분야에 대한 공부는 조지타운대학 유학시 한두 과목 수업들은 것이 전부였으니, 솔직히 책 쓸 준비가 되어 있는 상태는 아니었다.

이 분야는 다루는 내용이 어느 정도 정형화된 일반 국제법과는 상황이 달리, 기댈만한 뚜렷한 모델이 없었다. 당연히 책의 목차를 어떻게 구성할지에 대해 고심이 많았다. 여러 숙고 끝에 전체 구도를 크게 4파트로 구분해 보았다. 첫째 총론에서는 주로 기본 개념을 다루고, 둘째 본론은 상품의 국제적 이동(무역)과 자본의 국제적 이동(금융, 투자 등)에 관한 분야로 크게 양분했다. 마지막 부분에는 관련 국제분쟁해결제도를 배치했다. 전체 구도를 이렇게 잡고 나니 각 파트의 하위 장별 구분은 비교적 용이했다. 지금 보면 별 것 아닌 구도지만 참고할 만한 모델이 없던 당시 나로서는 쉽지 않은 결정이었다. 이러한 큰 윤곽 구분은 이후 다른 책에 의해서도 차용된 것으로 알고 있다. 기억이 확실치는 않으나 대략 전체 내용의 절반 남짓을 내가 집필했다. 나머지는 당시 서울대 대학원에서 공부하던 위 최태현·문익조·최승환·고순석 제씨가 초고를 분담했고, 내가 이를 받아 다듬어 최종본을 완성했다.

국제경제분야는 비교적 변화가 빠르기 때문에 개정판도 자주 제작했다. 초판 발간 후 3년만인 1989년에 첫 개정판을 만들었는데 초판에 비해 근 70쪽 분량의 내용을 보강했다. 1993년 다시 개정판을 출간했는데, 초판 제작시 일부 내용 집필에 참여했던 최승환 박사가 수원대 교수로 취임했기 때문에 공동 저자에 이름을 추가시켰다. 1995년부터 WTO 체제가 가동되었으므로 1996년 개정판을 제작했다. 이때는 내가 서울대로 직장을 옮긴 시절이었다.

개인적으로 교수 생활 초반에는 미국에서 공부하던 영향으로 국제경제분야에 대한 관심도 높았고, 관련논문도 몇 편 발표했었다. 그런 점이 이 책 집필의 바탕이 되었다. 그러나 국제경제법 분야는 나의 활동영역에서 차츰 멀어졌다. 국제경제법에서 취급되는 주제도 자꾸 넓어져 이 분야에 전념하지 않는 한 감당이 벅차게 느껴졌다. 방송대 교수로 재직하는 동안은 국제거래법 강의를 계속했으나 이 분야와 나의 관계는 그 정도에서 멈추었다.

③ 「국제법」

방송대는 원격교육기관이라 운영면에서 일반 대학과 구별되는 점이 많았고, 그 점이 학생들에게는 자신이 정규 대학생과는 다르다는 심리적 불편을 주었다. 특히 5년제라는 점은 일반 대학과 구별되는 결정적 특징의 하나였다. 많은 학생들이 가급적 일반대학과 같은 외관을 갖기 원했다. 2000년대 들어 방송대가 드디어 4년제 대학으로 개편되었다. 교육기간이 5년에서 4년으로 단축됨에 따라 교육과정에 전반적 개편이 있었고, 전공과목 개설이 축소되었다. 이 과정에서 전임교수가 없던 국제법 분야의 과목이 대폭 축소되었다. 즉 기존의 국제법 Ⅰ, 국제법 Ⅱ, 국제거래법이 한 과목으로 통합되었다. 당연히 교과서가 새로 마련되어야 했다. 나는 1995년 가을 방송대를 떠났지만, 법학과에서 후임 국제법 교수를 뽑지 않아 서울대에서 정년을 맞은 2019년도까지 국제법 강의와 출제는 물론 출석수업 강사 알선까지 계속 관여해 이 과목에 관한한 주임교수와 같은 역할을 지속했다. 신 교과과정에 따른 새 국제법 교과서 집필도 의뢰받았다.

방송대를 떠난지 10년이나 된 시점에 전임시절과 같이 방송대 국제법 관련 모든 일을 혼자 감당하기에는 부담이 컸다. 이 무렵 서울대 대학원을 거쳐 나간 국내 국제법 교수의 숫자도 꽤 축적되었으므로 앞으로는 교재 집필과 강의를 분담하기로 방침을 세웠다. 당시 방송대 강의는 학기당 20회 분으로 제작되고 있었으므로, 책도 이에 맞춰 20개장으로 구성하기로 했다. 새 국제법 교과서 집필에는 나를 포함한 14인의 필자가 참여해 각기 한 장씩 맡았다. 단 방송강의는 나와 서울대 이근관 교수, 국제경제법 전공의 경희대 최승환 교수 3인이 담당하기로 하고, 대신 이들 3인은 교재 집필에도 3개 장 씩을 맡았다. 이들 3인이 일종의 공동 대표 집필자인 셈이었다. 이 책자의 인세는 14인이 나누면 어차피 각 개인에게 푼돈 밖에 될 수 없었다. 인세 전액은 서울국제법연구원에 기증하기로 처음부터 약정했다. 이「국제법」은 동일한 필진에 의해 2010년 개정판이 만들어졌다.

14명의 필자가 참여해 책을 만드니 방송대 교재로서는 책의 분량이 지나치게 많아졌다. 통상적인 방송대 기준보다 50% 정도 초과였다. 사실 한 학기 방송강으로 소화하기 벅찬 양이었다. 분량이 어느 정도 되다 보니 대신 방송대 학생 아닌 사법시험 1차 준비생들이 많이 찾는 교재가 되었다.「국제법」은 방송대 교재로서 외부 일반판매 선두권에 이르기도 했다.

2015년부터는 방송대 국제법 강의가 학기당 15회분으로 제작되게 되었다. 교재도 이에 맞출 필요가 있었다. 이에 2015년 개정「국제법」은 모두 15개 장으로 구성했고, 필진도 8명으로 축소했다. 그 사이 이재민 교수가 새로 서울대 교수로 부임했기 때문에 나와 이근관, 이재민 3인이 각 3개장씩 모두 9개 장을 집필하고, 나머지 6개장은 타 대학 재직 동료들에게 맡기었다. 이 책의 인세 역시 서울국제법연구원에 전액 기부하기로 약정했으니, 가급적 서울대 재직 교수가 부담을 더 맡은 셈이었다. 방송강의는 서울대 재직 교수 3인이 분담했다.

1984년 3월 방송대 교수로 발령받아 11년 반을 재직하고 서울대로 자리를 옮겼으나, 방송대 국제법 분야 교재집필과 강의는 서울대 교수 정년퇴임 시까지 계속해 36년을 지속했다.

2. 국제법 교양서

가. 「국제법의 이해」

(홍문사, 1996, 370쪽)

개인적으로는 2번째 단독 집필 단행본이다. 이 책 원고의 약 2/3는 한국방송통신대학 시절 작성되었다. 방송대에서는 강의가 방송과 녹음테이프를 통해 전달되었다. 요새야 인터넷의 발달도 원격교육기관의 통신환경이 많이 달라졌지만, 나의 재직시절(1984.3-1995.8)에는 주간으로 발간되는 신문이 학교(교수)와 학생 간 매우 중요한 연결통로였다. 이를 통해 학교 소식은 물론 방송강의를 보충하는 각종 학습자료를 전달했다. 집에서 혼자 공부하는 학생으로서는 매주 배달되는 학교신문을 통해 자신이 재학생임을 상기하게 되고, 필요한 정보도 얻었다. 방송대 교수 시절 한 학기 2-3번 정도 원고지 25-30매 분량의 학생용 보충학습자료를 집필해 신문을 통해 배포했다. 이 책 원고의 상당 부분은 당시 방송대생을 위해 학교신문에 게재했던 내용이다.

흔히들 법학을 재미없는 딱딱한 학문이라고 한다. 나 역시 대학 2학년 시절부터 전공과목을 본격적으로 접했을 때 법학서적이 무척이나 어렵고 지루하게 느꼈던 기억이 생생하다. 한글로 된 책자의 내용이 왜 그리 머리에 들어오지 않는지 답답했다. 국제법은 상대적으로 좀 생동감이 있는 과목이기는 해도, 법학 초심자에게 어렵기는 마찬가지이다. 세월이 흘러 내가 대학에서 바로 그 무미건조하고 재미없는 법학을 가르치게 되었다. 국제법을 강의하면서 어떻게 하면 학생들의 흥미를 유발할 수 있을지를 고민하게 되었다. 이 때 떠오른 방법 중의 하나가 각 제도를 설명하면서 그의 역사적 생성배경에 관한 설명을 곁들이면 현행 제도에 대한 이해도 증진시키고 학생들이 느끼는 학습의 지루함을 일부 덜 수 있으리라 생각했다. 옛 이야기는 언제나 재미있고, 과거의 역사는 오늘의 뿌리라고 하지 않던가. 다만 정규 강의에서는 시간 제약 상 옛 이야기를 마냥 길게 할 수 없다. 마침 방송대에서 학보를 통한 보충자료를 집필하게 되자 이를 주로 국제법에 관한 여러 제도의 연혁이나 배경설명을 제공하는 기회로 활용하기로 했다. 이 책 원고의 시작은 이렇게 출발했다.

방송대 재직 시절에는 이 글을 모아 장차 단행본을 내리라고는 전혀 상상도 하지 않았기 때문에 전체적인 구상을 갖고 체계적으로 주제를 선정하지 않았다. 원고 마감일이 가까워 오면 그 때 그 때 눈에 뜨는 주제, 머리에 떠오르는 주제로 주위에서 참고할 만한 문헌을 구하기 쉬운 내용부터 집필을 했다. 차츰 국제법과 관련된 연혁을 설명하는 외국책자도 찾아 아이디어를 구했다. 학생용 보충자료의 특성상 각주나 참고문헌은 달지 않았다. 방송대 교수생활을 근 10년을 하니 원고의 양이 꽤 모였다. 막연히 언젠가 책을 내도 좋겠다는 생각이 들기 시작했다.

1995년 9월 서울대로 자리를 옮기자마자 이듬해인 1996년 6월부터 학생부학장을 맡게 되었다. 그 때만 해도 대학의 시위가 거의 수그러든 시절이라 학생부학장의 일이 과거 같지는 않았으나, 늘 정신이 분산되어 연구에 집중하기는 쉽지 않았다. 부학장 2년 동안 새로운 일을 하기 어렵다면 지난 작업을 정리하는 기회로라도 삼아야겠다고 생각했다. 「재일교포의 법적 지위」를 1996년 1월 출간한 직후였으므로, 내가 갖고 있던 다음 원고는 방송대 시절 집필한 위의 내용들이었다. 당시 홍문사 임권규 사장이 때때로 연구실로 들려 책 출간에 관한 이야기를 나누었다. 이런 원고가 있다는 말을 하니 임 사장은 홍문사에서 발간하겠다며 활자화를 적극 권했다. 말이 나온 김에 그간 작성한 원고의 목록을 정리하고 양을 확인하니 나름 적지 않은 분량이었다. 서울대로 옮긴 이후 이런 종류의 원고작성은 더 이상 어렵고, 발표할 매체 또한 마땅치 않았기에 이 기회에 책자로 정리함도 현명한 방안인 듯싶었다.

기존 원고를 주제별로 분류하니 책자화하기 적당치 않은 원고도 있었고, 일단 책으로 내려면 어느 정도의 구도를 갖추어야 하므로 추가 원고가 필요한 부분도 있었다. 1996년 여름 방학 동안 20꼭지 가까운 원고를 추가해 총 12개장 55개 소주제로 구성된 원고를 완성했다. 20꼭지의 소항목도 완전히 새로 집필한 부분은 많지 않고, 대체로 과거 논문이나 기타 여러 기회를 통해 집필한 내용에서 뽑아 재정리한 수준의 원고가 다수였다. 체계적 구상 하에 시작된 원고가 아니었기 때문에 국제법 전반을 골고루 커버하는 내용은 되지 못했다. 아쉬운 점 하나는 처음부터 책자화를 염두에 두지 않은 수강용 보충 학습자료로 시작했기 때문에 다른 문헌을 참고한 경우에도 인용 표시가 없었는데 뒤 늦게 각주를 달기 어려웠다. 그 점이 이 책자의 학술성을 떨어뜨리게 되었다.

이 책은 국제법과 관련된 쉬운 읽을거리가 없던 시절 동학들의 화제가 됐고, 학생들에게도 나름의 역할은 하지 않았나 싶다. 서울대 도서관에서 교과서가 아닌 국제법서로는 대출이 빈번한 책자 중 하나였으며, 비법대생이 국제법을 본격적으로 공부하기 전 탐색용 교양서로 적지 않게 활용되었다고 알고 있다. 이 책에는 국제법과 관련된 제도적 연혁을 설명한 내용이 많기 때문에 발간된지 20년이 더 넘은 현재 읽어도 무방한 항목이 적지 않으나, 한편 그 사이 변화된 내용도 있어서 절판된지 오래이고 이제는 그다지 독자를 끌지 못하고 있다. 앞으로 다른 사람이 국제법 전반을 아우르는 종합적 구상 하에 국제법상 각 제도의 뿌리를 설명하는 유사한 책자를 발간한다면 나름 의의가 있으리라 생각한다.

나. 「생활 속의 국제법 읽기」

(일조각, 2012, 346쪽)

미국 국제법학회는 2006년 「International Law: 100 Ways It Shapes Our Lives」라는 책자를 펴냈었다. "국제법: 우리 생활을 바꾼 100가지 방법" 정도로 번역할 수 있다. 이 책의 서문은 출간동기를 다음과 같이 설명하고 있다.

> "많은 사람들은 국제법이 추상적이거나 산만하다고 생각한다. 어떤 사람들은 전쟁과 평화 또는 국가간 관계와 같은 주제는 법의 문제라기보다 힘과 영향력의 문제라고 간주한다. 사람에 따라서는 국제법이란 없다고 주장하기도 한다. 이 책자는 국제법이 실제 존재할 뿐만 아니라 사람들이 일반적으로 인식하고 있는 정도 이상으로 우리 일상생활에 깊고 폭넓게 침투하고 있다는 전제로부터 출발했다."

이는 미국 국제법학회가 2006년 창립 100주년을 기념해 만든 책자이다. 제목이 나타내고 있는 바와 같이 국제법이 우리 일상생활에 어떻게 영향을 미치고 있는가는 보여주는 100가지 주제를 선정해 하나당 10줄 정도의 간단한 설명을 제공하고 있다. 40여 쪽의 소책자임에도 구상부터 완성까지 약 2년이 걸렸고, 모두 39명의 집필진이 참여했다.

국제법학자 중 "국제법도 법인가?"라는 질문을 한번이라도 듣지 않은 사람이 없을 것이다. 법학자중 유독 국제법학자들만이 겪는 이런 고초(?)는 나라마다 차이는 있을지언정 전 세계 공통의 현상인 듯하다. 미국 국제법학회도 평소 얼마나 답답함을 자주 느꼈으면 창립 100주년을 기념해 이런 책자까지 펴냈을까? 참고로 미국 국제법학회는 2018년 동일한 제목으로 개정판을 발간했다.

이야기가 다소 길어졌지만 「생활 속의 국제법 읽기」의 착상은 바로 이 2006년 미국 국제법학회 책자에서 시작되었다. 국제법에 대한 무시 또는 무지라는 면에서는 한국사회도 둘 째 가라면 서러울 정도라고 주장하면 지나친 과장일까? 그간 한국에서 국제법은 대학교육에서 경시되고, 법조인 양성과정에서 무시되고, 때로 국정운영에서조차 간과되었다. 언젠가 외교부에서 국제법에 대한 국내 일반의 인식을 고양시킬 방안에 대해 회의가 열린 적이 있다. 당시 외교부의 국제법 업무를 담당하던 한 과장은 대한민국이 국제법을 무시하다가 국민적 관심사인 주제에 관해 국제재판에서 보기 좋게 패소하면 한국사회가 정신을 번쩍 차리고 국제법의 중요성을 깨닫게 되리라고 발언했다. 농담만은 아니었다. 혹시 상대가 일본이라면 교육적 효과가 더 좋을 것이다. 한번 지고 큰 교훈을 얻으면 손해 보는 일이 아닐지도 모른다.

국제법의 중요성에 대한 일반의 몰이해에 답답하기에 앞서 일반인이 쉽게 국제법에 접근할 방법이 없다는 점 또한 부인하기 어렵다. 국내에는 대학교재보다 쉬운 교양서 수준의 국제법 책이 매우 드물다. 일반인이 국제법을 친근하게 여기지 않고, 가까이 다가오지 않는 이유의 상당부분은 그런 방안을 제공하지 못한 국제법 전공자의 책임에서 비롯되는지도 모른다. 국제법 교수로서 나는 일반인을 위한 교양서를 출간하는 일도 의의 있는 작업이라고 생각했다. 아니, 어쩌면 기본 의무의 하나라고 해도 과언이 아니다.

마침 2012년 상반기 연구학기를 얻어 학교강의의 부담에서 벗어날 수 있었다. 그 기회에 국제법 교양서를 하나 발간하기로 했다. 어떤 내용을 담아야 일반인을 위한 흥미로운 국제법서가 될 수 있을까 궁리했다. 전부터 마음에만 두었던 「International Law: 100 Ways It Shapes Our Lives」를 다시 찾아 읽어 보았다. 사실 처음에는 이를 그대로 번역할까 생각해 보았다. 그러나 책자의 서문도 미국사회의 입장에서 주제선정이 되었음을 밝히고 있듯이 내용이 좀 미국적이었다. 그대로 번역하면 국내에서는 공감이 덜 가는 부분이 있을 듯 했다. 그것만으로는 한권의 책이 되기에 분량도 너무 적었다. 아이디어의 출발점은 거기서 얻더라도 전체적인 내용 구성은 우리 실정에 맞게 좀 달리해야 효과적일 듯싶었다.

2012년 연초부터 본격적으로 이 책의 구상과 집필을 시작했다. 우선 100 Ways 책자처럼 국제법이 우리 주변의 일상생활에 영향을 미치고 있는 현상을 찾아보았다. 100 Ways에서 아이디어를 많이 얻었으나, 한국인이 쉽게 공감할 수 있는 새로운 주제를 발굴해야 했다. 100 Ways는 한 주제 당 10줄 정도의 간략한 설명만 제공하고 있으나, 국내에서는 그 정도의 설명으로는 독자의 관심을 끌기 어렵다고 판단되었다. 한 주제 당 책자 2쪽 내외 분량의 설명을 만들기로 하고, 하루 1-2건 씩의 원고를 작성했다. 당초 100 Ways와 같이 100개를 목표로 했으나 도저히 어려웠다. 겨우 50개 꼭지의 원고를 만들 수 있었다.

그러나 이것만으로는 내용이 밋밋하고 분량도 적어 한권의 책이 되기 어려웠다. 아무래도 우리 생활 주변에서 벌어진 국제법 관련 실제 사건이나 에피소드에 관한 설명이 제공되어야 독자의 흥미를 끌 수 있으리라 생각되었다. 그동안 교수생활을 하며 강의에 활용하기 위해 평생 모아온 자료와 기왕에 논문을 썼던 주제 중 적절한 내용들을 골랐다. 그리고 한국 외교실행에서 국제법적 성격이 두드러진 좋은 사례로 1952년 평화선 선언과 1970년 대륙붕 선언 두 가지 경우를 "한국의 국제법적 결단"이란 제목으로 다소 긴 소개 원고를 작성했다. 이어 구 한말 우리가 서양 국제법을 도입하던 풍경을 일본의 사례와 비교해 설명하고, 한국은 다른 나라보다 왜 국제법을 더 중요시해야 하는가를 강조하는 원고를 추가했다. 이런 내용들을 합하면 책 한 권의 분량도 되고, 독자의 관심도 끄는 흥미로운 책자가 될 것으로 내심 기대되었다.

약 3달 정도의 작업 끝에 2012년 4월 초 원고의 골격이 거의 완성되었다. 책을 어느 출판사에서 출간할까 생각해 보았다. 평소 내 교과서를 발간하는 박영사는 대학교재 전문이라 교양서의 이미지와는 맞지 않았다. 고심 끝에 일조각에 연락해 보았다. 일조각은 국제법과 여러 가지 인연이 있는 출판사였다. 설립자 한만년 선생은 국제법학회 초대 회장을 지낸 유진오 선생의 서랑으로 오래 전부터 매년 학회에 현민학술상 상금을 기탁하셨고, 이는 한 선생께서 작고하신 이후에도 유언으로 계속되고 있다. 일조각은 한만년 선생이 작고하신 다음 둘째 며느리 김시연 사장이 운영하고 있는데, 현민학술상 관련으로 개인적 안면이 있었다. 또한 김 사장의 배우자는 나와 오랜 친분이 있는 서울대 한경구 교수이다. 쓸데없는 부담을 줄까 봐 한 교수께는 전혀 연락하지 않고, 김시연 사장에게 직접 출간 취지와 목차 그리고 원고 일부를 보내고 검토를 부탁했다.

일조각에서는 바로 답이 오지 않았다. 보름 정도 기다렸으나 아무 연락이 없어 출간의사가 없나 보다 하고 평소 직접적 인연은 전혀 없던 다른 출판사 2곳에 다시 의향서를 보냈다. 그럴 무렵 일조각에서 연락이 왔다. A4 3쪽 분량의 의견서를 보내왔다. 당초 이 책자의 출발점이 미국 국제법학회의 100 Ways였던 만큼 나의 첫 구상은 "국제법은 우리 생활을 어떻게 변화시키는가"를 가제로 하고, 그에 관한 50개 항목의 원고를 앞세웠다. 다음으로 위에 언급한 다른 내용들을 배치했었다. 일조각 실무자가 검토할 때는 앞부분에 100 Ways 류의 50가지 작은 내용의 원고가 계속되니 좀 지루하게 느껴져 처음에는 뭐 이런 책을 내려하나 솔직히 관심이 가지 않았다고 했다. 그러다가 뒷부분인 우리 생활 속의 국제법 사건을 취급한 부분과 한국의 국제법적 결단이란 소제목에 속한 평화선 선언과 제7광구 대륙붕 선언 부분을 읽으니 내용이 흥미롭고 재미있어서 좋은 책이 되리라는 생각이 들었다고 했다. 그래서 연락이 좀 늦어졌다는 답이 왔다. 한 번 만나자고 했다. 2012년 5월 10일

일조각을 방문해 김 사장 이하 여러 편집 담당자들과 회합을 했다. 나 역시 편집부 실무자의 소감이 이해가 갔다. 이후 근 2달 가까이 책의 구성과 내용에 관해 협의를 진행했다. 이후에는 주로 이메일로 의견을 교환했다. 당초의 목차를 재조정해 100 Ways 류의 원고는 책 뒤편에 배치하기로 했다. 이에 관한 50개 항목의 원고를 30개 정도로 더 선별할까도 논의했으나, 일단 모두 살리기로 했다. 편집부에서는 한국의 국제법적 결단 부분이 가장 재미있으니 그런 내용을 추가할 수 없냐고 문의해 왔으나, 나 역시 그런 주제를 오랫동안 찾았지만 더 이상 발견하지 못했다. 다른 부분에서도 세부적인 조정을 했다. 제목은 「생활 속의 국제법 읽기」로 정했다.

사실 나는 평소 대학교재류의 학술서만 써서 대중성 있는 교양서 집필에 관해서는 감각이 떨어졌다. 학술서의 경우 내용에 관한한 필자가 "갑"이고, 출판사측은 오탈자 교정 정도 외에는 거의 아무런 의견제시가 없다. 문장 윤문조차 하지 않는다. 그러나 「생활 속의 국제법 읽기」 제작의 경우 편집자의 역할이 좀 달랐다. 출판사로서는 이렇게 하면 더 좋겠다는 의견을 종종 제시했다. 내용에 관해서 질문도 많이 하고, 나름 수정의견도 보내 왔다. 표현에 관해서도 수정의견을 적지 않게 제시했다. 집필자가 편집자를 설득하고 이해시키는 일은 첫 번째 독자를 사로잡는 과정이다. 누구보다도 충실한 독자인 편집자를 이해시키지 못한다면 일반 독자를 사로잡기는 더 어려울 것이다. 나는 편집자의 의견을 무겁게 받아들이고 가급적 반영하려고 노력했다.

일조각은 교정을 무척 꼼꼼히 보았고, 제작기간도 오래 걸렸다. 원고상 제시된 각주 내 모든 참고문헌의 존재를 일단 재확인하는 듯 했다. 왜냐하면 각주 상의 어느 책 한권은 각종 DB를 통해서 도저히 확인할 수 없는데 실제 있는 책이냐는 질문을 해온 적이 있기 때문이다. 그 책은 개인적으로 소장하고 있었기 때문에 자신 있게 확인해 줄 수 있었다. 타인의 저작권 문제도 무척 조심스럽게 접근했다. 이리 저리 요구사항이 많아 좀 귀찮기도 했으나, 나름 유익한 경험이었다. 2달 가까운 의견조율을 통해 이 책자의 완성도와 대중성이 보다 높아졌다고 생각한다.

처음에는 제작에 1년 가까이 걸린다고 했다. 개인적으로는 11월 말까지는 책이 출간될 필요가 있어서 서둘러 달라고 요청했다. 결국 최초 원고를 준 다음 약 반 년 만에 출간이 되었는데 내가 만들어 본 책 중 출판사에서 가장 오랜 시간이 소요되었다. 일조각은 요즘 연간 출간종수가 많지 않아 과거에 비해 사세가 많이 축소되었지만, 역시 전통 있는 출판사라는 느낌을 받았다.

이 책을 내면서 일반의 호응이 좋으리라고 나름 자신했다. 이 만큼 쉽고 재미있게 읽힐 법률책도 드물다고 자신했기 때문이었다. 주변 사람들의 반응도 좋았다. 내가 증정본을 준 여러 사람이 책을 받자마자 몇 시간 동안 단숨에 읽었다고 알려 왔다. 즐겨 가는 커피집 사장에게 이 책을 주었더니 커피 볶으며 읽다가 빠져들어 그만 커피를 태울 뻔 했다는 일화도 들었다. 요행이 이 책은 2013년 문화관광부 사회과학부분 최우수 교양도서로 선정되어 정부가 800만원 상당의 책을 구입해 공공 도서관에 배포하기도 했다. 2019년 말까지 5쇄를 찍어 내 책으로는 개정 없이 가장 판을 많이 거듭했다.

이 책은 심오한 학술서나 이론서가 아니므로 가끔 개정을 하지 않으면 해가 지날수록 차츰 고사하리라고 예상했다. 4-5년 지난 교양서를 선뜻 살 독자는 별로 없으리라 생각했기 때문이다. 개인적으로는 나름 애착이 가는 책이라 유지를 위해서도 초판 3-4년 후에는 수정판을 낼 계획이었다. 틈틈이 개정판의 내용을 구상하기도 했으나, 출간 7년을 넘긴 현재까지도 개정판 집필을 하지 못하고 있다. 다행인 점은 아직도 조금씩이나마 꾸준히 팔리고 있다는 사실이다.

개정이 늦어진 가장 큰 이유는 집필 방향을 잡지 못했기 때문이다. 일단 손쉬운 방법은 기존의 목차와 내용을 기본적으로 유지한 채 사이사이 새 이야기를 조금 보완하는 방식의 개정이다. 이 작업은 비교적 단시간에 할 수 있다. 그러나 그런 방식의 개정이 과연 의의가 있을까 회의가 들기도 한다. 기존 내용의 일부만 살리고 차라리 방향과 내용을 새롭게 하는 별개의 국제법 교양서를 만드는 게 더 의미 있는 작업이 되지 않을까 생각해 보았다. 나름 새 목차를 여러 가지로 구상해 보았다. 개정이라기보다는 오히려 새로운 책을 내는 작업이 되면 시간도 좀 더 많이 걸릴 것이다. 그럼 언제 그 시간을 확보할 수 있느냐는 걱정이 앞서 선뜻 새 작업을 시작하지 못했다. 너무 늦기 전 금년 중에는 증폭 개정을 통한 새 책을 낼 계획이다.

다.「국제법으로 세상읽기」

대한국제법학회편(박영사, 2020, 254쪽)

이 책은 나 개인 명의의 저서나 편서는 아니다. 대한국제법학회의 임무부여를 통해 편집위원장 자격으로 2년간 맡았던 작업의 결과물이다.

2018년 1월 18일 숭실대 서철원 교수가 점심을 같이 하자며 학교로 찾아왔다. 대한국제법학회 신임 회장으로 2주 전 취임한 서 교수는 학회 운영에 관한 의견을 나누고 싶다 했다. 몇 가지 새 사업구상을 이야기 한 뒤, 본격적인 용건인즉 현실문제에 대한 국제법 논평 씨리즈 발간을 학회 사업으로 추진하고 싶은데 누가 그 일을 담당하면 좋겠냐는 질문이었다. 다분히 미국 국제법학회가 발간하는 ASIL Insights를 염두에 둔 구상이었다. 서철원 회장은 내게 이 일을 맡기려 찾아 왔음을 쉽게 짐작할 수 있었다. 갑자기 생각나는 대로 몇 사람을 추천했지만, 서 회장은 달리 피하지 말고 내가 그 일을 맡아 달라고 부탁했다. 그 소리를 처음 들었을 때는 솔직히 도망가고 싶은 생각뿐이었다. 내 머리 위에 쌓인 일만으로도 늘 쩔쩔 매는 사람으로서 우선 귀찮은 생각이 들었고, 해보지 않았던 일로 좀 막막하고 자신 또한 없었다. 서 회장은 제목과 내용, 형식, 발행주기, 진행방법 모두를 위임하겠으니 일체 알아서 사업시작을 책임져 달라는 요청이었다. 우선 분기당 1건만 발행해도 좋다고 했다. 서 회장은 나와 근 30년 이상 알고 지낸 사이고, 2009년 내가 학회 회장을 맡게 되자 이미 2년이나 학회 부회장직에 있었음에도 불구하고 나를 위해 한 해 더 부회장을 하겠다고 자청한 사람이었다. 딱 잘라 거절하기에는 정분이 깊었다. 거듭된 요청에 10년 전 부회장으로 나를 도와주었던 신세도 갚을 겸 결국 수락을 피할 수 없었다.

그 날 저녁부터 나름 구상을 시작했다. 일단 사업의 목적을 국제법 현안문제에 대해 간단하지만 학술적 분석을 제공함으로써 국제법 연구자는 물론 일반인에게도 국제법적 쟁점에 대한 이해를 고양시키는 것으로 잡았다. 사실 이미 국내의 많은 기관·단체들이 간략한 현안분석물 발간하고 있다. 하루에도 그런 이메일을 몇 건씩 받고 있다. 그런데 일부 기관의 발간물을 제외하면 상당수의 내용은 물에 물 탄 듯 뻔한 소리에 그치고 있다. 솔직히 내 노라는 기관들이 왜 이리 허접한 글들을 양산하고 있나 하는 의문이 들기도 한다. 이는 우리 사회의 전문가 부족을 보여주는 증거이기도 하다. 학회에서 최근 문제된 국제법적 현안에 관한 분석을 발간한다면 최소한 그런 모습은 피해야겠다고 생각했다. 다소 속보성이 떨어져도 전문성을 확보해야 한다는 내 나름의 원칙을 세웠다. 그렇지만 이런 종류의 글쓰기 경험이 많지 않은 국제법학계에서 좋은 원고를 신속히 확보할 수 있을까 걱정이 앞섰다.

우선 같이 진행을 상의할 편집위원회를 구성해야 했다. 숙고 끝에 김현정 교수(연세대)와 백범석 교수(경희대)에게 합류를 청했고 두 분은 쾌히 응해 주었다. 돌이켜 보면 이 선택이 무척 잘 된 결정이었다. 김현정·백범석 두 분은 2년간 원고 검토를 위한 5분 대기조와 같이 봉사해 줘 큰 힘이 되었다. 시리즈 제목은 이 분들과 상의 끝에 「국제법 현안 Brief」로 정했다.

학술논문보다는 약간 읽히기 쉬운 수준의 글을 목표로 했다. 원고에서는 주제에 대한 일반적 설명을 최소한으로 자제하고, 가급적 바로 논점에 대한 분석으로 들어가도록 했다. 각주는 최소화 하고, 참고문헌은 첨부하지 않기로 했다. 발간형식은 학회 홈페이지 등재와 이메일 발송만 하고, 종이 인쇄물은 예정하지 않았다. 원고 분량은 독자가 받은 자리에서 바로 읽어 볼 수 있도록 A4 용지 4매 이내를 원칙으로 했다. 학회 회원 뿐 아니라, 이메일 확보가 가능한 범위에서 각계로 발송하기로 했다. 원고 내용의 폭 넓은 보급을 목표로 했으므로 학회가 제작한 원래의 형태라면 누구나 재전송, 재등재를 할 수 있도록 활용의 폭을 개방했다. 사업 안착을 위해 학회는 집필자에게 약간의 원고료를 책정해 주었다.

작업은 대체로 다음과 같은 방식으로 진행되었다. 가장 중요한 문제는 물론 주제선정이다. 주제 발굴을 위해 평소 국내 신문 보도 속에 흥미로운 국제법 관련 사건이 있는가에 유의했다. 가급적 한국이 관련된 사건을 우선시 했다. 사실 이는 교수 생활 35년 동안 내내 신경 써온 일이므로 특별히 새로운 부담은 아니었다. 현안 브리프 성격에 맞는 주제를 찾는데 좀 더 주목할 뿐이었다. 국내 신문에는 국제법적 사건의 보도가 많지 않아 이것만으로는 부족했다. 이에 나는 Google에서 international law를 키워드로 하는 각국의 주요 기사 서비스를 매일 확인했다. 미국 국제법학회의 ASIL Insights나 Lawfare 같은 관련 싸이트를 종종 방문해 이들이 취급하는 주제를 살펴보고 아이디어를 얻었다. Oxford 출판사 홈페이지 국제법 관련 뉴스도 수시로 점검했다. 외국 매체는 국제법 소식을 훨씬 더 폭넓게 취급하고 있었고, 중요하게 취급하는 주제에 있어서 국내 언론과는 분위기가 사뭇 달랐다. 이런 과정 속에서 눈에 뜨이는 주제가 있으면 주로 카톡을 통해 편집위원들과 상의했다. 편집위원들도 종종 주제에 관한 의견을 제시했다.

편집위원회에서 적절한 주제가 선정되면 이 문제를 균형 잡힌 시각에서 신속하게 분석해 줄 집필자 물색이 두 번째 일이다. 그 주제에 관해 평소 관심이 높았다고 생각되는 연구자를 1차적으로 물색했으나, 반드시 해당 주제에 관해 논문을 작성했던 필자를 우선시 하지는 않았다. 과거 발표 논문을 통해 판단할 때 시각과 분석이 예리하지 못하거나 도식적인 글을 쓰지 않을까 우려되는 경우도 있었기 때문이다. 이 과정에서는 개인적으로 지난 10년간 서울대학교 대학원생 및 졸업생들과 국내논문 강독회를 한 경험이 큰 도움이 되었다. 이를 통해 국내에서 발표된 국제법 주요 논문의 대부분을 이미 읽어보았기 때문이다. 미국 ASIL Insights를 보면 대학원생 필자도 종종 등장한다. 나 역시 대학에 아직 자리 잡지 못한 젊은 집필자를 발굴하려 노력했으나 여러 가지 이유에서 성사가 쉽지 않았다.

편집위 협의를 통해 집필자가 선정되면 편집위를 대표해 내가 전화로 기고를 부탁했다. 시의성이 높은 주제는 상대적으로 짧은 기간만 주어졌고, 타이밍이 덜 중요한 주제에 대해서는 대략 한 달 정도 기간 내 집필을 요청했다. 처음에는 글의 취지와 작성 요령 등에 대해 구체적 설명을 해야 했으나, 몇 번 현안 Brief가 나간 다음에는 큰 설명이 필요 없었다. 요청받은 분들 대부분이 선선히 집필을 수락해 주었으나, 개인 사정상 고사한 분도 적지 않았다.

원고가 접수되면 편집위원들이 바로 읽고 의견을 수합했다. 편집위원들이 익숙하지 않은 주제의 경우 해당 분야 전문가에게 추가로 검토를 의뢰했다. 이렇게 모아진 의견이나 질문은 내가 하나로 정리해 집필자에게 전달했다. 비교적 간단한 의견만 전달한 경우도 있으나, 대체로 A4 한 쪽 가까운 분량의 의견이나 질문을 전달했다. A4 한 쪽이 넘는 경우도 있었다. 이 편집위 의견서는 원고 최초 접수 후 하루 이틀 내로 집필자에게 전달했다. 이후 수정원고를 보내오면 가급적 집필자의 의사를 존중해 학회 홈페이지 등재를 위한 학회 사무국 편집작업에 들어갔다. 학술적 견해가 대립될 수 있는 부분에 대해서는 집필자의 견해를 존중했다. 학회 논총 투고와 달리 현안 브리프의 경우 검토자의 실명이 공개된 상태에서의 수정요청이라 미묘한 감정문제가 발생할 수 있었지만 대부분의 집필자들이 잘 이해하고 호응해 주었다. 여러 가지 이유로 등재하지 않기로 결정된 원고도 몇 건 있었다. 편집위원회의 의견교환은 모두 카톡과 이메일로 진행했으며, 2년간 대면 회의는 2019년 3월 23일 학회 신진학자 발표행사 중간에 잠시 모여 의견을 나눈 한 번 뿐이었다.

학회로서도 처음 시도하는 사업이라 잘 될까 걱정이 많은 채 출범했지만 막상 시작하고 보니 집필자들의 협조로 순항할 수 있었다. 첫 해에 모두 10호의 「국제법 현안 Brief」를 발행하게 되었다. 원고 내용이 대체로 만족스러웠고, 독자들의 호응도 좋았다.

당초 학회는 이 사업의 정착을 위해 나를 포함한 편집위원의 임기를 4년으로 정해 주었다. 그렇지만 나는 한 해 정도만 이 일을 맡아 사업의 틀이 잡히면 편집위원장 직을 사퇴할 생각이었다. 이듬 해 신임 이성덕 회장에게 후임자를 물색하라고 했더니 펄쩍 뛰며 계속 일을 맡아 줄 것은 물론, 글이 축적되면 단행본 발간도 검토해 달라고 요청했다. 2019년 1월 학회 총회에서는 현안 브리프에 대한 반응이 좋았고, 원고가 얼추 모이면 단행본으로 발간되었으면 한다는 여론이 일었기 때문이다. 결국 이 회장의 부탁을 거절하지 못해 한 해 더 일을 계속하기로 했다. 대신 2019년 말 현안 브리프 원고를 모아 단행본을 출간하면 하나의 사업이 마무리 되는 셈이니 자연스럽게 사임할 수 있으리라 생각했다. 나의 정년퇴직 시기와도 연계돼 사퇴의 명분으로 충분할 듯싶었다.

2018년과 같이 2019년에도 연 10회의 브리프 원고가 등재된다면 총 20회분의 원고만으로는 한 권의 책이 되기에 아무래도 분량이 좀 적으리라 예상되었다. 3년분은 모아야 적당한 크기의 책이 될 듯 했다. 그건 편집위원장을 한 해 더해야 된다는 이야기가 된다. 이에 2019년 말 책자를 발간하려면 학회 사정이 허락하는 한 발행 횟수를 늘려야겠다고 생각했다. 그리고 연말까지 책자를 완성하려면 마지막 원고가 늦어도 10월 말에는 수합되어야 하므로 발행주기도 빨리 진행할 필요가 있었다. 이에 2019년에는 초반부터 주제와 집필자를 좀 더 적극적으로 발굴해 발행 속도를 빨리 하니 상반기에 이미 10회분 원고가 등재되었다. 원고료가 지급되는 만큼 학회 형편상 어느 횟수까지 지속하면 좋겠냐고 회장과 상의하니 15회 분 이상은 하지 말라는 요청이었다. 이에 2019년 여름 이후에는 현안 브리프 위촉이 사실상 중단되었다. 마지막 예정자가 집필을 포기함에 따라 2019년에는 모두 14호 발행으로 마감을 했다. 대신 이후 단행본 출간에 집중할 수 있었다.

학회는 출판사 선정을 포함 단행본 발간에 관한 일체의 사항을 내가 알아서 진행해 달라고 요청했다. 나로서는 개인적 인연이 많은 박영사와 접촉해 출간의사를 물었다. 해보지 않던 성격의 책이라 박영사 담당자는 처음에 다소 망설이는 듯 했으나, 이내 출간을 맡겠다고 연락이 왔다. 학회로서는 출간되면 이사와 명예이사 등에게 1권씩 증정하고, 유관기관에도 배포하기 위해 150권 내외의 책을 확보하기 원했다. 통상 500권 분량의 책이 발간되면 필자에게 30권의 증정본이 주어지고, 인세 대신 50권의 책을 받을 수 있다. 그리고 홍보용으로 좀 더 처리될 수 있다. 이런 기준이라면 학회는 초판에 대해 100권 + 알파의 책을 받을 수 있다. 혹시 학회 소요물량 150여권에 다소 못 미친다면 예산으로 추가 구입해야 하는 부담이 생기는 반면, 책이 계속 잘 팔려 1−2년 후 중쇄를 찍는다고 해도 예상할 수 있는 인세수입이 학회 재정에 큰 도움이 되기는 어렵다고 판단되었다. 이에 박영사측과 협의 끝에 책 판매 부수와 상관없이 학회는 모두 180권의 책을 받기로 하고, 향후 책 판매에 따른 추가 인세는 받지 않기로 합의했다. 학회 집행부도 이 조건을 만족하며 수락했다.

단행본 발간을 위해 2019년 10월 초 지난 2년간의 집필자들에게 원고 수정 요청을 했다. 이 때 부딪친 현실적인 문제는 원고의 집필 시점 이후의 사태변화를 어떻게 반영하느냐는 점이었다. 원고에 따라서는 별다른 상황 변화가 없는 주제도 있지만, 대부분 일정한 후속 상황이 발생했다. 이를 간단히 보완할 수 있는 내용의 주제도 있지만, 원고에 따라서는 어느 정도의 조정이 필요한 경우도 있었다. 결국 수정 보완의 폭은 각 집필자에 맡기기로 했다. 단 원고는 당초 시점에 발행되었다는 의의도 있는 만큼, 수정은 가급적 처음 원고의 틀을 훼손하지 않는 범위 내에서만 진행해 달라고 부탁했다. 각 원고의 최초 발행일을 표시해 독자들이 해당 내용은 원래 그 시점을 기준으로 작성되었음을 알 수 있도록 했다. 책 제목은 논의 끝에 김현정 교수가 제안한 「국제법으로 세상읽기」로 정했다.

이성덕 회장이 간행사에서 밝힌 바와 같이 이 책은 대한국제법학회가 1953년 창설 이래 학회 명의로 발간한 첫 번째 일반 판매용 단행본이 되었다. 이 책자 발간을 마지막으로 2020년 1월 3일 학회 총회에서 나는 무사히 편집위원장 직을 사임할 수 있었고, 학회로부터 감사패도 받았다. 더불어 같이 편집위원을 맡았던 김현정·백범석 두 교수는 마침 2020년이 연구년이라 더불어 사임할 명분이 충분했다. 나를 포함한 3인 편집위원은 책자 제작이 마무리 된 2019년 12월 27일 학회 예산으로 2년간 처음이자 마지막인 점심 회식을 했다. 박영사는 당초 이 책의 상업성을 확신하지 못했는데, 외교부에서 업무용으로 300부를 구입해 줌으로써 그 걱정은 덜게 되었다.

3. 인권

가. 「국제인권규약과 개인통보제도」

(사람생각, 2000, 336쪽)

이 책은 나의 단독 작품이라기보다 대학원생들과 협업의 산물이다. 이 책이 만들어진 계기와 과정은 다음과 같다.

1999년 1학기 대학원 강의에서는 UN 체제 속에서 채택된 대표적 국제인권 조약의 내용을 공부했다. 이어 2학기에는 「국제법특수연구」라는 강좌를 통해 특히 국제인권규약상의 개인통보제도를 집중적으로 수업하기로 했다. 나로서는 국제인권법이라는 주제면에서 연관된 강의이기도 했으나, 양 강의의 공통 수강자는 3명에 불과했으니 연속 강의라고는 할 수 없었다. 개인통보제도라는 비교적 특수주제를 한 학기 수업내용으로 선택한 이유는 다음과 같았다.

1990년 한국은 국제인권규약과 개인통보에 관한 선택의정서의 당사국이 되었다. 사실 가입 당시만 해도 개인통보제도는 남의 이야기 같이 생각되었다. 한국 정부가 국제인권규약의 당사국이 되면서 일본은 현재도 수락하지 않은 개인통보에 관한 선택의정서를 용감하게(?) 비준한 이유는 한국 정부를 상대로 한 실제 사건 제기가 거의 없으리라는 기대감의 발로였다. 그러나 예상 외로(?) 조용환 변호사(당시 덕수합동)가 제3자 개입금지 조항 위반으로 형사처벌을 받은 손종규씨 사건을 1992년 Human Rights Committee에 제기해 1995년 한국의 규약 위반 판정을 받아냈다. 한국을 상대로 한 최초의 사건이었다. 이어 조 변호사는 박태훈씨와 김근태씨 국가보안법 위반 사건에 관해서도 개인통보를 제기해 1998년 두 건에서 모두 한국의 규약위반 판정이 났다. 3사건 공통으로 한국 법원에서의 형사판결이 규약이 보호하고 있는 표현의 자유를 침해했다는 결론이었다. 이는 국내인권보호에 국제인권법을 어떻게 활용할 수 있는가를 여실히 보여주는 좋은 사례였다. 즉, 조 변호사는 개인통보제도가 남의 일이 아니라는 사실을 입증했다. 그러나 1990년대 말까지 국내에서는 이런 제도의 내용은 물론 그 존재조차 여전히 잘 알려져 있지 않았다. 그래서 1999년 2학기 대학원 수업에서는 오직 국제인권규약상 개인통보제도를 집중적으로 다루고, 가능하다면 참여 학생들이 합동으로 이에 관한 해설서를 만들어 보자는 목표를 세웠다. 개강 첫 날 이러한 수업 목표를 설명했다.

학생들은 물론 나 역시 개인통보제도에 관한 실제 운영내용을 잘 몰랐으므로 강의 전반부 동안은 마침 바로 전 연도에 발간된 P. Ghandhi의 The Human Rights Committee and the Right of Individual Communication

(Ashgate, 1998)을 같이 읽으며 이 제도에 관해 기본적인 지식을 습득했다. 이어 수강생들에게 해설서 예상목차의 한 주제씩을 할당하고, 1999년 10월 23-24일에 충주호 변 한국 코다 리조트로 1박 2일 야외 수업을 나가 해설서 제작에 관한 전반적인 계획을 논의했다. 그간의 학습을 바탕으로 각 수강생들이 자신의 주제에 관해 2-3쪽 분량의 계획서를 작성하고, 이를 중심으로 제작 방향과 내용 구성에 관한 토의를 했다. 이 날 논의를 토대로 내가 공통적인 집필 가이드라인을 만들었다. 책의 목적은 전문 학술서라기보다는 일반인에게 개인통보제도를 알리는데 중점을 둘 생각이었다. 그 때까지만 해도 최종 결과물을 어떤 형태로 발간할지는 마음 정하지 못했다.

이어 11월 중순까지 각자 1차 초안을 작성해 제출했고, 나는 수강생들과의 1:1 면담을 통해 초고에 대한 강평과 수정 방향을 제시했다. 이후 각자가 개정된 초고를 제출하고 이를 전체 수강생이 같이 읽으며 의견 교환을 하는 모임을 2차례 더 가졌다. 이런 상호비평 과정을 통해 자연스럽게 각자 원고의 완성도와 통일성이 높아지리라 기대했다. 전체 모임에서는 서로 감정이 상할 정도로 타인의 원고에 대한 신랄한 비판이 오갈 정도였다. 이를 바탕으로 각자 맡은 부분에 대한 최종 원고를 기말 보고서로 제출하도록 했다.

근 2달간 구체적 협의를 거쳤으므로 수강생들이 제출한 원고는 나의 기본적인 점검과 퇴고만 거치면 활자화 할 수 있으리라 생각했다. 책자화 한다면 제출자를 각장의 필자로 명기하고, 나는 집필대표 정도로 예정했었다. 그런데 중간 작성과정에서부터 원고간 질적 편차가 적지 않음이 발견되었다. 나름 노력은 해도 자료의 정리와 분석, 내용의 구성, 한글 표현의 구사 등에서 개인차가 적지 않았다. 일부 수강생의 원고는 중간단계에서부터 내심 포기할 수밖에 없었다.

12월 하순 최종 원고가 접수되었다. 원래는 겨울방학 중 한 달 정도 내가 수정을 하면 작업이 마무리 되리라 기대했는데, 막상 원고를 받고 보니 간단한 정리와 퇴고만으로는 도저히 활자화하기 어렵다고 판단되었다. 대부분의 원고가 구성, 내용 전개, 표현 등에 있어서 전반적으로 미흡했다. 자료조사도 기대보다 덜 되어 있었다. 원래 제출된 내용을 약간의 손질만을 거쳐 유지할 만한 원고는 한 편 뿐이었다. 나머지는 정도의 차이는 있지만 제출된 원고를 바탕으로 하더라도 내가 거의 새로 쓰다시피 해야 했다. 결국 4–5개월 동안 이 일에만 매달리게 되어 2000년도 전반부는 다른 연구를 할 수 없었다. 나로서는 예상치 못한 부담이었으나, 일단 시작한 일이니 포기하기는 아까웠다. 5월이 돼서야 겨우 작업이 마무리되었다. 결과물로서 판단한다면 원래 초고의 제출자는 집필자라기보다 연구보조원 정도에 불과했다. 이런 상황이라면 나의 단독저서 형태로 책을 출간하는 편이 맞다고 생각되었다.

원고가 완성 단계에 이르니 이 책을 어느 출판사가 출간해 줄까 걱정이 되었다. 상업성은 전혀 기대할 수 없는 책이었다. 생각 끝에 인권관련 단행본을 활발히 출간하던 도서출판 사람생각의 염규홍 사장에게 연락을 했다. 염 사장과는 일면식도 없었지만, 전화로 자기소개를 하고 이러한 취지의 원고를 만들었는데 발간의향이 있냐고 문의했다. 염 사장은 내 설명을 듣자마자 사람생각에서 출간하겠다고 대답했다. 나는 2000년 7월 중순 미국으로 연구년을 떠날 예정이었으므로 출간을 급히 서둘러 6월 말 책자가 상재될 수 있었다. 이 책의 제작은 사람세상 염 사장과의 첫 작업이었는데, 이후 국제인권조약집과 공익인권법센터 총서 발간 등 염 사장과의 인연은 오래 계속되었다.

책자의 내용은 「시민적 및 정치적 권리에 관한 국제규약」에 대한 기본적 소개에 이어 개인통보제도 전반을 다양한 실제 사례와 함께 설명했다. 언제, 어디서 발생한, 어떠한 사건에 대해, 누가 Human Rights Committee로 개인통보를 제출할 수 있고, 이를 위해 필요한 사전조치는 무엇이고, 제출된 개인통보는 어떻게 처리되는가를 순차적으로 설명했다. 이어 다양한 관련 부록도 첨부했다. 특히 그 당시까지 내려진 전체 결정에 관해 매 사건별로 판단근거가 된 규약 조문의 색인을 작성했다. 예를 들어 규약 제○조가 실제 문제된 사건으로는 무엇이 있는가를 찾아볼 수 있게 정리한 작업이었다. 이 결과표는 당시 기준으로 세계에서 가장 포괄적으로 작성된 최고의 색인이었다고 자부한다.

지금이야 Human Rights Committee의 사건 결정문을 구하기가 손쉬우나, 이 책을 만들 때만 해도 인터넷을 통해 모든 결정문을 구할 수 없었다. 당시

UN 인권최고대표사무실 홈페이지에는 근래의 결정문 뿐 오래 전 결정문은 등재되어 있지 않았다. 미국 미네소타 대학 인권연구소 홈페이지가 비교적 풍부한 자료를 등재하고 있었으나, 이 역시 완벽하지는 않았다. 이런 기관을 통해 얻을 수 없는 결정문은 서울대 또는 국회도서관 내 UN 기탁도서관을 통해 복사해야 했다.

이 작업을 통해 배운 점의 하나는 대학원생들과의 협업을 통한 단행본 출간 가능성의 확인이었다. 거의 모든 원고를 내가 다시 작성하기는 했으나, 수업 수강생들의 보고서가 작업의 밑바탕이 되었음은 부인할 수 없다. 자료조사의 시작부터 나 혼자 작업했다면 훨씬 더 많은 시간을 투자해야 결과물이 나왔을 것이며, 아마 혼자서는 작업에 착수할 엄두를 내지 못했으리라 생각한다. 100m 달리기에 비유한다면 몇 십m 앞에서 출발한 셈이었다. 나중에 대학원생들과 같이 국제인권규약 해설서의 제작을 시도한 배경에는 이 책의 경험이 자리 잡고 있었다.

다른 한편 대학원생과의 협업을 통한 출판이 생각보다 쉬운 일은 아니라는 점도 알게 되었다. 대학원생들간 논문작성 능력의 편차가 적지 않아, 이를 조정하며 균일적인 질 확보가 쉽지 않았다. 하나 더 중요한 점은 아무리 여러 차례 검토와 수정을 거친 원고라도 대학원생들의 작성내용을 100% 그대로 신뢰하기 어렵다는 점이었다. 점검을 해보면 오류가 자주 발견되었다. 이 역시 국제인권규약 해설서 작업을 통해서 재차 경험했다. 후일 다른 교수가 대학원생 보고서를 중심으로 단행본 제작을 시도하겠다는 이야기를 들으면 생각보다 많은 품을 필요하게 될 거라고 조언했다.

「국제인권규약과 개인통보제도」는 학술적으로 깊이 있는 책자는 아니었으나, 나로서는 여러 모로 애착이 가는 도서였다. 이 같은 방식의 책 제작은 처음이자 마지막이었으며, 지금까지도 유쾌한 추억으로 기억되고 있다. 출간된 후 넉넉지 않은 출판사 사정을 감안해 저자 기증본을 많이 얻을 수는 없었고, 주위 분들에게 증정하기 위해 상당한 부수를 내가 유료 구입했다.

한편 이 책이 출간된 이후 한국사회는 개인통보제도에 대한 경험을 엄청나게 축적했다. 아쉬운 사항은 지난 20년간 이 책을 대체할 새로운 책자가 국내에서 출간되지 못한 점이다. 새로운 필자에 의해 한층 업그레이드된 책자가 나오기를 고대한다.

마지막으로 이 책자 작업에 조금이라도 관여했던 당시 대학원생들의 이름을 기록으로 남긴다: 주진열, 이정선, 권남희, 김화, 박종배, 변재원, 우동형, 윤애림, 이성진, 이종민, 임용, 임진원, 정수용, 최정학.

나. 「국제인권조약집」

(사람생각, 2000, 544쪽)

「증보 국제인권조약집」

(경인문화사, 2008, 727쪽)

① 「국제인권조약집」

2000년 「국제인권조약집」을 발간한 바 있고, 8년 뒤인 2008년 이의 증보판을 발간했다. 1990년 한국이 마침내 국제인권규약의 당사국이 되고, 1993년 비엔나 세계인권회의에 국내 NGO 활동가들이 대거 참가한 이래 국내에서도 국제인권법에 대한 관심이 크게 늘었다. 1995년에는 인권이사회(Human Rights Committee)가 최초의 한국인(손종규) 개인통보사건에서 한국 정부의 규약위반을 결정했다. 국제인권조약을 국내 인권상황 개선을 위한 지렛대로 활용해야 한다는 인식이 차츰 높아졌다. 국내 재판과정에서 국제인권조약을 근거로 한 주장도 늘었다. 그러나 인터넷 활용이 초기 단계였던 당시만 해도 현재 국제적으로 발효 중인 국제인권조약들이 무엇이고, 그중 한국이 가입한 조약은 어떤 것들이 있는가, 그 내용은 구체적으로 무엇인가, 유보는 없었는가 등과 같은 기본적인 지식조차 널리 보급되어 있지 않았다. 물론 영문으로 된 국제인권조약집이나 해설서는 국제적으로 여러 종 발간되어 있었으나, 보통 사람들이 이를 활용하기는 쉽지 않았다. 이에 국제인권법에 대한 국내적 인식을 고양시키고, 국제인권법을 우리 생활 속에서 친숙히 활용할 수 있으려면 무엇보다도 그의 기초 자료집이라고 할 수 있는 국문 국제인권조약집의 발간이 필요하다고 생각했다.

　나는 언젠가 국제인권조약집을 발간하겠다는 목표 아래 1997년 무렵부터 준비작업에 착수했다. 우선 조약집에 수록할 대상문서의 목록을 작성하고, 조약 원문과 번역본을 축적하기 시작했다. 당초의 구상은 주요 인권조약은 물론 그에 못지않게 중요성을 지닌 선언류나 국제적 행위준칙까지 포함하는 일종의 종합 국제인권문서집을 만들 생각이었다. 한국이 이미 가입한 조약은 관보에 공포된 공식 번역본이 있으므로 이의 파일을 모았다. 그렇지 않은 조약이나 인권문서는 원문 수집과 더불어 나도 틈틈이 번역을 했고, 관심 있는 대학원생에게 초벌 번역을 권하기도 했다.

　조약문의 번역은 매우 어렵고, 지루하며, 재미없는 작업이다. 아무리 세심한 주의를 기울여도 오역의 위험을 100% 피하기가 쉽지 않다. 99.9%의 정확한 번역이라도 0.1%의 오류에 대해서는 변명이 통하지 않는다. 국내에서는 번역을 학문적 성과로 잘 인정해 주지도 않는다. 학술적 번역의 경우 노력에 대한 금전적 보상이 전혀 따르지 않는다. 국제인권조약집과 같은 책자의 경우 상업성이 낮아 출판사를 구하기조차 쉽지 않다. 번역과 출판과정에서 오히려 개인적 지출만 발생할 가능성이 높다. 자연 이미 대학에 교직을 갖고 있던 사람에게 번역은 결코 매력적이지 못한 작업이다. 이러한 점들이 우리나라에서 전문 학술서의 번역이 저조한 이유이다. 그럼에도 불구하고 누구나 읽을 수 있는 국문 인권조약집이 반드시 필요하며, 국내에서 다른 누가 이 일을 할 것 같지도 않다는 막연한 사명감에 틈틈이 준비작업을 진행했다.

　아무도 재촉하지 않는 지루한 작업이 쏟아지는 일상적 업무 속에서 빨리 진행될 리는 없었으나, 2-3년 세월이 흐르다 보니 초역본이 얼추 모였다. 2000년 초 그간의 진척상황을 정리해 보니 이제 내가 어느 정도의 시간만 집중 투자하면 결과를 외부로 내보일 수 있으리라는 희망을 갖는 단계에 이르렀다. 개인적으로 2000년 8월부터 2001년 8월까지 1년간 LG 연암재단의 지원으로 미국에서 연구년을 보낼 예정이었으므로 미국서 이 작업을 마무리하고 2001년 연말을 책자발간의 목표시점으로 잡았다.

　2000년 3월 어느 날 유네스코 한국위원회측으로부터 연락이 왔다. 유네스코 한국위원회의 금년도 사업 중의 하나로 국제인권조약집을 발간할 계획인데 이에 참여할 의향이 있냐는 질문이었다. 나로서는 무엇보다 이런 작업에 관심을 갖는 기관이 있다는 것만으로도 반가웠다. 우선 유네스코측의 구상을 듣기로 하고 실무담당자를 만났다. 내 연구실을 방문한 담당자는 6-7명의 교수나 관계 공무원으로 편집위원회를 구성해 수록조약을 선정하고, 편집위원들이 분담해 가을까지 번역을 하면 연말 이전에 책을 발간하겠다는 계획을 설명했다. 진행경비는 유네스코 한국위원회가 전담한다고 했다.

유네스코측 구상은 보통 사람들이 생각할 수 있는 전형적인 업무추진 방식이었다. 그러나 나는 한국에서 그런 방식의 작업진행으로는 결코 만족스러운 결과를 얻지 못한다는 소신을 갖고 있었다. 약간의 수당을 받는 위원들로 위원회를 구성해 여기에 일을 맡기면 결국 아무도 책임감을 갖지 않게 된다. 결과물을 자신의 성과로 인정받을 수 없는 경우 약간의 수당만으로는 참여자에게 책임감을 부과하지 못하기 때문이다. 위원회를 구성해 작업을 분배하면 일부 위원은 기왕에 국내에 번역본이 있는 경우 제대로 살피지도 않고 이를 재활용할 가능성이 높고, 일부 위원은 대학원생 제자에게 수당을 주고 번역을 맡길 가능성도 있다. 누구도 번역의 질은 고민하지 않고, 적당히 외관만 갖추어 작업을 마무리할 것이다. 용어 사용의 통일성은 물론 기대할 수 없다. 한두 사람이 개인사정으로 작업일정을 못 맞추면 일은 마냥 늘어지게 된다.

그래서 나는 개인적 관심에서 같은 목적의 작업을 이미 몇 년 전부터 진행해 어느 정도 진척이 있음을 설명하고, 작업에 따른 아무런 금전적 대가를 받지 않겠으니 이 일을 전적으로 나 한 사람에게 맡기라고 제안했다. 나는 국제인권조약집이 국내에서 발간된다는 사실만으로 만족하겠다고 말했다. 그리고 위원회 방식으로 일이 잘되는 경우는 한 번도 보지 못했으니, 원래의 구상대로라면 나는 아예 참여하지 않겠다고 말했다. 담당자는 생각지 않던 반응에 내심 당황했을지 모르겠으나, 내 제안을 내부적으로 검토해 다시 연락을 주겠다고 답했다. 다행이랄까 위원회 구성 제안은 아직 아무에게도 하지 않았고, 나에게 처음 말했다고 했다. 며칠 후 다시 연락이 왔다. 내 제안을 수락하겠으니 인권조약집 수록대상의 선정부터 번역의 완료까지 전적으로 알아서 진행하고, 단 연내에 책이 발간될 수 있도록 일정만 맞춰달라고 요청했다. 유네스코 한국위원회로서도 위원회 운영비와 번역수당의 지불 없이 책자를 발간하게 되었으니 당초 예산이 많이 절약되었을 것이다.

바라던 인권조약집을 출간할 수 있다는 사실에 기뻤으나, 일정은 당초 구상보다 바빠졌다. 애초에는 인권조약 뿐 아니라, 다른 중요 인권문서도 포함하는 좀 더 포괄적 인권문서집을 구상했으나, 유네스코측과의 협의 결과 예산문제도 있으니 이번 작업에서는 세계인권선언 외에는 인권조약만을 수록하기로 했다. 그리고 국제인도법 관련조약과 ILO 조약은 국내에 이미 번역본이 어느 정도 나와 있으므로 수록을 생략하기로 했다. 이리하여 대략 약 30여건 인권조약을 선정해 본격적인 작업을 시작했다. 범세계적 적용을 목표로 하는 대표적 인권조약을 중심으로 하고, 유럽·미주·아프리카의 지역 인권조약을 포함시켰다. 한국이 가입한 조약에 관하여는 공식 번역본을 그대로 쓰기로 하고, 가입하지 않은 조약만 번역을 하기로 했다. 수록대상 중 한국의 기가입 조약은 14건이었으며, 번역의 분량으로는 약 40% 정도였다. 처음 생각에는 이미 적지 않은 조약의 초역본을 확보하고 있으므로 마무리 과정이 어렵지 않게 진행될 수 있으리라 기대했다. 그러나 막상 작업을 본격화하니 진척은 생각보다 더디었다.

진행방식은 아직 초역이 없는 조약을 우선 번역하고, 그 다음 초역본을 영문본과 대조해 수정하고, 최종적으로 수정본을 다시 검토하는 3단계 작업으로 구상했다. 미결의 초역작업과 1차 대조작업의 1/4 정도는 내가 담당하고 나머지는 1999년 연말부터 시작한 서울대학교 법과대학 두뇌한국(BK) 21 사업 참여자(이정선, 장복희, 정진석, 주진열, 심상민, 이성진)의 부분적인 조력을 받기로 하고, 최종 수정작업은 다시 내가 전담하기로 했다. 그런데 이 작업이 생각보다 만만치 않았다. 그간 수집한 초역을 원문과 1차 대조하는 과정에서는 거의 대부분을 내가 새로 번역하다시피 했다. 널리 알려진 세계인권선언만 해도 국내에 언제 누가 했는지도 알 수 없는 몇 종의 번역이 있었으나, 기존의 번역을 도저히 그대로 사용하기 어려웠다. 2000년 봄학기에 「국제인권규약과 개인통보제도」라는 책자의 제작도 동시에 진행하고 있었다. 이 책자 발간을 출국 전 우선 마무리하기로 하고, 결국 국제인권조약집 번역은 미국에서 완료하기로 했다.

2000년 7월 도미해 살 집을 구하고 8월 이사하고 나서 미국 생활의 초반부는 인권조약 번역 작업에 집중했다. 미국에서는 이미 2차례의 검토과정을 거친 조약을 대상으로 한 최종 수정작업을 했는데 이 때 또 다시 무수한 교열과 윤문을 피할 수 없었다. 약 2달 가까이 조약문과 씨름한 끝에 10월 초에는 모든 작업을 마치고 최종 파일을 서울로 보낼 수 있었다. 이메일이 일반화되었기에 가능한 일이었다. 내가 바로 전 미국에서 연구년을 보냈던 1987−88년에는 이런 연락사항이 있다면 오직 우편 밖에 다른 수단이 없었다. 이 작업을 위한 미국−서울 간 연락 업무는 대학원생 이정선 군이 담당했다. 유네스코측에게 나는 몰라도 중간 역할을 할 이 군에게만은 약간의 수당지급을 요청해 이는 성사되었다.

사실 국제조약은 완벽한 번역이 불가능하다고 보는 것이 옳다. 아무리 뛰어난 전문가의 번역본이 있더라고 확실한 의미 파악을 위해 원문이 필요한 경우가 많다. 이에 국문 인권조약집이라도 영문본을 함께 수록하면 편리해할 독자가 많으리라고 생각했다. 특히 전문가들에게는 영문본의 필요성이 더 높다. 당초 책자는 국문본으로 발간하되, 국영문본을 모두 수록한 CD−ROM을 제작해 부록으로 첨부하려고 구상했다. CD−ROM으로 제작하면 주제어 찾기 기능을 포함시킬 수 있으니 여러 모로 편리하고, 본문에 포함시키지 못한 더 많은 인권문서도 추가할 수 있는 이점이 있다. 그러나 유네스코측과의 최종 협의 결과 책자 본문에 국영문을 모두 수록하고 CD−ROM은 제작하지 않기로 했다. 출판사는 유네스코측이 선정했는데 마침 같은 해 나의「국제인권규약과 개인통보제도」를 간행했던 사람생각이 맡게 되었다. 드디어 미국 체류 중이던 2000년 12월 말 544쪽 분량의「국제인권조약집」이 상재되었다. 인권조약집으로는 국내 최초의 책이었다.

유네스코 한국위원회는 인권조약집의 전체 내용 파일을 홈페이지에 등재해 일반인 누구나 내려 받을 수 있도록 공개했다. 이 사실이 차츰 알려지자 국내에서는 세계인권선언을 포함해 미가입 인권조약은 거의 내 번역본을 사용하게 되었다. 국내에서는 인터넷에 올라 있는 내용은 마치 저작권이 없는 듯 생각한다. 민간 NGO는 물론 국가인권위원회 같은 국가기관들조차 나의 번역본을 역자 표기도 없이 버젓이 자신들의 저작물인양 홈페이지에 올려놓았다. 이런 행위는 물론 저작권법 위반이다. 나로서는 금전적 대가를 바란 적은 없지만, 최소한 번역자 이름이라도 표시해 주기를 원했으나 국내 어떤 기관도 이를 해 준 곳은 없었다. 심지어 내 파일을 국제적으로 돌려 사용하기도 했다. 미국 미네소타 대학은 매우 훌륭한 디지털 국제인권문서 도서관을 구축하고 있다. 나 역시 종종 사용하던 싸이트였다. 미네소타 디지털 인권도서관측은 각종 인권문서를 영어 뿐 아니라, 각국어 번역본도 구해 올려놓고 있었다. 어느 날 방문하니 한글 번역본이 여러 건 등재되어 있었다. 모두 내 번역본 파일을 이용한 것이었다. 물론 누구의 번역이라는 표시는 없었다. 아마 어느 한국인이 유네스코 한국위원회 홈페이지에서 파일을 받아 미네소타 대학측에 제공한 듯 했다. 아마 그 역시 법학을 공부한 사람이 했을 것이다. 이런 현상에 처음에는 불쾌했다. 해당기관에 항의해 최소한 번역자 표시를 하라고 요구할 생각도 했으나, 이는 마치 내가 온 세상과 싸우는 일이 될 듯 했다. 너무나 많은 기관을 상대로 다투어야 했기 때문이다. 이런 일을 지적하면 한국 공무원이나 기관 담당자들은 내 책임 아니라고 발뺌만 할 뿐 도통 시정하려는 노력을 하지 않는다는 사실을 너무 잘 알기 때문에 모른 척 넘어가는 편이 나의 정신건강에 더 좋을 듯 했다. 그렇게 내 번역파일이 널리 무단 보급된 결과 간혹 국내에서 우리는 모두 선생님이 번역한 세계인권선언을 읽고 있다는 소리를 들으면 기분은 좋다.

② 「증보 국제인권조약집」

2000년 유네스코 한국위원회 지원으로 성사된 「국제인권조약집」은 중요 국제인권문서를 모아논 국내 최초의 책자였기 때문에 전공자들은 물론 국내 인권활동가들에게 널리 이용되어 나름의 소임을 했다고 생각한다. 나 역시 이 책을 항상 곁에 두며 편리하게 활용했다. 그런데 읽다 보면 어색한 표현이나 오류에 가까운 부분이 발견되기도 했다. 번역자는 그럴 때마다 책을 감추고 싶은 부끄러움을 느끼나, 이미 엎질러진 물이다.

2000년 첫 출간으로부터 여러 해가 지나다 보니, 그 사이 국제사회에서는 중요한 인권조약이 새롭게 채택된 사례가 적지 않았다. 한국이 가입한 조약도 늘었다. 차츰 나로서는 이제 더 이상 기존의 국제인권조약집을 남에게 권하기도 쑥스럽게 되었다. 개정판을 내야겠다고 생각했으나, 다시 한번 어느 출판사가 이런 책을 내줄까 하는 걱정이 앞섰다. 2007년 우선 유네스코 한국위원회에 개정판을 마련하면 전과 같이 제작을 지원할 의사가 있는지를 문의했다. 더 이상 관심이 없는지 가타부타 아무런 응답조차 없었다. 마침 2008년은 세계인권선언 채택 60주년이 되는 해였다. 개인적으로라도 이를 기념하는 의미에서 국제인권조약집 증보판을 내야겠다고 결심하고, 2007년 후반기부터 준비작업에 착수했다. 새로 추가할 조약의 목록을 구상하고 영문 파일부터 모으기 시작했다.

증보판에 수록할 조약의 선별원칙은 다음과 같았다. 국제사회에서 활용도가 높고, 당사국 수가 많으며, 그 주제가 가급적 범세계성을 갖춘 조약을 우선적으로 선별했다. 2000년 판에는 넣지 않았던 ILO 8대 협약과 2002년 발효된 국제형사재판소 규정을 추가했다. 유럽, 미주, 아프리카에서의 지역적 인권협정과 부속의정서들은 각기 자기 대륙에서만 적용되는 조약이기는 하나, 그 국제적 비중을 감안해 포함시키었다. 이번에는 욕심을 내어 인권관련 주요 결의도 추가했다. 그랬더니 수록 문건수가 2배 이상으로 늘었다. 자연 분량의 대폭적인 증가가 예상됐다. 상업성 없는 책자인 만큼 제작비 부담이 우려되었다. 그래서 고민 끝에 영문본 수록을 줄이기로 했다. UN에서 채택되고 범세계적 적용성을 갖는 조약만 영문본을 수록하기로 하고, 나머지는 국문본만 담기로 했다. 그 사이 인터넷 자료환경은 날로 좋아져 영문본이 꼭 필요한 독자는 이를 어렵지 않게 구하리라 생각했기 때문이었다.

마침 연구년을 맞아 2008년 상반기 동안 미국 에모리 법대에 체류했다. 오랜만에 일상의 의무가 없는 생활을 보내며 에모리에서의 첫 번째 작업으로 인권조약집 증보를 위한 원고를 완성할 수 있었다. 당시 작성한 작업일지를 보면 2008년 1월 13일 본격적인 작업을 시작해 2월 22일 마무리한 것으로 기록되어 있다. 증보판에는 총 63건의 조약 및 결의가 수록되었는데, 그중 23건은 공식 번역본을 활용했고, 40건은 내가 번역했다. 2000년 초간본에 수록된 번역문이라도 전체를 원문과 다시 대조하며 필요한 수정을 했다. 세계인권선언의 번역도 일부 손질을 했다. 어쩌다 보니 「국제인권조약집」의 초판과 증보판 모두 마무리 작업은 미국에서의 연구년 기간 동안 하게 되었다.

당시 나는 6월 말까지 에모리 대학에 체류했기 때문에 일단 완성된 원고 파일은 보관만 하고 책자의 제작은 귀국 후 진행했다. 귀국 후 여름 방학동안 틈틈이 번역을 재검토했다. 그 사이 염규홍 사장이 운영하던 사람생각은 사실상 운영을 중단하고 다른 사람에게 넘겨졌다. 다른 출판사를 찾아야만 했다. 증보판은 서울법대 공익인권법센터에서 공익인권총서로 간행하는 방식을 취했다. 이 경우 센터가 출판사인 경인문화사에 300만원의 제작 지원비를 지원했기 때문에 성사될 수 있었다.

수록 문건수가 대폭 늘다 보니 책자의 분량 조절을 위해 영문본 수록 건수를 줄였고, 활자 또한 초판보다 작은 크기를 사용했음에도 불구하고 전체 면수가 200면 가까이 늘었다. 증보판이 내용은 대폭 보강되었지만, 초판의 경우 유네스코측에서 대량 구입해 국내 각계에 보급을 했기 때문에 시중에서는 이후에도 초판이 널리 활용되었다. 실제 사용하다 보니 증보판에는 영문본이 생략되어 불편한 경우도 있어, 때로 나조차 초판본에 손이 더 자주 갔다. 유네스코 한국위원회 홈페이지를 통해 초판 번역본 파일이 널리 확산되었기 때문에 세계인권선언의 경우 증보판에서 일부 수정을 했음에도 불구하고 시중에서는 구판 번역이 그대로 사용되는 경우가 많았다. 다른 번역본 역시 마찬가지였다.

앞서도 언급한 바와 같이 특히 법률문서의 번역은 매력 있는 작업이 못된다. 법조문은 번역을 통한 완벽한 의미 전달이 한층 어렵다. 아무 대가도 없는 인권조약집의 번역을 내고 오류로 인해 또 다시 가슴 뜨끔한 경험을 할 일도 두려웠다. 그래도 국내에서 나 아니면 누가 이 일을 하랴 하는 심정으로 작업을 했다. 2008년 증보판의 발행으로 세계인권선언 채택 60주년을 개인적으로 기념할 수 있어서 기뻤다.

증보판의 발간으로부터 다시 10년 이상의 세월이 흘렀다. 서점 인터넷 홈페이지를 통해 확인해 보면 여전히 이 책이 주문가능하다고 나오니 2008년 출간분이 아직도 재고가 남았나 보다. 국내 출판시장 상황이 이러니 누가 이런 종류의 책을 내려 하겠는가? 나 역시 2번의 출간시 아무런 수고료는 받지 못했고, 주위 사람들에게 증정하기 위한 우편료만 수십만원 씩 지출해야 했다. 혹시 누가 새로운 국제인권조약집을 발간하겠다고 하면 이 책 수록분에 대한 번역저작권은 주장하지 않을테니 자유롭게 이용하기 바란다. 내 책의 번역본을 그대로 전재하거나 주로 참고한 경우 그 사실만 책 어느 귀퉁이에 표시해 주면 고맙겠다.

다. 「공익과 인권 총서」

① 정인섭편, **「재외동포법」**(사람생각, 2002, 292쪽) (「공익과 인권」 제2호)
② 최대권·정인섭편, **「고교평준화」**(사람생각, 2002, 247쪽) (「공익과 인권」 제3호)
③ 안경환·정인섭편, **「집회와 시위의 자유」**(사람생각, 2003, 334쪽) (「공익과 인권」 제6호)
④ 정인섭편, **「이중국적」**(사람생각, 2004, 419쪽) (「공익과 인권」 제9호)
⑤ 정인섭·황필규편, **「난민의 개념과 인정절차」**(경인문화사, 2011, 420쪽) (「공익과 인권」 제18호)

BK 21 법학연구단 공익인권법센터의 「공익과 인권 총서」 발간 배경에 대해서는 앞서 소개한 바 있다. 나는 「증보 국제인권조약집」 외에도 모두 5권의 총서 발간에 참여했다. 모두 공익인권법센터의 학술회의를 먼저 기획하고, 그 결과물을 책자화한 경우이다. 각권의 출간 배경과 경위를 간략히 소개한다.

① 「재외동포법」
2001년 11월 29일 헌법재판소는 "재외동포의 출입국과 법적 지위에 관한 법률"(이하 재외동포법)에 대해 헌법 불합치 결정을 내렸다. 곧 바로 국내 거의 모든 일간지가 이 문제를 사설로 취급하였을 정도로 이 결정에 대한 사회적 관심은 지대했다. 사실 이 법에 대하여는 출발 당시부터 적지 않은 논란이 벌어졌었다. 이른바 과거 국적주의라는 기준을 통해 구 공산권 출신 재외동포에 대하여는 이 법의 적용이 사실상 배제되었기 때문에 한국은 돈 많은 재미동포만 우대하고 돈 없는 중국동포나 구 소련동포는 홀대한다는 반발이 강하게 제기되었다. 다른 한편 국적과 상관없이 우리 민족에게만 우대를 베풀겠다는 사고에 바탕을 둔 재외동포법은 국제사회의 규범에 저촉된다는 비판도 컸었다. 중국 등 인접국가의 관심도 첨예했다. 법이 국회를 통과하자 시행도 되기 이전에 중국동포를 통한 헌법소원이 제기되었고, 2001년의 헌법 불합치 판정은 바로 그 결과였다. 헌법재판소의 결정에 따라 2003년 말까지 재외동포법을 어떻게 처리할 것인가에 대한 입법적 결단을 내려야했다. 이에 긴요한 사회적 현안으로 등장한 재외동포법을 주제로 공익인권법연구센터가 학술회의를 조직하자고 제안해 2002년 4월 12일 개최되었다. 회의에서는 재외동포법을 보는 시각에 있어서 근본적으로 상반된 견해를 지닌 두 사람(정인섭 vs. 이종훈)이 발제를 했고, 또한 현실적으로 당장 가장 큰 문제가 되고 있는 재중동포문제를 어떻게 바라보아야 하느냐에 관한 별도의 발제(이진영)가 있었다. 이 책자는 3개의 발제문과 회의 당일 참석자들의 장시간에 걸친 토론내용을 수록했다. 이어 후반부에는 이 문제를 검토하는데 필요한 다양한 문서자료를 첨부함으로써 독자들이 재외동포법을 바라보는 정확한 시각을 형성하는데 도움을 주고자 했다. 「재외동포법」은 이 문제에 관한 당시의 사회적 논란을 이해하는데 여전히 유용한 책자라고 생각한다.

② 「고교평준화」

1974년부터 서울과 부산 지역 일반계 고등학교를 대상으로 무시험 추첨제 진학 – 이른바 고교평준화 제도가 시행되기 시작했다. 1975년에는 대구, 인천, 광주시로 확대되었고, 이어 1981년까지 전국 16개 도시로 확대되었다. 1969년부터 1971년 3년 사이 전국적으로 시행된 중학교 평준화 제도와는 달리, 고교 평준화 제도는 시행 확대에 많은 시간이 걸렸다. 한번 도입된 평준화를 포기하고, 다시 경쟁입시제도로 환원했던 도시들도 생겨났다. 고교 평준화 제도는 2000년대 들어서까지 천천히 그러나 지속적으로 확대되었다. 그런데 고교 평준화 제도가 적용되기 시작한지 근 30년이나 된 시점에도 이 제도의 타당성에 대한 사회적 논란은 여전히 그치지 않았다. 평준화가 위헌이라는 헌법소원도 제기되었다. 고교 평준화에 대한 논란은 이 제도의 교육적 효과에 대한 견해 대립에서 비롯되었다. 외고, 과학고 등 각종 특목고 등은 그러한 논란을 배경으로 평준화의 부작용을 보완하기 위한 목적에서 등장한 제도였다.

2000년 초반 국내에서는 고교 평준화 지역이 다시 확대되는 경향을 보임과 동시에 이 제도에 대한 반발과 논란도 크게 일었다. 당시 고교 평준화에 대한 사회적 논란은 거의 교육학자, 경제학자, 사회학자 등의 몫이었다. 이 제도가 적합한 법적 구조 속에서 시행되고 있는가에 대한 법학자의 검토는 거의 없었다. 시행 구조 속에서 개인의 법적 권리에 대한 침해는 없는지에 대한 검토 역시 별로 없었다. 나는 평소 고교 평준화 제도가 한국이 당사국인 국제인권규약상 개인의 종교의 자유 조항, 부모의 자녀 종교교육 선택의 자유 조항, 부모의 자녀 사립학교 선택의 자유 조항 등과 충돌된다는 결론을 갖고 있었다. 사실 이 점은 해석상 논란의 여지가 없을 정도로 조문 내용이 명백하다는 입장이다. 이에 고교 평준화 제도를 인권의 측면에서도 검토할 필요가 있다고 문제를 제기해 공익인권법센터의 학술회의가 조직되게 되었다.

이 책자는 2002년 6월 11일 개최된 "고교 평준화를 위한 무시험진학제의 인권법적 검토"의 결과물이다. 당일 발표된 나의 "국제인권조약과 현행 중등학교 진학제도"를 포함해, 허종렬(서울교대)·이기우(인하대)·최대권(서울법대)·정봉근(교원대) 교수의 발제문과 관련 각종 자료를 모았다. 평준화 제도에 대한 논란은 많았으나, 기관 보고서가 아닌 단행본 형태로 발간된 학술서로는 아마 최초의 책으로 알고 있다. 이후에도 찾기 힘들다.

③ 「집회와 시위의 자유」

1990년대와 2000년대 국내에서는 격렬한 도심 시위가 많았으며, 이를 규제하는 「집회와 시위에 관한 법률」(이하 집시법)은 정치성이 아주 강한 법률로 운영되었다. 집회와 시위의 자유는 민주사회를 지탱하는 기본적인 자유 중의 하나이다. 이는 국민의 기본권의 하나이면서도 집단적이고 외부 표출적 속성으로 인하여 공공질서나 타인의 자유보호와 충돌할 가능성이 적지 않다. 집회시위의 자유와 그 한계에 관한 논란은 그러한 본질적 속성으로부터 비롯된다. 우리 사회 일각에서는 집회시위에 관한 국민의 권리를 정부 당국이 자의적이고 과도하게 제한하고 있다는 주장이 있던 반면, 다른 일각에서는 무분별한 집회시위가 사회적 혼란을 초래하며 일반인에게 적지 않은 피해를 주고 있다는 주장도 있었다. 이에 집회시위의 자유의 내용과 한계를 전반적으로 재검토하는 학술적 모임을 가질 필요가 있다고 생각되었다. 또한 개인적으로는 당시 적용상 자주 논란이 되었던 집시법상 외교공관 100m 조항에 대한 국제법 시각의 분석도 제시하고 싶었다.

학술회의는 2003년 4월 18일 개최되었다. 1부에서는 집시법 운영 실태에 대한 김도형(변호사), 김승환(전북대), 권두섭(변호사)의 분석 발표가 있었다. 2부에서는 정찬모(정보통신정책연구원)의 "사이버 시위의 자유와 법적 규제"라는 발표가 있었는데, 이 발표는 인터넷의 발달에 따라 새롭게 등장한 현상을 국내에서 본격적 분석을 한 최초의 학술논문이었다. 나는 "집회시위의 자유와 외국공관이 보호"를 발표했었는데, 이 글의 결론은 2003년 10월 30일 헌법재판소의 집시법 제11조 1호 위헌결정으로 이어졌다. 이 책자는 회의에서 발표된 5개의 논문과 관련 자료를 수록했으며, 특히 집시법에 관한 20건의 각급 법원 판결을 수집해 수록했다.

④ 「이중국적」

과거 우리 사회는 이중국적으로 인해 여러 차례 홍역을 치룬바 있었다. 적지 않은 총리, 장관 임용대상자가 가족 중 이중국적자가 있다는 사실이 빌미가 되어 낙마했다. 가족 중에 이중국적자가 있다는 사실이 알려지면 여론의 무차별 폭격을 피할 수 없었다. 이중국적자는 박쥐나 카멜레온에 비유되며 마치 사회의 암적 존재로 비난받았다.

이중국적이 그토록 비난받아야만 하는 것이었나? 이중국적은 구체적으로 우리 사회에 어떠한 해악을 끼쳤는가? 왜 적지 않은 외국은 이중국적을 인정하고 있는가? 국제적으로 이중국적을 용인하는 국가의 숫자가 늘고 있는 이유는 과연 무엇이었나? 이런 질문에 대한 변변한 답은 없었다. 국내에서는 이중국적에 관한 외국의 사례는 물론 국내 실태에 관한 연구도 별달리 이루어진 바 없었다.

나와 당시 석동현 법무부 법무과장은 이중국적에 관한 올바른 인식 제고를 위해 한번 종합적 연구를 해볼 필요가 있다는데 의견이 일치했다. 둘 다 이중국적제 도입 필요성에 대해 개방적 입장을 갖고 있었다. 법무부가 공익인권법센터에 용역을 주는 형식으로 이 연구를 시작했고, 2004년 4월 28일 연구발표를 위한 학술회의가 공익인권법센터 주최로 개최되었다. 정근식(서울대 사회학과), 이철우(성균관대 법대), 김영석(이화여대 법대), 석동현(법무부)과 나 정인섭 5명의 발제가 있었다. 이 책자는 발표 논문과 함께 이중국적 관련 각종 법령, 조약, 국내 판례, 국내문헌목록 등으로 수록해 연구자들이 참고하기 편리하도록 구성했다.

당시만 해도 국내에서 2중국적에 대해 긍정적 시각을 공개적으로 펼치는 사례가 드물었다. 그러나 한국은 2010년 상당 폭의 이중국적을 용인하는 방향으로 국적법을 개정했다. 법무부 담당자는 무척 조심스럽게 이중국적 허용 법개정 추진했다. 그 때 담당과장이 현 차규근 출입국·외국인정책본부장이었다. 막상 법 개정안이 제출되자 걱정과 달리 얼마 전까지만 해도 이중국적에 대해 무조건 반대하던 여론은 온데간데없었다.

⑤ 「난민의 개념과 인정절차」

언제부터인가 한국사회에서도 난민이란 단어가 상당히 익숙한 용어로 자리 잡았다. 난민은 본국의 박해를 피해 외국으로 도피한 사람을 가리킨다. 오늘 날 각종 요인으로 세계 각지에서 대량의 난민이 발생하고 있고, 그 여파는 전 세계로 파급된다. 나는 공익인권법센터를 통해 서울법대에서 2009년, 2010년, 2011년 3년 연속으로 난민을 주제로 한 세미나를 조직했다. 즉

2009년 4월 14일 "난민 – 그 개념과 함의," 2010년 10월 27일 "난민 개념의 재검토," 2011년 10월 11일 "난민협약 채택 60년"이 그것으로 통상적인 학술 행사와 달리 모두 오후 7시부터의 야간행사로 진행했는데도 성황을 이루었다. 매번 3명씩의 발제자가 발표를 했는데, 이 책 「난민의 개념과 인정절차」는 그중 처음 2번의 세미나 결과물이다. 차규근(법무부), 정인섭(서울법대), 황필규(공감), 주진열(부산대 법대), 조정현(외교안보연구원), 오승진(단국대 법대), 김성수(판사) 등의 8편의 논문이 수록되었으며, 국내외 관련 자료를 함께 수록했다. 이 책자는 국내에서 난민을 주제로 한 비교적 이른 시기의 단행본이었다. 그리고 이 책은 내가 참여한 마지막 「공익과 인권 총서」였다. 한편 공익인권법센터는 8년 후 최계영 교수편으로 「난민법의 현황과 과제」라는 또 한권의 난민 관련 「공익과 인권 총서」(제30호)를 발간한 바 있다.

라. 「사회적 차별과 법의 지배」

(박영사, 2004, 290쪽)

이 책은 Microsoft사의 연구비 지원에 따른 서울법대 법의지배센터 2004년도 연구용역의 형식으로 진행된 결과물이다.

우리 헌법 제11조 1항은 "모든 국민은 법 앞에 평등하다. 누구든지 성별, 종교 또는 사회적 신분에 의하여 정치적, 경제적, 사회적, 문화적 생활의 모든 영역에 있어서 차별을 받지 아니한다"라고 규정하고 있다. 한국이 가입한 여러 국제인권조약도 차별금지를 규정하고 있다. 차별금지를 규정한 국내 법률 조항도 적지 않다. 국내에서 차별을 적극적으로 옹호하는 법률은 물론 찾기 어렵다. 그럼에도 불구하고 한국사회에서 차별이 존재하지 않는다고 생각하는 사람은 없다. 어떠한 차별도 없는 사회는 달성 불가능한 이상사회인가?

왜 차별은 법률상 금지되어 있는데 많은 사람들은 실제 일상생활 속에 차별이 존재한다고 생각할까? 우선 차별에 대한 판단기준이 다른데서 비롯될 수 있다. 당하는 사람은 차별이라고 판단하는데, 상대방은 차별이 아니라 정당한 구별에 불과하다고 생각할 수 있다. 내용적으로는 차별을 결과하지만 표면적으로는 전혀 그러한 모습을 띠지 않는 교묘한 차별이 이루어지는 경우도 있다. 과거에는 미처 차별이라고 생각하지 못했던 점을 이제는 차별이라고 인식하는 사람이 많아졌으나, 법률과 판례가 미처 이를 뒤따르지 못하는 경우도 있을 수 있다. 따라서 한국사회에서 어떠한 차별이 존재하고 이를 어떻게 시정해야 할까를 검토하기 위해서는 단순히 법조문만을 읽어 보는 것만으로는 부족하다. 이러한 현상은 이 책이 만들어진 15년 전이나 오늘이 크게 다를 바 없다. 사회 구성원 다수가 실제로 차별이라고 느끼는데 법이 미처 이를 제대로 구제하지 못한다면 법은 신뢰를 잃기 쉽다.

법의지배센터로부터 이 연구의 책임자로 위촉받은 나는 사실상의 차별이 이루어지는 사회적 현상을 법적으로 어떻게 통제하고 구제할 수 있는가에 초점을 맞추기로 했다. 연구의 내용을 다음과 같이 구성했다. 우선 대전제로서 차별의 헌법적 개념과 기준을 검토하는 주제를 선정했다. 이 부분은 "차별의 개념과 법의 지배"라는 제목으로 헌법학을 전공하는 서울법대 송석윤 교수에게 위촉했다. 이어 앞서 지적한 바와 같이 사회적으로 적지 않은 사람들이 차별을 경험하고 있으나, 형식적인 법률운영으로는 이의 시정이 쉽지 않다고 판단되는 영역에서 연구대상을 찾기로 했다. 구체적으로 혼인에 따른 차별, 성적 소수자에 대한 차별, 연령에 의한 차별, 전과로 인한 차별, 국내 화교에 대한 차별, 장애인에 대한 차별, 혼혈인에 대한 차별을 세부주제로 선정했다. 이 이외에도 같이 포함시켰으면 하는 항목이 적지 않았으나, 참여자 수의 제한에 따라 부득이 7개의 주제로 한정할 수밖에 없었다. 한국방송통신대학 김엘림 교수(노동법, 법여성학−혼인), 서울대 법대 양현아 교수(법여성학−성적 소수자), 동아대학 박경숙 교수(사회학−연령), 서울대학교 법학연구단 최정학 박사(형법학−전과), 성균관대 법대 이철우 교수(법사회학−혼혈인), 장애인차별금지법 제정운동에 종사하던 박종운 변호사(장애), 그리고 나(화교)로 연구진을 구성했다.

연구기간은 2004년 초부터 시작해 6개월로 예정되었다. 2004년 1월 16일 저녁 광화문 소재 중식당 Mr.Chow에서 연구자 상견례 겸 향후 진행일정을 협의할 첫 모임을 가졌다. 이후 수차례 중간 모임을 가지며 연구의 통일성과 수월성 확보를 위한 의견 교환의 기회를 가졌다. 그 과정에서 특히 부산에 거주하던 박경숙 교수는 매번 서울을 오가는 수고를 마다하지 않았다. 연구 참여자들은 앞서 지적한 바와 같이 이 프로젝트가 단순히 법조항 상에 포함된 차별적 조항의 조사나 열거에 그치지 말고, 실제 일상생활 속에서 벌어지는 차별 현상을 수집하고 이를 시정하기 위한 법적 통제를 어떻게 실현시킬 수 있는가에 초점을 맞추기로 약속했다.

그 결과 2004년 6월 29일 서울대학교 법과대학 서암홀에서 개최된 "사회적 차별과 법의 지배"라는 주제의 학술회의에서 각자의 연구결과를 발표하고, 그에 대한 토론의 기회를 가졌다. 이 날의 발표와 토론을 통해 연구자들이 미처 생각하지 못했던 점도 발견되었으며, 좀 더 논리를 분명히 해야 할 필요가 있는 부분도 부각되었다. 학술회의 이후 각 필자는 약 1달간의 보정기간을 가졌고, 이후 수집된 원고로 본 책자가 구성되었다. 책자에는 연구 참여자의 논문뿐 아니라, 학술회의시 논의된 토론내용도 그대로 녹취 수록했다.

이 책자는 2005년도 문화관광부 우수학술도서로 선정되었다.

마.「국가인권위원회법 해설집」

정인섭 · 김엘림 · 정연순 책임집필(국가인권위원회, 2005, 666쪽)

나는 2004년 12월 – 2006년 12월 3년 임기의 국가인권위원회 위원(비상임)을 맡았다. 국가인권위원회는 2001년 11월 출범해 첫 4년 동안 접수된 진정 · 상담 · 안내 건수가 무려 9만 건에 육박했다. 국내에는 법원을 필두로 정부 내 각종 기관이나 위원회가 억울하거나 불법 · 부당한 일을 당한 국민의 권리구제기관으로 활동하고 있음에도 불구하고 신설 국가인권위원회에 단기간 동안 그렇게 많은 하소연이 집중되었다는 현상은 무엇을 말하는가? 한국 사회에는 부당하게 차별받고 억울하게 권리침해를 당한 사람들이 그 만큼 많다는 사실을 보여 주었다.

국가인권위원회는 「국가인권위원회법」을 설립과 활동의 근거로 한다. 이 법은 2001년 5월 제정되어, 그 해 11월부터 시행되었다. 국가인권위원회는 입법·사법·행정 어느 부서에도 속하지 않는 독립적 기관으로 인권의 보호와 향상만을 전담하는 국가기관임을 표방했지만, 오랜 역사를 지니지는 못했기 때문에 당시 국민은 물론 공무원 사이에서도 국가인권위원회의 역할과 임무에 대한 이해가 충분치 않았다. 첫 몇 년간의 활동을 통해 위원회 운영의 틀도 잡혀 가고 선례도 집적되고 있었지만, 타부처 공무원은 물론 위원회 소속원들 사이에서도「국가인권위원회법」내용에 대한 오해와 이견이 적지 않았다. 이에「국가인권위원회법」에 대한 상세하고 표준화된 해설서가 만들어질 필요가 있었다.

이 책의 착안과 기획에는 당시 위원회 인권상담센터 김형완 소장(현 인권정책연구소 소장)의 노력이 컸다. 2005년 4월 김형완 소장이 나를 만나자고 했다. 용건인즉 국가인권위원회법 해설서 제작을 해야겠으니 내가 그 일의 책임을 맡아달라는 요청이었다. 필요성에 대한 내부의견 조율을 마쳤으며, 예산도 확보되어 있으니 금년 중 제작을 완성해야 한다고 말했다. 김 소장으로서는 인권위원 중 법학 전공의 대학교수인 내가 이 일을 맡아줄 적임이라고 판단했나 보았다. 필요성에 대해서는 이론이 있을 수 없었다. 그러나 교수직을 수행하며 비상임위원으로 1주일에 이틀 정도를 인권위 업무에 시간을 쓰느라 그렇지 않아도 분주한 마당에 이 작업까지 하면 내 공부는 언제 하는가 하는 걱정이 들었다. 김 소장의 설득이 망설이는 나를 이겨 그만 수락을 했다.

2005년 4월 19일 해설서 제작에 관한 첫 기획회의를 가졌다. 대강의 추진 방향과 집필자 선정을 협의했다. 내가 해설서 기획위원장 겸 집필대표를 맡고, 김엘림 방송통신대학 교수와 정연순 변호사가 집필자로 같이 참여하기로 했다. 4월 25일 점심을 겸하여 세 필자와 김형완 소장, 간사인 김정린씨 등 5명이 모여 첫 집필자 회의를 했다. 해설서 체제는 조문별 주석서 형식으로 하고, 매 조문별 설명 형식과 분량 등에 관한 기준을 협의하고, 3인이 담당할 법조문을 분배했다. 예산 집행 원칙상 12월 말 이전에 책자 제작이 완료되어야 하므로, 집필자 3인은 8월까지 초고를 완성하고, 이후 내부 검토절차를 거치기로 합의했다. 그리고 각 집필자는 필요한 경우 세부 내용별로 집필에 참여할 추가 필진을 선임할 수 있다고 협의했다. 일단 각자 맡은 부분에 대한 집필을 시작해 본 다음 3주 후 다시 모여 그간의 경험을 나누기로 했다. 이어 5월 16일 점심을 겸해 다시 집필자 회의를 했다. 집필의 방향과 틀이 잡혔다.

나는 「국가인권위원회법」 총론 제1절과 제3절, 제1장, 제2장, 제3장, 제5장 및 제6장의 집필책임을 담당했다. 세부적으로는 임진원 및 김종수 양인이 집필에 참여해 나와 공동으로 작업을 수행했다. 정연순 변호사는 제4장 제1절 권리침해행위 부분과 제4장 제2절과 제3절의 집필책임을 담당했다. 그중 일부는 김진 변호사가 작성했다. 김엘림 교수는 총론 제2절과 제4장 제1절 중 차별행위 관련부분의 집필책임을 담당했다. 세부 주제에 있어서는 송석윤, 이승욱, 조용만, 최정학, 김종철, 양현아 교수, 박종운 변호사, 박선영 박사도 집필에 참여했다.

필자들은 이 책을 통해 「국가인권위원회법」에 대한 일반인의 기본적 이해를 돋우는 한편, 인권위원회 소속직원들의 업무처리에 있어서 실무지침서 역할을 제공하겠다는 목적 하에 원고를 작성했다. 「국가인권위원회법」을 조문 순으로 해설함에 있어서, 그 내용 속에는 과거 4년간 국가인권위원회의 운영 실제, 결정 선례, 헌법재판소 및 국내 법원의 관련판례, 정부 내 다른 기관과의 비교, 그간 국회로 제안되었던 개정 법률안의 내용, 외국 및 국제기관에서의 사례비교, 국내외 학자들의 이론적 주장 등을 망라적으로 담으려고 노력했다. 「국가인권위원회법」 자체 뿐 아니라, 시행령, 시행규칙은 물론 자체 내 각종 규정에 관한 내용도 포함시켰다. 조문의 성격에 따라서는 실제 결정선례나 국내 판례에 치중하여 설명된 경우도 있고, 선례가 많지 않아 이론적 탐구가 중심이 된 경우도 있었다.

2005년 9월 초순 초고가 완성되어 3인 책임집필자들이 우선 돌려 읽었고, 이후 인권위원회 인권위원과 직원들에게도 회람시켜 자문을 받아 수정과정을 거쳤다. 일단 12월 말 완성된 책자는 수정·보완을 쉽게 할 수 있도록 가제식으로 제작했다. 책자의 내용은 어디까지나 집필자의 의견이지, 인권위원회의 공식적 입장을 표시하지는 않았다.

사실 이 작업의 중요성은 막중했으나, 시간 부족 등으로 솔직히 흡족할 만한 수준의 결과물까지는 못되었다. 해설서 제작은 사실 그렇게 단기간 작업으로 마치기보다는 보다 긴 시간을 두고 차근차근 진행할 일이었다. 그러나 한국의 현실은 이러한 필요를 제대로 충족시키기 어렵다. 그럼에도 불구하고 이 책자는 예상 외로 수명이 오래 갔다. 위원회의 선례가 쌓이는 속도와 현실을 감안한다면 최소한 몇 년에 한 번씩 전면적 개정이 필요하리라고 생각했으나, 그 후 근 15년이 지나도록 국가인권위원회는 아직도 이를 대체할 책자를 만들지 못했다고 한다. 2019년 신임직원에게도 여전히 이 책을 참고용으로 배포했다. 사실 인권위는 2019년 새 해설서를 발간할 준비를 했으나, 여러 가지 이유로 내부 참고용으로만 활용하고 대외 공개용 책자의 출간은 미루었다고 들었다.

4. 재일교포·한국문제

가.「재일교포의 법적 지위」

(서울대학교 출판부, 1996, 525쪽)

「재일교포의 법적 지위」는 나의 실질적 첫 저서이며, 평생 가장 많은 공력을 쏟은 책자라고 할 수 있다. 1981년 봄부터 재일교포의 법적지위를 공부하기 시작했으니, 근 15년간 이 주제를 붙들고 있는 셈이었다. 개인적으로 가장 애착과 자부심을 갖는 책이다.

이 주제에 관심을 갖게 된 데에는 우연한 계기가 있었다. 1981년 3월 나는 서울법대 석사과정 2년차로 학위논문 주제를 찾고 있었다. 대학원에서 겨우 1년 정도 공부한 시점이었으니 국제법에 대해 얼마나 알았겠는가? 당시 마침 PLO 문제가 국제적 조명을 받고 있어서 상해임시정부와도 관련 지워 망명정부의 법적지위를 석사논문 주제로 생각하고 있었다. 그 때는 국내 도서관의 자료수준이 정말로 빈약한 형편이라 관련문헌을 전혀 구할 수 없었다. 인터넷 역시 없던 시절이라 외국의 관련문헌으로 무엇이 있는지 확인조차 불가능했다. 주제는 흥미로웠으나, 어떻게 공부해야 할지 막막했다.

그러던 차에 1981년 3월 경 서현섭 당시 외교부 서기관으로부터 재일교포 법적지위 전반에 관한 설명을 들을 기회가 있었다. 서울법대 백충현 교수는 1981년 2월경부터 연희동 자택에서 1주일에 한 번씩 국제법 연구회 모임을 주관하셨다. 참석자의 대부분은 외교부에 근무하던 법대 선배들로서, 한번에 6, 7명 정도가 모여 거실 소파나 방 바닥에 앉아 발표를 들었다. 나는 막내로서 유일한 학생이었다. 대개 근무 중 현안과 관련된 주제를 한 사람이 간략히 정리해 와 발표하고 의견을 나누는 형식이었다. 3월 어느 날 법대 출신은 아닌 서현섭 서기관이 재일교포문제를 발표했다. 그 분은 일본 대사관 근무를 막 끝내고 서울로 귀국한지 얼마 안 되던 상태였다.

　　당시 국내 언론에서는 재일교포 차별실태가 자주 보도되었다. 재일교포 하면 일본사회에서 차별이라는 이미지가 거의 동시에 떠오르던 시절이었다. 그러나 막상 차별의 법적구조에 대해서는 잘 모르고 있었다. 서현섭 선생은 일본 근무시절 이 문제에 관심을 갖고 주목했고, 일본의 대학에서 국제법 연구의 기회도 가졌다. 그 분으로부터 재일교포 법적지위의 변천과 현황을 정리한 설명을 들은 참석자들은 나를 포함해 모두 가벼운 충격을 느꼈다. 일본의 차별실태보다 더 놀라운 사실은 차별의 법적구조에 대한 한국사회의 무지였다. 우리는 수 십 년 동안 재일교포에 대한 일본의 차별을 비난하고 흥분해 왔다. 매년 3.1절과 8.15 광복절만 되면 국내 각 매스컴은 특집처럼 재일교포 차별문제를 내세웠지만, 그에 관한 간단한 법적구조도 이해하는 사람이 많지 않았다. 실증적 연구가 부족했다. 감정적으로만 대하던 재일교포 차별문제를 법적구조를 통해 설명을 들으니 신선하기도 했다. 서현섭 선생은 발표를 마치며 자신은 외교 실무자로서 연구를 계속하기 어려우니, 학계에서 누가 이 문제를 공부해 주면 좋겠다는 바램을 피력했다. 백충현 교수를 포함한 참석자들은 내게 재일교포 법적지위문제를 석사논문 주제로 삼기를 권했다. 그 자리에서 즉답을 했었는지는 잘 기억나지 않으나, 나 역시 좋은 주제를 얻었다고 생각했다.

　　그로부터 약 1년 반 후인 2012년 8월 나는 "재일한인(在日韓人)의 법적 지위 및 처우에 관한 연구"라는 제목의 논문으로 석사학위를 받았다. 논문의 작

성과정에서 서현섭 선생으로부터 소개받은 동경대학 오오누마(大沼保昭) 교수가 法學協會雜誌(제96권(1979) 3호부터 제97권(1980) 제4호까지)에 발표한 조수(助手) 논문 "在日朝鮮人の法的地位に關する一考察" (1)−(6)이 많은 참고가 되었다. 이는 당시 일본 학계에서 조수 논문으로서는 큰 화제가 되었을 정도로 방대한 자료수집과 치밀하고 오랜 연구의 소산이었다. 분량도 논문이라기보다는 단행본에 해당했다. 처음 오오누마 교수의 논문을 접했을 때는 솔직히 스스로의 앞길이 암담하게 느껴졌다. 이 주제에 대한 공부를 막 시작하려는 나로서는 1년 정도의 기간 동안 오오누마 교수 논문 속에 포함된 내용 이외에 무얼 더할 수 있을지 막막했다. 더구나 당시 일본과 한국의 도서관 장서 수준은 하늘과 땅 차이였다. 나름 애를 써가며 1982년 봄 학기에 겨우 석사논문을 작성해 심사를 받을 수 있었다. 마침 1981년 여름 미국과 일본을 방문할 기회가 있어 적지 않은 학술지 논문을 복사해 온 것이 도움이 되었다. 나중에 다시 보니 부끄러웠지만 당시로서는 국내에서 이 문제에 관해 가장 포괄적인 내용을 담은 글이었다.

석사논문을 쓰는 과정에서 해외교포문제연구소 이구홍 소장을 알게 되었다. 이 소장은 20대 청년시절인 1964년 해외교포문제연구소의 설립을 주도해 줄곧 이의 운영을 맡아 왔다. 이구홍 소장은 재일교포문제를 오래 다루어 많은 생생한 경험을 갖고 있었다. 해외교포문제연구소가 마침 안국동에 위치해 방송대 취업 후에는 특별한 일이 없어도 한 두 달에 한번씩 이 소장을 방문해 재일교포사회에 관한 이런 저런 이야기를 나누었다. 그는 현장형 인물로서 교포문제를 법학적으로 접근하는 분은 아니었다. 그로부터 재일교포 유력인사의 신상이나 일본에서 벌어진 여러 사건의 배후사정에 관해 실감 있는 이야기를 많이 들을 수 있었다. 한국을 방문한 많은 재일교포들을 소개받거나 같이 식사할 기회도 얻었다. 일본에서의 생활경험이 없는 필자로서는 이구홍 소장을 통해 재일교포 실태에 대한 여러 간접 체험을 할 수 있었다.

한편 나는 일본에서 발행되는 통일일보를 석사 시절부터 구독하며, 필요한 기사를 늘 스크랩했다. 통일일보는 일어로 발간되는 대표적 교포신문으로 교포사회에서 벌어지는 온갖 소식을 담고 있었기 때문에 한국에 있는 나로서는 현장 소식의 보고였다. 그 때부터 통일일보를 근 20년 가까이 구독했는데, 아마 국내 개인으로는 최장기 유료 독자였을 것이다. 통일일보 서울사무소 직원들이 내 얼굴은 몰라도 이름은 익히 알고 있었다. 후일 미국으로 연구년을 갔을 때는 구독료를 선납하고 서울 주소로 배달받아 둔 다음, 귀국 후 1년 분 신문을 한꺼번에 읽었다.

재일교포사회에서는 1970년대 중반부터 권익옹호운동이 전개되었다. 1977년 미국의 카터 대통령이 취임한 이후 인권의 국제적 보호에 대한 범세계적 관심이 고조되었다. 국제인권규약이 1976년 발효되고, 일본도 1979년부터 적용을 받았다. 1980년대 들어 재일교포 후손 법적지위문제가 정부간 공식 의제로 거론되기 시작했다. 이러한 사회적 배경을 바탕으로 1980년대 들어 재일교포사회에서는 차별철폐 요구가 봇물처럼 터져 나왔다. 그 때 해외교포문제연구소는 「해외동포」라는 계간지를 발간하고 있었다. 나는 방송대학에 취업한 1984년부터 1988년까지 4년여 동안 재일한국인 사회의 현안문제를 다루는 소논문을 이 잡지에 모두 12편 기고했다. 다른 일반 학술지에도 재일교포 법적지위와 직접 또는 간접적으로 관련된 주제의 논문을 여러 편 게재했다. 이런 과정을 통해 30대 초반 시절부터 국내에서는 내가 재일교포 법적지위문제의 전문가로 알려지기 시작했다.

한일 양국 정부는 1988년 말부터 "재일한국인 후손에 관한 고위실무자 회의"를 개최하기 시작했다. 이것이 이른바 "91년 문제"라고 통칭되던 재일교포 후손 법적지위 재협의를 위한 회의였다. 회의가 개최된 직접적인 배경은 다음과 같다.

1965년 한일 국교정상화 합의와 함께 서명되어, 1966년 1월 17일 발효한 재일한국인 법적지위협정은 이른바 협정 영주 2세까지만 적용되고, 그 이하 후손에 대해서는 구체적 대책을 담고 있지 않았다. 이들에 대해 일본 정부는 "대한민국 정부의 요청이 있으면 본 협정의 효력 발생일로부터 25년이 경과할 때까지는 협의를 행함에 동의한다"는 막연한 조항뿐이었다(제2조 1항). 그 25년의 협상만료시한이 1991년 1월 16일이었다. 현실적으로 1991년이란 시점은 법적지위협정의 적용을 받지 못하는 이른바 협정영주 비(非)대상 3세가 본격적으로 태어나기 시작하는 시기이기도 했다. 즉 협정영주 2세인 1971년 1월 17일 이후 출생자가 자식을 낳으면 그 자식은 협정영주권을 인정받지 못하는데, 가장 일찍 출생한 협정영주 2세가 10대 후반이 되는 1980년대 말부터는 이러한 3세가 출생할 가능성이 있기 때문이다. 실제로 1988년 제1차 고위실무자회담이 개최될 무렵 협정영주 비대상 3세가 이미 출생했었다. 이러한 3세 출생자는 협정영주권자인 부모와 달리 당시 일본법상 법무장관의 재량에 따라 최고 일반영주나 3년 이하의 체류기간만 인정받는 특별재류자가 될 수밖에 없었다. 일본서 태어난 자식이 부모보다 법적지위가 불안정해지는 기이한 현상은 1965년 국교정상화 시점에는 한국국적을 유지하는 재일한국인 사회가 이렇게 수십년간 유지되리라고는 예상하지 못했기 때문에 발생했다. 25년 정도의 세월이 흐르면 재일한국인 사회는 소멸되고 대부분의 후손들은 일본 국적자로 태어나리라고 생각했었다. 그러나 예상과 달리 통칭 60만 재일한국인 사회는 25년이 지나도 거의 유사한 규모로 유지되었다. 1990년대 이르면 이른바 협정영주 비대상 3세가 본격적으로 출생하게 되었다. 이러한 현실이 방치될 수는 없었기 때문에 한일 양국간 협상은 불가피했다. 정식 본회담에 앞서 1985년 12월 동경과 1987년 4월 서울에서 2차례 예비회담이 개최되었다. 나는 이 문제에 관해 초기부터 외교부 담당자와 긴밀한 협의를 진행했었다. 1988년부터 시작된 공식 본회담시에는 한국 정부 대표단의 일원으로 회의에 같이 참석했다. 결국 한일 양국 외무장관은 1991년 1월 10일 서울에서 재일한국인 후손 법적지위에 관한 합의각서에 서명함으로써 이 문제를 타결했다.

이러한 협상과정에 관여하면서 교수 생활 초기 10여 년간 개인적 연구주제는 재일교포의 법적지위, 이를 좀 더 확대해 한일관계 및 외국인의 법적지위 등에 집중되었다. 여러 가지 이유로 일본 방문기회가 많았고, 그 때마다 재일교포 운동가들과 대화를 나눌 수 있었다. 특히 1980년대와 1990년대 전반부에는 재일교포문제와 관련해 정말 끊임없이 새로운 이슈가 터져 나왔다. 그 때마다 그중 법적 쟁점을 찾아 정리하려고 노력했다. 석사논문 작성부터 시작해 십 몇 년간을 재일교포 법적지위와 한일관계에 집중한 셈이었다. 사회적 관심이 높은 주제였기 때문에 관련활동을 통해 재벌 총수, 고위 관료, 인권운동가, 다른 전공분야의 교수 등 다양한 인사들과 교류하게 되었고, 이러한 연구를 통해 비교적 젊은 시절부터 연구자로서 일정한 입지를 구축할 수 있었다고 생각한다.

한편 나는 언제까지 재일한국인 법적지위문제에 매달려야 하는가라는 고민도 들었다. 1990년대 초반까지는 재일한국인 법적지위와 관련해서 정말 끊임없이 새로운 이슈가 터져 나왔다. 한 문제가 해결되면, 곧 이어 또 다른 문제가 불거졌다. 재일교포의 일본생활 모든 측면에서 문제가 제기되었다. 정말 파도 파도 끝이 없는 연구주제 같았다. 나는 오랫동안 자료 파일을 축적해 두고 있었기 때문에 새로운 문제가 돌출되어도 비교적 신속히 대응 논문을 만들 수 있었다. 이를 통해 일반인의 인식 속에 내 이름은 재일교포 법적지위 문제와 단단히 연결되었다. 반면 국제법 내 다른 주제를 공부할 시간의 확보는 상대적으로 힘들었다. 국제법학계에서 범세계적으로 새롭게 제기되는 쟁점이나 최신 국제판례의 내용 등을 따라 잡을 시간이 부족했다. 일정 부분에서는 남들보다 뒤처지는 듯한 불안감도 생겼다. 재일교포 법적지위문제에만 집중해도 국제법 교수로서 평생 지내는데 지장이 없을까 하는 걱정마져 들었다. 때로 지루하다는 생각도 들었다. 어느 시점에 매듭을 지을 필요가 있다고 생각했다. 1991년 협상 타결 이후 1990년대 중반부터는 재일교포사회에서 전과 같은 대형 이슈의 분출이 현저히 줄어들었다. 이 문제를 정리해 볼 적기가 아닌가 싶었다. 마침 1995년은 광복 50주년을 맞는 해였다. 이때를 맞추면 시의성도 있을 듯 싶었다. 그간의 연구를 바탕으로 재일교포 법적지위에 관한 단행본 출간을 마음먹었다.

1994년 무렵부터 재일교포 법적 지위와 관련해 기왕에 발표했던 논문들을 모아 재점검하고, 전체 목차를 구상하면서 한 권의 책으로 만들 때 부족한 부분은 무엇인가를 검토했다. 이어 새롭게 추가할 분야의 원고를 작성하는 한편, 과거에 다룬 주제에 관해서는 이후 변화된 진전사항을 보완하는 작업을 진행했다. 대부분의 원고는 방송대 근무 중인 1995년 상반기까지 완성되었다. 좀 더 추가적 연구가 필요한 부분도 몇 주제 있었으나, 어느 정도 선에서 마무리하지 않으면 평생 걸려도 끝나지 않을 듯 했다. 마침 1995년 봄 서울대 국제법 교수 공채가 발표되어 나도 응모했다. 여름 무렵 채용이 확정되어 1995년 9월 1일자로 서울대로 자리를 옮기게 되니, 이 책의 출간 계획은 잠시 미루게 되었다. 사실 준비를 하면서도 상업성은 전혀 없을 이런 책을 어느 출판사가 내줄지 막막했다. 아무래도 대학 출판부에 문의하는 편이 좋을 듯 했다. 1995년 10월 당시 백충현 법대학장께 그동안의 원고 준비상황을 설명드리고, 서울대 출판부에 대한 소개를 부탁했다. 백 선생께서 다리를 놓아 주시니 이후 진행은 순조로웠다. 다만 너무 늦게 작업을 시작해 1995년 중 책을 상재를 하지 못하고, 해를 넘긴 1996년 초 완성했다.「재일교포의 법적 지위」는 나의 교수생활 초반 10여 년이 응축된 결과물이었다.

10년을 넘게 집중하던 주제에 관해 하나의 단락을 지우니 정신적으로 일시 허전함이 몰려올 정도였다. 나의 다음 학술적 진로를 어떻게 설정할지 고민해야 했다. 이 책자의 서문에서는 "여건이 마련된다면 재일교포 법적지위에 관한 자료집 발간이 다음 소망"이라는 심정을 피력했다. 이 분야를 공부하려면 일본책을 주로 보아야 하는데, 일본에서는 연구서 외에 1차 자료들을 모은 각종 자료집 발간이 많은 점이 부러웠다. 연구자로서는 관련논문보다 남의 눈을 거치지 않은 1차 자료를 만날 때 더 반가울 때가 많다. 나 역시 10 몇 년 간 재일교포 법적지위에 관한 적지 않은 1차 자료를 수집했으며, 이를 가공하지 않은 원자료 형태로 정리해 학계에 제시하면 다른 사람들의 연구에 큰 도움이 되리라 생각했다. 다만 이런 작업은 매우 지루하고, 시간과 손이 많이 간다. 출판사 입장에서 제작비용은 많이 드나, 판매는 거의 되지 않을 것이다. 선뜻 혼자 뛰어 들기는 엄두가 나지 않았다. 이 작업은 결국 영영 하지 못했다.

후속작업으로 먼저 든 생각은「재일교포의 법적지위」속편의 집필이었다. 이 책을 출간하면서 아쉬웠던 부분은 아직 좀 더 취급할 주제가 있는데 미처 다 다루지 못한 사항들이었다. 특히 과거사 보상문제에 대한 보다 구체적 연구와 일북 수교가 이루어지면 발생할 예상문제의 검토 등을 추가하고 싶었다. 그 밖의 생활상 발생하는 몇 가지 문제점들에 대한 분석이 더해지면 충분히 또 한권의 책이 될 분량이라고 판단되었다. 속편에 속할 원고도 일부는 작성되었거나, 진행 중이었다. 나름 속편의 목차까지 구상했었다. 2−3년 집중하면 가능할 듯 싶었다.

여기에 새로운 장애가 발생했다. 서울법대로 직장을 옮긴 사실이 한 주제에 대한 장기적 집중을 어렵게 했다. 방송대 시절에 비해 강의부담이 크게 증가했으며, 기타 교수로서 요구되는 역할이 훨씬 많아졌다. 국제적 사건이 발생하면 언론사로부터의 문의가 항상 쇄도했다. 잘 모르던 분야는 새로 공부해 답변을 주기도 했다. 나중에는 특별한 국제법적 사건이 발생하면 언론사로부터 전화가 오기 전 미리 예습을 해 문의에 대비하기도 했다. 일상이 늘 쫓기는 기분이었다. 학기 중에는 논문 하나 쓰기 힘들다는 소리가 그제야 이해가 갔다. 대학교수로서 방학의 즐거움을 비로소 실감하게 된 생활이었다. 돌이켜 생각하면 내가 교수생활을 처음부터 서울대에서 시작했다면「재일교포의 법적지위」는 쓰지 못했을 것 같다.

보다 더 근본적인 문제는 국제법 교수로서 나는 언제까지 한일 과거사 문제에 치중할 것인가 여부였다. 재일교포문제 역시 한일 과거사에서 비롯된 유산이다. 과거사 문제는 익숙한 주제인듯 하나 정리나 분석이 되지 않은 분야가 너무 많았다. 언젠가는 집고 넘어가야 할 문제가 방치됨으로써 야기되는 사회적 부작용도 많다. 누군가는 연구해야 할 주제이다. 개인이 평생을 바쳐도 다하기 어려울 정도의 방대한 주제이다. 그러나 연구자로서 나는 언제까지나 과거를 조사하는 작업만을 해야 하는가 하는 회의도 들었다. 한국사회의 현재와 미래를 위한 연구도 해야 하지 않는가? 국제법 교수로서 나의 역할은 어디에 중점을 두어야 하느냐의 문제였다. 무엇이 더 한국사회에 대한 기여인가에 관해 갈등이 일어났다. 사실 이 문제는 이후에도 평생 내 가슴 속을 맴돌며 여전히 해결되지 않은 고민이다.

결국 90년대 말부터 재일교포 법적지위에 관해서는 새로운 주제에 대한 연구를 거의 하지 않았다. 석사생 시절부터 20년 가까이 계속하던 통일일보 기사 파일정리와 일본내 관련 문헌목록의 작성도 중단했다. 이후에도 한동안 나의 변화를 모르는 사람들로부터 재일교포문제에 관한 원고나 공동연구 요청이 오기도 했으나 모두 사양했다. 이렇게 여러 해가 흐르니 그간 교포사회의 변화를 알지 못해 이제는 무엇이 새로운 쟁점사항인지도 잘 모르게 되었다.

때로 생각해 본다. 내가 「재일교포의 법적지위」의 출간 이후에도 계속 이 주제에 천착했으면 지금의 나는 어떤 모습일까? 아마 내가 2000년 이후 집필한 원고의 상당 부분은 다른 내용이 되었을 것이다. 그러면 어느 편이 더 사회에 대한 기여가 되고, 국제법 연구자로서 나의 입지는 어떻게 되었을까? 쉽게 추측하기 어렵다. 아니 추측해 봐야 소용없는 다 지난 일이다.

1996년 초 책이 출간되자 한권을 들고 이구홍 해외교포문제연구소장을 찾아 갔다. 이 소장은 반가워하며 10년 내 이런 책이 또 나오기 힘들 것이라고 단언했다. 그 때만 해도 "10년"이란 말이 크게 실감이 되지 않았다. 내가 속편을 쓰든 다른 연구자가 나타나든 10년은 충분히 긴 세월로 생각되었다. 그러나 국내에서 재일교포 "법적지위"에 집중하는 연구자는 더 이상 나타나지 않았다. 이 책의 출간으로부터 사반세기가 지났는데, 아직도 별다른 신작이 없다. 나로서는 이 책이 학계에서의 계속 연구의 디딤돌이 되기를 기대했는데, 이제는 마지막 남겨진 유물처럼 늙어가는 형상이다.

2020년 연초부터 정년퇴임에 따른 학교 연구실을 비우기 위해 개인 장서들을 정리했다. 내가 평생 가장 집중적으로 책을 모은 분야가 바로 재일교포 문제였다. 특히 교수생활 전반부 동안 이 분야 책은 그야말로 닥치는 대로 사고 복사했다. 일본 갈 때마다 재일교포 관련 책을 여행가방 가득히 담아 왔다. 법적지위에 관한 연구서 뿐 아니라, 일본 정부의 외국인관련 간행물과 통계집, 재일교포 개인 회고록까지 재일교포들의 삶을 이해하는데 조금이라도 도움이 될 듯 같으면 무슨 책이든 사 모았다. 삶 자체를 어느 정도 이해해야 그들의 법적지위가 어떻게 되어야 한다는 당위성을 도출할 수 있기 때문이었다. 그들의 삶을 이해하기 위해 교포 작가들이 쓴 소설도 읽었다. 젊어서 요절한 이양지(李良枝: 1955-1992)가 1989년 아쿠타가와상(芥川賞)을 수상한 작품 「유희(由熙)」에는 재일교포인 주인공이 아침에 눈을 떴을 때 무의식중에 한국어와 일본어 어느 쪽으로 감탄사를 내뱉었는지를 스스로 궁금해 하며 자신의 정체성에 대해 고민하는 모습이 묘사되어 있다. 이 만큼 재일교포들 삶의 밑바닥에 깔린 고민을 실감 있게 전달하는 이야기가 있을까? 정년으로 연구실을 비우기 위해 장서를 정리하면서 가장 망설였던 부분이 재일교포 관련 책자의 처리였다. 법대 도서관에 기증하면 한 물 간 듯한 내 책들을 필요하다고 판단해 줄 지부터 자신이 없었다. 설사 받는다 해도 이 책들이 도서분류표에 따라 법률책들은 국제법, 헌법, 행정법, 민법, 소송법 등으로 분산되고, 나머지 책들도 사회학, 정치학, 역사학, 소설, 수필집 등으로 사방 흩어지면 무슨 의의가 있을까 걱정되었다. 도서관 사서는 이름 없는 재일교포의 회고록을 자리만 차지할 쓸데없는 책이라고 판단해 폐기할지도 몰랐다. 도서관에서 받을 리 없는 국내에서 구하기 힘든 많은 복사본은 또 어떻게 하는가? 재일교포 법적지위를 연구하는 누가 있으면 그에게 일괄로 주면 가장 바람직하겠으나 그 누구를 찾지 못했다. 내가 당분간 보관할까도 생각해 보았으나, 다 부질없는 일 같았다. 이미 20년 가까이 보지 않던 자료였다. 조만간 그 누구를 만날 것 같지도 않았다. 눈 딱 감고 책의 운명은 법대도서관에 맡기기로 하고, 복사본들은 재활용 쓰레기로 내 놓았다. 한편 재일교포에 관해 일반공개가 되지 않은 정부 자료나 각종 회의록 파일철도 적지 않게 보관 중이었다. 미처 글로 옮겨 놓지 못한 내용도 있었다. 혹시 당시 담당 공무원이 보관해 두지 않았다면 내가 자료를 폐기함으로써 영영 사라질 역사들이었다. 그러나 내 삶의 남은 시간 중 다시 볼 기회는 없을 듯 했다. 이 역시 누구 줄 사람이 없었다. 미련 갖지 말고 연구실을 정리하며 같이 폐기하기로 했다. 재일교포에 관한 책과 자료들이 연구실을 떠날 때, 내 삶의 한 부분이 떨어져나가는 심정이었다. 교수로서 정년을 맞았다는 사실이 비로소 실감이 갔다. 이로써 젊은 시절 십수년간 유달리 애착을 갖고 공부했던 재일교포 법적지위문제는 내 인생의 테두리 내에서 완전히 사라지게 되었다.

끝으로 「재일교포의 법적지위」와 관련된 작은 이야기 하나를 첨부한다. 책 서문에 이 문제에 대한 공부를 시작하게 된 서현섭 대사과의 인연도 소개했다. 출간 당시 이 분은 파푸아뉴기니 대사로 근무 중이었다. 근무지로 책 한권을 보냈다. 서현섭 대사와는 상당기간 만나지도 못하던 중이었는데 그 분 역시 약 15년 전 자신의 발표로부터 출발한 듯하지 않은 책자에 놀랐으리라 생각한다. 서 대사는 후일 자신의 「일본인과 천황」(고려원, 1997) 서문에 당시 내 책을 받았을 때의 소감을 "실로 감개무량하고 기쁘기 그지없다"고 적었다. 한편 서 대사는 서울법대와 또 다른 인연을 맺으셨다. 2016년 초 서 대사로부터 오랜만에 전화를 받았다. 한 번 만나고 싶다 하셨다. 2월 4일 덕수궁 옆 달개비 식당에서 점심을 같이 했다. 서 대사는 본인의 일본 명치(明治)대학원 시절 은사 미야자키(宮崎繁樹) 교수가 약 300여 년 전 출간의 그로티우스 「전쟁과 평화의 법」 라틴어판본을 자신에게 물려주어 간직하고 있었는데, 이제 이 책을 나를 주고 싶다며 들고 나오셨다. 값을 따지기 어려운 책자였다. 라틴어에는 문맹이나 이런 책을 내 곁에 두고 싶은 욕심이 당연히 났다. 그래도 나는 이 책을 받을 수 없으니, 대신 서울법대 도서관에 기증해 달라고 요청했다. 서 대사는 책을 내게 맡기겠으니 이후 처리는 상관하지 않겠다고 했다. 일단 책을 받아 4개월 반 정도 소장의 즐거움을 누리고, 6월 22일 법대 조홍식 학장과의 만남을 주선해 서 대사께서 직접 법대로 기증하는 형식을 취했다. 이 그로티우스의 책은 나중에 서울대 법학도서관에 귀중도서실이 만들어진 작은 계기가 되었다.

나. 「작은 거인에 대한 추억 - 재일변호사 김경득 추모집」

(경인문화사, 2007, 283쪽)

2005년 말 일간지에서 김경득(金敬得) 변호사 타계라는 소식을 접하는 순간 둔기에 머리를 세게 얻어맞은 듯 일순 멍해졌었다. 가슴 속으로부터 뭉클한 감정이 북 받쳐 올라 한동안 길거리에서 눈을 감고 마음을 추스려야만 했다. 재일한국인 법적지위에 대한 연구를 계기로 20년 가까이 김 변호사와 교유를 가졌던 나로서는 평소 그의 삶의 자세 자체를 존경하고 있었다. 더욱이 타계 얼마 전까지도 재일한국인 지방참정권 획득을 위해 활발한 활동을 전개했기 때문에 그렇게 홀연 떠날 줄은 정말 몰랐었다. 김경득은 1949년 일본 와카야마현(和歌山縣) 출생이니 타계시의 나이는 불과 56세. 요즘의 평균수명에 비하면 요절이라고 할 수 있는 나이였다.

그로부터 또 15년 — 요즘 젊은 세대는 김경득이라는 이름을 모르는 이가 적지 않을 듯 해 잠시 그를 소개한다. 김경득은 일본 최초로 외국인 사법연수생이 된 사람이다. 1976년 그가 일본에서 사법시험에 합격하자 최고재판소는 일본 국적으로 귀화해야만 사법연수소 입소를 허용한다고 통지했다. 김경득 이전에도 외국인이 일본 사법시험에 합격한 예가 10명 정도 있었으나, 모두 사법연수소의 요구대로 사전에 귀화절차를 밟고 일본인 자격으로 입소했었다. 그러나 김경득은 귀화신청서 대신 왜 자신은 귀화할 수 없는가를 밝히는 청원서를 제출했다. 청원서 일부를 인용한다.

"저는 어렸을 때부터 한국인으로 태어난 것을 한스럽게 생각했으며, 자신을 보호하기 위해 일체의 한국적인 것을 배제하려고 노력해 왔습니다. 초등학교, 중학교, 고등학교, 대학교, 해를 거듭하며 일본인처럼 행동하는 것이 습성처럼 되었습니다. 그러나 일본인의 차별을 피하기 위해 일본인처럼 가장하는 일은 매우 고통이 따르는 것이었습니다. 대학 졸업이 가까워짐에 따라 한국인이라는 것을 알아차릴까봐 주위에 신경을 쓰며 전전긍긍하며 살아가는 것의 비참함을 견딜 수가 없었습니다. 일본인처럼 보이기 위해 낭비한 노력의 바보스러움을 통감하게 되었습니다. 돌이켜 보면 노력을 기울여야 할 부분은 차별을 없애는 것이지, 일본인으로 가장하는 것은 아니었습니다. … 저는 대학 졸업 때 느꼈던 사회적, 직업적 차별을 계기로 일본인 앞에 한국인으로서 저의 존재를 나타낼 결심을 하게 되었습니다. 동시에 일본에 있는 한국인의 차별해소, 일본의 민주화를 위해 제가 할 수 있는 가장 효과적인 것은 무엇일까, 일본 사회의 차별로부터 도망치듯이 살아온 과거 23년간의 공백을 되돌리는 길은 무엇일까, 대학 법학부에 진학한 것의 의미를 나타낼 수 있는 길은 무엇일까에 관해 생각했습니다. 그 종합적 결론이 사법시험에 합격해서 한국인 사법연수생, 한국인 변호사가 되는 것이었습니다. … 이상과 같은 이유로 지금 사법시험에 합격해 최고재판소로부터 국적변경을 강요받고 있는 시점에서 경솔하게 귀화신청을 하는 것은 저로서는 할 수 없는 일입니다. 이는 제가 변호사로서 설 자리 그 자체를 잃는 것을 의미하기 때문입니다. … 일본사회의 한국인 차별이 없어지지 않는 한 저의 귀화는 어떠한 이유를 붙여도 결국은 어두운 그림자가 되어 따라 다닐 것입니다."

그는 일본 최고재판소의 방침에 대해 자신의 인생을 걸고 도전했다. 결국 김경득이 이겼다. 최고재판소는 규정을 바꾸어 그의 사법연수소 입소를 허용했다. 이후 일본에서는 재일한국인을 포함한 외국인이 변호사가 되는 길이 개방되었다.

김경득이 변호사 자격을 취득한 후 약 4반세기 동안 재일한국인 인권운동이 전개되는 현장에는 항상 그가 자리 잡고 있었다. 평균 키보다 훨씬 작은 왜소한 체구에서 어찌 그런 불같은 투지가 나오는지 불가사의할 정도였다. 김경득의 가치는 단순한 인권변호사로서의 역할에 그치지 않았다. 그는 재일한국인 사회와 일본 지식인 지지자들, 그리고 한국 내 여러 인사들 − 이들 3각 축을 원활히 연결시키고 조정할 수 있었던 최고의 인물로서 독보적 가치를 지녔다.

나는 재일한국인 법적지위를 주제로 대학원 석사논문으로 작성하면서 그의 이름을 지면을 통해 처음 접했다. 한국방송통신대학 전임강사 발령을 받은 이후에도 재일한국인 법적지위에 관한 연구를 계속하게 되자 그를 직접 만나보고 싶어졌다. 이후 정부 간담회, 학술행사 등 여러 기회를 통해 자연스럽게 그와 교유를 할 수 있었다. 내가 동경을 방문하게 되면 그의 "ウリ(우리) 법률사무소" 방문은 필수 일정의 하나였다. 그를 통해 법을 전공하는 재일한국인 인권운동가의 균형 잡힌 시각을 들을 수 있기 때문이었다. 그는 전사(戰士)였으나, 사고는 유연했고, 겉모습은 늘 여유로웠다. 나는 그런 인물을 개인적으로 알고 지냈다는 사실을 행운으로 생각한다.

50을 갓 넘긴 나이에 그에게 암이 발견됐다. 1차 수술과 치료는 성공적으로 진행되었으나, 5년 후 다시 암이 재발했다. 이번에는 반년을 넘기지 못하고 2005년 12월 28일 별세했다. 그는 변호사로 쉽게 살 수 있는 인생을 택하지 않고, 일본 사회의 편견에 몸으로 부딪치며 싸우다 죽었다. 두 달 후인 2006년 2월 25일 일본 동경에서 김경득 추모집회가 열렸다. 행사장에는 일본 전국에서 모인 재일한국인과 일본인 600여명이 운집해 고인을 애도했다. 그를 아끼던 지인들이 「변호사 김경득 추도집」(新幹社)의 발간을 계획했다. 나도 한 꼭지 글의 기고를 요청받았다. 1년 후인 2007년 2월 24일 동경의 한국

YMCA 강당에서 1주기 추모집회가 열리고 추모책자가 발간되었다. 나도 참석했던 이 모임에 역시 수많은 추모객이 모였다. 별다른 공식 직함도 없는 한 재일한국인의 죽음에 대해 많은 일본인들까지 찾아와 애도했다. 한국 정부는 그에게 국민훈장 무궁화장을 추증했다.

당시 나는 마음의 부채를 안고 귀국했다. 김경득을 위해 일본에서 추도책자가 발간되고, 추모행사가 열렸는데, 한국에서 아무 일도 없이 지날 수는 없다고 생각했다. 그를 그렇게 허망이 보낼 수는 없었다. 김경득의 행적과 추억을 반추하는 추모행사라도 열어야 하지 않을까? 우리들 마음 속에 그에 대한 기억을 지속시키고, 김경득을 모르는 세대에 대해 그를 알리는 책자라도 펴내야 되지 않을까? 사실 개인적 친분으로 말한다면 국내에 나보다 김변호사와 더 가까웠던 사람이 많이 있었다. 그러나 아무리 주위를 둘러보아도 누가 나설 것 같지 않았다. 결국 이 일은 대학교수인 내가 감당해야 할 일로 생각되었다. 고심 끝에 재외동포재단 이구홍 이사장을 찾아가 이 문제를 상의했다. 책자 발간과 행사경비로 천만 원 정도의 재정지원을 요청했다. 이구홍 이사장 역시 누군가는 해야 할 일을 정교수가 맡아준다면 고맙다며 흔쾌히 지원을 약속했다. 이제는 나의 일만 남았다.

책의 내용을 구상했다. 일본에서 발간된 「변호사 김경득 추모집」을 참고하며, 김경득이 남긴 글을 수집했다. 책자는 전체적으로 6개 부분으로 구성했다. 맨 앞에는 김 변호사 자신의 글을 수록했다. 짧은 글이지만 거의 모든 재일한국인이 겪는 정체성의 고민이 무엇이고, 김경득은 왜 그 같은 인생을 선택했는가를 보여 주고 있었다. 우리들이야 그들의 내면 깊숙한 고민을 과연 1/10 이라도 이해할 수 있겠는가? 두 번째는 김경득 활동평전이다. 이 부분은 일본에서 간행된 「변호사 김경득 추도집」의 해당부분을 편집위원회의 동의를 얻어 번역 수록했다. 지난 세월 김경득과 인권운동을 함께 했던 지인들의 눈을 통해 본 그의 모습이다. 세 번째는 김경득의 변호사로서의 법정활동을 직접적으로 보여주는 자료이다. 당초 그가 관여했던 대표적 재일한국인 관련 인권소송과정에서 제출한 소장이나 변론서를 번역 수록하려고 의도했으나, 서류들이 제대로 보관되어 있지 않아 일부는 해당 사건의 최종심 판결문으로 대체했다. 판결문 중에는 김경득의 주장이 수용된 경우도 있고, 수용되지 않은 경우도 있다. 네 번째 부분에는 김경득이 재일한인사회의 미래를 어떻게 구상하고 있는가를 보여주는 글을 모아 수록했다. 다섯째 부분에는 김경득을 그리며, 그의 요절을 아쉬워 하는 지인 20명의 추억담을 모았다. 일본에서 발간된 추도집에는 주로 일본 내 지인들의 목소리가 담겨져 있었으므로, 이 책은 국내 인사들의 글을 중심으로 했으나 평소 남달리 가까웠던 재일한국인 몇 분도 참여했다. 마지막에는 그의 연보를 수록했다.

사실 이 책은 저서가 아닌 편저였으므로 직접 집필의 부담은 많지 않았다. 자료를 모으고, 필요한 번역을 하고, 회고담을 수집하는 일이 내 역할이었다. 당초 걱정했던 것보다는 보기 좋은 모양의 책자가 2007년 11월 말까지 만들어졌다. 책자 발간과 함께 김경득 변호사 2주기 추모행사를 2007년 12월 11일 저녁 프레스센터 18층 외신기자클럽에서 가졌다. 일본으로부터 고인의 부인과 4자녀, 그의 오랜 동지이자 후원자 타나카 히로시(田中宏) 교수, 정해룡 전 민단단장, 김총령 전 통일일보 편집장 등이 이 행사 참여를 위해 서울로 왔고, 국내에서는 한승헌 전 감사원장, 재외동포재단 이구홍 이사장, 김석우 전 통일원차관 등 모두 80여 명이 참석해 모임은 성황을 이루었다. 벌써 10년도 더 지난 일이지만, 김경득에 관한 글을 쓰다 보니 요절한 그가 다시 그리워 가슴이 또 한번 뭉클하다. 아, 김경득! 도대체 그는 저승에 무슨 급한 일이 많았기에, 이승의 깊은 인연들을 모두 마다하며 그리 빨리 우리 곁을 떠났는가?

다. 「한국판례국제법」/「한국법원에서의 국제법판례」

① 「한국판례국제법」

(홍문사, 1998, 358쪽)

② 「한국판례국제법(제2판)」

(홍문사, 2005, 487쪽)

③ 「한국법원에서의 국제법판례」

(박영사, 2018, 451쪽)

① 「한국판례국제법」

국제법 공부를 시작하는 사람들은 과연 국제법이 우리의 사법운영이나 법 현실과 얼마나 관계가 있는지에 대해 궁금증을 품는 경우가 많다. 통상의 국제법 서적에서 접하는 대부분의 사례는 외국에서 벌어진 사건들뿐이다. 아직 한국이 본격적인 국제재판을 해 본 경험도 없다. 국제법이 여타의 국내법과 달리 현실의 법으로 느껴지지 않아도 무리가 아니다.

내가 대학원 석사생 시절 국내에서 국제법 교과서로 널리 사용되던 이한기 교수와 김정균 교수의 국제법서에는 국내 법원의 판결이 전혀 소개되어 있지 않았다. 아무리 국제법이란 특성을 감안해도 특히 공부하는 학생의 입장에서 국제법이란 우리의 현실과 직접 관련이 없는 마냥 남의 일과 같은 인상을 받아도 이상한 일이 아니었다. 국제법은 정부에서 외교를 담당하는 소수의 관계자들만이 다룰 사항이라고 생각하기 쉬웠고, "국제법도 법인가?"라는 질문에 늘 시달려 왔다. 사실 한국은 19세 말 근대 국제법을 처음 접한 이래 20세기 중엽까지 국제법의 정립과 운영에 있어서 "타자(他者)"에 불과했다. 대학원에서 국제법을 전공하기 시작한 초년 시절 국제법이 우리의 현실에 갖는 의미가 무엇인가에 관해 때로 회의에 빠지기도 했다.

우리 법원에서는 국제법 관련 판례가 그렇게 없었을까 하는 의구심이 들었다. 1948년 제헌 이래 한국 헌법은 줄곧 "헌법에 의하여 체결된 국제조약과 일반적으로 승인된 국제법규는 국내법과 같은 효력을 지닌다"는 내용의 조항을 유지해 왔다. 또한 한국은 1960년대 후반부터 대외무역 신장을 통한 국가 발전을 도모해 왔다. 그 과정에서 외국 또는 외국인과의 접촉이 늘었고 자연 그로 인한 국제법적 문제도 다수 발생했으리라 추측된다. 더구나 한국은 일제 식민 피지배, 남북 분단, 6.25 전쟁과 같은 특수한 경험도 갖고 있다. 찾아보면 국내에서도 국제법 관련판결이 어느 정도는 있었으리라 생각됐다.

미국의 「American Journal of International Law」, 영국의 「British Yearbook of International Law」, 일본의 「國際法外交雜誌」 등과 같이 각국을 대표하는 국제법 학술지는 모두 자국 법원에서 내려진 국제법 관련 판결을 매호 비중 있게 소개하고 있었다. 이러한 국내법원의 사례들은 정리되어 여러 형태의 책자로 재발간된다. 이를 통해 자국민 뿐 아니라, 외국인들도 이들 국가의 법원이 국제법에 대해 어떠한 실행을 축적하고 있는가를 알 수 있다. 이는 단지 "알 수 있다"에 그치지 않고, 다른 국가들의 국제법 실행에 상당한 영향을 미치게 된다. 외교 실무 종사자로서는 국제법적 현안에 봉착할 때마다 유사한 사례를 찾게 되고, 급한 대로 각국의 보고된 선례를 추종하는 경우가 많기 때문이다. 우리도 국내법원에서의 국제법 관련 판결의 정리는 누군가 꼭 해야 될 일이었다. 방송대 교수시절부터 이 일은 내 마음 속 미래의 작업목록 중 하나로 자리 잡고 있었다.

작업의 구체적 발단은 1994년 가을 「서울국제법연구」의 창간에서 비롯되었다. 이의 편집을 총괄한 나는 연구지 속에 "우리 법원에서의 국제법 관련 판결"이라는 고정난을 만들어 반년마다 수집된 판례를 수록하기 시작했다. 매호 10건 정도의 판결을 소개했다. 처음에는 그 때 그 때의 판례를 정리했을 뿐, 이것을 모아 장래 어떻게 해 보겠다는 구체적 생각까지는 하지 못했다.

간단한 일이라도 시작하니 그 이전의 국제법 판례를 조사할 필요성을 더 느끼게 되었으나, 당장의 쫓기는 일상 속에서 이 작업은 단순히 희망사항으로만 남아 있었다. 솔직히 어떻게 진행해야 할지 감도 잡히지 않았다. 국제법 전공자나 외교부 관계자들과의 대화에서 종종 이 일의 필요성이 대화의 주제가 되기는 했어도 누가 선뜻 나서는 사람은 없었다. 나 역시 솔직히 누구 다른 사람이 이런 일을 해 주었으면 하는 바램도 있었다.

직장을 옮긴 후 1996년 6월부터 2년 임기의 서울법대 학생부학장 보직을 맡게 되었다. 업무량이 절대적으로 많지는 않았으나 연구에는 큰 방해가 되었다. 하루에도 몇 번 씩 작업의 맥이 끊기니 논문 쓰기가 쉽지 않았다. 그렇다고 학생부학장 직을 열심히 하지도 못했다. 연구의 능률은 떨어지고, 마음의 갈등만 커졌다. 첫 1년을 이렇게 시간을 보내니, 2년차에는 좀 더 현실에 적응해야겠다고 생각했다. 보직기간 중에는 일반 논문을 쓰기보다 상황에 맞춰 토막 시간을 이용할 수 있는 일을 찾기로 했다. 그래서 시작한 작업이 우리 법원에서의 국제법 판례 조사였다. 이는 작업의 성격상 일의 맥이 자주 끊겨도 연속성을 회복하기가 상대적으로 용이하리라 보았기 때문이다.

막상 일을 시작하려니 사실 막막했다. 여러 가지 걱정부터 앞섰다. 우리 법원에서의 과거 국제법 판결을 어디서 찾아야 하나? 우리 법원에서의 국제법 판례 모음이 과연 책 1권의 분량이 될 수 있을까? 우리 법원에서의 국제법 판례가 단행본으로 출간될 의의가 있을 정도로 다양한 주제를 다루어 왔을까? 이 작업은 과연 어느 정도의 시간투자를 필요로 할까? 혼자 이 일을 감당할 수 있을까? 정리가 된다 해도 상업성이 전혀 없을 책자의 출간을 맡아줄 출판사가 있을까?

걱정은 일단 미루어 두고 1997년 여름부터 작업을 시작했다. 당시는 판례의 전산화가 전혀 이루어져 있지 않던 시절이었다. 요즘 같이 법원 홈페이지를 통한 기본 자료의 검색이 불가능했다. 모든 판례는 인쇄물을 통해 구해야 했다. 우선 사법부의 공식 발간물부터 조사하기 시작했다. 법원행정처 발간의 법원공보(현 판례공보)는 1953년부터 대법원 판결을 수록하기 시작했으나, 70년대 초반까지는 그 수록건수가 미미한 수준이었다. 초기에는 1년에 총 수록판결 숫자가 10건 내외에 불과했다. 하여간 법원공보를 비롯 법원행정처의 공식 판례집인 대법원 판례집(1953년 시작), 고등법원 판례집(1948년-1983년), 하급심 판결집(1984년 이후 고등법원 판례집의 확대 개편), 헌법재판소의 헌법재판소 판례집(1989년 시작)과 헌법재판소 공보(1993년 시작) 등을 도서관에서 시간 나는 대로 읽고, 관련 판례를 발견하면 복사를 했다.

그 다음으로 참고가 된 서적은 서울대학교 법학연구소가 1965년부터 1972년 사이 편찬한 「한국판례집」이었다. 이는 군정대법원 시절부터 1960년대 초반까지의 대법원 판례를 선별 정리한 책자이다. 민사법편 4권(1945년-1962년), 형사법편 3권(1945년-1958년), 공법편 1권(1955년-1960년)이 간행되었다. 이 판례집이 대상으로 한 시기에는 법원공보나 대법원 판례집 속에 수록된 판결의 숫자가 워낙 미미한 수준이라서 여기서 나름 여러 건의 필요한 판례를 발견할 수 있었다. 1960년대 법학연구소가 이 작업을 할 때는 아시아재단의 지원을 받아 당시로서는 거액을 들여 우선 복사기를 구입했다고 한다. 그리고 대법원의 협조를 얻어 대법원 판결문 원본철 전체를 복사해 서울법대로 가져왔다.* 초기의 판결문은 모두 내려쓰기 수기로 작성되어 있고, 복사기의 성능도 요즘 같지 않아 해득이 쉽지 않았다. 이를 선별한 법학연구소의 한국판례집은 1960년대 초까지 대법원 판결문에 대한 일반의 접근성을 획기적으로 높여준 역작이었다.

이 이외에도 청림각(후일 청림출판) 발간의 「판례총람」, 어문각 발행의 「대법원 민사판례집」, 「대법원 행정판례집」, 「대법원 형사판례집」도 살폈다. 법전출판사의 「대법원 판결례」, 대법원 발간의 판례 요지집과 판례카드 등도 조사했다. 이에 수록된 판례들은 대부분 위 공식 판례집의 내용과 중복되나 일종의 크로스 체크를 하는 심정에서 살펴보았으며, 나름 이를 통해 발견된 판례도 있었다. 판례 전산화가 크게 진전된 요즘에는 과거 이런 책자가 있었는지도 모르는 사람이 대부분이다.

이상의 서적은 대체로 대법원(헌법재판소) 판결만 수록하고 있기 때문에 하급심 판결을 구하기가 어려웠다. 특히 60년대까지의 하급심 판결은 공간된 사례가 워낙 적어 찾기가 막막했다. 이를 위해 오래 된 정기간행물들을 조사했다. 과거 법률잡지들이 사회적으로 화제가 되었던 판결 전문을 수록하고 있는 경우가 종종 있기 때문이었다. 시간 날 때마다 도서관에 가서 광복 직후부터 발간된 「법정」을 비롯 「사법행정」, 「법조」, 「판례월보」와 「법률신문」 등을 무작정 한 장 한 장 넘기며 혹시 관련 판결을 발견할 수 있나 살펴보았다. 6.25 휴전협정 체결 후인 1957년을 "전시(戰時)"라고 판단한 강문봉 사건에 대한 대법원 재정신청 결정문은 이런 잡지 속에서 찾았다.** 국방부가 편찬한 「군사법원 판례집」에서 찾은 판례도 있다. 어차피 국제법 판례를 모아 논 책자는 없었기 때문에서 노동법이든 행정법이든 다른 법분야 판례집도 발견만 되면 혹시나 하는 심정에서 모두 살펴보았다. 기왕에 국내에서 발간된 모든

---

* 당시 법학연구소가 작업을 위해 복사한 대법원 판결문은 현재 서울법대 도서관에 제본되어 있다. 단 목차가 마련되어 있지 않아 이를 통한 필요한 판결문의 조사가 쉽지 않다.
** 나는 언젠가 이한기 선생으로부터 강문봉 사건에서 대법원이 휴전협정 후인 1950년대의 한국을 "전시"라고 판단한 사례가 있다는 말을 들은 적이 있어 이를 찾으려 노력했으나, 판례집 속에서는 찾을 수 없었다. 당시 법조 1957년 1월호와 법정 1957년 2월호가 이 결정문 전문을 수록하고 있었다.

종류의 판례집을 다 섭렵한다는 목표로 조사를 진행했다. 서울법대 도서관에 광복 직후부터의 옛날 자료가 비교적 많다는 점이 나로서는 다행이었다.

사실 법원의 공식 판례집과 법학연구소의 한국판례집 외에서 찾은 건수는 그다지 많지 않았다. 하루 종일 도서관에서 옛 판례집과 씨름해도 1-2건의 판결도 추가하지 못한 날이 많았다. 당시 이 작업을 할 때는 모래사장에서 바늘 찾는 심정이었다. 모래를 한 삽 한 삽 떠서 체로 치며 바늘이 걸리기만 바라는 일과 비슷했다. 가끔 내가 제대로 일을 하고 있나 하는 회의가 들기도 했다. 무모한 일에 시간만 헛되이 낭비하고 있지는 않은가 하는 불안감이 들때도 있었다. 되지도 않을 일에 세월을 낭비하지 말고 이 시간에 다른 공부를 하는 편이 현명하지 않은가 하는 생각이 들기도 했다. 하여간 1997년의 여름을 거의 다 이 작업에 투자한 덕분에 얼추 기본 자료는 수집되었으나, 수집된 결과가 기대만큼 만족스럽지는 못했다. 찾은 국내판결들이 외국 책자에 수록되고 있는 판결처럼 국제법적 쟁점을 다양하고 깊이 있게 포섭하고 있지 못했기 때문이다. 즉, 국제법 관련 국내판결이 원천적으로 풍부하지 않았다.

1997년 가을 학기가 시작된 이후에도 보완작업을 계속했으나, 학기가 시작되니 이런 종류의 일조차 다시 진척이 느려졌다. 연말 겨울방학에 된 후 재차 작업의 박차를 가했고, 1998년 1월 말이 되니 자료 수집이 대략 마무리되었다. 마무리되었다는 의미는 국내판례를 조사할 만한 더 이상의 인쇄물을 찾지 못하겠다는 뜻이었다. 조사대상은 1997년 말까지 내려진 판례로 했다.

그 다음 작업은 선별과 분류였다. 그간 복사해 둔 판결문을 다시 한번 읽으며 판례집에 포함될만한 내용인가를 검토했다. 모여진 판결문들은 외국 국제법책에서의 장 분류처럼 나눌 수 있을 정도로 다양한 내용을 갖추고 있지 못했다. 결국 수집된 판결의 내용에 따라 나 나름의 독자적 분류를 하지 않을 수 없었으며, 구색을 맞추기 위해 무리하게 포함시킨 판례도 있었다. 상당수의 판례는 국제적 성격을 부분적으로 갖춘 판결에 불과했다. 국제법 판례라고 하기는 함량 미달이 적지 않았으나 한 권의 책을 만들기 위해 불가피하게 포함시켰다. 약 180건의 판례를 선별하고, 동종 사안에 대한 동일 취지의 판결들은 별도로 판례번호와 출처만을 표기해 확인이 필요한 사람들이 찾을 수 있도록 했다. 대체로 국적, 남북한 관계, 외국인의 국내법적 지위에 관한 판결이 많았는데, 사실 국제적으로 보고될만한 내용의 판례는 많지 않았다. 영미에서 이런 책자를 낼 때와 같은 기준에서 선별한다면 판례집에 수록될 만한 내용은 일부에 불과했다. 책이 출간될 무렵 외국인의 토지소유에 관한 국내법이 전면 개정되어 상당량의 판결이 의미를 상실하기도 했다.

다들 아는 바와 같이 1997년 11월 외환위기가 터졌다. 6.25 이후 최대 국난이요, 국내 경제 전반이 마비될 지경이었다. 출판업과 같이 당장의 호구지책과 직접 관련이 없는 서비스 산업의 위축은 한층 심했다. 이 시점에 누가 한가로이 한국법원에서의 국제법 판례 모음집과 같은 상업성 없는 책자를 발간하려 할까 걱정이 되었다. 생각 끝에 앞서「국제법의 이해」를 출간한 바 있는 홍문사 임권규 사장께 의향을 타진했다. 달리 개인적으로 알고 있던 출판사도 별로 없었다. 임 사장께서는 사정이 어렵기는 하나 나름 의의 있는 작업이라 판단해 출간을 쾌히 승낙했다.

출간 작업에서는 교정이 큰 부담이었다. 당시는 앞서 지적한 바와 같이 판례 전산화가 전혀 이루어지지 않은 상태였다. 모든 판결문의 수집은 복사를 통해서였고, 해설원고만 내가 타자해 파일로 만든 상태였다. 수집된 판결문을 일일이 내가 타자해 파일을 만들려면 언제 일이 끝날지 모를 형편이었다. 다시 홍문사 임 사장에게 전문 타자수에게 파일 제작을 맡겨 달라고 부탁하니 이 역시 수락했다. 당시만 해도 아직 원고지에 쓴 글을 바탕으로 출판사에서 책을 제작하는 경우가 적지 않았기에 때문에 그런 부탁이 가능했다. 판결문이라 일반 책자보다 교정을 한층 꼼꼼히 보았고, 횟수도 특별히 4교까지 본 것으로 기억한다. 1998년 봄 학기에는 상당 시간을 이 책의 교정에 쏟았다. 이런 과정을 거쳐 1998년 7월「한국판례국제법」을 상재할 수 있었다.

외국에도 내세울 만큼 다양한 국제법 판례를 포용하고 있지는 못하나, 국내에서 이런 종류의 책자로는 최초였고, 국내 연구자들이 쉽게 접할 수 없는 일부 판례를 활자화했다는데 위안을 삼았다. 이후 우리 법원에서의 국제법 판례가 한층 풍성해 지면 더 나은 개정판을 낼 수 있으리라 기대했다. 그리고 장래에 대비해 아직 원자료가 흐트러지기 전에 책자가 나오자마자 다시 교정을 보았다. 당시 법대 대학원생이던 최지석군과 임진원양에게 책을 한 권씩 주며, 책자에 직접 교정을 봐 달라고 부탁했다. 예상대로(?) 상당한 오탈자가 발견되었다. 그리고 7년 후 제2판을 내기 전 대학원생 김민철 군에게 전체 교정을 다시 한번 봐 달라고 또 부탁했다. 결국 책이 만들어진 다음에도 개정판을 대비해 교정을 3번 더 본 셈이었다. 나중에 이 소리를 들은 임양이 자신이 얼마나 교정을 열심히 보았는데 이를 못 믿어 다른 사람에게 교정을 다시 부탁했냐고 섭섭해 했다는 소리를 간접적으로 들었다. 하여간 교정은 볼 때마다 오탈자가 나왔다.

② 「한국판례국제법(제2판)」

「한국판례국제법」 초판이 나온지 5년 정도가 경과한 2003년부터 개정판을 준비해야겠다는 생각이 들었다. 「서울국제법연구」에 연 2회 "우리 법원에서의 국제법 관련 판결"을 게재하고 있었으므로 이 원고를 중심으로 보완하면 되겠다고 판단했다. 초판이 나온 뒤에도 「서울국제법연구」에 정기적으로 관련 판결을 소개하고 있으니, 주위에서 한국판례 정리작업은 다들 나의 일로 생각하는 듯 했다. 나 역시 개정판을 만들어 학계 수요에 부응해야겠다는 심리적 부담감을 느꼈다. 그러나 개인적으로 이 일에 시간을 집중할 만한 사정이 되지 못했고, 출판사 사정도 고려해야 했다. 홍문사에 문의하니 아직 초판 재고가 상당하니 개정판 제작은 좀 미루어 달라는 전갈이었다.

잠시 시간을 더 보내고 2004년 가을부터 본격적인 개정원고를 준비하기 시작했다. 초판 이후 가장 큰 변화는 그 사이 국내 판결문 전산화가 크게 진전되었다는 점이었다. 새로 공개되는 판례는 이제 모두 파일을 구할 수 있어서, 일일이 타자해 파일을 만들어야 하는 부담이 사라졌다. 2004년 말까지의 판례를 대상으로 작업을 시작해 2005년 초 겨울방학 때 원고를 마무리했다. 1998년 이후의 신규 판례가 주 조사대상이었으나, 그 이전 판례로 과거 미처 발견하지 못했던 판례도 일부 추가됐다. 작업을 마치니 선정된 판례의 수는 초판에 비해 크게 늘지는 않았으나, 질적으로는 어느 정도 진전이 있었다. 초판에 수록되었던 판례의 약 1/3을 교체해 국제법적 관련성 좀 더 높은 내용으로 대체했다. 그에 따라 장 분류에도 좀 변화를 주었다.

초판을 발간할 당시는 한국사회의 빠른 국제화와 더불어 우리 법원에서의 국제법 관련 판례도 늘어나 수년 후 개정판을 낼 즈음에는 국제법적 관점에서 흥미로운 판결을 대폭 증가시킬 수 있으리라 기대했었다. 그러나 약 7년 만의 작업을 마치며 느낀 심정은 그러한 기대와는 여전히 거리가 멀다는 것이었다. 과거보다 진전이 없지는 않았으나, 여전히 우리 법원 판결에서는 국제법적 쟁점이 다양하게 다루어지지 못하고 있었다.

홍문사에 다시 연락하니 여전히 초판 재고가 꽤 남아 있었다. 이런 종류의 책자가 한 1년을 미룬다고 재고가 획기적으로 해소될리 없었다. 이에 제2판의 경우 저자 인세는 받지 않겠고 주위 선후배 동료에게 증정할 물량의 일정 부분을 내가 개인적으로 구입하는 형식으로 출판사의 어려움을 덜어주겠으니 제작을 하자고 제안해 수락을 받았다. 그래도 상업성이 없는 판례집을 두 차례나 출간해 준 임권규 사장에게 아직도 고마운 마음을 간직하고 있다.

제2판 교정작업에는 당시 서울법대 대학원에서 국제법을 전공하던 임진원, 김선일, 최형심, 도경옥, 김원희, 홍소연, 최유경 제씨 등의 조력을 받았다.

③ 「한국법원에서의 국제법 판례」

「한국판례국제법」 제2판을 출간한지도 여러 해가 흐르니 그간의 변화를 담은 개정판을 내야겠다는 마음의 부담이 늘어갔다. 언제부터인가 제2판도 절판되어 시중에서 구할 수 없게 된지 오래되었다. 주위의 몇몇 후배들이 한국판례집 개정판은 더 이상 내지 않느냐고 물어 오기도 했다. 이제 공간된 판례는 모두 전산화 되어 정리 작업이 한층 용이해졌고, 미공간 판례도 법원도서관의 종합법률정보난에 등재되는 경우가 늘었다. 개인적으로 그동안에도 「서울국제법연구」에 "우리 법원에서의 국제법 관련 판례"는 꾸준히 연재하고 있었으니, 햇수가 지난 만큼 자료 축적도 늘었다.

그 사이 한 가지 변화가 있었다. 나는 「신국제법강의-이론과 사례」라는 제목의 교과서를 2010년 박영사에서 출간했다. 이는 나름 독자들의 호응을 적지 않게 받아 매년 개정판을 거듭하며 적지 않은 양이 꾸준히 팔렸다. 과거 홍문사에서 「한국판례국제법」과 같이 상업성이 떨어지는 책자를 두 차례나 간행해 준 이유는 특별히 약속한 바는 없었으나 결국 언젠가 내가 국제법 교과서를 그곳에서 내주기 기대했기 때문이었다. 나 역시 임 사장의 그런 기대를 모르지 않았지만 여러 가지 사정을 고려한 끝에 교과서를 박영사에서 출간했다. 과거 이한기 선생의 국제법 교과서를 출간했던 박영사 담당자와는 그동안 여러 가지 인간적인 유대를 맺어 왔고, 나 역시 출판사의 능력이나 여건을 생각할 때 박영사에서 출간함이 좋겠다는 결론이었다. 홍문사의 입장에서는 내심 실망스러웠으리라 생각된다. 1년에 몇 번씩 방문하던 홍문사 사장은 그 이후 더 이상 내 연구실을 찾지 않았다. 그런데 문제는 개정판을 내려면 제2판 원고를 상당 부분 재활용해야 하는데, 그 파일을 홍문사에서 갖고 있다는 점이었다. 특히 초판 제작시에는 모든 파일을 홍문사에서 직접 제작했으므로 나는 원고 파일이 처음부터 없었다. 이제와 홍문사에 상업성 떨어지는 제3판을 또 내자고 요청할 수도 없고, 다른 곳에서 책을 낼테니 구 파일을 양도해 달랄 염치도 없었다. 한국판례집을 생각하면 이 문제가 걸려 고민만 하다 여러 해를 보냈다.

정년퇴임이 차츰 가까워 오자 개인적으로 나에게 주어진 시간 동안 무슨 일을 할까 또는 할 수 있을까를 생각하던 끝에 국제법 관련 국내 판례집을 한 번 더 출간하기로 결심했다. 2017년 말 겨울방학부터 기초 작업을 시작했다. 논문 한두 편 더 쓰기보다는 이 일이 국내 학계에 더 큰 기여가 아닐까 스스로 위안을 삼았다. 그리고 이번 작업은 과거 홍문사 책의 개정 보완이 아니라, 목차 구성과 서술 체제를 전면적으로 다시 짜는 새로운 책자의 출간작업으로 진행했다. 홍문사 파일은 생각하지 말고 파일도 전면적으로 새로 만들기로 했다.

작업 결과 과거보다는 수록할 만한 국제법 관련 판례가 대폭 늘었고, 쟁점 또한 다양해졌다. 약 350건 가까운 판결문을 선별했고, 판례번호만 제시된 관련판례까지 포함하면 약 900건에 육박하는 판례가 내용에 포함되었다. 책의 면수는 과거보다 늘지 않았으나, 2단 편집을 했기 때문에 분량은 근 2배가 된 셈이다. 목차의 장 분류도 훨씬 국제법책답게 구성할 수 있었다. 비로소

한국법원에서의 국제법 판례라는 제목에 합당한 책자가 만들어진 느낌이었다. 판례 전산화가 더욱 진전되어 홍문사 파일이 없어도 새로 직접 타자할 분량은 예상보다 많지 않았다. 대략 2018년 6월 말에는 새로운 「한국법원에서의 국제법 판례」 원고 정리를 마칠 수 있었다. 수록 판례는 한두 건의 예외를 제외하고는 광복 이후 2018년 5월까지의 국내 판례를 대상으로 했다.

사실 그동안 새 판례집을 선뜻 만들지 못한 중요한 이유의 하나는 상업성이 없는 책자의 출판을 또 어디에 부탁하느냐에 대한 고민 때문이었다. 이는 20년 전 첫 번째 판례집을 만들 때도 가장 큰 고민이었는데, 한국사회가 여러 모로 발전한 2018년에도 실정은 별달리 변하지 않았다. 다행히 이번에는 그간 나의 교과서 출판을 맡았던 박영사에서 선선히 출간을 담당해 주었다. 박영사는 아마 적자를 각오하고 출간했으리라 생각되나, 마침 이 책이 2019년 문화체육관광부 지원의 세종도서 학술부문에 선정되어 출판사에 손해는 끼치지 않게 되었다.

돌이켜 보면 지난 25년간 국내 판례를 수집하는 과정에서 일일이 이름을 거명하기 어려울 정도로 여러 동료·후학들의 도움을 받았다. 이 책자에서 출처가 사본입수라고 표기된 판례의 획득에는 이 분들의 도움이 컸다. 그동안 귀찮은 부탁에 응했던 모든 분들께 지면을 통해 감사를 표한다. 책을 상재하니 법대 동료교수 한 분이 자기 전공 관련된 판결 하나를 소개하며 이것도 수록될만지 않느냐고 연락을 해 왔다. 그에 대해 대단히 감사하나 이런 책이 잘 팔릴 리가 없으니, 아마 내가 살아생전 더 이상의 개정판을 내기 어려울듯하다고 답신을 했다.

법학연구에 있어서 판례의 중요성은 아무리 강조해도 지나치지 않다. 국제법의 특성상 ICJ 등 국제재판소의 판결이 1차적 연구대상이 됨은 당연하나, 그렇다고 해서 국내 판결에 대한 검토 역시 게을리 할 수 없다. 국내 법원의 판결은 국가의 중요한 국제법 실행을 구성하기 때문이다. 국내 법원의 판결은 각국의 국제법 이행의 생생한 현장이기도 하다. 국내 법원 판결이 제대로 분석되기 위해서는 우선 연구자들이 접근하기 용이하게 잘 정리가 되어 있어야 한다. 그런 의미에서 이 책은 국제법 연구자들을 위한 학문적 토대(infrastructure)의 하나이다. 국내 판결의 정리는 일단 시작하면 장기간의 일로 생각할 필요가 있다. 나 다음 누가 국내 국제법 학계에서 이 일을 맡아줄지 모르겠다.

라. 「Korean Questions in the United Nations: Resolutions adopted at the Principal Organs of the United Nations with Annotations」

(Seoul National University Press, 2002, pp.390)

대한민국은 1948년 정부 수립 자체가 UN 감시 하 총선거의 결과 탄생했으므로 세계 어느 나라보다도 UN과 밀접한 관계를 맺고 출범하였다. 대한민국은 1949년 1월 UN에 첫 가입 신청서를 제출한 이후 1991년 9월까지 42년 8개월을 기다린 끝에 회원국이 된 UN 역사상 최장 가입 대기국이었다.

대한민국은 가입 이전부터 UN과 다양한 관계를 맺어왔다. 6·25 남침이 발생하자 UN은 당초 헌장이 예정하지 않았던 형태의 UN군을 파견해 대한민국이 국가로서 존립할 수 있도록 지원했고, 주한 UN군 사령부는 현재까지 존속하며 한반도 평화유지의 일익을 담당하고 있다. 냉전시대에는 근 30년 동안 한국문제(Korean questions)가 UN 총회의 안건으로 상정되어 매년 가을 남북한은 물론 동서 양진영이 결집해 한 표라도 더 얻으려는 치열한 외교전을 벌였다. 당시 UN 총회의 표결결과는 회원국도 아닌 대한민국에서 국민적 관심사였다. 총회 표결이 끝나면 국내 일간지들은 한국측 지지안에 찬성한 국가를 ○표로, 반대한 국가를 ×로 표시한 일람표를 머리기사로 보도했으며, 이 ○, ×표는 당시 많은 한국민들에게 좋은 나라와 나쁜 나라를 구별하는 마음 속 기준이 되기도 하였다. 1975년까지 한국에서는 UN 헌장 발효일인 10월 24일이 법정 공휴일로 기념될 정도로 UN은 모든 면에서 우리 국민에게 각별한 존재였다. 그러나 대한민국이 막상 회원 가입을 한 이후에는 UN에 대한 국민적 관심도가 오히려 낮아지지 않았나 싶다. 국제법학회논총만 보아도 한국의 UN 가입 이후 UN 관련논문의 수록 빈도가 줄어들었다.

여하간 UN은 과거 수십년간 대한민국 외교의 주전장(主戰場) 중의 하나였다. 우리 역사의 정리를 위해서도 그 현장 기록을 수집해야 하지 않겠는가! 오래 전부터 대한민국 수립 이후 UN에서 한국문제가 어떻게 논의되었고, 그 결과 어떠한 결의가 채택되었는가가 1차적으로 정리되어야 한다고 생각했다. 기존의 관련 문헌을 살펴보았다. 1961년 당시 외무장관이었던 정일형 박사가 「유엔과 한국문제」(신명문화사)라는 책자를 통해 그 때까지의 한국관련 주요 결의를 선별해 발간한 바 있다. 그리고 외무부에서 1976년 「유엔 한국문제 결의집: 1947－1976」(1976)을 업무용으로 펴낸 적이 있다. 단 이들 책자는 당시까지의 관련 결의를 망라적으로 수록하고 있지 않았으며, 발간된 지도 이미 꽤 오래되었다. 외국에서는 한국에 특화된 책자가 나올리 없었다.

이 책 발간을 위한 준비작업을 정확히 언제 착수했는지는 잘 기억이 나지 않는다. 아마 방송대 근무시절인 90년대 전반, 특히 1992년 2월 박사학위논문을 마친 다음 시작한 듯싶다. 처음에는 어떠한 결과물을 만들지에 대한 구체적인 목적도 없었다. 언젠가는 쓸모가 있겠지 하는 막연한 기대 속에 한국관련 UN 결의를 PC 파일로 만들기 시작했다. 당시는 아직 인터넷이 보급되기 이전이었고, 당연히 UN 홈페이지도 없었다. 한국 관련 결의는 1차적으로 과거 만들어진 책자와 UN 발간물을 통해 수집해야 했다. 작업 시작 초반에는 특별한 목표도, 구체적 구상도, 시간적 기약도 없이 틈나는 대로 관련결의를 타자해 파일을 만들었다. 급한 일도 아니었기에 시간 나면 한 건 두 건 작업을 했다. 서울대로 직장을 옮긴 이후에도 그런 식으로 조금씩 작업을 했다. 그러던 사이 인터넷 보급이 확산되었고, UN 홈페이지도 만들어졌다. 자료 수집이 좀 더 용이해졌다. 1999년 말까지는 상당한 분량의 결의문에 대한 파일화가 완성되었다.

2000년 8월부터 1년간 미국 조지타운 법대로 연구년을 가게 되었다. 당시는 아직 6년 강의 후 1년 연구년 제도가 서울대에 실시되기 이전이었다. 장기 해외연수를 위한 별도의 재정지원을 개인적으로 확보한 사람에 한해 연구년이 가능했다. 나는 마침 LG 연암재단으로부터 2000년 해외연수지원 대상자로 선발되는 행운 덕에 연구년을 얻을 수 있었다. 개인적으로 12년 만으로 서울대에서의 첫 번째 연구년이었다. 나는 1년의 연구년 동안 2권의 책과 한편의 논문 완성을 목표로 삼았다. 두 권의 책은 이미 작업에 착수해 진행 중인 사안이었다. 미국에서의 첫 두 달은 우선 「국제인권조약집」 번역에 주력해 이 작업은 2000년 10월 초순 완료되었고, 미국 체류 중인 그 해 연말 출간되었다. 두 번째 예정 작업이 바로 한국관련 UN 결의문집의 완성이었다.

사실 한국관련 UN 결의의 수집을 시작했을 때는 어떠한 모습의 책으로 만들어야 할지 막연했다. 몇 가지 방안을 생각해 보았다. 첫째, 해당 UN 결의문을 영문 그대로 단순 수집해 발간하는 방법. 둘째, 이를 한글로 번역해 출간하는 방법. 셋째, 국영문 대역으로 모두 수록하는 방법. 그리고 이상의 작업에 추가해 국문 또는 영문으로 해설을 붙이는 방법. 각 방법은 모두 나름의 의의가 있었다. 생각 끝에 각 결의문과 이에 간단한 해설을 붙이는 영문도서를 만들기로 했다. 번역을 하면 국내 일반독자에게는 편리한 면이 있겠지만, 번역에 요구되는 노력에 비해 그럴만한 학술적 가치가 있는지 회의가 들었기 때문이다. 성격상 이 책을 찾을 사람은 제한된 숫자의 전문가들일 것이고, 어차피 이들은 영어 원문을 필요로 할 것이라 생각했다. 또한 영문도서를 한 권 출간하고 싶은 개인적 욕심도 작용했다.

2000년 10월 중순부터 미국에서 이 작업에 본격적으로 집중했다. 일단 수록대상의 기준을 다음과 같이 정했다. 첫째, UN 주요기관(Principal Organs)에서의 한국 관련 결의는 망라적으로 수록한다. 둘째, 전체 결의문 중 일부 내용만 한국과 관련된 결의도 포함시킨다. 셋째, 안보리의 경우 의장 성명과 거부권의 행사로 부결된 결의안까지 수록한다. 넷째, 주요 기관이 아닌 하위 기관에서의 결의는 수록하지 않는다.

서울에서 이미 상당한 진전이 있는 상태였으나, 미처 수집되지 못한 결의도 적지 않았다. 1차적으로 조지타운 법대 도서관에서 필요한 결의를 수집하는 한편, 각 결의에 대한 영문 해설원고의 작성을 진행했다. 해설에서는 결의가 채택된 배경, 채택과정, 특히 주요 회원국들의 입장, 결의가 만들어지기까지의 관련 문서(초안, 회의 기록 등) 등을 주로 정리했다. 그리고 모든 총회 결의에 대한 회원국별 찬반 표결 결과를 표로 정리했다. 조지타운 법대에서 부족한 자료는 인근 국회 도서관 UN 자료실을 수시로 찾아 보완했다. 이 두 도서관의 이용을 통해 필요한 자료는 대부분 입수할 수 있었다.

미국 체류시 워싱톤 D.C. 북쪽 메릴랜드주 Olney라는 곳에 집을 두었다. 위치가 대중교통으로는 바깥출입이 힘든 곳이었다. 학교 갈 때는 처가 가까운 버스 정거장까지 차로 데려다 주고, 버스로 20분 정도 더 가면 비로소 D.C. 전철 북쪽 종점인 글렌몽역에 갈 수 있었다. 다시 30분 정도 전철을 타야 시내 학교에 도달했다. 귀가 길은 그 반대 경로였다. Olney 버스 정류장까지 오면 집으로 전화해 픽업을 부탁했다. 왕복 2시간 반 정도 걸렸으니, 시간적으로 적지 않은 부담이었다. 작업 초반에는 자료를 찾는데 시간을 많이 들였기 때문에 매일 아침 직장 출근하듯 학교 도서관으로 나가, 저녁 식사시간에 맞춰 귀가했다. 연말 무렵부터는 자료 찾는 비중이 줄고, 원고 집필에 좀더 주력하게 되었다. 이후 하루 학교 나가 자료를 찾아 복사를 해오면 이틀은 이를 바탕으로 집에서 원고를 작성하는 패턴으로 생활했다. 처음에는 영문 원고를 작성하는 일이 익숙치 않았으나, 작업을 계속하다 보니 이 역시 차츰 숙달되었다. 영문 원고의 작성은 한국에서 보다 아무래도 24시간 영어의 세계인 미국에서 할 때 더 쉽게 적응된다.

대략 반년 가까이 작업을 계속하니 책의 전반적 윤곽이 잡혔다. 원고 작성 과정에서 특히 1950년대 벌어진 사건들에 대한 모르던 지식을 많이 얻게 되었고, 나중에 기회가 되면 논문 소재로 활용할 내용도 적지 않다고 느꼈지만 일단 하던 일에 우선 집중하고 후일을 기약했다. 그러나 나중에도 이 때 아이디어를 활용한 논문은 집필하지 못했고, 시간의 경과에 따라 기억도 흐려졌다. 당시 간단히라도 구체적 논문구상을 메모해 두지 않은 일이 후회된다. 그 때 미국에서 복사한 자료들은 한국으로 가져오기에는 너무 분량도 많고 번거로워 대부분 폐기하고 왔지만, 여하간 나는 한국과 UN 관계와 관련된 책자 출간을 아직도 마음 속 희망 주제의 하나로 간직하고 있다.

미국에서 이 책의 원고를 거의 완성한 상태로 2001년 8월 귀국했고, 그 해 가을 학기부터는 다시 서울법대 강의에 복귀했다. 마침 수강생중 하버드를 다니다 교환학생으로 서울대로 온 재미교포 학생(김범석)이 있어서 영문 해설 원고의 감수를 부탁했다. 가장 많은 지적을 받은 사항은 관사의 사용이었다.

a, the, 또는 무관사의 선택은 늘 어려운 문제였다. 경우에 따라서는 김군의 지적이 잘 수긍되지 않는 사례도 있었다. 그 해 겨울 방학까지는 영어 문장 다듬기 작업을 계속했다. 아쉬운 점이 없지 않았으나, 방학이 끝나는 2002년 2월에는 원고를 마무리하기로 했다.

그 다음 문제는 이 책을 어느 출판사에서 출간하느냐였다. 상업성이라고는 전혀 없는 책자인 만큼 시중 출판사가 나서리라고는 기대하지 않았고, 알아보지도 않았다. 서울대학교 출판부가 이를 찍어줄 유일한 희망이었다. 2002년 봄 출판신청서를 제출했는데, 다행히 심의위원들의 좋은 평가를 받아 출간이 결정되었다.

영문 책자라서 모든 작업이 느리게 진행되었다. 국내 일반 시중 출판사가 간혹 영문도서를 출판하는 경우가 있는데, 담당자가 평소 영어 활자에 대한 경험이 부족해 대체로 국내 발간 영문도서는 한 눈에 보아도 조판이 엉성한 경우가 많았다. 서울대 출판부는 매년 영문도서를 몇 종씩 발간하므로 영어 책자를 주로 담당하는 직원이 있었다. 그는 영어 활자 다루는 법에 상대적으로 익숙해 그래도 서울대 출판부가 국내에서는 비교적 보기 좋은 외관의 영문도서를 만들고 있었다. 이 책은 2002년 연말에나 최종 출판되었다. 책의 정가는 14,000원이었는데, 해외 판매가는 당시 환율에 따라 14달러에 불과했다. 400쪽이나 되는 전문서의 국내가격도 저렴했지만 해외 정가가 14달러에 불과하다는 것은 좀 난센스였다. 이는 몇 십 쪽 짜리 팜프렛 수준의 가격으로 책의 품위를 오히려 떨어뜨리는 수준이었다. 서울대 출판부이기 때문에 벌어진 일 같았다.

출간 후 필자 자격으로 출판부로부터 20권을 받았으므로 주위 여러 동료 선후배들에게 증정하기 위해 100권을 개인적으로 추가 구입했다. 이 점에서는 정가가 저렴하게 책정된 덕을 보았다. 이후에도 증정을 위해 5권 또는 10권씩 여러 차례 더 구입했으므로 총 300부 발간 책자의 절반 이상은 결국 내가 구매한 듯하다. 때로는 자신도 이 분야에 관심이 많은데 왜 한권 보내주지 않았냐고 책망조로 전화를 걸어온 분도 있었다. 그러면 관심만으로도 고마워 얼른 한 권 사서 보내드렸다. 나로서는 근 10년 가까이 들인 노력의 결실을 읽고 참고한다는데 보람을 느낄 수밖에 없다. 언젠가 외국 학술모임에 간 기회에 식사 장소에서 저서 출간 후 지인 증정 문제가 화제로 된 적이 있다. 서로 너희 나라는 분위기가 어떠냐고 물었다. 다른 나라 참석자들도 필자가 개인적으로 구입해 증정해야 하는 경우가 많다고들 했다. 이런 모습은 만국 공통인 듯 했다.

5. 가족

가. 「김복진, 기억의 복각」

(경인문화사, 2014, 427쪽)

김복진(金福鎭)은 나의 친할머니이다. 이 책은 그 분의 41년 삶의 궤적과 그가 남긴 동화작품의 모음집이다. 책의 집필 경위를 설명하기 전 독자의 편의를 위해 주인공 김복진을 잠깐 소개한다.

김복진은 1909년 서울서 출생해 서울 계성보통학교, 진명여자고등보통학교, 경성보육학교를 다녔다. 진명여고보 졸업 무렵 북경대학 유학생 출신 정병문(鄭炳文)과 결혼했으나, 나의 조부인 남편은 사진관을 경영하다가 사내아이 하나 남기고 20대에 요절했다. 경성보육학교는 남편 사별 후 다녔다. 김복진은 학교 다닐 때부터 동극을 했고, 1933년 봄 극예술연구회에 가입해 당대 제1의 여자 연극인이라 평을 들었다. 극예술연구회(후일 극연좌 포함) 8년의 활동중 남녀 회원 통털어 가장 많은 작품에 출연한 배우가 김복진이었다. 또한 김복진은 일제시기 여류 동화작가 중 가장 많은 작품을 발표한 아동문학가였다. 현재 그의 작품으로는 동화 51편, 동시 5편, 동화 음반녹음 10편이 전해져 온다. 그는 당시 라디오방송에서 단골 동화구연자로도 활동했고, 3편의 영화에도 출연했었다. 일제 말 전시체제가 강화되고 1940년 이후 한글 신문과 잡지가 사라지자 더 이상의 문예활동을 하지 못했다. 1950년 11월 6.25의 와중 신병을 제대로 치료받지 못하다가 만 41세를 일기로 서울에서 타계했다.

내가 학교 들어가기 전 어린 시절 집에 일제 마쓰시다 전기(松下電氣)의 전축이 있었다. 아직 국내에서는 라디오도 본격 생산되지 않던 시절이었다. 서울에 살았지만 4.19 무렵 동네에서 전축을 가진 집은 우리뿐이었다. 그리 넉넉한 살림이 아니었지만 부모님은 중고도 아닌 새 전축을 구입했다. 그 때 집에 레코드가 몇 장 있었는데, 정말 고맙게도 그중 한 장이 동화 레코드였다. 요즘 젊은이들은 구경조차 하지 못한 분당 78 회전의 SP 레코드라서 양면 다 합해도 녹음시간이 6−7분 정도의 분량 밖에 되지 않았다. 판이 돌아갈 때마다 쉭쉭하는 잡음이 들렸다.

동화의 내용은 옛날 어느 나라에 머리가 열둘 달린 구렁이가 있어 온갖 나쁜 짓을 많이 했는데 수돌이란 용감한 소년이 달려들어 칼로 구렁이 머리 열둘을 모두 베어 죽이고 임금님의 사위가 되었다는 이야기였다. 그 레코드는 가장자리가 약간 떨어져 나가 이야기의 시작 부분 몇 줄은 들을 수 없었다. 별다른 오락거리가 없던 시절 나는 이 레코드에 담긴 동화를 아마 수백번도 더 들었을 것이다. 레코드 목소리의 주인공은 여자였다. 수돌이와 구렁이가 싸울 때 구렁이가 "그만 독이 나서 불을 쏟아 놓으려고 하고, 물을 쏟아 넣으려고" 해서 수돌이가 위기에 빠질 뻔한 상황을 긴박하게 전해 주던 그 목소리의 기억이 아직도 생생하다. 동화 목소리의 주인공이 누구인지 관심을 갖기에는 너무 어렸다.

나중에야 그 목소리의 주인공이 친할머니 김복진이라는 사실을 알았다. 내가 어느 정도 자란 다음 아버지는 가끔 던지듯이 한두 마디씩 하셨다. 할머니가 일제 때 극예술연구회 회원으로 활동하셨다, 할머니가 일제 때 동화를 쓰셨다, 할머니가 일제 때 동화 녹음을 해서 레코드로 발매되었다, 일제 때 온갖 문인들이 우리 집을 사랑방처럼 드나들었고 책도 무척 많았다 등과 같은 말씀이었다. 극예술연구회라면 국어책에서 배우던 전설 같은 문화 선각자들의 모임 정도로 생각했었는데, 할머니가 그 회원이었다니! 그러나 평소 집에서 말수가 거의 없던 성격의 아버지는 더 이상 자세한 설명을 하지 않았다. 나 역시 할머니가 옛날에 동화작가였다는 정도만 알고 자랐다.

자라면서 동화 레코드는 더 이상 듣지 않았다. 이사를 몇 번 하는 과정에서 할머니의 동화 레코드도 언제인지 모르게 분실되었다. 이후 대학에서 법학을 공부하고, 대학원에서 국제법을 전공하고, 대학 교수가 되어 공부하며 강의하느라 바삐 살다보니 할머니 이야기는 기억 속 깊은 곳에 가려져 버렸다. 나이가 40이 넘자 다시 옛 생각이 났다. 할머니는 도대체 어떤 분이셨나? 서울대로 직장을 옮긴 다음 도서관에서 일제시기 학예기사나 잡지지사 색인집에서 김복진을 찾아보니 이곳저곳에서 이름이 발견되었다. 언젠가는 할머니의 동화작품들을 수집해 정리하고, 연극인과 동화작가로서 그의 삶을 복원해 지난 시대 우리 문화사의 일부로 기록하고 싶었다. 그 때부터 나는 얼굴 한번 본 적 없는 할머니 김복진을 근 20년 가까이 가슴속에 품고 지냈다.

1996년 5월 어느 날 아버님이 새벽에 잠이 깨 라디오를 듣는데 할머니께서 1934년 콜롬비아 레코드사에서 녹음했던 동화의 원판이 일본에서 발견되어 국내 한 회사에서 이를 CD로 복각했다는 소식을 전하더라고 말씀하셨다. 당장 레코드 가게로 가서 LG 미디어가 발매한 이 CD 10장을 샀다. CD에는 당시 명인기획의 노재명 대표(현 국악음반박물관 관장)가 일제시 김복진에 관한 조선일보 기사 일부를 찾아 나름의 해설을 붙여 놓았다. CD 제목은 "동화를 얘기해 주는 여자, 김복진." 참으로 멋진 제목이었다. 일제시대 동화녹음이 복각된 것은 이것이 처음이었다. 수소문 하여 1996년 5월 15일 노재명 대표와 연락이 다았다. 내가 김복진의 친손자며, 김복진의 아들이 지금 김포에 살고 있어 그에 관해 보다 자세한 증언을 해 줄 수 있으며, 당시의 사진자료가 아직도 집에 많다고 알려주었다. 나흘 뒤 노재명 대표가 아버님을 찾아가 할머니에 관한 증언을 청취했다.

1996년 여름 LG 미디어는 역시 1934년 콜롬비아 레코드사에 의해 녹음된 극예술연구회 연극 음반의 원판도 일본에서 찾아 "극예술연구회 1934년, 그 해 이 땅의 연극"이란 제목의 CD로 제작·발매했다. 할머니는 극예술연구회 연극 음반에서도 주역이었다. 노재명 대표는 해설지 속에 "김복진에 관한 속보"라며 아버지의 증언과 집에 보관되어 있던 할머니 사진을 몇 장 수록했다.

이후 할머니 김복진은 내 마음 속에 더 무겁게 다가 왔다. 결국 김복진의 이야기를 기록하고 정리할 사람은 나 외에 없으리라 생각했다. 1990년대 후반부터 인터넷이 발달하고, 조선일보사를 시발로 일제시기 기사 DB가 구축되기 시작했다. 자료 찾기가 좀 더 쉬워졌다. 간혹 눈에 띠는 자료를 복사해 서재 한 귀퉁이에 모아두었다. 나중에 할머니의 동화작품을 모아 동화집을 발간할 생각이었다. 사실 처음에는 비교적 간단한 작업으로 예상했다. 조선일보사와 동아일보사가 기사 DB를 구축했고, 잡지기사 색인집도 적지 않게 나와 있으므로 그리 어렵지 않을 일로 예상했다.

그러나 작업은 예상보다 난관에 부딪쳤다. 무엇보다도 당시 국내에 구축되어 있는 각종 DB와 색인집은 한 결 같이 완벽과는 거리가 멀었다. 이미 확보하고 있는 기사나 작품이 DB나 색인집을 통해 검색되지 않는 경우가 많았다. 도서관에 가서 일제시대에 발간된 잡지의 목차를 무작정 넘기다보면 가끔 예상치 못했던 곳에서 할머니의 글이 튀어 나왔다. 결국 기존의 DB나 색인집은 100% 신뢰할 수 없었고, 당시 신문·잡지의 실물을 일일이 직접 확인해야만 만족스러운 결과를 얻을 수 있을 것 같았다. 한편 일제시대의 잡지들이 이렇게 많이 일실되어 현재는 전해지고 있지 않는 줄은 미처 몰랐다. 특히 동화가 주로 발표된 아동잡지는 실물을 접하기가 더 어려웠다. 방정한 선생이 창간한 잡지「어린이」도 전질이 전해져 오지 않음은 물론이요, 일제시 최장수 어린이 잡지「아이생활」이나「소년중앙」같은 잡지도 일부만이 남아 있다. 지금도 초등학생용 잡지는 한번 읽고 버리는 책이라 생각하지, 이를 계속 보관하는 집은 거의 없을 것이다.

김복진 동화 작품집을 발간해도 극소수의 아동문학 연구자 외에는 김복진이 누군지 아는 사람이 없을 것이므로, 그의 삶에 관한 간단한 해설을 붙여야 겠다고 생각했다. 어차피 김복진 동화집의 독자는 아동이 아니라 아동문학 연구자가 될 것이니, 해설이 특히 유용하리라 생각했다. 그러나 당시까지 개인적으로는 할머니의 삶에 대해 아는 내용이 거의 없었다. 우선 아버님으로부터 말씀을 듣기로 했다. 2000년 2월 5일, 2000년 3월 1일, 2002년 11월 3일, 2002년 11월 23일, 2003년 3월 1일 모두 5차례에 걸쳐 할머니에 관한 아버님의 증언을 녹취했다. 나로서도 처음으로 할머니 이야기를 본격적으로 들은 셈이었다.

칠십이 넘은 분의 어린 시절 기억을 되살리는 일은 쉽지 않았다. 할머니 이야기를 하다가, 자꾸 본인 이야기로 옮겨갔다. 모순된 이야기도 나오고 나중에 자료로 확인해 보면 틀린 기억도 많았다. 노재명씨가 LG 미디어의 "극예술연구회 1934년, 그 해 이 땅의 연극"에 수록한 아버님의 증언에도 틀린 대목들이 있음을 나중에 알았다. 아버님의 기억이 잘못된 경우도 있고, 채록자가 잘못 이해한 부분도 있었다. 아들이라 한들 어머니에 대해 아는 내용은 제한적일 수밖에 없었으리라. 특히 어머니에 대한 본인의 감정은 별로 이야기하지 않으셨다. 그래도 할머니의 삶에 관해 대강의 궤적은 얻을 수 있었다.

그러나 그 이후에도 작업은 별다른 진전이 없었다. 게다가 2005년 아버님이 타계하여, 김복진을 말해 줄 수 있는 가장 유력한 증인이 사라졌다. 대신 일제시기에 관한 각종 DB가 좀 더 발달하고 내용이 풍부해져 지면을 통해 점차 더 많은 김복진을 접할 수 있었다. 그렇지만 국제법 교수 역할을 하기도 능력에 벅차하던 나에게 김복진은 언제나 과외의 일이었다. 전공과도 상관없고 누가 시키는 일도 아니었기 때문에 이 작업이 지속되지 않았다. 그러는 사이 김복진을 기억할 수 있는 분들이 차례로 별세하셨다. 아동문학가 윤석중 선생이 2003년에, 연극배우 김동원 선생이 2006년 세상을 떠나시자 김복진에 관해 이야기해 줄 사람이 정말로 모두 사라지셨다. 이 분들을 언제 한 번 뵈어야지 하고 생각만 하다가 기회를 놓쳐버렸다. 일제시대의 신문과 잡지만이 김복진을 만날 수 있는 유일한 통로로 남았다.

처음 이 작업을 시작했을 때는 동화작가 김복진을 머리에 두고 있었다. 그런데 자료를 수집하다 보니 연극인 김복진에 관한 자료가 훨씬 풍부했다. 1930년대 후반 그에게는 조선 제1의 여자 연극배우라는 수식어가 따라 다녔다. 신화 같은 여배우 문예봉이 한 때 할머니와 바로 이웃에 살며 서로 언니·동생하던 절친한 사이였으며, 문예봉의 추천으로 아버지가 아역 배우로 출연했던 영화 「수업료」(1940년 개봉)가 당시 공전의 히트를 했다는 사실도 알게 되었다.* 동화작가 김복진만이 아니라, 연극배우 김복진이 점점 더 무게를

---

* 영화 수업료는 국내에서 필름이 전해지지 않다가 한국영상자료원이 이를 중국에서 발견, 복사해 왔다. 2014년 9월 16일 한국영상자료원 강당에서 언론시사회를 갖고 이후 일반에도 공개되었다. 필자는 주인공의 아들 자격으로 이에 초대받았다.

더해 다가왔다.

마침 2012년 봄 한 학기 강의를 쉴 기회를 얻었다. 그 때 안식학기에는 외국을 가지 않기로 하고, 할 일 목록의 하나로 할머니에 대한 기록 정리를 포함시켰다. 그 해 봄의 중반 처음으로 책상에서 국제법 책을 다 치워버리고 김복진에 관한 일제시대의 기록을 정리하기 시작했다. 그동안 자료를 상당량 모아 필요한 기초작업은 얼추 되었으려니 생각했다. 두어 달 정도 집중하면 어느 정도 할머니의 작품도 정리하고, 해설 원고도 완성할 수 있으리라 기대했다. 이재철 선생께서 수집하셨던 경희대학교의 사계아동문학문고와 연세대학교 국학연구원에서 못 구했던 동화작품들을 여러 편 더 찾았다.

본격적인 자료 정리를 시작하고 보니 김복진에 관한 기록이 여기저기에서 계속 더 나왔다. 1923년도 10여살 소녀시절의 활동이 이미 사진과 함께 당시 신문에 보도되어 있었다. 물론 그 기사 속의 김복진이 할머니 김복진과 동일인인가는 다른 자료를 통해 확인해야 했다. 당시의 신문기사, 잡지 기사, 본인이 남긴 수필 등을 통해 그의 삶의 윤곽이 점점 더 뚜렷이 그려졌다. 그 분이 1910년대 10살 이전에 살던 경기도 양주군 율석리 집터를 포함하여 성인 이후의 거주지였던 인사동과 체부동 집까지 확인할 수 있었다. 김복진은 연극배우, 동화작가, 동화 구연가, 오늘 날로 치면 성우에 해당하는 방송극 출연자, 그러면서도 아동운동에 끊임없는 관심을 가졌던 신여성이었다.

작업을 하면서 새삼 아버님의 타계가 안타까웠다. 2000년과 2002년 인터뷰 때는 몰라서 묻지 못했던 새로운 의문들이 많이 생겼다. 당시 아버지의 증언과 조금씩 다른 사실도 적지 않게 발견되었다. 그러나 더 이상 확인할 방법이 없었다. 10여 년만 더 일찍 이 작업을 시작했다면 보다 완벽한 결과를 얻을 수 있었을 텐데 하는 안타까움이 컸다. 아버님을 모시고 일제시기 옛 집을 방문하지 못한 일도 아쉬웠다. 대강의 원고는 작성했으나 여전히 찾아야 할 자료는 자꾸 늘었고, 결국 2012년 여름까지도 일을 마치지 못했다. 가을에 강의 생활로 복귀하자 자료 찾는 속도는 다시 늦어졌다. 작업은 다시 보류되었다.

2013년 여름 방학을 맞아 전공인 국제법 관한 새로운 책의 집필을 시작할까 하다가 아무래도 할머니 김복진에 관한 작업을 먼저 마무리하기로 마음먹었다. 그러나 그 여름에도 필요한 자료가 다 찾아지지 않았다. 사실 작업의 기본 골격은 2012년 여름에 만들어졌으며, 이후부터는 미세한 보완작업의 계속이었다. 그러자 아동문학 연구자 한 분이 내게 조언을 주었다. 일단 이 작업의 결과를 세상에 내 놓기만 하면 부족하고 미흡한 부분은 후속 연구자가 언젠가는 채워줄 테니 너무 걱정하지 말라는 이야기였다. 사실 연극과 아동문학 모두에 문외한인 내가 할머니라는 이유만으로 김복진을 그리는 일은 힘에 벅 차는 작업이기도 했다. 2013년 말로 자료수집은 마치고 이제 마무리 작업을 하기로 마음먹었다.

처음 이 일을 시작할 때만 해도 내가 태어나기도 전인 1950년에 돌아가신 생면부지의 할머니의 일제시기의 삶을 어느 정도로 복원할 수 있을까에 큰 자신은 하지 못했다. 이 책이 가능했던 것은 그 만큼 김복진에 관한 당시의 기록이 남았기 때문이었다. 기록이 남겨진 자는 후대의 머리 속에 부활할 수 있음을 실감했으며, 다른 한편 문자기록의 위대함과 무서움도 새삼 깨달았다. 또한 일제가 식민지배를 통해 이 땅에 이식한 각종 "근대적 제도"와 "일제 기록"의 위력도 느끼게 되었다. 할머니가 1910년대에 살던 집터와 1930년대 중반 한참 극예술연구회 회원으로 활동하던 시기에 전세 살던 집 일본인 소유주 이름까지 확인할 수 있으리라고는 상상도 못했었다.

나로서는 남아 있는 자료를 모아 김복진의 삶과 활동을 묘사하려고 노력했지만, 그의 마음 속 깊은 곳까지 들어가 그의 마음을 헤아리고 느끼기는 어려웠다. 다만 나이 스물에 어린 아이 하나 있는 청상(靑孀)이 되어 일제 식민지 후반기의 어려운 세파를 몸으로 부딪치며 이겨나가기가 오죽 힘들었을까 하는 생각을 하면 가슴이 뭉클했다. 한 때 문화계의 화려한 조명도 받았지만 연극배우에 대한 세간의 인식은 높지 않았고, 동화를 써서 먹고 살 수 있는 시절도 아니었다. 아마 요즘도 전업 동화작가는 국내에 없을 것이다. 본인 스스로도 경제적 고통이 가장 힘들었다고 회고했다. 그러나 만약 그가 원 남편과 사별하지 않고 편안히 살았다면 1930년대의 조선이 그 같은 활약을 한 여류를 만나기 어려웠으리라. 현실의 쓰라림은 아마 그의 문예활동의 터전이 되었을 것이다.

이 책에서는 김복진을 설명하며 단순히 그의 활동상만을 기록하지 않고, 당시의 시대배경과 서울의 옛 모습에 대한 설명도 곁들였다. 나의 어린 시절, 특히 1960년대 초입까지의 서울은 지금의 모습과 너무 달랐다. 아마 당시 서울은 6.25 때 파괴된 부분을 제외하고는 일제시대의 외관과 거리풍경을 거의 유지하고 있었으리라 생각한다. 그 같은 과거에 익숙치 않은 세대를 위해 내가 기억하거나 들었던 옛 이야기들을 틈틈이 집어넣었다.

1938년 4월 3일자 조선일보(4면)에는 당대 관상계의 대가라는 함학구가 김복진의 관상을 본 기사가 실려 있다. 그는 김복진이 초년에 고생을 하나 30에 신왕재왕(身旺財旺)이라 새 길이 열리기 시작하여, 31, 32세 무렵 이름을 중외(中外)에 떨치거나 불연이면 새로운 가연(佳緣)이 있으리니 이를 놓치지 말고 일생의 번영을 꾀하라고 예언했으나, 결과적으로 다 허망한 소리였다. 다만 김복진이 "심혈을 다해 쌓는 공든 탑은 영원히 이 땅에 빛나리니," 힘들어도 마음 변하지 말고 "눈물의 빛나는 역사를 이 땅에 길이 남기리로다"라고 그가 내린 결론은 오늘 날 한국 연극의 발전을 보면 혹 맞는지 모르겠다.

당시 주위에서 국제법 교수인 내가 왜 이런 일을 하냐고 묻는 사람이 있었다. 우선 개인적으로는 가족사의 정리라고 답했다. 그러면서 속으로는 내가 좋은 국제법 책 하나를 내는 일보다, 김복진에 관한 책의 완성이 넓은 의미에서 학계에 대한 더 큰 기여가 되리라고 스스로를 위안시켰다. 국제법 공부는 내가 하지 않아도 국내 다른 학자들이 더 잘할 수 있으나, 김복진에 관한 정리는 다른 누구도 하기 힘든 일이기 때문이었다.

끝으로 하나 아쉬웠던 사실을 하나 부기한다. 선친은 어려서 사진관 집 아들로 태어났기 때문에 그 세대의 다른 사람들에 비해 어린 시절 사진이 많은 편이었다. 할머니 김복진의 일제시대 사진첩도 집에 여러 권 보관되어 있었다. 경성보육학교에서 금강산 수학여행 갔던 사진을 포함하여 젊은 시절의 사진들이 적지 않았다. 나도 어릴 때 그러한 사진들을 여러 차례 본적이 있다. 1996년 노재명 대표가 집을 방문했을 때도 적지 않은 김복진 사진을 빌려갈 수 있었다. 그런데 나의 모친은 평소 죽을 때면 이 세상에 아무 흔적도 남지 않고 사라지듯 떠나겠다는 소신을 갖고 계셨다. 무덤이나 납골당도 만들지 말라고 하셨다. 그리고 자신의 삶을 마치기 전에 스스로 본인 대(代)의 자취를 최대한 없애려 하셨다. 2005년 선친이 돌아가시자 얼마 후 모친께서는 자식들에게 알리지 않고 과거의 사진들을 모두 불태워 버렸다. 그 때 할머니의 사진들도 같이 사라졌다. 김복진의 사진으로는 내가 그 이전에 미리 확대, 인화해 둔 독사진 한 장만이 달랑 남았다. 이 작업을 하며 주위의 관계자들에게 조언을 구할 때마다 혹시 사진 자료가 없느냐는 질문을 자주 받았으나, 이제 김복진의 사진들은 나의 흐릿한 기억 속에만 남았을 뿐이다.

나는 평소 일제 치하, 해방과 분단, 6.25 등 고난의 20세기 전반부를 살아온 선대들의 기록을 남겨 후세에 전하고 싶었다. 각 집의 평범한 할머니·할아버지가 이 시기를 거쳐 온 이야기를 들어 보면 모두가 대하소설감이다. 김복진의 이야기도 그런 것 중 하나이다. 다만 나로서는 친할머니라는 개인적 인연이 깊을 뿐이었다.

책자를 만드는 과정에서 여러 사람의 도움을 받았다. 특히 서울대학교의 양승국 교수, 국민대학교의 서재길 교수, 경희대학교의 김용희 교수, 춘천교육대학교의 조은숙 교수 등의 조언과 협조는 작업 진행에 도움이 되었다. 서울대학교의 양현아 교수는 중간 초고를 읽어 보고 집필 방향에 관한 유용한 조언을 해 주셨다. 기억의 복각이란 제목도 양현아 교수와의 대화 중 나온 표현을 차용한 것이다. 이 책자가 나오자 20년 가까이 내 가슴을 누르고 있던 체증의 하나가 내려간 듯 매우 기뻤다. 국제법 서적을 출간했을 때와는 비교할 수 없는 흥분과 희열을 느꼈다.

「증보판」

2014년 초판에는 김복진의 동화가 모두 43편이 수록되었다. 안타까웠던 일은 초기 동화 여러 편이 「어린이」지에 발표되었다는 사실은 확인할 수 있었는데, 그 실물이 전해져 오지 않는다는 점이었다. 우연히 반가운 소식에 접했다. 그간 알려지지 않았던 광복 전 「어린이」 28책이 추가로 발견되어 영인본으로 간행되었다는 사실이었다(소명출판사, 2015년). 바로 찾아보니 1933년과 1934년 발표된 할머니의 동화 7편이 새로 확인되었다. 연구자의 편의를 위해서는 이를 포함한 증보판을 내야겠다고 생각했다. 그러면 기왕의 내용도 부분적으로 다듬는 편이 좋겠다고 생각했다. 2019년 여름 국제법은 잠시 접어두고 다시 한번 김복진으로 돌아갔다. 새롭게 관련문헌을 찾아 읽는 과정에 2009년 발굴된 1937년도 작품 한 편을 본서 초판 발행시 미처 몰랐던 사실도 알게 되었다. 이에 새로 모두 8편의 동화가 추가될 수 있었다. 책의 내용도 적지 않게 손을 보았다. 특히 몇몇 잘못된 내용도 수정할 수 있어서 기뻤다. 다만 나는 동화연구자도 연극연구자도 아니므로 김복진에 대한 전문적인 연구는 여전히 그 분야 전공자들의 일이라 생각한다. 원래 증보판은 2019년 중 나올 것으로 기대했는데, 여러 사정상 미루어지고 있다. 금년 중 발간을 기대한다.

나. 「다시 찾은 조춘(早春)」

정인섭 편, 정찬조 저.
(해드림출판사, 2019, 172쪽)

「다시 찾은 조춘(早春)」은 앞서의 「김복진, 기억의 복각」과 마찬가지로 법학서적이 아닌, 가족과 관련된 책이다. 바로 2005년 5월 24일 작고한 나의 선친 정찬조(鄭燦朝)가 생전 남긴 시 모음집이다.

선친은 1928년 서울에서 부 정병문(鄭炳文), 모 김복진(金福鎭) 사이 외아들로 출생했다. 조부는 선친이 얼굴도 기억할 수 없을 만큼 어린 시절 별세했다. 앞의 책에서도 설명한 바와 같이 조모 김복진은 남편과 사별 후 경성보육학교를 졸업하고 잠시 유치원 교사 생활을 했으나, 1933년 봄 극예술연구회 회원으로 가입한 다음 "조선 제1의 여자 연극배우"라는 평을 들을 정도로 배우로서 활발한 활약을 했다. 1930년대 중반 경성 YMCA 바로 뒤에 있던 그의 인사동 집은 조선의 전도유망한 젊은 문인들이 주축을 이루던 회원들이 수시로 모여 이야기 하고 놀던 극예술연구회의 사랑방이었다. 부친은 극예술 회원들이 어린 자신을 무릎 위에 앉히고 화투를 자주 쳐 어렸을 때부터 화투치는 법을 배웠다고 회고했다. 이 같은 조모의 영향을 받았을까 선친도 청계소

학교 시절 1940년 개봉한 「수업료」와 「수선화」라는 영화에 아역 배우로 출연했었다. 특히 옆 집 살던 문예봉의 소개로 남자 주인공역을 맡았던 「수업료」는 조선 최초의 아동영화로서 당시 공전의 히트를 해 그를 일순 장안의 유명인사로 만들기도 했다. 어쩌면 그 때가 선친의 인생에 있어서 세속적 절정기였는지 모른다. 영화출연은 그것이 마지막이었다.

이후 선친은 보성중학교를 거쳐 1948년 서울대학교 독어독문학과에 입학했다가 6.25를 만났다. 전쟁의 와중 어머니를 병으로 잃고, 1.4 후퇴 시 혈혈단신 고아로 피난을 떠나 1953년 3월 부산에서 서울대학교를 졸업했다. 서울대 독문과 졸업생 번호 제2호였다. 전후 한국 독문학계를 이끌던 강두식(서울대), 지명렬(서울대), 박찬기(고려대), 강희영(서강대, 이화여대) 등이 가까운 동료들이었다. 선친은 졸업과 동시 공군 장교로 입대를 했다. 대학생 징집 연기자는 군입대 지원서를 먼저 내야 졸업장을 주던 시대였다. 피난 시절 문교부 편수국에 근무할 때 같은 사무실에서 만난 이복희(李福熙)와 군복무 중이던 1953년 12월 25일 결혼했다. 신혼은 구포의 셋집에서 시작했다. 이후 공군에서 약 9년을 근무하고 1962년 3월 소령으로 전역했다. 군인 체질은 전혀 아니었으나 처자식 딸린 상황이 다른 방향의 삶을 포기하게끔 만들었다. 그 사이 나를 포함한 2남 2녀를 낳았다.

이후의 생활은 평탄치 못했다. 주로 출판 관계 일을 했는데, 집안이 경제적으로 편안치 못했던 시절이 많았다. 공군 제대 이후에는 꼬박꼬박 월급 받던 기간이 그렇지 못한 세월보다 별로 길지도 못했던 듯싶다. 나는 부모님이 어떻게 네 남매를 겉으로 없는 티 두드러지지 않게 키웠는지 돌이켜 보면 신기하기까지 하나, 그 시절 이 땅의 부모들 중에는 자식교육을 위해 상당한 마법을 부리신 분들이 허다했을 것이다.

선친은 50 연세도 넘긴 1981년 경기도 벽제로 귀농해 처음에는 느타리 버섯, 나중에는 약용작물을 재배했다. 말이 좋아 귀농(歸農)이지 서울서는 더 이상 먹고 살 방안이 없어 평생 해보지 않은 농사라도 지어보려 낙농(落農)했다는 표현이 더 적절했다. 그 후 25년간 벽제, 파주, 김포 등지에서 케일과 어성초, 삼백초, 신선초 등을 주로 재배하며 어느 정도 자리 잡고 사시다 2005년

5월 타계하셨다.

선친은 불행한 우리 역사를 평생 온 몸으로 겪은 세대에 속한다. 일제 식민지에서 천황의 적자로 태어나 어려서 황국신민교육을 받고 컸으며, 일제의 전쟁 말기에는 먹을 식량이 부족해 깻묵으로 끼니를 때우기도 했다고 회고했다. 광복의 기쁨도 잠깐 남북은 분단되고, 정치는 소요했다. 대학 생활의 절반 이상을 부산 피난지에서 보냈으니 무슨 공부를 제대로 할 수 있었겠는가? 전쟁이 끝나도 지독히 가난한 사회가 그를 기다리고 있을 뿐이었다. 그 세대의 젊은 날은 줄곧 생존이 곧 미덕인 시대였다. 군복무 시절이 그나마 안정된 생활을 할 수 있던 시기였고, 4.19, 5.16, 6.3 사태, 계엄령, 위수령, 국가비상사태와 10월 유신이 연이어 그를 기다렸다.

선친은 젊은 시절 문학청년(시인)을 자처했고, 대학에서 독문학을 전공했으며, 자신의 시집도 출간했고, 한국독일문학회 창립 초기 주역(간사장) 중의 한 사람이었으나, 선친에게 허용된 낭만적 인생은 거기까지였다. 30 초반에 이미 "시에 대한 향수병만 지닌 채, 한낱 범부(凡夫)로서 인생의 쫓기는 몸"이 되었다고 한탄했다.

30대 중반 이후 경제적으로 평탄치 못한 생활 속에서 솔직히 집안 식구들에게 존중받거나 인기 있는 가장은 아니었다. 어려운 삶의 무게에 짓눌렸는지 집에서 말수가 적던 선친은 나머지 식구들에게 좀 불편하고 껄끄럽고 사실 무능해 보이기도 했다. 아마 당신 역시 집 안팎에서 평생 외로운 존재였을 것이다. 유고 뭉치 속에서는 다시 태어난다면 결혼을 하지 않을 작정이란 구절까지 발견되었다. 26살 나이에 결혼하지 않았다면 이 분이 자신의 독문과 동료들 모양 인생의 다른 기회를 잡았을지 모른다는 생각도 든다.

70 중반 선친에게 암이 발견되었다. 이미 상당한 정도 진척된 상태였다. 남은 날이 길지는 않은 듯 보였다. 혹시 하시고 싶은 일이 있냐고 한번 물으니, 그간 써온 글들을 모아 책을 내보고 싶다고 하셨다. 나는 선 듯 해드리지요 라고 답했다. 선친은 매일 같이 신문보고 3끼 식사하고 집 부근도 둘러보는 일상생활을 똑 같이 계속하던 중 어느 날 새벽 잠자듯 귀천하셨다.

책 출간은 나에 대한 유언으로 남았다. 그 분 세대의 특징은 정리정돈을 잘 하고 한번 손에 들어온 물건을 오래 보관한다. 가세가 기울어 집을 줄여가는 여러 번의 이사 과정에서 많은 물건이 산일되었지만 유품을 정리해 보니 여전히 적지 않은 고물(古物)들이 생잔(生殘)해 있었다. 6.25 전의 시작(詩作) 노트, 광고지 뒷면에 쓴 시, 반세기도 훨씬 넘은 수첩, 메모지에 써 논 수필, 종이가 삭을 정도로 누런 원고지 묶음, 부산 피난 시절의 편지, 남에게 보냈다 반송된 엽서 등 자신의 소소한 추억의 상당 부분을 마지막까지 간직하고 계셨다. 짐을 줄여 이사할 때마다 집안 식구들의 눈총을 받으며 사수한 물건들이다. 집이 경제적으로 어렵지만 않았다면 더 많은 개인사가 보전되었을 것이었다.

남겨진 물건 중 독문학에 관한 책은 서울대학교 독어독문학과에 기증했다. 요새 사람들은 보지도 못한 전전(戰前) 구 활자본 독일책이 적지 않았다. 한국독일문학회 창립 초기 서류들은 서울대학교 전영애 교수께 인계해 처리를 일임했다. 출판사에서 한결 김윤경 선생의 전집을 만들 때 사용한 그 분 육필 원고를 포함한 자료가 과일상자 하나 분량으로 남아있어 이는 연세대학교 국학연구원에 기증했다. 선친의 육필 원고에 해당하는 부분은 내가 따로 모아와 일단 종이상자 속에 넣어 서재 한 귀퉁이에 두었다. 그리고는 사실 잊었다. 때때로 다하지 못한 숙제 생각이 떠올랐으나, 곧 바로 나 자신의 일상으로 복귀하기 바빴다. 그러는 사이 십수 년이 흘렀다. 이제 내 정년이 되기전 선친의 책을 마무리해야겠다고 마음먹었다. 본격적으로 무엇을 어떻게 만들까 생각했다. 우선 남겨진 글을 내용에 따라 분류해 보았다.

선친은 스스로 한 때 "시인으로 자처"하며 "도도하여 안하무인격이기도 했다"고 술회한 바 있다. 1960년 「조춘」(청우출판사)이란 시집을 발간했었다. 이 책에는 모두 49편의 시가 수록되어 있다. 이에 담기지 않은 육필 원고로 남겨진 시 역시 적지 않았다.

선친은 한국독일문학회가 결성되어 국내 최초로 독일 명시의 원문 직역을 목적으로 출간한 「별이 부르는 노래」(청우출판사, 1960)의 역자 대표이기도 했다. 총 100편의 독일시가 수록된 그 책에서 선친은 클로프슈토크, 괴테, 쉴러의 시 8편을 번역하고, 서문격으로 "독일시 약사"를 집필했다. 책의 장정까지 직접 디자인했다. 한국독일문학회 학회지 「독일문학」 제1집(1959)에 "Schiller 에 대하여"를, 제2집(1960)에 "Räuber 연구 – 생의 상징으로서의 반역"이란 논문을 게재했었다. 당시 독일문학회 학회지도 공군에 근무하던 선친의 도움으로 군시설에서 인쇄했다고 기억한다. 독문학과의 직접적인 인연은 그것이 마지막이었다.

40대 시절 자유교육협회 기관지에 소소한 글을 적지 않게 기고했고, 서양동화집도 몇 권 출간했으나 사실은 중역(重譯)이었다. 귀농 이후 한국자생식물연구회에서 발행하는 「자생식물」이란 기관지에 1988년부터 1998년까지 약 10년간 "산야초의 슬기로운 이용법"이란 제목으로 30회에 걸쳐 각종 약용식물을 소개하는 글을 게재했다.

성격도 제 각각인 이 모든 글들을 함께 모은다는 것은 별 의의가 없을 듯했다. 역시 선친 글의 대표는 "시"라고 생각해 뒤늦은 시집 발간이라도 그것이 "시인부락에의 행장을 다시 수습"하는 꿈을 꾸던 젊은 날의 뜻에 가장 적합할 듯 했다. 남겨진 시를 정리해 보니 일자가 기록된 가장 오래된 작품은 광복 직후인 1945년 11월 보성중학교 시절 쓴 "시(詩)"이고, 가장 늦은 나이의 작품은 귀천 약 5개월 전 2004년 12월 말에 쓴 "마송 장터"였다.

이 책은 모두 4부로 구성했다. 제1부 조춘은 선친이 1960년 펴낸 시집 「조춘」(早春)의 전재이다. 한편 선친은 만 20세 서울대학교 1학년 시절인 1948년 12월 「새벽 종소리」라는 제목으로 작은 노트에 총 45편의 시가 수록된 육필 자작시집을 만들었다. 그중 26편의 시는 「조춘」에 포함되어 있기 때문에 이를 제외한 나머지 19편의 시를 제2부 새벽 종소리에 수록했다. 제3부는 조춘과 새벽 종소리에 포함되지 않았으나, 남겨진 육필 원고의 시 모음이다. 이상 총 81편의 시가 수록되었는데 대부분은 선친이 10대 후반에서 30대 초반까지 완성한 작품들이다. 말년에 남긴 습작 흔적이 좀 더 있으나, 완성된 시가 아니라 포함시키지 않았다. 마지막 제4부 신년 원단편은 선친이 매년 연초 지인들에게 보낸 신년 연하장의 내용이다. 선친은 매년 연말연시가 되면 관제엽서에 간단한 시 형식의 신년인사를 자필로 적어 발송했다. 앉은뱅이 밥상에서 매년 족히 수백(?) 장의 엽서를 며칠에 걸쳐 작성했다. 내가 아주 어린 시절부터 이런 모습을 보았으니 언제 시작했는지는 잘 모른다. 그런데 매년 일정수의 엽서는 수취인 주소불명으로 반송되어 왔는데, 이를 통해 후년 22년 치의 신년사가 남아 있다. 통상적인 시작(詩作)과는 좀 다르지만 유사한 형식이라 함께 정리했다.

책의 제목은 당신이 젊은 시절 자신의 시집 제목으로 택했던 「조춘」을 본따 「다시 찾은 조춘(早春)」으로 정했다. 물론 자비 출판이었다. 선친은 세속적 의미의 유명인사는 아니셨고, 유고집을 낼 정도로 대단한 인생을 사시지도 못했으나, 어쨌든 자식들에게는 유일한 아버지였다. 그 분에 관한 정리는 대학에서 녹을 먹은 내게 주어진 일이라 생각했다. 이 책이 나오니 개인적으로 매우 가슴 홀가분함을 느꼈다.

6. 기타

가. 「해외법률문헌조사방법」

① 정인섭(외) 공저(서울대학교출판부, 2000, 287쪽)
② 「개정판」(서울대학교출판부, 2005, 452쪽)

① 2000년 초판

우리나라의 법학연구에 있어서는 해외법률문헌에 대한 의존도가 매우 높다. 한국에서 발간된 법률서적이나 논문의 각주를 보면 미국, 영국, 독일, 프랑스, 일본 등 다양한 국가의 법령이나 판례, 법률문헌들이 인용된다. 이제는 중국이나 러시아 법률문헌도 종종 접하게 된다. 주제에 따라서는 국제연합이나 유럽연합 등 국제기구가 발간한 문서도 인용자료로 활용된다.

법률문헌의 조사능력은 학문연구를 위한 기본 기능이므로 원래는 대학 입학 직후 이를 배우는 것이 마땅하다. 그러나 국내 실정법 해석을 중심으로 수업이 진행되던 과거 법과대학 학사과정에서는 해외법률문헌을 조사·연구할 필요가 많지 않았으며, 자연 이에 대한 학생들의 관심은 낮았다. 이는 법학전문대학원 시대에도 크게 변하지 않고 있다. 그러나 일반대학원 과정으로 오면 사정이 달라진다. 수업에서 해외법률문헌에 대한 의존도가 커지는데 이의 조사방법에 대한 기본 지식을 갖추지 못한 학생들이 적지 않다. 현재 법학전문대학원에는 법률정보조사에 관한 과목이 필수과목으로 설강되어 있는데 솔직히 이 과목에서 무얼 배우고 있는지 상급학년 학생들을 보면 문헌조사에 관한 기본훈련이 거의 되어 있지 않다. 요새는 그래도 각종 법률 DB가 잘 발달해 있고, 인터넷에 접속해 주제어만 제대로 적어 넣으면 필요한 문헌을 얻기가 한결 쉬워져 다행이나, 이 책을 구상했던 20여 년 이전의 상황은 매우 달랐다.

오래 전의 개인적 경험을 소개한다. 1980년 대학원 석사과정에 입학한지 얼마 되지 않았던 때였다. 하루는 교재에 소개된 미국 연방대법원 판결 전문을 직접 읽어 보고 싶었다. 물론 그 당시는 인터넷이 없던 시절이라 도서관에서 종이책을 찾아야 했다. 다행히 서울법대 도서관에는 미국 연방대법원 판결집이 구비되어 있어서 교재에 나온 판례번호와 원피고 이름을 적은 쪽지를 들고 해당 서가로 갔다. 그러나 당시 나는 189 U.S. 203 나 93 S.Ct. 42 라고 쓰여진 기호의 의미를 몰라 마치 장님 코끼리 더듬듯 해당 판결문을 간신히 찾았다. 한 두달 뒤 평소 안면이 있던 다른 과 조교가 지방에 있는 지인의 부탁이라며 미국 법원의 판례번호를 갖고 와 해당 판결문을 찾아 달라 했다. 같이 법대 도서관 서가로 갔는데, 이번에는 끝내 그 판결문을 찾지 못하였다. 먼저 번의 성공은 마치 소가 뒷걸음치다가 쥐를 잡은 격이었다. 훗날 미국 판례가 어떻게 수집되며, 연방법원 공식 판례집과 West 출판사 판례집 간에는 어떠한 차이가 있으며, 각 판례번호의 의미를 알게 되자 이렇게 간단한 사항을 몰라 그 고생을 했었구나 하는 탄식이 절로 나왔다. 물론 당시에도 학교에 미국 유학 다녀온 교수들이 여럿 계셨으므로 미국 판례 찾는 법을 문의하면 알려 주었으리라 생각한다. 그렇지만 학생으로서 교수에게 개인적으로 이런 설명을 해 달라고 부탁하기는 어려웠다.

또한 내가 석사과정 시절 UN 기탁도서관을 처음 찾아갔던 기억도 생생하다. 당시 국내에는 고려대학교에만 UN 기탁도서관이 있었는데, 담당 사서조차 UN 문서를 제대로 다룰 줄 몰랐다. 그는 마치 폐휴지 모으듯(?) UN 문서를 쌓아 놓고 있었다. 그는 나를 서고로 데려다 주더니 당신이 찾는 문서는 아마 이 방 어딘가에 있을 것이라는 말만 해주었다. 그 때는 변변한 영문 안내서조차 없었다. 그곳에서 UN 문서번호를 갖고 원하는 문서를 찾으려니 이는 마치 한강수 밑에 빠진 바늘을 찾는 심정이었다. 나중에 미국 대학에 체류하던 기회에 나는 그야말로 수십번 UN 서고를 드나들며 UN 문서기호 체제를 스스로 깨우쳤다. 이 역시 UN 문서의 분류방식에 관해 누가 30분만 강의를 해 주었다면 그 무수한 시행착오는 겪지 않았을 것이다. 지금은 UN 홈페이지 속에 UN 문서에 관한 기본 설명이 있어 초심자도 이를 읽으면 나와 같은 고생은 하지 않으리라 생각한다.

「해외법률문헌조사방법」의 구상은 위와 같은 나의 대학원 시절 경험에서 출발했다. 내가 교수가 된다면 후학들에게는 과거 나와 같은 경험을 되풀이하지 않도록 해야겠다고 다짐했다. 우선 교수 초년시절인 1980년대 후반 미국 판례 찾기와 UN 문서 찾기에 관해 각기 A4 10여 쪽 정도씩의 간단한 안내문을 만들어 서울국제법연구원 목요세미나에서 국제법 전공 후배들에게 그 내용을 설명해 주었다. 믿기 힘들지 모르겠지만 당시는 UN 문서 찾기에 관해 국제적으로 그 정도 수준의 안내문조차 존재하지 않았다. 나중에 내 안내문을 본 서울대학교 내 UN 기탁도서관 사서가 자기는 사서 국제네트워크에 가입해 정보교환을 하고 있는데, 영문으로도 이렇게 구체적인 설명서를 보지 못했다며 교육용으로 활용하게 한 부 달라고 요청해 준 일도 있다.

서울대학교로 근무지를 옮긴 다음 대학원생들의 연구능력 함양을 위해 해외법률문헌 조사에 관한 체계적인 강의를 할 필요가 있다는 생각을 더 하게 되었다. 독일어를 잘 하는 사람이라면 도서관에서 헬만 헷세나 괴테 작품의 독일어 원본을 찾아 읽는데 별다른 어려움이 없겠지만, 해외법률문헌의 조사는 단순히 외국어를 잘 한다고 해 가능한 일이 아니기 때문이다. 1998년 초나는 당시 법대 송상현 학장께 이런 강의의 필요성을 설명하고, 학교에서 약간의 편의만 제공해 주면 일단 비공식 특강의 형식으로 강좌를 조직해 보겠다는 제안을 드렸다. 송 학장은 쾌히 승낙을 했다. 그래서 1998년 3월 매주 토요일 오전 10시부터 2시간 동안 정인섭의 UN 문서(3월 7일)부터 조홍식 교수의 미국법률문헌(3월 14일), 최병조 교수의 독일 법률문헌(3월 21일), 정상조

교수의 영국 법률문헌(3월 28일)까지 4개의 강의를 공개강좌 형식으로 진행했다. 비록 4회의 비공식 강의였지만 해외법률문헌 찾기에 관한 국내 최초의 본격 강좌였다. 공고를 보고 적지 않은 대학원생들이 수강했으며, 직장 사정으로 토요일 오전 강좌에 참여하기 어려운 학생 하나는 가족이 대신 참석해 강의를 녹음해 가기도 했다.

이를 계기로 2가지 일을 추진했다. 하나는 법대 대학원과정에 「법률정보론」 과목을 설강하자는 제안서를 올렸다. 다행히 법대와 대학 본부 교무위원회에서 이 제안이 받아들여져 「법률정보론」이 정식 과목으로 포함되었고, 나는 1999년 1학기와 2000년 1학기에 이 강의를 개설했다. 단 이런 강의는 나혼자 담당할 수 없었으므로 다른 교수들의 협조를 받아야 했다. 다른 하나는 강의내용의 책자화 추진이었다. 강의 내용은 수강자에게만 전달되므로 이를 책자화 해야 불특정 다수자에게 필요한 지식을 전달할 수 있기 때문이었다. 1999년 1학기 법률정보론 강의에 참여했던 교수들에게 각자의 강의안을 원고화해 책자로 발간하자고 제안했다. 다들 선뜻 동의해 주었다. 이 계획을 들은 법대 김유성 학장께서는 연구비 형식으로 약간의 금전지원을 해 주어 참여 필자에게 수십만원 수준이나마 원고료를 줄 수 있었다. 1999년 말 원고가 모아졌고, 서울대학교 출판부에서 발간을 결정했다.

2000년 1월 발간된 초판에는 나를 포함 총 9명이 집필에 참여했다. 나는 해외법률문헌조사의 의의라는 서론격의 글과 UN 문서를 담당했고, 조홍식(미국), 정상조(영국), 남효순(프랑스), 최병조(독일), 러시아(김덕주), 일본(정종휴), 신우철(중국), 유럽연합(표순희) 등의 내용으로 구성되었다. 초판을 냈을 때는 사법시험 준비 위주의 분위기 속에서 이런 책자가 과연 어느 정도 호응을 얻을까 사실 걱정되었다. 이런 종류의 책으로는 국내에서 처음 선을 보였기 때문인지 대학원생들을 중심으로 반응이 기대 이상이었고, 출간하자마자 곧 2쇄를 찍게 되어 서울대 출판사에 손해는 끼치지 않았다.

② 2005년 개정판

이 책은 출간 직후부터 개정의 필요성을 느끼게 되었다. 1990년대 말부터 국내외적으로 인터넷이 본격적으로 보급되기 시작했고, 2000년대에 접어들자 인터넷이 법률문헌조사의 중요한 수단으로 확고하게 자리 잡았다. 인터넷을 통한 조사환경은 하루가 다르게 변화했다. 불과 수년 사이 초판에 소개된 주요 기관의 홈페이지 주소에 적지 않은 변경이 있었고, 새로운 홈페이지도 연일 등장하고 있다. 이 책은 주제의 속성상 시간이 갈수록 활용가치가 저하될 수밖에 없어 다른 책들보다도 신속한 개정의 필요성이 높았다. 2004년 초 기존 필자들에게 개정판 제작의 필요성을 설명하고 다시 한번 참여를 부탁했다. 고맙게도 모두 참여를 수락했다. 개정판의 주요 변화는 다음과 같았다.

첫째, 인터넷과 관련된 변화를 최대한 수록했다. 법학연구에 관련된 중요 홈페이지의 변화나 새로운 홈페이지의 등장 등을 조사해 소개했다. 다만 인쇄된 책이라는 속성상 최신의 변화를 상시적으로 보완할 수 없다는 한계는 개정판 역시 지니고 있었다.

둘째, 2개의 새로운 항목을 추가하였다. 우선 정긍식 교수의 한국 고법(古法)편을 추가했다. 이는 주로 조선시대 법률자료의 조사 방법에 대한 설명이었다. 우리 고법(古法)이 해외법률자료는 아니지만 외국의 법률문헌 조사와 마찬가지로 초심자들로서는 어디서부터 착수해야 할지 난감해 하는 분야중 하나이므로 이를 같이 포함시키면 좋겠다는 판단에서 추가했다. 다음으로 도서관 전자정보원의 활용이라는 항목을 추가했다. 서울대 중앙도서관 홍순영 씨가 담당한 도서관 전자정보원의 활용편은 바로 인터넷을 통한 자료조사의 전략과 실제에 관한 일반적 설명이었다. 각 국가 및 기관별 설명과 부분적으로 중복되는 내용도 있으나, 도서관을 통해 제공되는 각종 DB에 관한 종합적인 설명을 마련하면 법학연구의 초심자에게 편리하리라 생각해 포함시켰다.

2005년 개정판 발간 이후 이 책은 더 이상 개정되지 못하고 사장되었다. 이 책 이후 국내에서는 법률문헌조사방법에 관한 유사한 책자가 몇 종 발간되었으나 사장되기는 마찬가지였다. 가장 큰 이유는 인터넷 환경의 혁신적 변화였다. 법률 관련 DB는 하루가 다르게 발전했고, 이용도 편리해졌다. 상대국 사법제도나 판례수집 방법에 대한 체계적인 지식이 없어도 필요한 자료를 대충 찾을 수 있게 되었다. 종이책자가 인터넷 상의 변화를 신속히 담는데도 한계가 있었다. 이 책도 차츰 잊혀 지게 되었다. 서울법대 대학원의 「법률정보론」 강의도 나의 2004년 강의를 마지막으로 더 이상 개설되지 않았다. 교수 강의의무가 학기당 2강좌로 감축되니 나 역시 학부(또는 법전원)와 대학원에서 국제법 전공관련 강의를 하나 씩 개설하면 이런 종류의 강의를 더 할 여력이 없었다. 해외법률문헌 조사에 관한 책자의 수요는 적어졌을지 몰라도, 대학원에서 이런 내용에 관한 강의의 필요는 여전하다고 생각되나 서울법대의 다른 교수들은 이런 종류의 강의에 관심을 두지 않았다. 현재의 서울법대 교수들은 대학원 「법률정보론」 과목이 무엇을 가리키려고 만들어진 과목인지도 잘 모를 듯하다.

나. 「이승만의 전시중립론」

(나남, 2000, 180쪽)

이 책은 이승만 초대 대통령이 미국 프린스턴 대학에 제출한 박사학위논문 ― 「미국의 영향을 받은 중립(Neutrality as Influenced by the United States)」의 완역이다. 이승만 대통령은 1910년 프린스턴 대학에서 위 논문으로 박사학위를 받았다. 그는 한국인 최초로 서양 대학에서 박사학위를 받은 분이다. 이 학위논문은 당시 프린스턴 대학 웨스트(Andrew West) 학장의 주선으로 1912년 대학 출판부에서 단행본으로 출간되었다. 20세기 초 미국 학계 상황은 잘 모르지만 적어도 20세기 후반 이후 미국에서는 권위 있는 대학 출판부에서 간행된 서적을 학술적으로 가장 높게 평가한다. 이 대통령은 미국 대학 출판부에서 간행된 단행본의 첫 번째 한국인 저자이다. 이 대통령은 출간 후 몇 번 인세를 받았는데, 그중 1.8달러와 2.25달러 수표는 후일까지 기념으로 간직했다고 한다. 번역은 프린스턴 대학 출판부 간행본을 대본으로 했다.

내가 초등학교도 들어가기 전 4.19가 났기 때문에 우남 이승만 대통령에 대한 직접적인 기억은 별로 많지 않다. 그래도 어렸을 때 주변 어른들이 그분을 대통령이라는 호칭 외에도 이박사(李博士)라고 자주 불렀던 기억이 난다. 나는 그 때 박사가 무언지도 잘 모르던 어린애였기 때문에 왜 대통령을 이박사라고 부르는지에 대한 의문을 가질 능력도 없었다. 4.19 후 상당기간 이승만 대통령이란 말은 사회적 금기어 비슷했기 때문에 이승만 박사가 왜, 무슨 박사였는지는 생각해 보지 않았다. 내가 대학에서 법학을 공부하고 대학원에서 국제법을 전공하게 되자 비로소 이승만 박사가 일찍이 구 한말 미국으로 유학을 가 1910년 6월 한일 합방 직전 프린스턴 대학에서 국제법상 전시중립(戰時中立)을 주제로 박사학위를 받았다는 사실을 알게 되었다. 요즘 같이 영어의 홍수시대에 살고 있다 해도 짧은 영어논문 하나 쓰는 일조차 쉽지 않은데, 구 한말 교육을 받은 분이 미국 유학을 가서 박사를 받고, 학위 논문이 대학 출판부에서 단행본으로 출간되기도 했다니 놀라울 따름이었다. 국제법을 공부하던 나로서는 우리나라 최초의 서양 박사인 이 대통령의 학위 논문이 국제법을 주제로 했다는 사실에 묘한 자부심마저 느꼈었다.

이승만 대통령은 광복 이후 제1공화국 시절 국내 정치적으로 압도적 카리스마를 가졌던 인물이다. 일제 패망 직후 국내에서 우후죽순처럼 등장했던 수많은 정치결사가 좌우를 가리지 않고 이승만을 대표로 모시려 했다. 자유당 시절에도 그와 1 : 1로 대적할 수 있는 야당 정치인은 사실상 없었다고 생각한다. 그의 카리스마는 도대체 어디서 나왔을까? 그는 구 한말부터의 정치투쟁과 투옥의 경력, 오랜 해외 독립운동의 신화, 모든 면에서 대미 의존적일 수밖에 없던 1950년대 한국사회에서 미국을 다룰 수 있던 능력 등과 더불어 미국 명문대 박사라는 학술적 권위까지 갖추었기 때문에 국내에서 독보적 카리스마를 구축할 수 있었을 것이다. 자유당 시절 사람들이 그를 이박사라고 흔히 불렀다는 사실은 당시 '박사'가 '대통령'에도 뒤지지 않는 최고의 존칭이었음을 표시한다.

이승만 대통령의 박사논문은 그 내용의 현재적 가치나 의의와 관계없이 이 땅의 법학 또는 정치학 전공자들에게는 역사적 의의를 지닌 문헌이다. 우리 법학계가 이만한 수준의 논문을 다시 쓸 수 있기까지에는 한 세대 이상의 세월을 필요로 했다. 사실 전시 중립의 발전에 관한 한 100년이 넘은 이승만 대통령의 연구 이상 자세한 글이 아직 한글로는 발표된 바 없다.

나는 1980년대 중반 무렵 이 대통령 박사논문의 사본을 구해 보관하고 있었다. 이 대통령의 광복 이전 저서가 국내에서 여러 종 발간되어 있던 것과 달리, 당시만 해도 박사학위논문은 사본조차 갖고 있는 사람이 많지 않았으며(연세대학교에 원본 소장) 내용은 더더욱 알려져 있지 않았다. 국내에서 누군가는 이 역사적 문헌을 번역해야 한다고 생각했고, 아무도 하지 않는다면 나라도 이 일을 맡아야 하나 고민했다. 이런 저런 생각 끝에 1994년 무렵 내가 이 책을 번역하기로 결심했다. 오래된 책이기는 하나 우선 가족의 허락을 받는 것이 도리라고 생각했다. 아드님이신 이인수(李仁秀) 선생께서 명지대학 교수로 근무하셨기 때문에 마침 같은 대학에 재직하는 친구 박천오 교수에게 소개를 부탁했다. 이화장에서 한번 만나자는 연락이 왔다. 당시 근무처인 방송대학이 마침 그 부근이라 이화장 기념관은 점심 먹은 후 산책 삼아 몇 번 방문했던 곳이었다. 찾아뵙고 국제법을 공부하는 후학으로 이 대통령의 학위논문을 번역하고 싶다는 뜻을 말씀드리니 이인수 선생께서는 누군가가 이 일을 해 주기 기다려 왔다며 매우 반가워 하셨다. 이 인연으로 이인수·조혜자 선생 내외분과는 지금까지도 가까이 지내게 되었다.

원본은 120쪽 정도의 소책자라 착수 당시에는 금세 번역을 마칠 수 있으리라 예상했으나 개인적 사정으로 작업은 잘 진척되지 않았다. 쉴 새 없이 쏟아지는 각종 업무에 시달리다 보니 그 누구도 독촉하지 않는 이 책의 번역은 내 작업목록에서 언제나 후순위로 밀릴 뿐이었다. 마침 1995년 탄신 120주년을 맞아 국내에서는 언론사를 중심으로 이승만 대통령의 생애를 기리는 각종 사업이 전개되었다. 나 역시 이때를 맞춰 출판하면 좋겠다고 생각했으나, 마침 그 해 서울대로 전직하게 되었고 「재일교포의 법적지위」 출간을 준비하느라 도저히 이 일에 집중할 시간을 내기 어려웠다. 서울대로 옮기게 되니 모든 생활이 한층 바빠졌다. 이후 번역은 내 마음 속에서만 맴돌았을 뿐, 숙제 못한 학생이 선생님을 피하듯 나중에는 이인수 선생을 뵙기도 민망할 지경에까지 이르렀다. 당시 낮이든 밤이든 자투리 시간이 나면 다만 반 페이지라도 번역할 요량으로 작업 중인 원고를 수시로 가방에 넣고 다녔는데, 하루는 등굣길 지하철에서 가방을 놓고 내려 번역 원고 상당수가 없어져 버리기도 했다. 1999년 여름 방학 중에는 번역을 마칠 결심에 이인수 선생께도 곧 작업이 끝난다고 연락까지 했으나, 결국 해를 넘겨 2000년 초에야 완료하게 되었다.

번역이 마무리 단계에 이르니 상업성은 전혀 없는 이런 책을 어느 출판사가 내려할지 막막했다. 궁리 끝에 조선일보 문화부의 이한우 기자에게 연락했다. 그는 1996년 출간한 나의 「재일교포의 법적지위」를 높이 평가하고 당시 조선일보에 상당한 지면(1996.7.10.자)을 할애해 소개해준 인연이 있었다. 이 기자는 「거대한 생애 이승만 90년」(상, 하)을 출간했기 때문에(조선일보사, 1996) 이 대통령에 관심이 많은 출판사를 알지 않을까 생각했다. 전화하니 그는 당장 만나 인터뷰부터 하자고 재촉했다. 아니 책이라도 나온 다음에 하자 하니 그건 그 때고 우선 번역을 완성한 사실만으로 기사거리로 충분하다는 주장이었다. 그리고 나남출판의 조상호 사장에게 바로 전화해 이 책을 꼭 출판해 주어야 한다고 졸랐다고 한다. 마침 나남출판은 이승만 대통령이 1941년 진주만 습격 이전 일본의 미국 공격을 예견한 책으로 유명한 「Japan Inside Out」을 「일본 제국주의 실상」이란 제목으로 번역·출간한 바도 있었다. 후일 조 사장은 이승만 대통령의 저서를 2권이나 낸 출판사는 국내에 나남 밖에 없다고 내세웠다. 하여간 이 기자 성화에 이승만 박사의 학위논문 번역이 완료되어 조만간 출판 예정이라는 내용의 인터뷰 기사가 2000년 2월 24일자 조선일보에 보도되었다.

이 대통령의 박사논문 주제가 전시중립이란 이야기에 접한 사람들은 그 속에 구 한말 조선에 관한 이야기가 있냐고 궁금해 했다. 다들 알다시피 구 한말 우리 땅에서는 조선의 의지와 관계없이 청일 전쟁과 러일 전쟁이 벌어졌다. 국외 중립 선언은 무시되었고, 이 두 개의 전쟁에서 승리한 일본은 조선을 식민지화 할 수 있었다. 전시 중립의 입장에서는 분석할 대상이 적지 않을 것이다. 그러나 전시 해상교역 자유의 발전을 미국의 관점에서 정리한 이 논문에서는 조선의 상황이 전혀 언급되어 있지 않았다. 조선에서의 전쟁은 미국이 관여한 사건이 아니었기 때문이다.

당초 번역에 착수할 때에는 원본이 비교적 소책자이고 출간된 후 근 1세기 가까운 세월이 흘렀으므로, 단순한 번역보다는 박사논문의 작성이 이승만 대통령의 생애와 세계관, 정치역정에 어떠한 영향을 미치었는가에 대한 분석

논문을 곁들여야만 의미 있는 작업이 되리라고 생각했다. 또한 이는 국제법 연구자로서 꼭 하고 싶은 일이었다. 그러나 번역에만도 그렇게 많은 세월을 보내고 보니 우선은 번역 자체에 만족하기로 하고, 대신 후미에 이승만 대통령에 대한 약 25쪽 분량의 문헌목록을 작성해 첨부하는 것으로 아쉬움을 달랬다. 2000년 4월 나남에서 책이 출간되었다.

영문으로 120쪽 분량의 소책자에 불과했지만 나의 역량부족 탓이랄까 작업과정에서 번역이 얼마나 어려운 일이라는 사실을 새삼 깨달았다. 책자가 나오자마자 표현이 어색한 곳, 번역이 불완전한 곳이 여러 군데 발견되어 속으로 창피하기도 했으나, 이런 책이 잘 팔릴 리도 없어 고칠 기회를 갖기 어려웠다. 그나마 몇 년 후 절판되어 구하기도 어려운 책이 되어 버렸다. 간혹 모르는 분으로부터 전화가 걸려와 번역본을 다시 출간할 의사는 없냐는 질문을 받기도 했다. 다시 고쳐 새로 번역할 마음은 굴뚝 같았으나 상업성 없는 이런 책을 누가 다시 내주겠나 싶어 엄두를 내지 못했다.

2018년 초 연세대학교 이승만연구원으로부터 박사논문을 재번역하는 일을 맡아주겠냐는 제안이 왔다. 이승만 연구원은 약 30권 분량의 이승만 전집을 발간하기로 하고, 학위논문도 한 권으로 포함시킨 것이다. 다시 번역할 수 있는 기회를 준다는 말이 고마울 따름이라 바로 수락했다. 연말 정도까지 번역을 마쳐달라는 부탁이었다.

새 번역 과정에서는 과거의 번역을 참고만 하고 완전히 새로 작업하는 심정으로 파일 자체를 처음부터 다시 만들었다. 그래도 첫 번역보다는 작업이 훨씬 수월했음은 물론이다. 원저상의 각주 외에 독자의 편의를 위해 중간 중간 역주를 추가했고, 해제를 집필했다. 해제는 전집의 통일된 형식상 각주를 붙일 수 없었고 길이에도 제한이 있었으나, 이 기회를 통해 나도 이승만 대통령이 왜 국제법상의 전시 중립을 학위논문 주제로 선택했고 그는 국제법에 어떤 기대를 갖고 있었을까를 다시 생각해 볼 수 있었다. 이 점에 관해서는 다른 기회를 통해 해제 원고보다는 좀 더 논문 형식을 갖춘 글을 쓸 수 있었다. 이승만 연구원측은 처음에는 2019년 가을경 이 책을 출간할 예정이라 했었는데, 진행이 지연되어 책자는 내가 정년을 한 이후인 2020년 4월 간행되었다(우남 이승만 전집 10, 연세대학교 대학출판문화원 간). 다행인 점은 이번 책자는 뒤에 영어 원문을 영인해 첨부해 누구나 쉽게 이를 볼 수 있게 만들었다.

이승만의 박사논문은 길지 않지만 나의 유일한 번역서라는 점에 애착이 가는 책이다. 사실 번역은 늘 두렵다. 아무리 잘 해도 100점을 맞을 수 없다. 한 군데라도 오역이 발견되면 번역자는 그 점이 괴롭다. 국내에서 번역은 연구업적으로 제대로 평가해 주지 않는다. 그렇다고 법학서의 번역이 상업적 성공을 거둘 리도 없다. 이래저래 번역은 매력이 없다. 그래서 교수들은 번역을 기피하게 된다. 그렇지만 번역이 갖는 학문적 기여는 결코 무시할 수 없다. 번역은 그 사회에서 학문적 저변을 넓히는 역할을 한다. 이웃 일본의 경우를 보면 해당 분야에서 어느 정도 성가가 있는 책은 거의 번역되어 있다는 사실이 부러웠다. 일본에서는 그로티우스의 「전쟁과 평화의 법」 번역서가 이미 제2차 대전 이전에 나왔으나 아마 국내에는 그로부터 100년 내에도 힘들지 않을까 생각된다. 나는 서울법대에 부임한 후배 교수에게 종종 교수 생활 평생에 번역서 한 권을 내라고 권고한다. 번역은 학자로 먹고 살게 해준 사회에 대한 보답의 차원에서 해야 할 의무사항의 하나라고.

다. 「서울대학교 법과대학 72년: 1946-2017」

서울대학교 법학전문대학원편(경인문화사, 2018, 1497쪽)

이 책은 서울대학교 법학전문대학원이 발간한 책으로 나를 포함한 약 30명의 서울법대 교수가 필진으로 참여했다. 2016년 초부터 작업을 시작해 2018년 4월 완성되었으니 준비에 만 2년이 더 걸린 책이다. 나는 이 책의 편집위원장으로 내용 구상부터 최종 발간까지 출간작업 전과정의 책임을 맡았다. 개인 명의의 단행본은 아니었으나 나름 애착과 보람을 느낀 책이다.

2015년 9월 중순경 당시 서울법대 이원우 학장이 잠시 만나자며 나를 찾았다. 용건인즉 서울대학교 개교 70주년이 되는 2016년을 앞두고 대학 본부에는 여러 행사를 준비 중인데 이를 계기로 법과대학도 70년 역사를 정리하는 책자를 만들자며 그 편집책임을 맡아달라는 부탁이었다. 처음 제안을 들었을 때는 솔직히 도망치고 싶은 심정뿐이었다. 일단 며칠 생각해 보자며 유예를 얻었으나 결국 거절하지 못하고 수락했다. 사실 이원우 학장 말의 씨는 내가 뿌린 것이었다.

그 약 1년여 전 이원우 법대학장의 취임 초 단 둘이 점심을 할 기회가 있었다. 학장 재직 중 해야 할 일에 관해 조언을 구하기에 서울대학교 개교 70주년(2016년 10월)에 즈음해 법과대학도 70년사에 해당하는 책자 발간을 할 필요가 있고, 실제 책자는 다음 학장대에 발간되겠지만 준비는 이 학장 시절부터 시작해야 한다는 제안을 했다. 특히 2009년부터 시작된 법학전문대학원 체제 출범으로 인해 법대 학사과정은 2018년 2월 종료될 예정이므로 이 무렵 법대 70년 기록의 정리는 한층 의의와 필요성이 크다고 강조했다. 이 학장은 이 말을 기억했다가 나를 찾은 것이다. 결국 나로서는 스스로 내뱉은 말의 책임을 피할 수 없어서 이 일을 맡게 되었다. 학장 입장에서는 달리 부탁할 사람을 찾기 어렵겠다는 생각도 들었다.

개인적으로 법과대학사의 집필과는 또 다른 인연을 갖고 있었다. 1996년은 서울대학교가 개교 50주년이 되던 해였다. 당시 법과대학은『서울법대 50년』의 발간을 추진 중이었는데 집필책임을 맡았던 분의 급작스런 개인사정으로 해를 넘겼음에도 작업 완성이 불가능한 상황에 빠져 있었다. 나는 당시 법과대학 학생부학장 직을 맡고 있었는데, 송상현 학장께서 기왕에 일이 이렇게 되었으니 정 교수라도 이 작업을 대신 맡아달라고 급히 부탁하셨다. 1997년 여름 방학중 그야말로 부리나케 서둘러『서울법대 50년: 1946 – 1996』을 편찬한 바 있다. 과거에 발간된 소책자 형태의『서울대학교 법과대학 30년』과『서울법대 40년』을 참고로 했지만 사실 이 두 책은 구성이나 내용에 있어서 서울법대의 위상에 걸 맞는 수준과는 거리가 한참 있었다. 하여간 두어 달 만에 기존『서울법대 40년』에 이후 10년간의 내용을 추가해 겨우 형식과 외관만을 갖춘『서울법대 50년』을 만들었다. 이 책자는 500쪽 가까운 분량이었으나 내용을 뜯어보면 법대 50년의 공식 기록이라 하기에는 역시 좀 민망한 수준이었다. 그래도 없는 편보다야 낫겠지 하는 심정으로 위안을 삼았었다.

그 때만 해도 법대의 역사정리가 국제법 전공의 나와 또 다시 연분을 맺을 줄은 상상도 못했다. 2006년은 서울대학교 60주년 회갑이라며 여러 가지 행사가 진행되었으나, 법대에서는 과거 10년마다 만들어 온 기념책자의 제작마저 잊고 지나쳤다. 마침 그 해에 나는 법학연구소 소장을 맡고 있었는데 개교 60주년 기념으로 "21세기 법학교육의 방향모색"이란 주제로 평소보다 큰 규모의 학술회의만 개최하고(2006년 10월 20일), 60년사에 해당하는 책자는 연구소 아닌 법대 일이라 생각하고 흘려보냈다.

20년 만에 다시 법대 역사정리의 임무를 맡은 나로서는 책자의 방향을 어떻게 잡을까 생각해 보았다. 서울법대 40년과 50년의 내용은 주로 교수들의 연구업적과 그간 배출한 석박사 학위논문 목록이 큰 부분을 차지하고 있었다. 실제 법과대학에서 어떻게 교육이 이루어졌고, 어떠한 연구가 이루어졌고, 법과대학이 어떻게 변화해 왔는가에 대한 설명은 빈약했다. 20년 전의 방식은 단기간 가장 손쉽게 분량을 채울 수 있었으나, 외관에 비해 정작 실질적인 내용은 부실했다. 이번에는 최소한 과거와 같은 방식은 되풀이 하지 말아야 한다고 생각했다. 특히 학사과정으로서의 법과대학이 없어지는 시점에서의 기록이므로 지난 70년 법대의 모습을 최대한 상세히 남겨야 한다고 생각했다.

도서관에 가서 서울대학교사를 비롯 교내 타 단과대학이나 학과 또는 다른 대학교에서 제작한 유사한 발간물들을 빌려와 살펴보았다. 기업의 역사를 기록한 사사(社史)들도 참고했다. 솔직히 역작이라고 할 수 있는 책자는 많지 않았다. 「서울대학교 사회학과 50년사」(1996)가 그중 돋보였다. 통상적인 개별 단과대학사의 내용은 교육제도, 교육과정, 교수진을 중심으로 한 외형적 변천과정에 대한 설명이 중심을 이루고 있었다. 경우에 따라서는 개인 회고담이 상당한 비중으로 포함되어 있었다. 대학의 양대 기능을 연구와 교육이라고 한다면 교육에 관한 제도적 변천이 중심을 이루고 있었지, 연구에 관한 역사는 담고 있는 경우가 없었다. 다만 고려대학교에서 설립 100주년을 기념해 「고려대학교 법과대학 학술사: 고대 법학 100년과 한국법의 발전」(2011)이라는 책자를 발간한 바 있었다. 나로서는 서울법대 70년의 기록에는 교육과

연구 양대 기능의 변화와 발전을 모두 담아야겠다고 생각했다. 더욱이 이번 책자의 경우 학사과정으로서의 "법과대학"이 중심이 되는 사실상 마지막 정리작업이 된다는 점에서 한층 체계적이고 종합적인 결과물을 상재해야 한다는 부담감을 느꼈다.

다음 누구와 같이 이 일을 감당해야 하나 궁리했다. 우선 한국법제사 전공의 정긍식 교수를 찾았다. 정교수가 같이 참여하지 않으면 나도 이 일을 안 하겠다는 나의 반 협박에 정 교수는 흔쾌히 수락을 했다. 이러한 작업에 나보다 익숙한 정긍식 교수는 준비기간 내내 든든한 동반자가 되었다. 작업의 첫 시작은 발간계획서의 작성이었다. 정긍식 교수와의 상의를 통해 일단 책자의 내용을 다음과 같이 구상했다.

첫째, 광복 후 70년간 서울법대 교육제도의 변화와 발전 부분: 예를 들어 법학교육제도의 변천, 교육과정의 변천, 교수진의 확충, 법학전문대학원 제도의 도입과 정착 등을 중심으로 한 외형적·제도적 발전사의 서술. 여기서 서울법대라고 할 때 학사과정은 물론 대학원과 현재 법학전문대학원을 모두 포괄하는 개념으로 잡았다.

둘째, 서울법대 교수진을 통한 학문연구의 전개 부분: 지난 70년간 한국 법학의 학문적 발전이 서울법대 교수진에 의해 어떻게 선도되고 성취되어 왔는가를 서술. 약 15-20개의 소주제로 전공을 구분하기로 했다. 학문의 전문화 추세를 감안한다면 보다 세분화할 필요도 있으나, 전체적인 균형상 어느 정도의 통합화는 불가피했다. 이 부분은 학문사 연구가 활발하지 못한 국내 법학계에서 새로운 시도와 정리가 되리라 기대했다.

셋째, 사회발전에 대한 서울법대의 기여: 예를 들어 서울법대 졸업생의 사회진출과 역할, 민주화 운동에 대한 기여, 동창회 활동, 사회봉사 등을 서술.

넷째, 법대 학생활동과 학생문화: 법대만의 학생활동이라고 할 수 있는 모의재판을 비롯해 법대 학생회 활동, 각종 동아리 활동, 법대언론 등을 서술.

다섯째, 부록으로 각종 자료와 통계를 수록.

여섯째, 발간시기는 2016년 말 또는 늦어도 2017년 2월을 목표로 삼았다.

이러한 내용을 바탕으로 계획서를 작성해서 이원우 학장에게 제시했다. 대강의 집필구상은 세워졌으나, 2015년 가을부터 바로 작업에 들어가지는 못했다. 무엇보다도 예산문제가 명확히 정리되지 못했기 때문이었다. 2016년 개교 70주년을 맞아 대학 본부는 각 단과대학별로 기념사업계획을 제출하라고 요청했고, 법과대학은 70년사 발간계획안의 일부인 "서울법대 학문연구 70년"의 학술발표회를 기념사업의 하나로 제시했다. 그에 대한 대학 본부의 구체적인 예산 할당은 2016년 초에 이루어졌다. 2016년 1월 말경 본부로부터 행사경비로 2천만 원을 지원받기로 하고, 법대 자체 발전기금에서 8천만 원을 할당받아 총 1억 원의 예산으로 발간작업을 추진하기로 결정되었다. 이 금액은 당초 구상했던 소요 예산의 약 2/3 정도로서 근 30명의 법대 교수가 필진으로 참여하는 사업으로는 턱없이 부족한 액수였으나, 이제 와서 그 액수라면 일 못하겠다고 할 수 없었다. 일단 학교 사정에 맞추어 작업을 진행했으나, 예산 부족으로 특히 작업 후반기에는 인건비 항목 잔고가 마이너스로 되는 등 적지 않은 압박감으로 작용했다.

작업 진행의 첫 번째 일은 추진체계의 구축이었다. 이 작업을 담당할 조직으로 간행위원회와 편집위원회를 두기로 했다. 첫째, 간행위원회는 법대 학장(시작 당시 이원우, 발간시 조홍식)을 위원장으로 하고, 교무부학장(시작 당시 김종보, 발간시 이재민)과 법대 동창회 사무처장(김영갑 변호사)을 당연직으로 초빙하는 한편, 이러한 작업에 관심이 많은 최종고 명예교수와 현직으로 최병조 교수, 정긍식 교수 그리고 나 모두 7명으로 구성했다. 간행위원회는 전반적인 집필 방향설정, 지원 확보, 필요시 대외교섭 업무 등을 맡기로 했다. 2016년 2월 22일 서울대 교수회관에서 첫 회의를 가졌다.

간행위원회는 사실상 형식적 기구였고, 실제 내용 편집과 집필에 주도적으로 참여할 인사를 중심으로 편집위원회를 구성했다. 내가 위원장을 맡고, 정긍식 교수가 부위원장, 그리고 한인섭·김도균·송옥렬·이우영·전종익 교수 등 7명의 현직 법대교수가 참여했다. 이들 편집위원들은 나의 참여요청을 모두 흔쾌히 수락했다. 편집위원회는 2016년 3월 3일 제1차 편집위원회를 시발로 초기에는 매주 회의를 했으며, 이후 작업이 어느 정도 본 궤도에 오른

다음에도 수시로 회합하였다. 편집위원들은 일정한 집필 책임까지 맡아 다들 수고가 적지 않았다. 미안한 점은 약 2년간의 노고에도 불구하고 진행예산의 부족으로 별도의 편집위원 수당을 한 푼도 지급할 수 없었다는 점이다. 그리고 작업진행의 전반적 실무를 총괄할 박사급 편집간사가 필요하다고 판단되어 한국법제사 전공의 김영석 박사를 참여시켰다. 김 박사는 편집위원회의 실무행정을 담당하는 한편, 대학원생급의 편집보조원들을 지휘해 자료수집과 정리·교정업무 등을 담당했다.

책자의 제목 결정은 처음부터 난제였다. 과거 동일한 성격의 책자로 『서울대학교 법과대학 30년』, 『서울법대 40년』, 『서울법대 50년』이 발간된 바 있어서, 일단은 제목의 후보로 『서울대학교 법과대학 70년(사)』, 『서울법대 70년(사)』 등이 검토되었다. 『서울법대 50년』이 발간될 때까지는 제목이 아무런 문제도 되지 않았다. 그러나 20년 전과 다른 변수는 그간 학내에서는 서울대학교의 기원에 대한 여러 연구와 논의가 활발하게 진행된 바 있고, 특히 서울대학교의 뿌리는 1895년 법관양성소에 두어야 한다는 주장이 여러 증거와 함께 설득력 있게 전개되었다. 법과대학에는 근대 법학교육 100주년 기념관이 건립되었으며, 법과대학 동창회는 『서울법대 100년사: 1895－1995』(2004)라는 방대한 책자도 출간했다. 서울대학교의 기원과 관련해 서울대학교와 총동창회는 논란 끝에 1895년 법관양성소의 출범을 서울대학교의 '개학(開學)', 1946년 국립서울대학교의 출범은 '개교(開校)'로 구분하기로 정리한 바 있다. 당초 이 책자는 법관양성소 이래 서울법대 전역사의 정리가 아닌 광복 후 국립 서울대학교의 일원으로서의 법과대학 발전사 정리를 목적으로 하였다. 따라서 120년사와 같은 명칭을 붙이기는 적당치 않았다. 그러나 100년사가 나온 이후 학교가 70년사를 발간한다면 또 다른 오해를 부를 염려가 있었다. 특히 동창회에는 법관양성소 이래의 통합 역사에 특별한 관심을 갖는 분들이 많아 제목은 모두들 조심스러워 하는 문제였다. 책자의 제목은 간행위원회 첫 회의부터 준비과정 내내 논란의 대상이었는데, 누구도 선뜻 특정 제목을 강력히 주장하지 않았다.

제목이 최종적으로 『서울대학교 법과대학 72년: 1946－2017』로 결정된 이유는 다음과 같다. 여러 가지 사정으로 작업 진행이 늦어지게 되어 책자는 2018년 4월로 출간이 예정되었다. 이는 학사과정 법과대학이 공식으로 종료하게 된 시점(2018년 2월 말)과 얼추 맞물리게 되었다. 그 결과 어떻게 보면 다행스럽게도 법과대학 학부의 마지막 학사상황까지 내용 속에 포함시킬 수 있게 되었다. 이에 본 책자에는 학사과정으로서의 서울대학교 법과대학이 존재하던 1946년부터 2017학년도 사이 72년간의 전 기록을 담는다는 의미로서 제목을 『서울대학교 법과대학 72년: 1946－2017』로 결정했다. "72년"을 제호에서 사용하면 10년 단위를 기준으로 "법과대학 70년"이라는 제목을 붙였을 때 예상되는 반발을 희석시킬 수 있다고 판단되었다. 오해를 야기할 수도 있는 "사(史)"는 첨부하지 않기로 했다. 제목을 이렇게 결정한 후 내가 동창회 사무처장을 포함 이 문제에 관심이 높은 몇몇 분에게 전화로 설명을 하고 이해를 구했다. 가장 강력한 이견을 제기하리라고 예상되던 원로 동문은 사실 내가 30대부터 같은 사회활동을 하며 잘 알고 지내던 분이라 경우에 따라 직접 방문해 설명을 할 생각이었으나, 그럴 필요까지는 없었다. 나중에 책자가 발간되자 동창회 일부에서 제목에 대한 이견이 없었던 것은 아니나, 비교적 가볍게 넘어갈 수 있었다.

집필 작업은 내용상 크게 3부분으로 구분되었다.

첫째, 70여 년간 서울대학교 법과대학에서의 학문연구 성과에 관한 서술은 모두 20개 분야의 전공으로 나누어 해당 해당분야 교수에게 집필을 의뢰했다. 이 부분은 위촉받은 필자들이 자기 분야를 책임지고 집필했기 때문에 편집위원회로서는 큰 부담 없는 진행을 기대할 수 있었다.

둘째, 법학교육의 변천과 사회에 대한 기여 및 법대 문화에 관한 기술 분야는 주로 편집위원들이 담당하기로 하나, 일부 집필자를 추가로 선임했다.

셋째, 부록 부분의 각종 자료. 이에 포함될 연표, 교과과정의 변천, 교수 약력 및 연구업적의 수집, 역대 총 졸업생 명단, 석박사 학위논문 목록 작성 등에는 김영석 박사를 중심한 편집보조원들이 주로 담당했다. 본 책자는 1895년 법관양성소 이래 2018년 법학전문대학원 졸업생에 이르기까지 본교에서 학위를 받은 2만 명에 가까운 전 동문의 명단을 처음으로 함께 수록했다(일제시 일본인 졸업자 제외). 자료수집과정에서 법과대학 동창회가 발간한 『서울법대 100년사』는 여러 가지 면에서 많은 도움이 되었다. 그래도 부족한 자료는 과거 발간된 각종 관련 단행본, 동문회 수상집, 개인 회고록, 일간지 및 대학신문 기사, Fides 기사 등 다양한 방법으로 보충했다. 근래의 학사자료 수집에는 법대 행정실 직원들의 도움이 컸는데 당시 이우선 교무주임이 항상 적극적으로 협조를 해 주어 고마웠다.

특히 광복 직후 1950년대 초반 자료가 구하기 어려웠는데, 법대 초기의 교과과정은 대학 본부의 협조를 얻어 당시 학생들의 개인 성적표를 열람해 과목명을 수집하는 방법으로 정리했다. 사실 이 방법은 사회학과 50년사 제작시 박명규 교수가 사용했던 방법을 차용한 것이었다. 교수 연보와 연구업적의 정리에 있어서 근래에 재직한 분들의 자료는 비교적 구하기가 용이했으나, 광복 직후 혼란기에 단기간 근무한 분들에 관해서는 자료 확보가 매우 어려웠다. 일부 교수의 경우 취임시기나 퇴임시기에 관한 자료조차 없었으며, 월북자들의 학문적 흔적을 더더욱 찾기 어려웠다. 서울법대에 매우 단기간 근무한 분의 경우 그의 연보와 업적을 어느 정도까지 수록해야 하는가라는 문제에도 봉착했다. 그래서 적용된 기준이 본교에서 정년퇴임을 한 교수에 대해서는 가급적 그의 전 생애 이력과 연구업적을 조사·수록하나, 그 이외의 인사에 대해서는 원칙적으로 본교 재직 중의 이력과 연구업적만을 수록하기로 했다. 그러다 보니 본교에서 10년, 20년 장기간 재직했으나, 생애 후반부에 전직하여 정년퇴임은 다른 곳에서 한 일부 교수진의 경우 약간 섭섭한 대우가 적용될 수밖에 없었다.

광복 후 70여 년간 서울법대는 국내 법학연구에서 향도자 역할을 담당해왔고, 여기서 법학교육을 받고 사회로 배출된 인재들이 한국 법학계와 법조계를 실질적으로 이끌어 왔다. 이에 2016년 개교 70주년과 2017년 학사과정으로서의 법과대학이 마침표를 찍게 된 시점에 즈음하여 서울법대 구성원들이 그간 어떠한 학문적 성과를 도출해 왔고, 그것이 한국의 법학연구와 법조실무에 어떠한 기여를 해 왔고, 또한 법학교육에 어떻게 적용되었는가를 세부전공별로 돌이켜 볼 필요가 있다고 판단되었다. 이 부분에 대한 서술을 『서울대학교 법과대학 72년』의 중요한 포인트로 삼기로 했다. 모두 19명의 학내 교수들에게 법학 각 분야에 있어서 서울법대의 학문적 연구성과를 정리해 달라고 요청했다. 그중에는 헌법, 민법, 상법, 형법과 같이 70년 이상의 연구역사를 가진 분야가 있는가 하면, 환경법, 법여성학, 법경제학과 같이 상대적으로 짧은 연구역사만을 가진 분야도 있었다. 집필을 의뢰받은 교수들은 고맙게도 모두 선선히 수락을 했다. 그리고 중간발표를 서울대학교 개교 70주년 행사의 일환으로 추진된 학술회의 형식으로 진행하기로 했다. 이러한 중간단계가 없다면 원고 작성이 마냥 늘어지는 집필자가 있기 마련이다. 일단 공개적 학술회의를 개최하면 발표자로서 책임감 때문에 어찌 되었든 1차 원고를 작성하게 되며, 이를 통해 책자 원고 중심추의 하나가 비교적 용이하게 수집될 수 있다.

학술회의는 개교기념일에 즈음한 2016년 10월 7일 거행되었다. 19명의 발표자는 모두 학내 교수였으며, 대신 18명의 지명토론자는 전원 외부 학자들을 초빙했다. 행사는 1개의 전체 회의에 이어 각 주제를 6개 분과로 나누어 3개 세미나실에서 동시에 발표를 진행했다. 회의는 순조롭게 진행되었으며, 참석자들도 많아 성황을 이루었다. 무엇보다도 이러한 주제의 학술회의는 처음이었다. 학술회의를 마친 다음 만찬은 여러 졸업 동문을 초빙한 가운데 『서울법대 후원의 밤』 형식으로 진행하였다.

학술회의를 진행한 결과 집필과 관련하여 몇 가지 유의사항이 발견되었다. 발표자들에게는 사전에 이미 간단한 집필지침이 제공되었고 원고의 일관성을 위한 집필자 간담회를 2차례나 개최했었다. 그러나 실제 발표된 원고를 보면 형식과 내용에 있어서 여전히 통일되어야 할 사항이 적지 않았다. 예상하지 못했던 문제점도 제기되었다. 편집위원회는 이 날의 발표원고를 토대로 추가적인 집필지침을 성안했다. 이 문제를 협의하기 위한 법학연구 부분의 집필자 회의도 한번 더 소집해 통일성 있는 원고작성을 조율했다. 일부 원고는 끝가지 이 기준을 따르지 않아 애를 먹이기도 했으나, 전반적으로 무난히 진행되었다.

집필자 최종 간담회에서는 "법학연구 70년" 부분 원고의 활용방법에 대해 다시 한번 문제가 제기되었다. 이 원고의 최종적 목적은 『서울대학교 법과대학 72년』의 내용으로 수록이었다. 다만 그럴 경우 개별 원고들의 제목이 통상적인 학술논문 DB 등에 독립 논문으로 등록되지 않게 되므로, 각 원고의 학술적 활용도가 현저히 떨어질 것으로 우려되었다. 이는 집필자 개인이나 법학계 전체의 입장에서 볼 때에도 바람직하지 못한 결과라고 판단되었다. 이에 법학연구소측과 협의한 결과 학술회의에서 발표된 전체 원고를 2017년 3월 법학지 제58권 제1호 별책 특집호 "서울법대 학문연구 70년"으로 일괄 발간할 수 있었다. 법학지의 발간으로 이 분야의 원고는 사실상 확정되었다.

정작 문제는 주로 편집위원들이 집필을 담당하는 나머지 분야의 원고였다. 나는 책자 전체의 서장에 해당하는 내용을 맡기로 했는데, 나 역시 진척이 느렸다. 이런 종류의 작업은 한두 사람만 원고 집필을 늦어지면 결국 전체 일정에 차질을 빚는다. 다른 사람의 진척이 늦으면 그걸 믿고 자신도 집필을 미루게 된다. 아무래도 편집위원들의 집필도 독려할 방법을 찾아야 했다. 정긍식 교수가 이 분야 역시 원고 확보와 내용의 통일성을 위해 우리끼리라도 학내 발표회를 열자고 제의했다. 원고 재촉을 위한 일종의 강제수단이었다. 이에 2017년 1월 19일 오후 구내 세미나실을 빌려 나머지 원고의 학내 발표회를 개최했다. 집필자는 편집위원 전원과 천경훈·권영준·김복기 교수 등이었으며, 집필자 외 일반 청중은 거의 없었다. 그래도 자체 시안 발표회를 한다 하니 다들 어느 정도의 원고를 가져 왔다. 이를 통해 책자 내용의 전반적 윤곽이 보이기 시작했으며, 아울러 무엇을 더 해야 할지도 좀 더 분명해졌다. 작업을 하면서 발견한 사실의 하나는 서울법대가 기관 차원에서 진행한 사회봉사활동으로 내세울만한 실적이 너무 빈약하다는 점이었다. 결국 "사회봉사활동"은 목차에서 아애 삭제할 수밖에 없었다.

이후에도 책자의 완성에는 1년여의 기간이 더 걸렸다. 이미 수집된 자료의 정확성을 높이고, 부족한 자료는 추가로 찾는데 생각보다 시간이 많이 소요되었기 때문이다. 책자 앞에 담을 사진자료의 정리도 필요했다. 점차 편집위원들의 원고도 완성되어 갔다. 2017년 9월경에는 전체적인 책자의 윤곽이 뚜렷이 잡히기 시작했다.

마지막으로 정할 사항은 어느 출판사를 통해 책자를 간행할 것인가였다. 학교측에서는 이 문제도 내가 알아서 결정하라고 했다. 그동안 개인적 인연을 맺어온 몇몇 출판사에 견적을 의뢰했다. 견적을 비교한 결과 이제까지 법과대학과 여러 가지 작업을 같이 한 경인문화사에 출판을 맡기기로 했다. 2018년 1월 하순 모든 원고의 작성을 마무리하고 경인문화사로 원고를 넘겼다. 2년 이상 내 마음을 시종 짓누르던 스트레스가 해소되었다. 마치 캄캄했던 긴 시간의 터널을 빠져 나온 기분이었다.

책자는 2018년 4월 발간되었다. 분량은 1500쪽에 이르러 과거 서울대학교 내 단과대학이 발간한 이런 종류의 책자로는 가장 상세한 내용을 담고 있다는 점에 뿌듯함을 느꼈다. 대학 본부에서 발간한 「서울대학교 70년사」보다도 분량이 더 많았다. 『서울대학교 법과대학 72년: 1946-2017』 제작으로 앞으로 상당기간은 이런 종류의 책자가 만들어지지 않으리라 예상된다.

작업 진행 중 겪었던 가장 큰 어려움은 자료부족이었다. 이는 한국 사회의 모든 분야가 자신의 과거를 정리하려 할 때 부딪치는 공통된 고민이다. 기록 관리를 중요시 하지 않고, 자신의 역사 정리를 소홀히 하는 우리들의 모습이 서울법대라고 하여 예외가 아니었다. 오늘의 우리는 법대 일상의 자료를 제대로 정리하여 후대로 남기고 있는가? 10년 뒤, 20년 뒤 법대가 다시 비슷한 작업을 하려 할 때는 더 좋은 상황이 될 것인가? 솔직히 걱정되었다. 관련하여 나는 오랜 전부터 서울법대가 매년 지난 1년간의 모든 활동상을 기록하는 "연보" 발간을 제안해 왔었다. 사실 일본에서는 대부분의 대학이 이러한 작업을 하고 있다. 그 속에 기관의 역사가 자연스럽게 쌓이게 된다. 과거 서울법대에서는 관심 있는 일부 학장만 그야 말로 어쩌다 연보를 제작했었다. 법대는 오랜만에 2018학년도분 연보를 제작했는데, 앞으로 지속될지 지켜볼 일이다.

라. 내가 쓰고 싶은 책

정년퇴직을 하며 나에게 주어진 남은 시간동안 5권의 책을 새로 쓸 수 있다면 무엇을 할까 생각해 보았다. 그동안 메모해 두었던 이런 저런 작업목록을 다시 살펴보았다. 5개만 고르기가 어려울 정도다. 한두 권 더 늘려 볼까 하다가 혼자 웃었다. 아마 5개도 다 못할 가능성이 높은데 대상목록만 늘리면 무얼 하나 생각했다.

① 「대한민국 수립과 국제법」

1948년 대한민국 수립과 관련된 국제법적 쟁점을 종합적으로 분석하는 책자를 낼 예정이다. 1910년 대한제국이 일제의 식민지로 전락해 1945년까지 일제의 지배를 받다가 제2차 대전 종전으로 해방을 맞았다. 이후 3년간의 미소 군정을 거쳐 1948년 남한에는 대한민국 정부가 수립되었고, 북한에는 조선민주주의인민공화국이 수립되었음은 주지의 사실이다. 이러한 역사적 과정에 대해서는 국민적 관심도 높으며 그간 국내외 학계는 적지 않은 역사학적·정치학적·사회학적 연구 성과물을 배출해 왔다. 그러나 식민지배로부터 벗어나 새로운 정부를 수립하고, 구 체제와의 법적 관계를 정리하는 작업은 중요한 국제법적 현상임에도 불구하고 대한민국 출범 과정에 대한 국제법적 시각에서의 종합적 분석물은 국내외적으로 찾기 어렵다. 개별 세부주제에 대한 국제법적 연구조차 그다지 활발하지 않았다.

이러한 연구의 부족은 때로 주변에서 불필요한 정치적·사회적 논란을 불러일으키기도 한다. 몇 가지 예를 들면: UN은 대한민국 정부를 한반도 전체의 유일합법정부로 인정했는가? 미군정기 발생한 양민학살과 같은 피해에 대해서는 한국과 미국 누가 법적 책임을 져야 하는가? 1948년 국적법은 최초 대한민국 국민에 관한 조항이 없었기 때문에 뒤늦게라도 국적법에 이러한 조항을 설치함이 바람직한가? 대한제국과 대한민국은 국제법적으로 동일한 국가의 계속인가?

이 같은 대한민국 수립과정에 대한 국제법적 연구는 과거 우리 역사를 정리하기 위해 필요한 과제이지만, 현재 제기되는 질문에 대한 답을 찾기 위한 노력도 되며, 미래 통일시대에 대한 대비의 일환이기도 하다. 우리의 역사를 정리하는 일은 역사학의 문제만은 아니며, 국제법 차원에서의 정리 역시 필요하다. 이 일을 우선 할 예정이다.

② 「국제인권규약 해설: 시민적 및 정치적 권리에 관한 국제규약 주석」

이 작업에 대해서는 좀 자세한 설명을 한다. 외국에서는 중요한 국제조약마다 주석서(commentary)가 많이 발간된다. 굳이 외국의 예를 들 필요도 없이 국내 역시 「주석 민법」, 「헌법 주석」을 비롯 중요한 국내 법률에 관한 주석서가 적지 않다. 안타깝게도 국제법학계는 조약 주석서를 제대로 발간하지 못하고 있다. 아쉬운 대로 해양법학회가 발간한 「유엔 해양법 해설서」(Ⅰ, Ⅱ, Ⅲ) 정도가 발견될 뿐이다. 이러한 주석서가 왜 필요한지는 여기서 논할 필요가 없으리라. 국제인권규약 주석서 제작은 사실 오랜 꿈이었다. 다만 혼자 감당하기는 너무 엄청난 작업이라 이를 어떻게 실현할 수 있을지 막막했다.

2002년부터 2006년 초까지 4년간 서울법대 BK 21 사업단 공익인권법센터의 장을 맡았다. 2004년 2월 「공익과 인권」지를 창간했다. 당시에도 이미 연구재단의 등재지 제도가 시행되고 있어서 교수나 신진 학자들은 이 같은 미등재지에 논문 기고를 기피했다. 발간을 계속하려면 센터장이 원고 모집을 책임져야 했는데, 국내 교수의 논문은 점점 더 받기 어려워지리라고 예상되었다. 무언가 대책을 마련해야 했다.

2005년 봄 학기 무렵 서울법대 대학원 국제법 전공생을 모아 관심 있는 사람은 국제인권규약 조문 주석 집필에 참여하겠냐고 제안했다. 작업의 결과는 「공익과 인권」에 게재할 예정이라고 설명했다. 이 작업은 「공익과 인권」 원고 확보 방안으로 시작했다 해도 크게 틀린 말은 아니었다. 대신 대학원생에게는 학술지 논문 기고라는 인센티브가 주어질 수 있었다.

참여 희망자를 모아 조문을 배정했다. 초고를 만들어 오면 주로 방학기간에 같이 읽고 내용을 검토했다. 토론과 수정 과정을 몇 차례 반복했다. 어느 정도 수준에 오른 글부터 「공익과 인권」에 게재했다. 2005년 8월 발간된 「공익과 인권」 제2권 제2호에 첫 원고 3편이 발표되었고, 이후 모두 5회에 걸쳐 19개 조문에 관한 주석논문이 「공익과 인권」에 발표됐다. 「공익과 인권」이 2007년 8월을 마지막으로 사실상 발간을 중단해 이후 더 이상의 연재는 없었다. 시민적 및 정치적 권리에 관한 국제규약 개별 조문에 대해 아직까지도 국내에 이만큼 상세한 해설원고가 없기 때문에 여전히 이들 논문을 찾는 사람들이 있다고 들었다.

시민적 및 정치적 권리에 관한 국제규약은 제27조까지가 실체조항이고, 제28조 이하는 절차 조항이다. 제27조까지만 주석을 만들어도 충분한 의의가 있다. 19개 조문에 대한 주석이 만들어졌으니 8개 조문에 대한 작업을 추가하면 마칠 수 있었다. 아울러 일반논평(general comment)에 대한 번역작업도 병행했다. 국제인권규약 주석서 발간이 사정권 안에 들어온 기분이었다. 내심 영어권 서적을 제외하면 세계에서 가장 상세한 주석서를 만들 수 있으리라 기대했다.

그런데 이후에는 큰 진전이 없었다. 대학원생 구성이 점차 유직자 위주로 되어 마땅한 참여자를 구하기가 어려워졌다. 개인적으로도 「신국제법강의」 등 다른 책의 집필로 이 일에 투입할 시간 여유가 적어졌다. 그래도 희망 대학원생들을 찾아 3개 조문에 대한 작업을 더 마쳤다. 드디어 5개 조문만 남았다. 한 번 중간 점검을 해 보기로 했다. 2010년 12월 ─ 2011년 2월 겨울방학 중 기존 22개 원고를 재검토했다. 서울 법대생 및 대학원생 4명이 공익인권법센터 인턴 자격으로 검토작업에 참여했다. 일단 작성 후 몇 년이 지난 원고가 많아 Human Rights Committee에서의 새로운 결정 사례와 관련 국내 법령의 개정, 새로운 국내 판례 등이 있는가를 조사시켰다.

자료 보완 후 나는 기존 원고를 단행본화 할 수 있을까라는 각도에서 면밀히 다시 읽었다. 대부분 「공익과 인권」지를 통해 한 번 발표된 논문이었다. 그 준비과정에서 나 역시 여러 번 읽고 수정·보완 의견을 제시했던 원고였다. 부분적인 손질만 하면 묶어서 책자화 하는데 큰 어려움이 없으리라 기대했었다. 그러나 전반적 재검토 결과 부분적 손질만으로는 여러 가지 면에서 갈 길이 멀다고 판단되었다. 국제실행에 관한 정리에도 부족한 점이 있었지만, 특히 관련 국내실행 부분 정리에 있어서 미흡한 부분이 많았다. 주석서 원고를 준비하며 집필자에게 내용의 약 25─30%는 국내 실행 정리에 할애하라고 지시했었다. 국제적 실행에 관한 정리는 외국에서 발간된 좋은 책이 있으나, 한국의 관련 실행은 우리 아니면 누구도 할 수 없는 일이다. 한국에서 발간된 주석서에 국내 실행에 관한 분석이 빠진다면 그 학술적 의의가 손상

된다고 보았기 때문이다. 그런데 국내실행은 국제법 전공자가 특히 약한 부분이다. 하여간 상당한 수준의 보완 없이는 아직 책자화하기 어렵다고 결론 내렸다. 예상 외의 고민이 몰려왔다.

이후 근 10년 가까이 국제인권규약 주석서 제작은 내 마음 속 버켓 리스트를 들락거렸다. 포기하기에는 그동안 들인 노력과 공이 아까웠다. 이를 완성하려면 적어도 2년 정도 내 시간의 집중투자가 필요하다는 판단이었다. 개인적으로 다른 일 제쳐두고 이에 전념할 상황은 되지 않았으며, 그러고도 얼마나 훌륭한 결과가 나올지 자신 또한 부족했다. 2013년 1학기 대학원에서 국제인권법을 강의하며, 주로 국제인권규약을 다루었다. 수강생에게 기존 원고를 제공하고, 이의 보완원고를 작성을 보고서로 제출해 보라 했다. 기대만큼의 열성적인 보고서는 별로 없었던 듯 했다. 나 역시 기존 원고를 보완하는 작업을 어느 정도 하다가 다시 중단했다. 여전히 남은 길이 짧지 않았다. 그 무렵 앞으로 5년 남짓 남은 교수생활에서 내 가용시간을 어떻게 분배하나 다시 생각해 보았다. 주석서 작업은 어쩔 수 없이 포기하기로 마음이 기울었다.

2015년 인권법학회가 창립되며 그 초대 회장을 맡아달라는 요청이 왔다. 예기치 않던 일이었으나, 일단 처음 자리 잡는데 도움을 줄 요량으로 2년 임기의 회장직을 수락했다. 인권법학회 회장을 수행하며 무언가 관련된 학술적 의의가 있는 개인작업을 하나 해야겠다는 의무감이 느껴졌다. 국제인권규약 주석서가 다시 떠올랐다. 이 작업을 염두에 두고 2017년 1학기 대학원에서 다시 국제인권법 강의를 개설했다. 그간의 작업 진척을 재검토하며 향후 가능성을 점검했다. 그러나 나 자신이 이에 크게 시간을 투자하지 못하는 상태에서는 당연하지만 본격적인 진전을 기대하기 어려웠다. 주석서 작업에 대한 미련은 버리는 편이 현명하다고 느껴졌다.

정년이 임박하니 졸업생들과 이런 저런 모임이 몇 번 있었다. 그 때마다 나오는 이야기의 하나가 국제인권규약 주석서를 완성하지 않느냐는 질문이었다. 여러 졸업생들이 과거 원고 작업에 참여했기 때문에 나름 애착도 느끼는 듯 했다. 이제 나 혼자 남은 일을 다 감당하기는 벅차고, 누가 자기 일로 여기고 동참할 사람이 있으면 생각해 보겠다고 답했다.

이 일에 가장 큰 현실적 장애는 연구재단의 학술지 평가제도와 그에 따른 각 대학의 교수업적평가제도이다. 20여 명이 참여해 한 권의 주석서를 만들면 참여자는 최소한 학술논문 1편 이상의 노력을 기울인 셈인데, 이를 개인의 연구업적으로 거의 평가받을 수 없다. 승진, 전직 등에 아무런 도움이 되지 않는다. 그렇다고 참여자에게 금전적 보상을 주기도 힘들다. 따라서 미안해서라도 이런 작업에 참여를 요청하기도 어렵다.

국제인권규약 주석서는 포기하기 아까울 정도의 상당한 진척이 있는 것은 틀림없다. 개인적으로 근 15년 동안 가슴에 품었던 작업이다. 그러나 아직도 남은 여정이 간단치는 않다. 이 일이 개인적 연구실적에 거의 도움이 안 되고 금전적 보상도 따르지 않지만, 국가사회에 필요한 책이라서 동참하겠다는 어느 연구자가 나서기만 기다리고 있다.

③ 「한국의 국제법 실행」

국제법을 전공하기 시작한 초년시절 국제법이 우리 현실에 갖는 의미가 무엇인지에 관해 때로 회의가 들기도 했다. 국제법은 대외관계를 다루는 외교부 직원 정도에게나 필요한 법인가? 우리 법원에서는 국제법적 쟁점에 대해 판단한 사례가 없었는가? 있었는데도 알려지지 않은 것뿐인가? 관련 사실을 알고 싶으면 누구에게 물어보고 무슨 책을 보아야 하나?

나중에 알게 된 사실이지만 미국은 이미 1877년에 연방법원에서의 국제법 관련판결을 포함한 자국의 국제법 실행에 관한 책자를 발간한 바 있다. 이는 300면도 되지 않는 작은 책으로 체계적 설명서라기보다 자료집에 가까운 원시적 형태의 실행집이었다. 당시 미국은 남북전쟁의 후유증에서 완전히 회복되지 못한 상태였고, 유럽의 전통 강국에 비하면 학술적으로나 문화적으로 B급 국가에 불과했는데, 이러한 책자를 만들기 시작했다는 사실이 놀랍다. 이러한 전통은 1886년 Wharton이 편집한 International Law Digest(전3권), 1906년 Moore의 International Law Digest(전8권), 1940—44년 Hackworth의 Digest of International Law(전8권), 1963—73년 Whiteman의 Digest of International Law(전15권) 등으로 계속되었고, 현재도 Digest of United States

Practices of International Law로 이어지며 미국은 자국의 국제법 실행을 공간하는 작업을 지속하고 있다. 일본 정부 역시 20세기 초반에 「國際法 先例集」을 발간한 바 있다. 한국은 이들 국가에 100년도 더 뒤떨어진 셈이다.

외교 실무자를 포함한 법집행자들이 국제법적 문제에 부딪치면 찾는 대상의 하나는 과거 한국이 유사한 상황에서 어떠한 태도를 취했었나 일 것이다. 이러한 자료가 정리되어 있지 않으면 다음에는 급한 대로 타국의 사례를 살펴보게 된다. 이런 이유로 한국이 국제법의 재량 범위 내에서 일관된 행동을 취하지 못하면 신뢰의 손상을 받게 된다. 그런 의미에서 자국의 국제법 실행 정리는 꼭 필요한 일이고, 대부분의 선진 각국은 오래 전부터 이런 작업을 진행하고 여러 가지 방법으로 그 결과를 공유하고 있다. 이러한 자료가 공개되면 연구자들에 의해 분석·복기된다. 잘못된 과거의 반성과 더 나은 미래의 선택이 가능해진다.

어느 나라에서나 외교적 실행에 관한 자료는 개인이 접근하기에 제약이 많다. 자국의 국제법 실행의 종합적 정리는 사실 정부가 주도해야 하거나 또는 정부 지원이 없으면 불가능한 일이다. 그런데 정부가 이를 하지 않으면 가능한 범위에서 누구라도 해야 하지 않는가? 그동안 「한국판례국제법」(1998, 2005)과 「한국법원에서의 국제법 판례」(2018)을 펴낸 것은 그 같은 실행 정리의 일환이었다. 이제 사법부의 판결 이상 좀 더 포괄적 한국 실행의 정리가 필요하다. 이 책이 과연 가능할까? 여전히 꿈이다.

④ 「한국의 국제법 사전」

한국에는 국제법사전이 아직 없다. 북한에서도 이미 2002년 673쪽 분량의 국제법사전이 발간된 바 있다. 서양 각국이나 일본은 더 말할 것도 없다. 그 분야 사전이 없다는 사실은 그 나라 학계의 수준을 말해 준다 해도 크게 틀린 말은 아니다. 대한국제법학회도 여러 해 전 학회 차원에서 국제법사전 발간을 추진하기로 하고, 관련기관 재정지원을 얻어 상당한 규모의 사전 편찬 사업을 진행한 바 있다. 당연히 해야 할 일을 착수한 훌륭한 시도였다. 그러나 예정 시한이 훨씬 더 지났으나 이 사업은 아직도 마무리 되지 않았고, 현재 상황으로 볼 때 만족스러운 결과는 기대하기 어렵다. 그 이유나 전망에 대해 내가 무어라 할 입장은 아니다.

국제법의 경우 영어로 된 크고 작은 많은 사전이 있기 때문에 대학원생 이상의 전문인들은 외국 사전을 보면 대부분의 필요한 지식을 얻을 수 있다. 우리 입장에서는 일본판도 매우 유용하다. 굳이 힘들게 새로 만들려 하지 말고, 외국의 사전을 번역해 사용해도 상당한 수요에 부응할 수 있다. 사실 그런 일이라도 우선 실현되었으면 좋겠다. 다만 외국의 정평 있는 사전이라 해도 한국관련 항목은 거의 없으며, 그 내용에 있어서도 우리의 실행이나 시각은 반영되기 어렵다는 점에서 우리의 요구를 모두 충족시킬 수 없다. 그리고 외국인이 작성한 한국 사안의 설명은 우리가 보기에 부정확한 경우도 적지 않다. 한국과 관련된 사항은 한국인이 가장 잘 정확하게 안다.

좋은 사전의 제작은 장기간의 노력과 많은 인력 투입을 요구하는 지루한 작업이다. 그러면 외국 사전에 의존해도 충분한 항목은 일단 나두고, 한국과 관련된 항목만을 모아「한국의 국제법 사전」을 펴내면 어떨까? 이는 국제법 전반을 다루는 대규모 사전보다는 적은 노력으로 만들 수 있지 않을까? 예를 들어 독도의 법적 지위, 간도 영유권, 한일 대륙붕공동개발 협정, 을사조약, 6.25 반공포로 석방 등과 같은 항목들만 모은 국제법 사전이다. UN 회원국 가입이란 항목에서 일반적 내용은 헌장 조항의 문언 정도만 가볍게 취급하고 1949년 2월 첫 가입신청서를 제출한 이후 1991년 9월 회원국이 될 수 있었던 대한민국 가입과 관련된 내용을 주로 설명하는 방식이다. 국제법 전반을 아우르는 사전 속에서는 지면의 한계상 이런 내용이 상세하게 취급되기 어려울 것이나, 한국 관련 항목만 모은 사전에서는 우리의 수요에 좀 더 부응하는 설명을 할 수 있으리라. 물론 이것이 국제법 전반을 다루는 사전의 필요성을 완전히 대체할 수는 없다. 그래도 외국의 정평 있는 국제법사전의 "한국편"과 같은 역할은 하지 않을까? 이 일이 과연 혼자 할 수 있는 작업인지는 아직 모르겠다. 나 역시 아직 시작해 보지 않았으니까. 그래도 시도해 볼만한 일 아니겠는가?

⑤ 「국제법 입문」

2010년 「신국제법강의: 이론과 사례」 초판을 발간한 이후 10년 동안 한 해만 거르고 매년 개정판을 냈다. 매년 연말 몇 달은 이 일에 집중해야 되니, 이로 인해 적지 않은 시간적 부담을 느낀다. 그래도 빈번히 개정판을 낸 이유는 위 해당 책자 항목에서 일부 설명한 바 있다.

교과서의 기본내용에 있어서 매년 그리 큰 변화가 있기는 어렵다. 서양의 경우 교과서가 한국처럼 개정판이 자주 나오는 예는 드물다. 미국에서는 원 교과서를 수년간 그대로 사용하고 매년 추록 형식의 소책자만 따로 낸다. 나 역시 한 번 책을 출간하면 상당 기간 개정 없이도 꾸준히 독자들이 찾는 그런 국제법 입문서 집필을 꿈꾸고 있다. 국제법의 기본 개념을 중심으로 근본 원리를 설명함으로써 독자에게 지적 영감을 줄 수 있는 책! 간결하면서도 깊은 내용을 담고 있는 책! 독자가 국제법을 처음 공부할 때 가장 도움을 받았다고 기억하는 책! 세상이 좀 바뀐다 해도 다시 찾아 읽어볼만한 책! 초보자가 입문서로 찾지만, 전문가도 늘 곁에 두고 싶어 하는 책! 그런 얇은 책을 하나 남기고 싶다. 너무 큰 꿈인가 하는 생각도 든다.

⑥ 첨언

위 5권의 목록 중 첫째 "대한민국 수립과 국제법"은 이미 상당 부분 원고화의 진척이 있었고, 둘째 "국제인권규약 해설: 시민적 및 정치적 권리에 관한 국제규약 주석"의 진행에 관해서는 설명한 대로이다. 다음 세 번째 이하 작업은 아직 본격적인 착수가 없다. 좋은 아이디어라고 생각되면 누구라도 가져다 활용하기 바란다. 어차피 혼자 다 할 수 없음을 알고 있으니까....

하나 더. 개인적으로 상당한 투자를 하고도 마무리 짓지 못한 작업이 또 하나 있다. 1990년대 들어 구유고 국제형사재판소와 르완다 국제형사재판소가 운영되고, 1998년 로마규정이 채택되었다. 세계 여러 곳에서 전환기 형사사법 정의 실현을 위한 국제재판소 또는 혼합형 재판소가 설치되었다. 이러한 재판소들의 운영내용이 남북통일 이후 벌어질 수 있는 사태에 대한 참고가 되리라고 생각했다. 그래서 20세기 이래 국제형사재판을 규정한 국제조약

- 가칭 "국제형사재판조약집"을 구상해 보았다. 2001년 초 미국 조지타운대학 연구년 시절부터 자료를 수집하기 시작하고 조금씩 이의 번역본을 만들었다. 귀국 후 대학원에서 2001년 2학기 국제인도법을, 2002년 1학기 국제형사법을 강의하며 관련 내용을 공부하며, 당시 대학원생들과 함께 상당량의 번역을 진행했다. 여기는 국제법 전공자들에게도 거의 알려지지 않은 6.25 때 UN군이 작성한 형사규칙도 포함되어 있었다. 아마 당시 반년 정도만 더 개인시간을 이에 집중했으면 조약집을 완성했을 것이다.

그러나 이 작업은 마무리 짓지 못했다. 몇 가지 이유가 있었다. 무엇보다도 당시 반년 정도의 개인시간을 이 작업에 쏟아 붙기가 어려웠다. 이런 조약집의 번역은 연구실적으로 알아주지 않으니, 개인적으로 이 일에만 전념할 수 없었다. 조약의 번역은 일반 학술서의 번역과 또 달라 한층 힘들고 시간이 더 많이 걸리는 작업이라는 어려움도 있었다. 대학원생들의 초역 후 여러 번의 감수작업을 거쳐도 여전히 번역의 완성도가 스스로에게조차 만족스럽지 못했다. 한층 다듬어야 했다. 무엇보다도 나 자신이 이 일에 좀 더 전념했어야만 했다. 작업 완수가 늦어지니 차츰 새로운 국제적 형사재판소가 설립되어 작업대상이 증가하기도 했다. 이 책을 발간하면 과연 독자가 얼마나 될까를 생각하면 내가 이 작업에 큰 시간을 투자하는 일이 합리적 행동인가 하는 회의도 들었다. 이런 저런 이유로 이 작업은 2000년대 중반 이후 동면상태에 빠졌다. 물론 그 동안 국내에서 유사한 책자는 나온바 없다. 개인적으로는 여전히 이 작업을 완료했으면 좋겠다고 생각한다. 누구 이 작업에 동참할 사람이 없을까?

Ⅲ. 자   료

Ⅲ. 자　　료

1. 연보

생년월일 : 1954년 9월 26일

[학력]

1973.　2.	서울고등학교 졸업
1977.　2.	서울대학교 법과대학 법학사
1982.　8.	서울대학교 대학원 법학석사
1983.　5.	미국 Georgetown University Law Center 법학석사
1992.　2.	서울대학교 대학원 법학박사

[수상]

2012.　1.	현민국제법학술상(대한국제법학회)
2015. 11.	한국법교육학회 학술상 대상(법교육학회)
2016. 11.	서울대학교 학술연구상(서울대학교)

[학내경력]

1995.　9.~1999.　9.	서울대학교 법과대학 조교수
1999. 10.~2002.　3.	서울대학교 법과대학 부교수
2002.　4.~2020.　2.	서울대학교 법과대학 교수(정년퇴임)
1996.　6.~1998.　6.	서울대학교 법과대학 학생부학장
1999.　3.~2000.　6.	서울대학교 법학도서관장
2005. 12.~2007. 12.	서울대학교 법학연구소 소장
2009.　5.~2011. 10.	서울대학교 평의원회 의원
2013. 11.~2015. 10.	서울대학교 평의원회 의원

[학외경력]

1984. 3.~1995. 8.　한국방송통신대학 법학과(전임강사, 조교수, 부교수)

2004. 12.~2007. 12.　국가인권위원회 위원

2009. 1.~2010. 1.　대한국제법학회 회장

2015. 3.~2017. 3.　인권법학회 회장

2018. 4.~현재　　　서울대학교 대학원 동창회 회장

2. 연구실적 목록

가. 저서

- 『국제법 Ⅱ』(백충현 공저), 한국방송통신대학 출판부(1984) (1989, 1993 개정판).
- 『국제거래법』(백충현, 최승환 공저), 한국방송통신대학 출판부(1986) (1989, 1993, 1996 개정판).
- 『재일교포의 법적지위』, 서울대학교 출판부(1996).
- 『국제법의 이해』, 홍문사(1996).
- 『韓國判例國際法』, 홍문사(1998) (2005 제2판).
- 『해외법률문헌 조사방법』(공저), 서울대학교 출판부(2000) (2005 개정판).
- 『국제인권규약과 개인통보제도』, 사람생각(2000).
- 『Korean Questions in the United Nations』, Seoul National University Press (2002).
- 『국가인권위원회법 해설집』(김엘림·정연순 공저), 국가인권위원회법해설집발간위원회(2005).
- 『국제법 판례 100선』(정서용·이재민 공저), 박영사(2008) (2010, 2012, 2016 개정판).
- 『신국제법강의 - 이론과 사례』, 박영사(2009) (2020 개정 제10판).
- 『국제법』(공저), 한국방송통신대학 출판부(2010) (2015 개정판).
- 『생활 속의 국제법 읽기』, 일조각(2012).
- 『김복진, 기억의 복각』, 경인문화사(2014).
- 『신국제법입문』, 박영사(2014) (2017, 2019 개정판).
- 『조약법 강의』, 박영사(2016).
- 『한국법원에서의 국제법 판례』, 박영사(2018).
- 『국제법 시험 25년』, 박영사(2020).

나. 편서 및 역서

- 『이승만의 전시중립론 - 미국의 영향을 받은 중립』(이승만 저, 번역), 나남 (2000).
- 『국제인권조약집』, 사람생각(2000).
- 『재외동포법』, 사람생각(2002).

- 『고교평준화』(공편), 사람생각(2002).
- 『집회와 시위의 자유』(공편), 사람생각(2003).
- 『이중국적』, 사람생각(2004).
- 『사회적 차별과 법의 지배』, 박영사(2004).
- 『작은 거인에 대한 추억 - 재일변호사 김경득 추모집』, 경인문화사(2007).
- 『증보 국제인권조약집』, 경인문화사(2008).
- 『에센스 국제조약집』, 박영사(2010) (2013, 2015, 2017, 2020 개정판).
- 『난민의 개념과 인정절차』(공편), 경인문화사(2011).
- 『다시 찾은 조춘』(정찬조 저), 해드림(2019).

다. 논문

- "재일한인의 법적지위 및 처우에 관한 연구", 서울대학교 석사논문(1982).
- "미국의 덤핑 규제 제도", 법조 제33권 제2호 및 동 제33권 제3호(1984).
- "일본의 국민연금제도와 재일한국인", 해외동포 1984년 춘계호(제12호) (1984).
- "재일한국인과 일본의 원호제도", 해외동포 1984년 하계호(제13호) (1984).
- "미국의 상계관세제도", 한국방송통신대학 논문집 제3집(1984).
- "한인전범 148인의 운명과 처우", 해외동포 1984년 송년호(제14호) (1984).
- "양홍자씨 교원임용을 둘러 싼 파문", 해외동포 1985년 하계호(제17호) (1985).
- "일본의 국적법 및 호적법 개정과 재일한국인", 한국방송통신대학 논문집 제4집(1985).
- "잠재거주자와 퇴거강제", 해외동포 1985년 추계호(제18호) (1985).
- "재일한국인 법적지위 재협상의 전제", 해외동포 1985년 송년호(제19호) (1985).
- "국제인권규약 가입을 위한 국내법제의 검토 - 국제인권규약 실체조항을 중심으로", 한국방송통신대학 논문집 제5집(1986).
- "재일한국인과 일본 재입국권", 해외동포 1986년 하계호(제21호) (1986).
- "원폭피해와 재일한인", 해외동포 1986년 추계호(제22호) (1986).
- "재일한국인 취업차별문제", 해외동포 1986년 송년호(제23호) (1986).
- "재한 원폭피해자의 현황과 법적구제 문제"(백충현 공저), 대한변호사협회지 제187호(1987).
- "재일한국인과 일본의 생활보호제도", 해외동포 1987년 춘계호(제24호) (1987).
- "일본의 귀화제도와 재일한국인", 해외동포 1988년 춘계호(제27호) (1988).
- "법적 기준에서 본 한국인의 범위", 『사회과학의 제문제』(두남 임원택 교수

정년기념), 법문사(1988).

- "외국인 차별입법에 대한 미국연방대법원 판례의 연구", 한국방송통신대학 논문집 제8집(1988).
- "최근 일본에서의 정주외국인법 제정운동", 해외동포 1988년 동계호(제30호) (1988).
- "전후 일본의 재일한인 국적처리에 관한 연구", 한국방송통신대학 논문집 제9집(1988).
- "세계 원격교육기관의 성적평가방법 비교 연구", 방송통신교육논총 제5집 (1989).
- "재일동포의 인도적 보호", 인도법논총 제9집(1989).
- "일본의 전후 처리의 한 모습 – 대만계 구일본군 보상 문제", 한국방송통 신대학 논문집 제10집(1989).
- "외국인 인권에 관한 1985년 UN총회 선언의 연구", 『인권과 국제법』(석암 배재식 박사 화갑기념논문집), 박영사(1989).
- "재사할린 한인에 관한 법적 제문제", 국제법학회논총 제34권 제2호(1989).
- "재한외국인의 법적지위", 국제법학회논총 제35권 제1호(1990).
- "사할린 동포, 일인도 한인도 아닌 망향의 한", 자유공론 1990년 8월호(1990).
- "국제법상의 자국귀환권 – 영주외국인의 귀환권을 중심으로", 한국방송통 신대학 논문집 제11집(1990).
- "무국적자 지위에 관한 협정의 연구", 국제법학회논총 제35권 제2호(1990).
- "재일한국인 법적지위협정 – 그 운영 25년의 회고", 在外韓人硏究(1990).
- "재일한인의 일본 지자체 선거참여문제", 인도법논총 제10·11호(합병호) (1991).
- "외국인의 선거권", 한국방송통신대학 논문집 제12집(1991).
- "외국인의 국제법상 지위에 관한 연구", 서울대학교 법학박사 학위논문(1992).
- "재외국민의 국내법상 지위", 『전환기의 국제관계법』(東石 金燦圭 박사 화 갑기념논문집), 법문사(1992).
- "재일한국인 교육공무원 채용문제", 『변화하는 세계와 국제법』(碧坡 金槙鍵 박사 화갑기념 논문집), 박영사(1993).
- "일본의 외국인등록법 개정과 재일한국인", 한국방송통신대학교 논문집 제 17집(1994).
- "1965년 한일청구권협정 대상범위에 관한 연구", 성곡논총 제25집(상) (1994).

- "日北 수교와 재일교포의 국적", 서울국제법연구 제1권 제1호(1994).
- "재일교포의 섭외가족법상의 지위에 관한 연구", 재외한인연구 제4호(1994).
- "주요 인권조약의 국내적 실천", 인권과 정의 221호(1995).
- "재일교포의 일본 공무원직 취임자격", 한국방송통신대학교 논문집 제19집 (1995).
- "외국인의 국내 사립대학 교수 취임자격", 서울국제법연구 제2권 제1호(1995).
- "재일교포 법적지위협정", 『한일협정을 다시 본다』, 아세아문화사(1995).
- "日本의 과거사 책임이행상의 문제점", 국제법학회논총 제40권 제1호(1995).
- "재일교포의 법적지위", 광복50주년기념사업위원회편, 일제식민지정책 연구논문집(1995).
- "재일교포의 전후처우", 한울 근현대사강좌 제7호(1995).
- "전시동원체제하의 한인희생", 『일제시기의 해외한인 희생자연구』, 정신문화연구원(1995).
- "私人에 의한 재일교포 차별", 서울국제법연구 제2권 제2호(1995).
- "현행 국적법의 기본내용과 문제점", 법정고시 제2권 제5호(1996)
- "북한의 신 대외민사법 시행과 재일교포의 가족법 문제 – 北日 수교후 일본에서의 취급 예상", 서울대학교 법학 제37권 제2호(101호) (1996).
- "국제법 측면에서 본 독도문제", 『독도연구』, 정신문화연구원(1996).
- "국제인권기구", 『국제기구와 한국외교』, 민음사(1996).
- "무국적자의 지위에 관한 협약", 국제인권법 제1호(1996).
- "在日僑胞 法的地位協定の改廢に伴う要綱と理由", 在日韓國靑年連合 · 在日韓國學生同盟編, 『過去と冷戰を超えて－いま日韓條約を問う』, 日本 在日韓國靑年連合(1996).
- "일본의 전쟁책임 이행상의 문제점 – 일본군 위안부 문제와 관련하여", 한국정신대문제대책협의회 진상조사연구위원회편, 『일본군 위안부 문제의 진상』, 역사비평사(1997).
- "재일교포의 법적지위", 한국정신대연구회편, 『한일간 미청산의 과제』, 아세아문화사(1997).
- "UN 및 협력요원의 안전에 관한 조약", 서울국제법연구 제4권 제1호(1997).
- "재일한국인사회의 최근 동향과 쟁점 – 참정권 획득운동을 중심으로", 외교 제43호(1997).
- "국적유보제도 도입의 득실", 서울국제법연구 제4권 제2호(1997).

- "日本의 독도 영유권 주장의 논리구조: 국제법 측면을 중심으로", 『독도영유의 역사와 국제관계』, 독도연구보전협회(1997).
- "일제의 식민지 보상은 마무리되었는가", 『한국과 일본: 왜곡과 콤플렉스의 역사』(1), 자작나무(1998).
- "국제법, 국제기구연구와 지역연구", 『한국의 지역연구 ─ 현황과 과제』, 서울대학교 출판부(1998).
- "재일교포의 법적지위문제", 『한일간의 국제법적 현안문제』, 아시아사회과학연구원(1998).
- "재일교포의 국적문제", 한민족공영체 제6호(1998).
- "경제적, 사회적, 문화적 권리에 관한 국제규약의 실천제도", 국제인권법 제2호(1998)..
- "우리 국적법상 최초 국민 확정기준에 관한 검토", 국제법학회논총 제43권 제2호(제84호) (1998).
- "재일한인의 국적과 남북한의 국적법 개정", 『근현대 한일관계와 재일동포』, 서울대학교 출판부(1999).
- "재외동포의 출입국과 법적지위에 관한 법률의 내용과 문제점", 서울국제법연구 제6권 제2호(1999).
- "대한민국의 수립과 舊法令의 승계 ─ 제헌헌법 제100조 관련 판례의 분석", 국제판례연구 제1집(1999).
- "통일과 조약승계", 경희법학 제34권 제1호(1999).
- "한국전쟁이 국제법 발전에 미친 영향", 서울대학교 법학 제41권 제2호(2000).
- "법조인의 국제인권의식 함양", 『법률가의 윤리와 책임』, 박영사(2000) (2003년 개정).
- "국제인권규약 가입 10년의 회고", 국제인권법 제3호(2000).
- "유엔의 인권보호활동", 국제법학회논총 제46권 제1호(2001).
- "인도에 반하는 죄와 이근안·수지김 사건", 서울대학교 법학 제43권 제1호(2002).
- "조약체결에 대한 국회의 사후동의", 서울국제법연구 제9권 제1호(2002).
- "조약체결에 관한 국회의 동의제도 ─ 재정적 부담을 지우는 조약을 중심으로", 서울대학교 법학 제43권 제3호(2002).
- "국제형사재판제도의 발전", 국제인권법 제5호(2002).
- "조약 체결에 대한 국회의 동의 거부", 서울국제법연구 제9권 제2호(2002).

- "재외동포법의 문제점과 향후 대처방안", 『재외동포법』, 사람생각(2002).
- "국제인권조약과 현행 중등학교 진학제도", 『고교평준화』, 사람생각(2002).
- "한국에서의 국제법 인식제고 방안", 국제법 동향과 실무 제2권 제1호(2003).
- "유럽에서의 해외동포 지원입법 – 한국의 재외동포법 개정논의와 관련하여", 국제법학회논총 제48권 제2호(2003).
- "한일관계와 국제법학의 발전", 『한국의 학술연구 – 법학』, 학술원(2003).
- "집회시위의 자유와 외국공관의 보호", 『집회와 시위의 자유』, 사람생각(2003).
- "재외동포법의 헌법불합치 결정과 정부의 대응방안 검토", 공익과 인권 제1권 제1호(2004).
- "조약의 종료와 국회동의의 요부", 서울국제법연구 제11권 제1호(2004).
- "이중국적에 관한 한국의 법과 정책", 『이중국적』, 사람생각(2004).
- "Critical Review of Recent Two Cases in the Constitutional Court", *International Law in Korean Perspective*, Seoul National University Press (2004).
- "석암 배재식 박사의 학문세계 – 한일관계와 국제인권법연구를 중심으로", 서울국제법연구 제11권 제2호(2004).
- "헌법재판소 판례의 국제법적 분석", 『헌법실무연구』 제5권(2004).
- "화교에 대한 차별 – 그들은 한국사회의 주민인가?", 『사회적 차별과 법의 지배』, 박영사(2004).
- "한국에서의 외국인 지방선거권 논의 현황", 공익과 인권 제2권 제1호(2005).
- "箕堂 李漢基 博士의 학문세계 – 국제법 교육에 있어서의 箕堂 先生", 서울국제법연구 제12권 제1호(2005).
- "韓國における外國人參政權 – その實現過程", 『日韓共生社會の展望』, 日本 新幹社(2006).
- "1952년 평화선 선언과 해양법의 발전", 서울국제법연구 제13권 제2호(2006).
- "在日韓國人の法的地位・九一年問題", 『辯護士金敬得追慕集』, 日本 新幹社(2007).
- "통일후 한러 국경의 획정", 서울국제법연구 제14권 제1호(2007).
- "1991년–92년도 국적법 개정작업", 서울국제법연구 제14권 제2호(2007).
- "시민적 및 정치적 권리에 관한 국제규약과 군장병 인권", 서울대학교 법학 제48권 제4호(2007).
- "조약의 "체결・비준"에 대한 국회의 동의권", 서울국제법연구 제15권 제1호(2008).

- "조약의 체결·비준에 대한 국회의 조건부 동의", 서울대학교 법학 제49권 제3호(2008).
- "국제인권법과 법률가의 역할", 인권과 정의 제54권 제1호(2009).
- "한국의 조약정보 관리상의 오류실태", 국제법학회논총 제54권 제1호(2009).
- "한국에서의 난민수용 실행", 서울국제법연구 제16권 제1호(2009).
- "국민의 탄생과 법적 경계", 한국미래학회편, 『제헌과 건국』, 나남(2010).
- "조약의 당사국이 될 의사의 취소", 국제법학회논총 제55권 제3호(2010).
- "왜 비국가 행위자를 말하는가?", 서울국제법연구 제17권 제2호(2010).
- "국제기구에 관한 조약의 국회동의", 국제법학회논총 제56권 제3호(2011).
- "한일간 동해 EEZ 경계획정분쟁에 관한 보도의 국제법적 분석", 저스티스 제126호(2011).
- "한국과 UN, 그 관계발전과 국제법학계의 과제", 국제법학회논총 제58권 제3호(2013).
- "조선적 재일동포에 대한 여행증명서 발급의 법적 문제", 서울국제법연구 제21권 제1호(2014).
- "우리 법원의 국제법 판결에 대한 연구의 현황과 과제", 서울국제법연구 제21권 제2호(2014).
- "고등학교 '법과 정치' 교과서의 분석과 개선모색: 국제법 분야", 법교육연구 제9권 제3호(2014).
- "조약의 국내법적 효력에 관한 한국 판례와 학설의 검토", 서울국제법연구 제22권 제1호(2015).
- "한국문제를 통한 UN법의 발전", 서울국제법연구 제22권 제2호(2015).
- "헌법 제6조 1항상 "일반적으로 승인된 국제법규"의 국내적용 실행", 서울국제법연구 제23권 제1호(2016).
- "개헌시 국회동의 대상조약 항목의 재검토", 국제법학회논총 제62권 제2호(2017).
- "대한국제법학회의 창설과 초기 활동", 서울국제법연구 제24권 제2호(2017. 12).
- "홍진기와 정부 수립 초기 국제법 활동", 『국가와 헌법 I (헌법총론·정치제도론)』, 법문사(2018).
- "광복후 대마도 반환론의 전개", 서울국제법연구 제26권 제2호(2019).

3. 서울대학교 담당강의 목록

[(학): 학사과정, (원): 일반 대학원, (법전): 법학전문대학원]
(괄호안은 최종 수강생 수)

1995/2 (학) 법학개론 (70명)
      (학) 국제법2 (82명)
1996/1 (학) 법학개론 (99명)
      (학) 국제법1 (149명)
      (원) 조약법연구 (7명)
1996/2 (학) 법학개론 (198명)
      (학) 국제법2 (221명)
      (원) 승인제도 및 국가상속법연구 (5명)
1997/1 (학) 국제법1 (161명)
      (원) 국제조직법연구 (13명)
1997/2 (학) 국제법2 (134명)
      (원) 국가기본권연구 (8명)
1998/1 (학) 국제법1 (201명)
      (원) 조약법연구 (9명)
1998/2 (학) 국제법2 (61명)
      (학) 국제법연습 (12명)
      (원) 국제재판연구(사법재판) (8명)
1999/1 (학) 국제법1 (213명)
      (원) 국제연합법연구 (11명)
      (원) 법률정보론 (31명)
1999/2 (학) 국제법2 (47명)
      (원) 국제법특수연구2 (13명)
2000/1 (학) 국제법1 (127명)

(원) 조약법연구 (15명)

(원) 법률정보론 (18명)

2000/2 연구년

2001/1 연구년

2001/2 (학) 국제법2 (79명)

(원) 국제인도법연구 (9명)

2002/1 (학) 국제법1(I) (170명)

(학) 국제법1(II) (100명)

(원) 국제형사법연구 (15명)

2002/2 (학) 국제법2 (73명)

(원) 국제법특수연구 (5명)

2003/1 (학) 국제법1 (132명)

(학) 인권법 (61명)

(원) 조약법연구 (14명)

2003/2 (학) 국제법2 (74명)

(원) 국가기본권연구 (9명)

2004/1 (학) 국제법1 (158명)

(학) 인권법 (34명)

(원) 국가승계연구 (13명)

2004/2 (학) 국제법2 (69명)

(원) 법률정보론 (56명)

2005/1 (학) 국제법1 (180명)

(원) 국제인권연구 (17명)

2005/2 (학) 국제법2 (61명)

(원) 국제판례연구(사법재판판례) (11명)

2006/1 (학) 국제법1 (164명)

(원) 국제법일반이론 (11명)

2006/2 (학) 국제법2 (117명)

(원) 국제법특수연구 (9명)

2007/1 (학) 국제법1 (142명)

(원) 외국법강독(영미국제법강독) (13명)

2007/2 연구년

2008/1 연구년

2008/2 (학) 국제법2 (102명)

(원) 국제판례연구(사법재판판례) (9명)

2009/1 (학) 국제법1 (156명)

(원) 국제인권연구 (9명)

2009/2 (학) 국제법2 (82명)

(원) 조약법연구 (8명)

2010/1 (학) 국제법1 (121명)

(법전) 국제법1 (32명)

2010/2 (학) 국제법2 (61명)

(법전) 국제인권법 (5명)/ (원) 국제인권연구 (15명) [합반]

2011/1 (학) 국제법1 (79명)

(법전) 국제법1 (19명)

(원) 국제판례연구(사법재판판례) (26명)

2011/2 (학) 국제법2 (50명)

(원) 조약법연구 (13명)

(법전) 조약법 (14명)

2012/1 연구년

2012/2 (법전) 국제법2 (8명)

(원) 외국법강독(영미국제법강독) (20명)

2013/1 (법전) 국제법1 (73명)

(원) 국제인권법 (15명)

2013/2 (학) 국제법2 (38명)

(원) 국제법일반이론 (10명)

2014/1 (학) 국제법1 (42명)

       (원) 조약법연구 (16명)

2014/2 (학) 국제법2 (28명)

       (원) 국제판례연구(사법재판판례) (11명)

2015/1 (학) 국제법1 (69명)

       (원) 외국법강독(영미국제법강독) (21명)

2015/2 연구년

2016/1 (학) 국제법1 (38명)

       (법전) 조약법 (7명)

2016/2 (법전) 국제법2 (4명)

       (원) 조약법연구 (11명)

2017/1 (법전) 국제법1 (39명)

       (원) 국제인권연구 (23명)

2017/2 (학) 국제법2 (25명)

       (원) 국제재판연구(사법재판) (23명)

2018/1 (학) 국제법과 국제관계(사회대) (59명)

       (원) 조약법연구 (20명)

2018/2 (법전) 조약법 (4명)

       (원) 국가승계연구 (14명)

2019/1 (법전) 국제법1 (41명)

       (원) 국제법사연구(동양국제법사) (18명)

2019/2 (법전) 국제법2 (3명)

       (원) 국제판례연구(사법재판판례) (14명)

4. 정년기념 대담

정인섭 교수 정년기념 대담

일　　시 : 2020. 1. 28.(화) 15:00~18:00
장　　소 : 서암관 506호 백충현 교수 기념 세미나실
대 담 자 : 이근관(서울대학교 법학전문대학원 교수)
　　　　　 이재민(서울대학교 법학전문대학원 교수)
　　　　　 신윤진(서울대학교 법학전문대학원 교수)
　　　　　 김도형(대법원 재판연구관 부장판사)
　　　　　 도경옥(통일연구원 연구위원)
　　　　　 김원희(한국해양수산개발원 부연구위원)
녹취·정리 : 송순섭(서울대학교 법학연구소 조교)
　　　　　 박효민(서울대학교 대학원 법학과 박사과정)

<정년소감, 근황>

이근관 : 이제 3시간 동안 진행될 대담을 시작하겠습니다. 참 세월이 빨라서 정인섭 교수님께서 이제 정년을 맞으신다니 놀랍기도 하고 서운하기도 합니다. 그런데 한편 저희가 그동안에 교수님에 대해 궁금했던 것이 많은데요. 좋은 기회도 되는 것 같습니다. (모두 웃음) 이 자리가 저희에게는 교수님에 대해서 좀 더 알 수 있는 기회도 되는 것 같습니다. 그리고 교수님께도 나름대로 그동안 학자의 생활을 한번 정리해 보는 그런 기회가 아닌가 싶어, 뜻 깊은 자리라는 생각을 하고 있습니다. 전반적인 대담 진행은 먼저 정년을 맞이하신 교수님의 소감을 듣고, 그다음 유년시절 집안의 환경이라거나, 학부·대학원 시절에 대해 듣고자 합니다. 아울러 최근에 간접적으로 교수님의 조모님, 부친에 대해서도 알게 되었는데요. 그것이 어떻게 보면 교수님의 학자로서 뿐만 아니라 전반적인 인생에 끼친 영향력이 클 것 같아, 그 부분에 대해서도 듣고자 합니다. 그럼 먼저 서울대 교수로서 그동안의 긴 여정을 마무리하시게 되셨는데 그 소회가 어떠하신지 말씀해주시면 감사하겠습니다.

정인섭 : 예, 우선 먼저 이런 자리에 참석을 하시느라 시간 내주셔서 감사합니다. 정년을 맞는 소회를 물어보는 질문은 지난 연말부터 여러 번 들었는데, 아직까지 본격적으로 실감이 나지 않네요. 이유는 학교 생활이 아직 완전히 정리되지 않았다는 점도 있고, 또 하나는 당분간은 지금과 비슷한 생활이 계속될 것 같아 그렇습니다. 당장은 하던 일을 정리하는 그 연장선상의 생활이 될 것 같습니다. 그런데 한편으로는 3월부터 무직인 생활이 저에게 어떻게 다가올지 좀 두렵기도 합니다. (웃음) 예를 들어 생활을 하다보면 괄호 안에 직업을 적어야 할 때가 많잖아요. 그때 '무직'이라고 적어야 되나, '전(前) 서울대 교수'라고 적는다면 좀 이상할 것도 같고요. 며칠 전에 처하고 같이 잠깐 외국에 갔다 왔었는데, 세관신고서를 받고는 퍼뜩 '다음에는 처보고 쓰라고 할까?' 하는 생각이 들었습니다. 처가 한 장 쓰면 저는 동반 가족으로 묻혀가고 무직이라고 안 적어도 되니까요. (웃음) 그리고 지난 12월 말쯤부터는 연구실 책 정리 때문에 밤에 자다 깨면 다시 잠이 안 올 정도로 신경이 쓰입니다. 이런 현상도 일종의 변화에 대한 불안감이 아닌가 하는 생각이 들었습니다.

이근관 : 진짜 그렇네요. 서울대 명예교수라고 쓰기도 좀 그렇긴 하네요.

정인섭 : 네, 그건 직업이 아니잖아요. (웃음)

<유년, 중·고교 시절>

이근관 : 제가 질문을 하나 더 드리고, 이제 돌아가면서 질문을 하도록 하겠습니다. 사실 저는 오늘 오면서 몇 가지 질문할 것을 생각해 왔습니다. 제가 특히 궁금한 것은 선생님의 유년시절 부분입니다. 1954년에 태어나셨는데, 바로 전쟁 직후니까, 한국이 참 어려울 때 같은데요. 당시의 풍경 중에 혹시 기억나시는 것이 있으신가요? 기억이 나시더라도 아마 전쟁 끝난 지 한 5~6년 후가 아닌가 싶기도 하고 한데요.

정인섭 : 단편적이긴 하지만 1950년대 풍경도 기억이 많이 납니다. 어렸을 때 서울의 풍경이…

이근관 : 그런 것들이 직·간접적으로, 교수님의 인생관이라든지 특히 학문관에 많은 영향을 미쳤을 것 같습니다. 유년시절, 초·중·고등학교 시절, 또 특히 대학시절 추억에 대해 말씀해 주시면 좋겠습니다. 그리고 고등학교에서 법대로 진학하시게 된 배경이나 동기에 대해서도 말씀 부탁드리겠습니다.

정인섭 : 솔직히 고등학교를 졸업할 때까지는 법학과 관련된 지식이 아무 것도 없었어요. 요새 학생들은 어려서부터 나중에 법관이 되고 싶다는 희망을 갖기도 하는데, 저는 뭐 법학에 대해서는 전혀 아는 바 없었습니다. 하여간 고등학교 시절까지는 법학에 대해서 알지도 못했고 법학을 공부하고 싶다는 생각을 해 본 적도 없어요. (웃음) 법대 동문이 된 고등학교 친구 중 하나가 형이 있었어요. 고등학교 2학년 때 그 친구가 형에게 들은 말이라며 제게 "야, 너 그거 아냐? 서울법대는 대학도 아니래. 고시학원이지 대학교라고 할 수 없는 곳이래." 하는 이야기를 했습니다. 그 소리를 듣고 '아, 그럼 거기 가면 안 되겠구나!'(웃음) 그렇게 생각을 했었습니다. 고3 말 서울대 입학원서를 사고 나서 다른 내용은 다 적어놓고 마지막으로 학과란을 어떻게 쓰나 망설였습니다. 그때 국어 선생님한테 가서 상의를 해봤습니다. "국문과를 가면 어떻습니까?" 그 선생님인들 저한테 책임 있는 이야기를 할 수 있겠어요? 그분은 "가도 좋지 뭐, 그냥 알아서 결정해라."라는 소리밖에 안하셨습니다. (웃음) 집에서 마지막으로 어

디로 지원하냐를 망설일 때 아버지께서 "법대 나오면 그래도 사회 생활하는데 편리하지 않냐?" 하시더군요. "법대를 가면 네가 꼭 고시를 안 하더라도, 은행에 가도 좋고 언론계로 가도 좋고, 여러 가지 진로가 많으니까, 그냥 가능성이 많은 법대를 가는 것이 현실적이지 않느냐?" 하셨습니다. 어렸으니까 아버지 말을 따라 법대로 원서를 냈습니다. 요행히 합격을 했는데, 하여간 그때까지는 법학이 무엇인지는 전혀 몰랐습니다.

다만 제가 여러분 세대하고 좀 다른 점이 있다면, 중학교 2학년 7월에 중학교 무시험 진학 발표가 났어요. 앞으로 중학교 입시를 없앤다는 발표가 나면서, 입시의 선망이 되던 서울과 부산에 있는 5개 공립 중학교를 폐쇄시켰어요. 그리고 그 학교에 남은 아이들은 대신 같은 계열 고등학교로 진학을 하면, 무시험으로 진학을 시켜줬어요. 저는 중학교에서 고등학교 가는 입시를 안보고 그냥 고등학교에 진학하게 된 것입니다. 입시의 한 단계에서 해방이 된 거지요. 진짜 그 시기가 저로서는 황금시기였던 것 같아요. 왜냐하면 당시 대부분의 학생들은, 초등학교 한 5학년 때부터 입시 준비를 하는 생활을 대학교 입학 시까지 계속 했는데, 저는 중학교라는 중간 시기에 국가로부터 앞으로 계속 놀아도 일류 고등학교를 갈 수 있다는 보장을 받은 셈이니까요. 그때 통상적인 학생들과 달리 입시 준비에서 잠시 해방이 되어, 책도 읽고 싶은 대로 많이 읽을 수 있었고, 뭐든지 할 수 있었던 시기였습니다. 자유로운 시간이 주어져 그때가 참 즐거웠습니다. 그때 입시생이었으면 못 읽었을 책들을 제법 많이 읽을 수 있었던 것 같아요.

이근관 : 그 자유를 그 몇 년간 누리신 겁니까?

정인섭 : 고등학교 가면 대입 준비를 하게 되지만 1학년 때부터 시작은 안 하잖아요. (웃음) 아무래도 고등학교 1학년까지는 대학입시가 아직 멀게 느껴지니까 그래도 좀 자유롭게 놀았고… 길게 보면 한 2년 반 정도? 그 시기가 저로서는 머리를 아주 맑게 하는 시기가 되었던 것 같습니다. 그러니까 나중에 '국문학과를 갈까?' 하는 생각을 많이 했던 이유도 아마 그때 국문학 책을 많이 읽어서였던 것 같습니다. 한국 고전문학에 관한 책을 많이 봤습니다. 그것이 왜 그리 재미있었는지 모르겠는데, 하여간 그때는 한국 고전문학에 관한 책이 좋아가지고 대학에서 보는 학술서도 종종 찾아 읽었어요.

이근관 : 고전소설을 말씀하시는 것인가요?

정인섭 : 그것도 읽고요. 관련 이론서도 읽었습니다. 그래서 '그것을 전공하면 재미있지 않을까?' 생각하고, 국문과나 중문과에 갈까 하는 생각을 했었습니다.

이근관 : 그 말씀을 하시니까, 자연스럽게 떠오르는 질문이 있습니다. 얼마 전 『기억의 복각』이란 책도 내셨는데요. 조모님께서 조선 최고의 여자 연극배우셨고, 또 지난번에 부친 유고를 모아 시집도 내고 하셨는데, 자라나시면서 이 분들로부터 받은 영향이랄까 그런 것에 대해서 말씀해 주시면 좋겠습니다. 예를 들어서 고등학교 다니실 때까지 교수님께 지적·정서적으로 가장 큰 영향을 끼치신 분이 누구신지 한번 여쭈어 볼 수 있을까요?

정인섭 : 글쎄요. 초등학교 중반 이후에는 우선 집이 경제적으로 좀 힘들어 가지고 (웃음) 사실은 부모님한테서 그런 영향을 직접적으로 받을 만한 분위기는 아니었습니다. 다만 아버지께서 책은 많이 사셨던 것 같아요. 어렸을 때 집에 책이 굉장히 많아서, 친구들 집을 다녀보아도 우리만큼 책이 많은 집은 제가 보지 못했을 정도였지요. 그런 영향은 받았겠지요. 얼마 전 아버님 유고시집을 내면서 서문에도 적었지만, 아버지는 어린 제가 보기에 좀 불편하고 경제능력이 떨어지는 분처럼 생각되었습니다. 평소 집에서 말수도 없으셨고 늘 어려운 존재였지요. 마음 편히 이야기를 나눌 수 있는 그런 분은 아니셨어요. 그리고 어머니는 박완서 선생처럼 6·25 전쟁 직전 서울대에 입학했다가, 전쟁이 나는 바람에 제대로 다니시지도 못하고 피난가셨고, 부산 피난시절 먹고 살기 힘드니까 가족생계를 위해 학교는 포기하셨지요. 부모님 두 분이 6·25 전에 서울대에 다니셨으니까, 어떻게 보면 당시로서는 깨인 집안이었던 것인데… 부모님도 책은 많이 읽으셨어요. 그런 분위기의 영향을 받았으리라고 생각을 합니다. 다만 입시제도 속에서 학교 선생님이 지적인 영향을 주기는 어려웠습니다.

김원희 : 선생님께서 가족분들 말씀을 해주셔서 제가 평소에 궁금했던 것이 떠올라 질문드립니다. 선생님께서는 바쁘신 중에도 가족 여행이나 가족과 관련된 일정 계획을 우선적으로 지키셨던 것으로 기억합니다. 예전에 김도형 판사님 주례를 서주셨을 때에도, "회사는 여러분들 해고해도 가정은 여러분을 해고하지 않는다. 가정에 잘하라."고 하셨던 말씀이 기억에 남습니다. 가족이나 가정생활을 중시하게 된 계기 같은 것이 있으신지 여쭙고 싶습니다.

정인섭 : 글쎄요. 제가 방송통신대학에 10년 있다가 서울대로 오니 제일 큰 차이가 개인 시간이 줄었다는 점입니다. (웃음) 서울대로 오니 정신적으로도 뭔가 항상 쫓기는 기분이 들었습니다. 제 처도 직업이 있어 매일 아침 정해진 시간에 출근해서 토요일까지 근무를 해야 하니까 가족들과 함께 할 시간 내기가 어려웠습니다. 그래서 제 나이 오십 정도 되던 해 갑자기 '언제까지 이렇게 계속 살아야 되나? 생활이 갑갑하다.'라는 생각이 들었습니다. 그래서 처에게 "우리 이렇게 살지 말고 당신 사표내고 한 달 정도 스페인 여행가면 안되겠냐?"고 물었어요. (웃음) '생활이 너무 답답하다.' 그랬더니 처가 바로 그러자고 하더군요. 자기가 사표를 내겠다고. 처가 다니던 직장에 그만두겠다고 하니 왜냐고 이유를 묻더래요. 한 달 정도 여행을 가야겠다고 하니, 직장에서 "그러지 말고 휴가를 줄테니 조금 줄여서 다녀오면 안되냐?"라고 해서 보름을 여행 갔다 왔었지요. (웃음) 이후 좀 길게 시간을 낸 가족여행을 여러 번 다녀왔습니다. 그런데 여행이라는 것이 임박해서 가려고 하면 절대로 못 가겠더라고요. 늘 여러 일정이 생기니 급작스럽게는 시간을 내기 어려워요. 그래서 다음부터는 항상 거의 한 1년 전에 일정을 잡고 그냥 비행기표를 사놓고 숙소도 다 예약해 두었어요. 그러면 나중에 환불이 안되는 경우가 많으니 아무리 바쁜 일이 많아도 무조건 가야해요. 그렇게 하니 시간을 낼 수 있었습니다. 제가 가정적으로 충실했다고는 생각하지 않는데요. 교수생활 중반부까지는 매일 저녁 학교에 늦게까지 남았고, 주말에도 학교를 나온 적이 많았으니까 오히려 반대였던 것 같습니다. 개인적으로는 2000년에서 2001년 미국에 가족들과 함께 연구년을 보낸 경험이 가정생활에 도움이 많이 되었어요. 특히 아이들과도 그때 많이 친해졌지요. 한국에서는 늘 쫓기며 살다 비로소 여유 있는 가족생활을 할 수 있었습니다.

< 학부 및 대학원 시절 >

이재민 : 선생님, 학부 및 대학원 시절을 어떻게 보내셨는지 궁금하네요. 그러니까 동숭동에서 대학교 3학년 때 관악으로 오셨지요. 그러면 국제법에 관심을 가지시게 된 것은, 학교 캠퍼스를 관악으로 이사하고 난 다음이었나요?

정인섭 : 학부 졸업할 때까지는 국제법에 전혀 관심이 없었어요. (웃음) 일반 학생들하고 똑같이… 그 점에 있어서는 평균적인 법대생이었습니다.

이재민 : 그럼 그 당시 대학원에 진학하셨을 때는 특별한 계기가 있으셨던 건가요?

정인섭 : 학부 시절 국제법과의 인연은 개론 강의 들은 것 정도밖에 없었습니다. 수업에서도 국제법에 대해 특별한 인상은 받지 못했습니다. 첫 2년을 그럭저럭 지내다가 3학년이 되었지요. 이제 대학생활의 절반 이상이 지난 거지요. 3학년이 되니까 졸업은 2년도 남지 않았고, 그러니까 좀 불안해지더라고요. 당시 법대생들은 3학년이 되자 대부분은 사법시험 공부를 했습니다. 저 역시 뚜렷하게 목표로 삼은 다른 일도 없어서 남들 따라 사시공부를 시작했습니다. 그래서 3학년과 4학년 시절 2년 정도는 시험공부를 했습니다. 4학년 졸업할 무렵 사시 2차를 봤는데 떨어졌어요. (웃음)

떨어진 후 앞으로 무엇을 할까를 본격적으로 생각했습니다. '사시를 계속 볼까?' 그런데 사실 그때도 사시 준비를 하기는 했지만, 임관을 하겠다는 생각은 없었습니다. 붙었으면 아마 생각이 달라졌을지도 모르지만. 더 하고 싶었던 직업은 교수였던 것 같아요. 어려서부터 무엇을 전공하겠다는 생각은 안했지만 그냥 교수란 직업이 좋겠다는 생각은 종종 했습니다. 그런데 시험을 한번 떨어지고 나니까, 내년에 붙는다는 보장도 없고, 붙더라도 연수원 2년을 다녀야 한다는 점이 갑갑하게 느껴졌습니다. 법조 실무직으로 가지도 않을 텐데, 내 진로에 연수원 2년은 마이너스가 되는 것 같다는 느낌이 들었습니다. 그래서 고민하다가 '내가 가려는 방향과 다르고 오히려 인생을 지연시키는 사시를 보지 말고 대학원에 진학해 공부를 하자.' 이렇게 마음을 먹었습니다.

그다음에는 이제 무엇을 전공하느냐 하는 문제가 앞에 있었지요. 당시에는 제가 특별히 관심을 가졌던 분야나 하고 싶었던 분야를 솔직히 못 찾고 있었습니다. 물론 그때 다른 전공으로 바꿀까도 생각해 봤는데, 제일 문제는 다른 분야로 가려 해도 준비가 되어 있지 않으니 그 분야 대학원에 붙을 수가 없을 것 같더라고요. 그래서 아는 것이 법학이니까 법대 대학원을 갈 수밖에 없다고 생각을 했습니다. 그럼 법학에서는 무엇을 전공할 것인가를 정해야 했는데, 사시를 안 보고 대학원에서 공부한다고 생각하니까 사시과목인 7법이 다 싫더라고요. 그 법을 빼고 다른 전공을 해야 되겠다는 생각을 했어요. 그래서 전공으로 생각해 볼 수 있었던 것이 법철학, 노동법, 국제법, 법제사 그 정도였습니다. 법제사의 경우 이를 하려면 한문을 알아야 되겠는데, 한문을 잘 몰라 자신이 없었어요. 노동법의 경우 그때는 전국에 노동법 교수가 몇 명 되지도 않을 때였습니다. 그러니 취업이 힘들 것 같았지요. 그리고 법철학은 '철학'자가 붙으면 먹고 살기 힘들다는 것은 어려서부터 알고 있었고요. (웃음) 그럼 '이것저것 다 제외하고 국내법을 넘어서 국제법을 한 번 해볼까?' 하는 생각이 들었어요. 그랬더니 갑자기 멋있을 것 같더라고요. 고시과목인 7법이 싫다고 한 이유는 말하자면 해석법학의 굴레에서 좀 벗어나고 싶었던 심정이었거든요. 국제법은 그런 틀에서 좀 벗어난 느낌이 있어서 이것을 하면 '좀 재미있지 않을까?' 해서 선택했는데, 솔직히 당시는 국제법이 무엇인지 잘 모르고 시작했어요. (모두 웃음)

구연창이라는 경희대 교수분이 있었습니다. 그분이 저 학부 시절 법대 조교를 하셨어요. 그분께서 환경법 강의를 특강이라는 제목으로 우리나라에서 처음으로 열었습니다. 그 강의를 들어 안면이 있었는데 하루는 서울대학교 법학연구소 세미나에 오셨습니다. 대학원생으로서 세미나장 입구에서 심부름을 하고 있는 저를 그분이 발견하고 "너 요새 뭐하니?" 하고 물으셔서 "제가 국제법 전공으로 대학원 다니고 있습니다."라고 답하니 심각한 표정을 지으며 물으셨습니다. "너 국제법만 해서는 취직 못한다. 이미 하기로 했냐?" (모두 웃음) "국제법 하겠다고 교수님들한테 다 이야기를 했습니다." 했더니, 그럼 "국제법 논문 쓸 때 주제를 헌법과 관련된 것으로 해라. 그래서 나중에 헌법 교수로 취직해라. 안 그러면 너 국제법만으로는 취직 어렵다." 그렇게 이야기 해주실 정도로 당시는 국제법 교수 취직이 어려웠습니다. 이런 사실을 미리 알았다면 겁이 나서 국제법 못했을지 모릅니다. 그런데 이미 시작했는데 어떻게 해요. 어린 시절부터 무슨 지식이나 신념이 있어서 국제법을 선택했다고 하면 멋있을 텐데, 저는 그런 것이 전혀 없이 어찌 보면 우연하게 국제법을 택하게 되어서… 국제법을 하시는 다른 분들에게 말씀드리기도 미안합니다. (웃음)

그렇게 대학원에 진학해서 전업학생으로 있었습니다. 대학원 생활 첫 1년은 공부하면서도 다른 한편으로 불안하게 보냈던 것 같습니다. 공부를 하다가도 '집안도 어려운데 이렇게 있어도 되는가? 대학원에서 계속 공부하면 장차 먹고 살 수는 있을까?' 하는 걱정을 자주 했었습니다. 그래도 계속 국제법 공부를 하다 보니까 재미가 생기고, 후퇴하기에는 돌아갈 길이 멀어져 버렸습니다. 다시 고시공부하기 어렵게 되었지요. 사실 그런 갈등을 1년 정도 갖고 있었습니다. '대학원을 다녀 언제 나에게 밥벌이의 기회가 생길까? 사시를 공부하는 게 지름길 아닐까?' 등등 처음에는 내 자신의 장래가 불안했습니다.

<미국 유학 시절>

이근관 : 그렇게 해서 이제 법학 석사를 국제법 전공으로 서울대에서 마치시고, 그 다음에 미국에 1년간 유학을 떠나신 것이지요? 그때 국제법을 전공하셨으니까, 유학을 간다는 것을 생각하셨을 것 같긴 한데요. 미국 유학을 결심하게 되셨던 구체적인 계기가 있으신지요.

정인섭 : 장차 교수가 되겠다고 하니까 유학 생각은 당연한 코스였습니다. 법학의 경우 그 당시는 독일로 유학을 많이 가던 시기이기 때문에, 저도 일단은 독일을 생각했습니다. 왜냐하면 독일에서는 학비가 없기 때문에 생활비만 거기서 벌면 되니까 독일 유학을 생각한 것이지요. 미국은 학비가 워낙 비싸므로 고학으로 그걸 다 해결하기 어렵다고 생각해 갈 엄두를 못냈습니다. 그래서 독일 유학 갔다 온 분들을 찾아다니며 무슨 일을 하면 살 수 있느냐를 상담하기도 했습니다. 독일로 가는 방안이 제일 현실적이라고 생각을 했었는데… 석사 2년차에 우연히 풀브라이트에 지원을 했다가, 요행히 선발되어 미국으로 가게 되었습니다. 사실 내가 왜 뽑혔는지는 모르겠어요. (웃음) 면접을 보러 가니까 6-7명 정도의 심사관들이 쭉 앉아서 영어로 막 물어보는데, 그때 제가 영어를 해야 얼마나 했겠어요? 요즘 학생들 하고 비교도 안 되는 수준이었을 겁니다. (웃음) 면접관들이 하는 소리를 사실 다 알아 듣지도 못했는데 하여간 선발이 되었습니다. 지금도 아마 마찬가지일 것인데 풀브라이트는 한 학위과정(one degree)만 지원을 합니다. 그런데 다른 전공은 대부분 석·박사 통합과정으로 가니 바로 박사과정 5년까지 지원해 줍니다. 반면 우리는 LL.M.으로 우선 입학해야 하니까 그걸 마치면 바로 one degree가 끝납니다. 지원이 끝나는 것이지요. 그 해 아마 20명 정도 지원을 받아갔는데, 석사로 들어가야 하는 케이스가 디자인 전공자와 저 딱 두 사람 있다고 하더라고요. 저는 LL.M.이 1년이니 1년 있다 바로 돌아왔습니다. 자비를 마련해 좀 더 공부한다는 일은 당시 제 경제적 상황으로는 상상할 수 없었습니다. 대학원 석사과정 시절도 다행히 집에서 잠을 자고 밥은 먹어 숙식비는 별도로 들지 않았지만 나머지 생활비는 다 제가 해결을 했어야 했어요. 사실 부모님도 어떻게 말하면 많이 버티셨습니다. 제가 미국을 간다니까 부모님도 그때까지만 억지로 버티다가 출국 후 바로 집을 팔아 빚 갚는데 쓰셨으니까요. 그러니까 제가 지원을 요청할 만한 상황이 아니었지요.

<법학자의 길>

김도형 : 교수님께서 석사논문이나 박사논문의 주제를 정하시게 된 어떤 특별한 계기가 있으신지요? 학문의 방향 설정이셨을 것 같은데, 그때 어떤 계기나 생각 또는 비전 이런 것이 있으셨는지 궁금합니다.

정인섭 : 석사과정을 1년 정도 지나면 논문 주제를 정해야 되잖아요. 사실 1년 공부로는 아는 것도 별로 없고 주제 정하기가 쉽지 않았습니다. 그때 무엇을 쓸까 고민하다가 처음에는 망명정부를 주제로 생각해 보았습니다. 당시 PLO가 국제적으로 많은 관심의 초점이었고, 상해 임시정부도 떠올라 생각해 본 주제인데, 도서관에 가보니 도대체 자료가 없어요. 너무 막막했습니다. 그렇게 고민만 하고 있었는데, 마침 백충현 선생님이 네덜란드 라이덴 대학에 연구년으로 1년을 가 계시다가 겨울방학 무렵 귀국하셨어요. 그때 백선생님께 대학원에서 국제법 전공한다고 말씀드리니까 무척 반가워 하셨지요. 귀국 후 바로 1981년 2월경부터 백 선생님께서 연희동 자택에서 연구회를 시작하셨습니다. 저보고 나와 보라 하셨지요. 처음 모이던 사람은 저 빼고는 다 외교부 직원이었습니다. 보통 대여섯 명 정도 모였던 것 같아요. 3월 중순으로 기억하는데 서현섭 선생이라고 그때 막 일본 공관 근무를 마치고 귀국하신 분이 참석하셨습니다. 서 선생은 서울대 출신이 아니라 정례적으로 오시던 분은 아니었는데, 하루는 연구회에 오셔서 재일교포 차별의 법적 구조를 설명하셨습니다. 재일교포 차별이라는 소리는 당시 귀 따갑게 듣던 소리인데, 정작 그 법적 구조는 잘 알려져 있지 않았습니다. 그분 발표는 간단했지만 굉장히 신선하면서도 충격적이었어요. 왜냐하면 재일교포 차별과 관련 우리는 일본을 감정적으로만 비판했지, 그것이 어떤 법적 구조 속에서 발생하는지에 대해서는 설명하는 사람이 없었거든요. 그런데 서 선생이 제도적 측면에서 설명하니 신선했고, 이렇게 익숙한 주제에 대해 우리가 이렇게 무지했나를 생각하니 충격적이었습니다. 그분은 일본 근무 중 명치(明治)대학 법대 대학원에서 공부하셨습니다. 당시 명치대학에 미야자끼(宮崎繁樹) 교수를 찾아가 국제법을 공부하고 싶다고 청하니, 미야자끼 교수는 처음 KCIA가 염탐차 왔다고 생각했답니다. 그분이 김대중씨 구명운동에 참여하고, 인권을 공부하셨으니까요. 서 선생은 그런 목적은 전혀 없었고, 나중에 순수한 마음으로 공부하는 것을 보고 오해가 풀렸다고 하더군요. 하여간 연구회 모임에서 서 선생이 "나는 실무자로서 계속 공

부하기가 어려우니까 학계에서 누가 재일교포 법적지위문제를 공부했으면 좋겠다.”고 하셨습니다. 거기 있었던 선배들이 저보고 “야! 너 해봐라. 너 석사논문 써야 하잖아.” (웃음) 그렇게 그 주제로 석사논문을 쓰게 되었습니다.

재일교포 법적지위 문제를 다루다 보니까 국제법상 개인의 지위, 인권, 그리고 한일관계, 과거사 문제 이런 주제들을 같이 공부하지 않을 수 없었습니다. 요새는 재일교포 문제가 매스컴에 잘 안 나오는데, 1980년대는 정말 대형 이슈들이 많았습니다. 기억하시는 분들도 있겠지만, ‘지문날인 거부운동’이니, ‘외국인등록증 상시휴대의무 철폐 운동’ 그런 것이 있었지요. 70년대 후반부터 재일교포 사회에서 이른바 권익옹호운동이 벌어지기 시작해 생활 속에 있는 여러 가지 차별적 요소에 대한 개선운동이 전개되었고, 그럴 때마다 일본 사회와 충돌이 있었습니다. 그 운동은 사실 궁극적으로는 법개정 운동이었던 것이지요. 국내 신문에도 이런 움직임이 자주 보도가 되었고, 방송에서도 취급을 많이 했습니다. 이 분야 공부를 시작하다보니 재일교포 생활의 모든 면에서 수시로 새로운 주제가 튀어나오는 것입니다. 요즘 같으면 상상할 수도 없겠지만, 골프장 회원 가입하는데 일본 호적초본을 내라고 한다든가, 월세 방을 빌릴 때 호적초본을 내라는 일도 많았습니다. 외국인이 안 된다는 말은 없었지만 재일교포는 일본 호적초본이 없으니까 사실상 봉쇄된 셈이지요. 그런 일들이 계속해서 사회문제화 되다 보니까, 하나 하나 꼬리를 물고 등장해 제가 근 10여 년간은 계속해서 재일교포 문제를 다루게 된 것 같습니다.

도경옥 : 또 많은 분들이 궁금해 하실 것 같은 것이, 선생님께서 워낙 글을 논리적이고 가독성 있게 작성하셔서, 저희가 공부할 때 선생님의 글을 계속 보면서 그것을 모델로 삼아 글을 쓰곤 했었는데요. 글을 쓰시는 구체적인 작업 프로세스가 궁금합니다. 예를 들면 서론부터 쓰고 바로 순서대로 이어가시는 분도 있고요. 아니면 본론 쓰고 나서 서론 쓰고 결론 쓰는 분도 있고요. 그리고 논문 작성을 위해 참고한 다수의 자료들을 어떻게 정리하시는지도 궁금합니다. 영업비밀이시겠지만, 이제 좀 푸셔도 되지 않으실까 싶은데요. 그리고 가독성을 높이기 위해서 어떤 노력을 기울이시는지 궁금합니다.

정인섭 : 그것은 PC가 나온 이전하고 이후가 다른 것 같습니다. 왜냐하면 PC 나오기 전에는 글을 원고지에 써야 했으니 전체에 대한 구상을 마치고 초고를 만든 다음 처음부터 끝까지 한 번에 정서해야 했습니다. 도중에 내용을 바꾸

거나 끼워 넣기가 어려웠지요. PC가 일반적으로 보급된 90년대 이후에는 아무 부분이나 먼저 써도 나중에 조합하는 것이 가능해졌지요. 요즘 운전할 때는 어디로 갈지 길을 몰라도 내비게이션이 시키는 대로만 따라가면 되는데, 내비게이션이 없었을 때에는 일단 지도를 보고 그것을 머리에 넣어 암기하고 나서 그 기억에 따라 길을 가야 하잖아요. 달리면서는 지도를 볼 수 없으니까요. 처음에 지도 파악을 완벽히 해야 되지요. 원고지를 사용할 때는 글을 그렇게 써야 했습니다. 그런데 PC 시대인 지금은 그렇지 않지요. 순서 없이 원고를 써도 나중에 조합만 잘 하면 되니까. 자료정리에 대해 특별한 비법은 없는 듯합니다.

글쓰기와 관련해 한 가지 경험이 있습니다. 제가 20대 때 벌이를 좀 하려고 영어 번역을 해서 보고서를 작성하는 일의 초벌작업을 좀 했었습니다. 영어 원문의 주요 요지를 정리하는 일이었어요. 일을 시킨 사람은 원문은 잘 안보고 저의 정리를 바탕으로 다시 정리작업을 했습니다. 저는 번역을 잘 해 내용을 정리해 보내주었다고 생각하는데, 그 사람이 제 글을 보고 맨날 이게 무슨 소리냐고 물어보는 거예요. 못 알아먹겠다고 자꾸 물어봐요. 그런 소리를 들으면 사실 속으로는 좀 짜증나기도 합니다. 그런데 그 경험이 글 쓰는데 많이 도움이 되었습니다. '내 생각대로 표현했다 해도 남들에게는 그 내용이 그대로 전달이 되는 것이 아니구나! 글이란 독자가 읽어서 바로 알게끔 해주어야 하는구나!' 하는 당연한 사실을 알게 되었어요. 그때 종종 '이렇게 글을 쓰면 내 생각과 달리 상대방이 잘 이해를 못하는구나.' 하는 사실을 경험했습니다. 그리고 가끔 글 잘 쓰는 법을 알려주는 책을 사서 보는 것도 사실 도움이 되지요. 일반적인 글쓰기에 관한 것이지만, 학문적 글쓰기에도 도움이 되는 내용도 많이 있습니다. 글쓰기는 자기 생각을 전달하려는 행위니까 필자는 '독자가 이것을 이해할까?'라는 생각을 늘 갖고 있어야 합니다. 어찌 보면 당연한 이야기인데 우리가 글을 쓰면서 쉽게 간과하는 사항입니다.

신윤진 : 선생님께서 스스로를 내세우지 않는 성품이셔서, 많은 부분들이 우연적으로 결정된 것처럼 말씀하셨지만 당시의 현실적인 제한이나 어려움, 고민들이 있으셨을 텐데요. 동년배 법학도들이 많이 가지 않았던 국제법 연구자로서의 길을 걸으시기로 결심하셨던 계기가 꼭 우연만은 아니었을 것 같습니다. 선생님께서 국제법에 어떠한 가능성과 매력을 느끼시고 연구자로서의 길을 걷기로 하셨는지 좀 더 자세히 듣고 싶습니다. 그리고 재일교포의 인권과 차별

관련 문제에 대해서도 이러한 주제들을 처음 접하셨을 때 그냥 지나치지 않으시고 더 깊게 들여다봐야겠다고 결심하시게 된 바탕이 된 철학이나 문제의식이 있으셨을 것 같습니다. 법과 국제법, 인권과 정의의 관계나, 나아갈 방향에 대해 어떠한 시각을 바탕으로 이러한 주제들을 더 깊게 연구하게 되셨는지 궁금합니다. 선생님께서는 우리나라 국제법 분야, 특히 국제인권법 분야를 선도적으로 개척해 오셨는데요. 그 분야에 대하여 연구를 해오시면서 가지셨던, 철학적인 바탕과 이러한 연구주제들이 선생님께서 추구해오신 가치들과 어떠한 연결성이 있는지 여쭙고 싶습니다.

정인섭 : 아, 미안한데… 정말 그리 깊은 생각이 없었습니다. (모두 웃음) 저 자신도 뭐가 좀 있었으면 더 멋있을 것 같은데… (웃음) 제가 공부했던 주제에 관해 이야기를 드리지요. 재일교포 이야기를 먼저 하면, 처음에 한 10여 년간은 그 분야에 관한 글을 제일 많이 썼습니다. 서울대로 옮긴 다음 바로 다음 해인 1996년 『재일교포의 법적지위』라는 책을 출판했는데, 사실 그 내용의 거의 대부분은 방송통신대에 있을 때 썼습니다. 그리고 실은 재일교포를 주제로 한 권을 더 내려고 계획했었습니다. 속편에 해당하는 원고 일부는 집필했었는데 중간에 그만두었습니다. 계속하지 않았던 이유 중의 하나는 재일교포 문제가 1991년에 한일 양국 합의로 인해서 그 법적지위의 기본틀이 정해졌다는 점입니다. 재일교포 법적지위 문제의 중요쟁점이 일단락되니까 대형 이슈가 사라져 버렸습니다. 매스컴에서 등장하는 뉴스도 적어지고, 그 사이에 일본 사회도 훨씬 개방화·국제화 되기도 했고요. 그래서 재일교포 법적지위 문제가 일반인의 관심사에서 사라지기 시작했습니다. 결국은 이제 남은 것은 과거사 문제였습니다. 정신대 피해자 문제 등이 1980년대 말부터 본격적으로 제기되기 시작했습니다. 제가 속편을 쓴다면 과거사 문제가 제일 중요하고 큰 파트를 차지해야 했습니다. 그런데 제가 잘했는지 잘못했는지 전에 방송통신대학에서 썼던 청구권 협정에 관한 글의 방향이 시민사회운동에서의 생각과 차이가 있었습니다. 정대협 같은 운동은 사실 우리 시민사회 운동사상 기념비적 성과라고 생각하는데요. 그 쪽에서 보는 최종적인 법적 입장이 저와는 달랐습니다. 초기에는 한일 과거사 문제에 대한 법적인 검토를 한 사람이 워낙 없었으니까 저를 불러다가 조언을 구했습니다. 그런데 제 생각을 말하면 나중에 그 분들이 화를 내시는 거예요. (웃음) 속편을 쓴다면 제일 중요한 부분이 결국은 과거사 문제, 청구권 협정 해석에 관한 내용이 될 터인데, 그 부분에 관해서 쓰기가

어렵다는 생각이 들었어요. 사회적 압력 때문이 아니라 저 개인의 심리적으로 요. 그래서 어느 순간 이에 관한 공부를 그만하겠다고 생각했습니다.

그 다음에 인권은 아까 이야기한 대로 재일교포 법적지위 문제를 하려고 하니까, 이 주제에 대해 접근할 수 있는 방법의 하나가 국제인권법이었기 때문에 같이 관심을 갖게 되었습니다.

국제법 교수생활을 몇십 년 해왔지만 저는 국제법에 대한 어떤 시각이나 나름의 무슨 관(觀)이 있지도 않고, 특별한 철학도 없습니다. 저도 그런 입장을 정립하지 못하고 지내왔다는 사실이 솔직히 창피하기도 합니다. (웃음) 사실 제가 국제법을 전공하기로 마음먹었을 때 당시 우리나라의 여건이나 학계의 전반적인 수준은 그리 신통치 않았습니다. 그래서 사실 공부하던 초기에는 제가 후일 한국 국제법학계 신세대의 선두주자가 되겠다는 꿈을 갖고 있었습니다. 그런데 몇십 년 지나고 보니까 제가 신세대의 선두주자가 아니라 결국 구세대의 막내가 되어 있다는 그런 생각이 들어요. (모두 웃음) 어떻게 말하면 부끄러운 부분이기도 합니다. 결국 제가 교수로서 한 역할은 수도꼭지 같았다고 생각됩니다. 다른 사람이 만들어 놓은 물을 그냥 전달하는 중간 역할이지요. 서양의 학계가 취수지고 정수장이었다면 그들이 보내 주는 물을 수도꼭지를 통해 그냥 보내주는 역할이나 했지요. 이 물이 좋은지 나쁜지도 판별하지 못하고, 보내 주는 물이 끊기면 같이 말라버리고, 스스로 물을 만들어 낼 능력은 없는 모습이 저와 비슷한 듯 합니다.

이근관 : 아까 신 교수님의 질문과 관련해서 제가 이어서 질문 드리겠습니다. 국제법 연구자로서 현재 한국 국제법학회에 대한 교수님의 기여 부분을 겸손하게 말씀하셨는데요. 말씀하시면서 국제법적인 관이랄까 이론 같은 것을 제시 못했다고 하시는데, 제가 보기에 그것은 교수님의 개인적인 선택이나 학문적인 취향의 문제가 아닌 것 같습니다. 그런 것이 가능하기 위해서는 한국학계의 나름의 성숙도라든지 인프라 같은 것이 필요했는데, 그것들이 부족했던 부분도 있었던 것 같습니다. 제가 이런 말씀을 드린 이유는, 교수님께서 그동안의 연구자 생활을 통해서 많은 기여를 하셨지만, 그중에도 중요한 부분이 바로 그 부분이라는 생각 때문입니다. 제가 여기 책도 가져왔습니다만, 『한국법원에서의 국제법 판례』, 『국제법 판례 100선』이란 책도 내셨고요. 특히 30년 가까운 기간 동안, 한국법원에서의 국제법 관련 판결, 또 논문 중에서도 조약과 관련한 한국의 실행 등을 아카이브 리서치(archive research)까지 하시면서 해 오

셨던 것이 기억납니다. 저는 교수님의 국제법 연구에 대한 기여가, 여러 분야에 걸쳐 많이 있지만, 특히 그 부분을 주목하고, 높이 평가하고 있습니다. 한국에서 국제법 하는 사람들이 한국적 시각에서의 국제법 연구에 대하여 이야기는 많이 합니다만, 사실 이것을 구체적 수준에서 가시적 성과를 낸 분들은 그렇게 많다고 보기 어렵습니다. 그렇기 때문에 교수님의 업적이 더욱 의미가 있고, 앞으로도 우리 국제법학계의 큰 자산으로 남을 것이라고 믿습니다. 한국 법원에서의 국제법 판례를 중심으로 해서, 한국의 실행을 체계적으로 장기간 연구하시게 되신 계기라든지, 그 과정에서 느낀 소감 등을 말씀해주시면 감사하겠습니다.

정인섭 : 네, 계기라고 하면 출발점은 대학원에서 공부할 때인 것 같습니다. 당시는 이한기 선생님의 『국제법 강의』를 가지고 국제법 공부를 시작했습니다. 그런데 이 책을 보면 단 한 건의 국내 판례도 소개되어 있지 않아요. 그리고 당시 또 많이 보던 책이 성균관대 김정균 선생님 교과서인데, 제가 다 넘겨봐도 그 책 역시 단 한 건의 국내 판례의 소개가 없었습니다. 국제법 공부한다고 하면 다들 그러잖아요. "국제법도 법이냐?" 이런 이야기를 농담처럼 친구들이 했습니다만, 사실 저 역시 때로 공허한 느낌이 들기도 했습니다. '국제법 책은 왜 읽으면 공허할까?' 한 가지 이유는 그 속에는 온통 남의 이야기들 뿐이기 때문이라고 생각했습니다. 국내 실행에 관한 설명이 너무 없기 때문입니다. 국제법을 공부하면서 외국에서의 사례를 공부하는 것은 물론 대단히 중요하지만, 그것에서만 그친다면 학생들로서는 국제법이 남의 이야기처럼 느껴질 수 있어요. 대학원에서 공부하던 초기부터 정말 우리와 관련한 국제법 실행들이 그렇게 없는 것인가라는 의문을 가졌습니다.

우리의 여러 가지 굴곡된 역사 속에서 잘했든 못했든 국제법에 관한 경험이 없지 않으리라 생각했지요. 그런 우리의 실행이 국제법 책 속에 들어가 있어야지 학생들이 공부하며 국제법이 우리에게 어떤 의미가 있구나 하는 사실을 실감하게 되리라고 생각했습니다. 그래서 대학원 다닐 때부터 나중에 내가 교수가 되면 써먹겠다는 생각으로 그때부터 신문을 보다가도 관련 자료가 될 수 있겠다 싶은 것은 오려서 모아놓기 시작을 했습니다. 국내 법원에서의 관련 판례 역시 나중에 교수가 되면 정리를 한번 해보겠다는 생각도 했고요. 그런 작업이 있어야 국제법이 학생들에게 공허한 느낌을 주지 않으리라 생각했습니다. 국내 판례 정리는 마침 『서울국제법연구』를 발간하게 되면서 이 책을 어떻게 채울까를 구상하는 과정에서 시작하게 되었습니다.

조약의 국회동의 DB도 비슷한 생각에서 시작했습니다. 헌법상 조약의 국회동의 조항을 설명하면서 다들 외국의 이론과 예를 기준으로 설명을 해요. 우리 역시 반세기 이상의 실행을 갖고 있는데, 그것은 아무도 조사하지 않고 있습니다. 그러니 학생들이 보면 공허하게 느껴지겠지요. 이를 검토하기 위해 우선 외교부 보관 자료를 보았는데, 내용이 정확하지 않아요. 국회에도 정리된 자료가 없고요. 우리의 선례가 제대로 정리되어 있지 않았습니다. 그래서 다른 누가 이런 일을 하기 기다리지 말고 나라도 정확한 자료를 만들어 보자고 생각했습니다. 그 과정에서 광복 이후 조약 공포 관보를 다 찾아 복사했습니다. 직접 보지 않고는 정확한 자료를 만들 수 없겠더라고요. 그 전체를 보고 나야만 '아 이래서 이렇게 되었구나' 하는 점을 느낄 수 있는 부분이 꽤 있습니다. 요새는 과거 관보를 다 전자관보로 보겠지만, 제가 만약 전자관보를 통해 자료를 수집했다면 도저히 알 수 없는 사실이 종이관보를 직접 보았기 때문에 발견된 내용이 있습니다. 전산화의 시대에도 원전을 보는 것의 장점이지요. 학생들의 도움을 받으며 관보 전체를 다 찾아 해당면을 복사하는데 몇 년이 걸렸던 것 같습니다.

그렇게 한국의 실행에 대해 이런저런 일을 해보려고 시도한 이유는 제가 국제법 공부를 처음 했을 때 가졌던 그 공허함을 조금이나마 채워주는 방법이 바로 그것 아니겠는가 하는 생각 때문이었던 것 같습니다.

김원희 : 그 말씀을 들으니 저도 말씀드리고 싶은 것이 떠오릅니다. 교수님을 생각하면 떠오르는 단어들이, '전수조사', '실사구시'같은 단어들입니다. 실제로 교수님께서는 상당히 실용적인 부분에 집중을 많이 하셨던 것 같거든요. 이근관 교수님도 언급하셨지만, Martti Koskenniemi나 David Kennedy와 같이 세계적인 학자들이 국제법을 철학적으로 접근할 수 있었던 것은 그들이 속한 사회가 가지고 있는 학문적 토양 또는 배경의 영향이 컸던 것 같습니다. 그분들은 그러한 영향하에 있었기 때문에 자기들이 찾고 싶은 답을 제시할 수 있었다고 생각합니다. 선생님께서 연구하셨던 주제를 보면, 재일교포의 법적지위, 유엔과 한국 문제, 평화선의 재해석 등 한국과 관련된 국제법 문제가 대부분이었습니다. 우리나라 국제법 학자들이나 연구자들이 다 알고 있다고 생각하지만, 실제로 파고들어 보면 제대로 아는 것이 별로 없는 주제들이 굉장히 많았습니다. 이와 관련하여 선생님께 '한국적 국제법학이란 과연 무엇인

가?'라는 질문을 드리고 싶습니다. 저희가 선생님 제자로서 배운 것이 있다면, 한국에 있어 꼭 필요하고 당면한 국제법적 과제들을 서구학자들의 유로 센트릭(Eurocentric)한 견해를 뛰어넘어 한국적인 시각에서 우리 목소리를 대변하는 연구를 해야 한다는 것입니다. 한국적 시각의 국제법학, 즉 한국적인 국제법철학 또는 국제법 방법론을 만들어간다면, 어떻게 해나가는 것이 좋을지 선생님의 고견을 듣고 싶습니다.

정인섭 : 허… 너무 어려운 질문인데요. (웃음) 글쎄요. 솔직히 어떻게 해야 할지 저도 잘 모르겠습니다. 제가 한 작업은 어떻게 말하면 미래에 대한 비전 제시와는 별로 관계가 없었던 것 같아요. 사실 과거를 정리해서 정확한 사실을 알아보겠다는 작업들이 많았습니다. 그러니까 비전을 제시하는 그런 능력까지는 미치지 못한 듯 합니다. 과거를 정리하는 작업을 자주 한 이유는 우리 사회 자체에 대해서 정리된 자료가 너무 없다보니 사람들이 그렇게 멀지 않은 과거의 일에 대해서도 잘 모르고 있고 심지어 오해를 하고 있는 경우도 많다는 점 때문이었습니다. 사실 그런 점에 관심이 생기려면 무슨 사실이 있었는지를 먼저 알아야 하는데, 과거가 제대로 정리되어 있지 않으니 그 시대를 살아보지 못한 사람들은 착안하기도 어려운 것이지요.

종종 '제한된 시간 속에서 내가 기여할 수 있는 바를 선택한다면 무엇을 할 것인가?'에 대해 생각을 많이 했습니다. 미래를 예측하고 대비하는 연구 역시 국제법 전공자에게는 중요한 일입니다. 누군가는 반드시 해야 할 일들입니다. 그러면 과거는 누가 정리하나 생각했을 때, 우리 자신의 지난 이야기들을 사람들이 너무 모르니까, (웃음) 나라도 정리해 봐야 되겠다 생각을 한 것입니다. 여러분도 아시다시피 특히 교수생활의 중반까지는 재일교포 문제를 많이 다루었는데, 사실 그러면서도 마음속에는 갈등이 좀 있었습니다. '재일교포 문제는 과거에서 연유된 것이고, 그 외 한일간 과거사 문제도 다 지난 시대의 유산인데, 나는 맨날 과거에 매달려 살아야 하는가?' 그런 고민을 했었습니다. 다른 연구자들이 많았다면 저도 적당히 출구를 찾았을지 모르겠습니다. 그래도 우리의 지난 이야기들은 도대체 내가 안하면 그냥 묻혀 버릴 것 같다.'는 생각이 들었습니다. 그러다보니 한국적인 국제법에 대해 무슨 비전을 제시하고 뭐 이런 것은 생각하지도 못했어요. (웃음) 그냥 우리의 과거를 잊혀지기 전에 정리를 해보려고 생각했을 뿐입니다. 한국적 국제법 철학까지는 생각하지 못했습니다.

이재민 : 선생님, 궁금한 부분이 있습니다. 혹시 젊은 시절 롤모델로 생각되던 그런 분이 있으셨는지요.

정인섭 : 20세기 초반의 오펜하임이란 분이 쓴 국제법 교과서는 100년이 지나서도 계속해서 인용이 되잖아요? 그 이유는 말하자면 그분이 현대 국제법의 사고의 틀 같은 것을 제시했기 때문일 것입니다. 그분이 이론적으로 체계화시켜 놓은 내용이 워낙 많으니까, 아직까지도 오펜하임의 20세기 초반의 책을 인용하는 것 아닌가요? 그러니까 학자로서 제일 되고 싶은 사람은 그런 사람입니다. 저도 그런 식의 비전을 가진 학자가 되어서, 아까 이야기한 대로 신세대의 선두주자가 되고 싶었습니다. 다만 그런 생각은 오래전에 포기했어요. 그런 그릇이 못되는 것 같아서요. (웃음) 그리고 또 오래전 책이지만 Jessup의 교과서를 보아도 제2차 세계대전 이전에 쓰인 책에서도 몇 군데에서는 진짜 혜안이 드러나지요. 사실 그런 분들은 세계적으로 유명한 대가니까, 그런 수준의 학문적 성취를 이룬다고 하는 것은 제 능력으로 불가능하다는 사실을 이미 오래 전에 깨달았습니다.

그리고 국내에서는 이한기 선생님이 그렇지요. 제가 대학교 1학년 신입생 시절 어떤 4학년 선배가 법대 교수에 대해 설명을 하는데 다 잊어먹었지만 딱 하나 기억나는 사항이, "만인의 존경을 받는 이한기 선생님"이라는 이야기를 했어요. 사실 저는 학부 때 한 번도 이한기 선생님 수업을 들어본 적이 없었습니다. 우연히 얼굴을 한 번 본 적 밖에 없었어요. 여하간 학부생이 어떤 교수에 대해 존경한다는 이야기는 잘 안할 것 같은 데 그 선배는 그렇게 이야기를 하더라고요. 나중에 대학원 와서 이한기 선생님 수업을 딱 한 개 들어봤습니다. 그런데 솔직히 수업은 별 것 없었어요. (웃음) 이한기 선생님이 다른 분들과 다른 점은, 저도 어디에서 그런 힘이 나오는지 모르겠는데, 학회 같은 곳에 딱 들어오시면 선생님한테서는 빛이 나고 사람을 끄는 힘이 있어요. 그리고 그분이 『국제법 강의』라는 교과서를 1973년에 내셔서 초판을 실질적으로 두 번 개정 하셨는데, 그것이 한 50판 정도 인쇄되었습니다. 박영사에 문의를 해 보았는데 그동안 팔린 책을 다 합하면 한 6만권 이상이 되더군요. 그리고 1958년~60년에 내신 『국제법학』은 한 번도 개정을 안했는데 그게 80년대 초까지 그대로 중판되어 팔렸습니다. 어떻게 생각하면 학자로서는 그런 분 같이 되는 것이 꿈 아니겠어요? 저서를 내면 수십 년간 책이 팔리는 저자 말입니다. 그 내용이야 여러 가지 비판을 가할 수는 있겠지만, 여하간 한 시대를 풍미한 책을 출간했다는 사실은 학자로선 참 부러운 일이지요. 그런 분 같이 되고 싶은 생각은 듭니다. 혹시 저도 기회가 주어진다면 10년, 20년, 30년이 흘러도 읽히는, 그런 책을 한 번 내보는 것이 꿈입니다.

이근관 : 방금 이한기 선생님 말씀하시다가 이야기 나왔습니다만, 교수님께서는 『신국제법강의』라고 하는 교과서를 내셨습니다. 그런데 그것이 지금 한국 학계의 대표적인 교과서로서 자리를 잡고 있는데요. 이 교과서를 구상하시면서 특히 중점을 두셨던 부분이랄까 다른 교과서와 차별되는 부분들에 대해서 말씀해 주시면 좋겠습니다. 아마 그런 차별성에 교수님 나름대로의 학문적인 입장 같은 것이 들어가 있을 것 같습니다만.

정인섭 : 교과서를 낼지 여부에 대해 처음엔 상당히 오랫동안 고민을 했습니다. 교수생활의 초·중반까지는 교과서를 낸다는 생각은 없이 살았는데, 그다음부터는 심리적 압박을 좀 받았습니다.

서울법대가 법학교육에서 기여한 바로 무엇을 꼽을 수 있을까를 생각해보면 그 중 하나는 우리나라의 전형적이고, 대표적인 교과서를 공급해 온 것입니다. 아마 가장 대표적 사례는 곽윤직 선생님의 민법 시리즈라는 생각이 들고, 서돈각·정희철 교수의 상법도 1960년대에서 80년대까지 국내에서 전형적인 교과서였지요. 헌법은 김철수 선생님, 권영성 선생님이, 형법은 유기천 선생님이 당시 한국 학계에 대표적 교과서를 제시하셨지요. 책에 따라서는 일정 부분은 일본책의 번안일 수도 있었지만, 그래도 그런 교과서를 처음 만들어서 학계에 제시한 것은 의미가 크다고 생각합니다. 그래서 저는 다른 전공 후배 교수들한테 가끔 이런 이야기를 했습니다. "과거에 어느 분야에서 우리 선배 교수님의 대표적 교과서가 있었으면, 현재의 우리가 그 맥을 이을 교과서를 쓸 필요가 있다. 특히 기본법에서는 그런 교과서가 서울대에서 꼭 나와야 된다." 사실 경제적으로는 교과서를 내는 일이 대부분의 필자에게 큰 도움이 안됩니다. 특히 요즘은 옛날 사시시절과 달리 출판시장이 좁아져 대신 어디 연구기관에서 용역을 하는 편이 아마 더 나을 겁니다. 그런데 그렇다고 해서 교수들이 교과서 집필을 팽개치고, 학원 강사들에게 맡길 일은 아닌 것 같아요.

국제법의 경우 이한기 선생님 책이 1990년대까지는 어느 정도 약효가 있었다고 할까요? (웃음) 하지만 2000년대 들어와서는 너무 노후화 됐지요. 그다음 배재식 교수께서도 교과서 집필을 결심하고 박영사와 계약까지 맺었었는데,

결국 성사시키지 못했습니다. 배 교수께서 단독 주택 사실 때 겨울에 서재가 춥다고 하니까, 박영사 사장이 영국제 석유난로까지 사 주시며 빨리 쓰라고 하셨다는 일화를 직접 들은 바 있습니다. 다음 백충현 선생님도 사실은 교과서를 쓰실 생각은 있으셨는데, 결국은 성사 못하고 은퇴하셨습니다. 그다음 이상면 교수도 교과서를 집필할 것 같지 않았고요. 그래서 서울대 교수 중 교과서를 쓴다면 내가 해야 되지 않을까 하는 그런 심리적인 부담을 사실 가졌습니다. 저까지 포기하면 너무 공백이 길 것 같다는 생각도 들었습니다.

교과서를 구상할 때는 어떤 형태의 책을 만들까를 제일 먼저 고심하다가, 현재와 같은 스타일로 하게 된 것입니다. 전형적인 영국식 교과서와 Case & Material 방식의 미국식 교과서를 중간 정도로 혼합한 형태입니다. 영국식으로 집필한다면 결국 기존 교과서들과 비슷한 유형의 책 하나를 더하게 되지 않을까, 그러면 내가 책을 내는 의의가 과연 무엇일까를 걱정했습니다. 그래서 이를 피하기로 했습니다. 한편 법학 연구라는 것이 판례를 무시하고는 성립되기가 어려우니, 학생들이 좀 더 판례에 가까이 접근할 수 있도록 해주어야 하겠다는 생각을 했습니다. 그래서 기존 방식의 설명에다 판례 원문을 대폭 집어넣게 된 것입니다. 다만 영어 지문이 길어서 학생들 입장에서 부담스럽다는 이야기를 가끔 듣고 있습니다.

그 다음 가급적이면 한국의 판례나 사례를 많이 집어넣어 학생들이 현실감 있게 국제법을 볼 수 있도록 하자는 생각을 했습니다. 학술적으로는 좀 더 좋은 외국 사례보다 차라리 한국 사례를 넣었습니다. 그동안 교수생활을 하면서 사례 정리를 해온 작업이 많은 도움이 되었습니다.

이근관 : 교수님께서 그동안 아주 많은 수의 저작을 남기셨는데요. 그중에서도 가장 애착 내지는 자부심이 가는 업적을 하나만 꼽으라면 무엇일지요.

정인섭 : 재일교포의 법적지위입니다. 가장 오랜 시간이 투자된 결과물이니까요. 그 분야에 대한 공부는 석사 논문에서부터 출발을 했으니까 총 15년이 걸린 셈이네요. 이제 그런 식의 작업은 평생 더는 못하지요. (웃음) 교수 초년 시절 재일교포 법적지위문제에 집중할 수 있었던 것은 어떻게 생각하면 방송통신대에 있었기 때문에 가능했을 일 같습니다. 처음부터 서울대에 취직했으면 그런 작업은 못했을 겁니다. 방송통신대학에서는 강의 부담 자체가 적고, 여러 가지 생활 스케줄을 좀 유연하게 짤 수 있었거든요. 사실 재일교포의 법적지

위라는 주제는 국제법 전체의 입장에서는 매우 작은 주제인데, 서울대 교수라면 이를 그렇게 오랫동안 붙잡고 있을 수 없었을 것입니다. 서울대 교수에게는 아무래도 학생들의 요구와 다른 사회적인 요구들이 많아서 여러 다른 할 일이 크게 늘어나지요.

김원희 : 아까 선생님께서 더 이상 재일교포 문제나 과거사 문제를 안 하셨던 이유 중 하나가, 시민사회의 생각과 다른 법적인 결론을 가져서라고 말씀하셨는데요. 사실 국제법 공부를 하다보면 국익이라는 추상적인 문제를 다루게 되고, 국익에 대한 시민사회의 여론과 국제법 연구자로서 가지고 있는 자신의 생각이나 결론이 배치되는 경우도 있는 것 같습니다. 국익이라는 개념 자체가 상대적이기는 하지만, 연구자로서 내린 법적 결론이 시민사회나 다수 여론이 생각하는 국익과 배치될 수도 있으니까요. 제가 이해하기로는 선생님께서는 그런 문제에 대해 발표를 안 하시거나 연구대상으로 다루지 않으셔서, 어떻게 보면 소극적으로 침묵을 하신 것으로 이해할 수도 있을 것 같습니다. 이것은 국제법학 자체가 가지고 있는 특성 때문에, 어쩔 수 없이 국가적 사안에 관한 문제를 연구하다보니 피할 수 없는 문제일 수도 있을 것 같습니다. 제가 몸담고 있는 연구기관에서 연구를 하다보면, 사실 이미 결론은 정해져 있는 사안들이 많습니다. 저희는 주로 해수부와 관련하여 해양법 문제를 다루는데요. 예를 들면 중국의 불법어업은 엄한 처벌 대상이라는 답이 어느 정도 정해져 있고, 그것을 처벌할 수 있는 국제법적 근거를 찾아야 하는 경우가 있습니다. 어떻게 보면 국가의 변호인(lawyer)의 역할을 하는 것일 수 있습니다. 외람된 말씀이지만 선생님께서 재일교포 문제나 한일관계에 관한 국제법 문제를 계속 연구하시고 적극적으로 발언을 해주셨으면, 그간의 혼란스러운 부분들이 정리될 수 있지 않았을까 하는 생각이 듭니다. 선생님께서 그런 문제를 다루지 않으신 것이 오히려 우리 사회에서 국제법에 관한 정확한 정보 전달이나 지식 확산이 이루어지지 않은 것에 영향을 주지는 않았을까요?

정인섭 : 네, 일리 있는 지적입니다. 그런데 제가 한일 과거사 문제를 더 이상 취급하지 않은 이유가 단순히 결론에 대한 갈등 때문만은 아닙니다. 사실 제가 그 주제를 공부했을 때는 양국의 외교문서가 공개되지 않은 상태였습니다. 그런데 사실 저는 한국 측 외교문서는 상당 부분 봤습니다. (웃음) 정리된 자료는 대충 다 봤습니다. 그 후에 한국 측 외교문서가 본격적으로 개방되었고, 일본

문서 역시 상당한 양이 개방되었습니다. 따라서 이 주제를 연구하려면 이제는 우선 그 회의록을 다 읽어야 해요. 그것을 다 읽어야 학술적인 연구가 가능할 것입니다. 일본 서류 중에는 상당 부분 손으로 쓴 것도 있습니다. 그런 일본 문서를 다 읽기가 쉽지 않을 겁니다. 그래서 제가 이 주제를 다시 본격적으로 다루려면 새롭게 투자해야 할 시간이 엄청나게 많아집니다. 그렇다면 저에게 주어진 시간에 이 주제를 해야 하나 하는 문제에 부딪칩니다. 그래서 일본 외교문서가 공개되기 시작한 이후에는 더 힘들게 되었다고 느꼈습니다. 자료가 없을 때는 간접적인 정보만 가지고도 연구를 할 수 있었는데, 이제 세상에 공개된 자료도 보지 않고 글을 쓴다는 일이 가능하겠는가라는 의문이 드니까 더 못하겠더라고요. 요즘 국내 국제법 학자들이 공개된 우리 측 한일회담 회의록이라도 다 읽고 글을 쓰는지 의심스럽기도 합니다.

독도문제도 비슷합니다. 이 문제도 사실 답이 정해진 것이잖아요. 그런데 일본 사람들의 글을 보면, 그 사람들 나름의 논리는 있습니다. 그 사람들은 그렇게 생각할만하다는 생각도 들고, 우리 역시 여러 가지 약점이 있다는 생각도 듭니다. 그런데 독도에 관한 한 우리는 100% 옳고, 일본은 100% 틀리다고 그래야지, 우리는 60% 옳고, 일본은 40%만 옳다 하는 것은 사회적으로 용납이 안되지요. 한번은 어느 자리에서 일본 사람들의 대표적인 글을 요약해서 일본 사람은 이렇게 생각하고 일본 사람의 입장은 이렇다 하는 내용을 소개를 한 적이 있습니다. 그들 입장에서만 설명하면 그것 역시 나름 설득력이 있어요. 일본 입장의 단순 소개인데 너무 설득력 있게 들렸는지 청중들이 엄청 불쾌해 하더라고요. 나중에 어떤 사람이 질문을 하는데 "그래서 당신은 어느 입장이라는 것이냐?"라고 하더라고요. (웃음) 상대방 입장을 들으려고도 하지 않는 것이 한국 사회의 일반적 모습이니 국익과 관련된 주제의 연구는 참 힘듭니다. 한국사회가 아직 성숙되지 못한 증거라고 생각합니다.

질문하신 내용은 일리 있는 지적인데 사회적 이슈에 너무 뛰어 들면 제 공부 흐름이 깨지지 않을까 하는 걱정도 있었습니다. 연구 주제를 스스로 선택하지 못하고, 현실에서 튀어 나오는 쟁점을 자주 다루어야 하니까요. 아직 정답은 잘 모르겠습니다. 현실에 가급적 더 관여함이 현명한 교수생활이었는지. 그랬을 때 현재까지 제가 만든 결과를 똑 같이 이룰 수 있었을지 의문은 듭니다.

이근관 : 상당히 민감하고, 어려운 문제에 대해 김원희 박사가 질문을 한 셈인데요. '과연 대학에서 연구자가 국익 생각을 해야 하느냐 마느냐?' 하는 문제에 대

한 교과서적인 답변은, 활용은 나중에 어떻게 하더라도, 그야말로 진리가 무엇인지, 진실이 무엇인지에 대해서 나름대로 용기를 가지고 일단 결론을 내려야한다는 것이 아닐까 싶습니다. 그런데 한국 사회에서는 그것이 좀 쉽지가 않은 것 같습니다. 특히 국제관계, 특히 한일 간의 관계에서는 학자로서 주제를선정하는 것뿐만 아니라 연구를 하고서 발표를 하는 데에도 제약이 있는 것같습니다. 저도 요즘에 비슷한 경험을 하고 있습니다만, 글쎄 이것은 저의 개인적인 소회이고요. 관련해서 하나 질문을 드리고 싶습니다. 원로 교수님 중한 분인 박병호 선생님을 만나뵈면, 자주 하시는 말씀이 있습니다. "왜 요즘이런 국제법적 문제가 나왔는데, 서울대 국제법 교수들은 언론에 글을 안 쓰냐?" 교수의 사회적 책임, 특히 사회에 대한 소통 또는 발신의 의무와 관련한질책 섞인 말씀으로 받아들이고 있습니다. 어려운 문제입니다. 아마 교수님도그런 고민도 하시고 그런 이야기도 하셨을 것 같습니다. 사회와의 소통, 특히언론과의 관계에 대해서 어떤 생각을 해 오셨는지 말씀을 해주십시오.

정인섭 : (웃음) 네, 아마 서울대 재직하다 보면 비슷한 여러 가지 경험이 있을 것으로 생각하는데… 어려운 문제인 것 같습니다. 방송통신대 시절에는 제가 신문에 글을 몇 번 썼었어요. 교수 초년시절이었는데, 당시 재일교포의 인권 같은 문제들이 사회적으로 이슈가 많이 됐었습니다. 어디 물어볼 때가 없어서 그랬는지 방송통신대학 전임강사 시절부터 기자들로부터 연락이 많이 왔었습니다. 그래서 그때 몇 번 글을 기고했습니다. 그리고 서울대로 옮기고 나니 기자들과의 접촉이 더 많아졌습니다. 그런데 신문의 제한된 지면에 글을쓰려면 명쾌하게 써야 하잖아요. 'A는 B다.'라고 단정적으로요. 딱 이렇게 써야좋아하는데, 많은 경우에 글을 쓰다 보면 모르는 부분이나 개인적으로 자신없는 부분들이 좀 있어요. 그것을 어떻게 정확히 표현을 해야 될지 잘 모르겠더라고요. 그런 약간 애매한 결론은 신문에 어울리지 않는다고 생각했습니다.그래서 기자들에게 연락이 와도 구두로만 설명을 하고 글은 잘 안 쓰게 되었던 것 같아요. 기자들이 무엇인가 물어봤을 때, 대충 맞기는 해도 즉석에서100% 확신할 수 없는 경우가 대부분이었다는 점이 제일 어려운 문제였습니다.
또 하나의 경험은 교수 초년시절에 신문사에 글을 주니까 기자들이 표현을 약간씩 고치더라고요. '슬프다' 이렇게 썼으면 '원통해서 가슴이 찢어진다'라는식으로. (웃음) 약간 고쳐서 독자의 감정을 자극하는 식으로요. 결국 언론에서는 그런 점이 필요한 것이겠지요. 당장의 학문적 엄정성보다는 대중을 감정적

으로 자극할 수도 있는 결론만을 원하고 있구나.'하는 생각이 들었습니다. 그래서 신문사에 글을 줄 때는 조심해야겠다는 생각을 했습니다. 사실 나중에 가니까 점점 그런 글을 쓰는 것이 겁도 났고요. 그렇게 해서 신문에 글쓰기를 계속 거절했습니다. 그리고 일정 연령 이상이 되니까 이제 청탁이 안와요. (웃음) 그것도 사실이에요. 기자도 어느 정도 연배 차가 나게 되면 기존에 원고를 부탁하던 사람이 아닌 경우에는 새로 필진을 개발하지 않는 것 같아요. 아마 전화하는 기자들이 대개는 30대 초중반 정도 될테니까, 나이 차이가 한 20살 이상 나고 하면, 그런 부탁이 어려워지는 것이겠지요. 그래서 그런 부탁이 없으면 사실 마음은 편하지요. (웃음) 그리고 교수들은 어떤 현안에 대해서 신문 기자들보다 팩트(fact)가 부족한 경우가 많으니까, 팩트 부족에서 오는 그 리스크(risk)가 항상 있는 것 같습니다. 제가 써도 그런 한계를 넘을 수 있었을까 싶습니다.

신윤진 : 로스쿨 시대를 맞이하면서, 국내 실정법 중심의 교육과 당장 눈앞에 확실히 보이는 법실무 분야의 진로로 학생들의 관심이 집중되는 경향이 강화되고 있는 느낌이지만 이러한 환경 속에서도 국제법을 학문적으로 진지하게 연구하고자 하는 학생들도 있습니다. 앞으로의 연구자 세대들에게 연구하는 마음자세를 비롯하여 조언해 주고 싶으신 말씀 부탁드리겠습니다.

정인섭 : 법학전문대학원 시대가 되면서 국제법이 교육의 면에서는 전반적으로 좀 침체된 것 같습니다. 그래도 서울대는 상대적으로 상황이 좀 나은 편인 것 같기는 합니다. 다만, 국제법을 전공하는 사람들의 국내법에 대한 기초가 탄탄해진다는 점은 좋은 일이라고 생각합니다. 저보다 윗세대에서 국제법을 전공하신 분들은 국내법들을 잘 모르는 분이 적지 않았습니다. 저보다 윗세대에서는 주로 어떤 분들이 국제법을 했냐 하면, 대학교 다닐 때 법률이 재미가 없어서 뭔가 좀 다른 길을 찾던 분들이에요. 게다가 학교가 1년의 절반은 휴교를 했으니 수업도 안 하고 레포트를 하나 써내면 학점을 적당히 받았으니까요. 제 세대까지는 민법, 형법 별로 모르고 반백지 상태에서 졸업한 사람도 많았습니다. 그런 경우 국제법을 하면 국내법을 잘 몰라 그 부분에 대해서는 자신이 없는 거에요. 국제법 관련 국내 판례평석이 활발하지 않았던 이유의 하나도 거기에 있다고 봅니다. 전 그런 점이 과거 국내 국제법 학계의 큰 약점이었다고 생각합니다. 이제 완전히 법조 일원화가 됨으로써 자동적으로 변호사

자격을 가진 사람이 국제법 연구자가 된다는 점은 바람직하다고 생각합니다. 그렇다고 하더라도 현재 법전원 졸업생이 국제법 쪽으로 진로를 정하기는 상당히 어렵긴 합니다. 국제법적 지식에 대한 상업적 수요가 많지 않으니까요. 국제법 지식에 대한 수요는 주로 사회의 공적 섹터에서 나오니 정부 등에서 좀 더 후원을 해 주었으면 좋겠습니다. 그래도 서울대에서는 조금씩이라도 국제법 전공자가 계속되리라 생각합니다. 제가 서울대에서 교수생활 하면서 보니, 기본적으로 공부하기를 그냥 취미생활처럼 좋아하는 서울대생이 많은 것 같습니다. 그냥 공부가 재미있어서 하다 보니 법대에 들어온 학생들이 많아요. 개인적인 상담을 할 때 보면 장래 연구자가 되겠다는 희망을 가진 학생이 상당히 많더라고요. 학자가 된다는 일이 일반 법조인이 되기보다 시간이 좀 더 걸리고, 이후 경제적으로는 상대적으로 부족한 부분은 있겠지만, 공부를 좋아하는 사람이라면 교수의 길이 상당히 만족스러울 것입니다. 너무 당장의 현실적 가능성만 따지지 않고 꾸준히 연구자의 길을 가면 다 길이 생길 것입니다. 생의 후반을 위해 당장 자신에게 좀 더 투자한다고 생각하기 바랍니다. 꼭 하고 싶은 분은 두려워하지 말고 쭉 밀고 나가면 그 길은 반드시 열린다고 생각을 합니다.

<교육자의 길>

도경옥 : 연구 이야기는 많이 하신 것 같아서, 이제 교육 이야기를 조금 더 여쭈어 보고 싶습니다. 25년 정도 학교에서 교육을 하시면서, 학생들도 여러 가지 변화가 있을 것 같거든요. 그런 변화에 맞게 교수님께서 교수법 같은 것을 어떤 식으로든 바꾸어 가셨을 것 같습니다. 저희 제자들의 경험상 교수님께서는 굉장히 엄격하게 수업과 논문 지도를 해주셨습니다. 교육자로서 선생님께서 가지신 철학이라든지 그런 것들에 대해서 말씀해 주시면 좋을 것 같습니다.

정인섭 : 이것도 어려운 질문이네요. 무슨 교육철학이 있냐고 묻는데, 진짜 특별한 생각이 없어요. 뭐 하다 보니 그렇게 된 거지요. (웃음) 글쎄 교육방법도 별로 변한 것 같지는 않아요. 교수 초기와 비교해 보면 강의내용이야 계속 채워졌겠지만, 로스쿨이 되었다고 해서 특별히 크게 바뀌지는 않았습니다. 그냥 제가 아는 이야기를 설명을 하는 방식입니다. 저도 사실 어떤 교수법이 좋은지에 대한 답은 찾지 못했습니다. 학생을 가르치는데 무슨 철학이 있느냐고 물으면… 사

실 별로 없어요. 그냥 가르쳤어요. 매번 주어진 상황 속에서 바쁘게 헉헉대면서요. '어떻게 하면 이 사람들을 키워서 좋은 연구자가 되도록 할까?' 하는 문제까지 미처 많이 생각해 보지 못했습니다. 사실 그 점이 좀 후회가 됩니다. 교수 생활한 지 여러 해가 되니까 간혹 졸업생이 찾아와 "제가 이것을 하게 된 것은 그때 선생님께서 나에게 해주신 그 격려 때문이었다."라는 이야기를 하는 경우가 있었습니다. 그래서 '아, 그런 일들이 계기가 될 수도 있구나' 하는 점을 결국 뒤늦게야 알았던 것 같아요. 좀 더 일찍부터 알았으면 조금 더 심사숙고 하고 행동거지를 조심했을 텐데… (웃음) 그러지 못하고 늦은 나이가 되어 알게 되니 옛날 행동이 후회가 되기도 하네요.

김원희 : 교수님께서는 학부 국제법 중간고사, 기말고사 보고 나면 채점평을 공개적으로 올리셨습니다. 교수님 기억하시지요?

정인섭 : 2004년 1학기부터는 모든 시험과목의 채점소감을 올렸어요.

김원희 : 또 대학원 기말 레포트를 제출하면, 선생님께서 또 채점평을 일일이 이메일로 보내주시기도 하셨는데요. 그때 엄청 충격을 받고 '국제법 공부를 그만두어야겠다.'고 하시는 분들도 주변에 꽤 있었습니다. 그리고 학부 채점평 중에 '안타깝다. 서울법대 수준이 이렇게 떨어지다니…' 이렇게 시작하는 채점평들이 꽤 많았거든요. 혹시 교수님. 의도적으로 그렇게 쓰신 것이었나요?

정인섭 : 실제로 그렇게도 느꼈어요. 정말 '학생들이 이렇게 못할 수가 있는가?' (웃음) 서울대에서 답안지의 질이 점점 떨어졌던 것 같았습니다. 교수 초년 시절 답안지가 더 좋았어요. 서울대로 와서 한 10년쯤 된 시기에 다른 선생님들하고도 답안지 질 이야기를 해봤어요. "옛날 같지 않은 것 같다."고 그랬더니 다른 선생님들도 똑같이 느끼고 있더라고요. 학생들이 열심히 공부를 안하는 것은 아니에요. 오히려 더 열심히 공부하지요. 그래서 드는 생각은 아마도 중·고등학교 교육에서 차이가 오는 것 아닐까 싶어요.
안타깝다는 소리까지 하게 된 이유는 따로 있습니다. 몇 년 전까지의 법대 학부 국제법 수업에는 타과생들이 굉장히 많이 오잖아요. 어떤 때는 타과생이 한 절반 가까이 올 때도 있습니다. 서울대 온 초기에는 채점을 마친 후 타과생만 전원 한 단계씩 올려준 적이 있어요. 왜 그렇게 했냐 하면 성적이 나쁘다고 찾아오는 학생들이 대부분 타과생들인 거에요. 그 학생들은 자기들은 이 과목

을 이번 학기 정말 열심히 했는데 예를 들면 C0를 받았다는 것입니다. 그러면 답안지를 찾아 평을 해주었는데 그때 느낀 사실이 '아, 타과생이 법학 과목을 듣는다는 일이 공정한 게임이 아니구나.' 하는 것이었습니다. 수업시간에 눈빛을 보면 굉장히 열심히 한 것 같은데 타과생들 성적이 너무 나쁘게 나오니까 저도 안타깝더라고요. 그래서 타과생이란 이유로 한 등급씩 올려 주고, 그것이 노력에 대한 보상이라고 생각했습니다. 그런데 언제부터인지 2000년대 중반 즈음인가 국제법 채점 후 상위권에 법대생이 적어졌어요. 도대체 왜 그런 현상이 일어났는지 알 수가 없었습니다. 예를 들어 수강생 수는 법대생이 50%, 타과생이 50%라 하면, 산술적으로 A 학점의 비율이 법대생과 타과생이 서로 같아야 되겠지요. 실질적으로 법대생이 7~80%를 차지해야지 맞지요. 그런데 그 순서가 바뀌는 것입니다. 법대생은 한 30%에 불과하고 70%는 타과생이더라고요. 도대체 어떻게 해서 이런 일이 일어나는지 정말 이해하기가 힘들었습니다. 법대 학부강의가 종료될 때까지 그런 현상이 계속되었습니다. 거 참 (웃음) 이떻게 이해해야 할지? 입시제도가 잘못 되어서 잘못된 학생이 온 것인지 그 이유를 모르겠는데… 성적분포 통계를 여러 번 내봤어요. A+는 타과생이 훨씬 많고, C 이하의 주력 부대는 법대생이고요. (웃음) 정말 어이가 없더군요. 그래서 채점소감에 그런 한탄이 나왔던 것입니다.

김원희 : 왜 채점평을 쓰시게 되신 것인지도 궁금합니다. 사실 채점평 쓰시는데 시간도 오래 걸릴 것 같았고 많은 공을 들여주셨거든요. 사실 저는 지금도 가끔 교수님께서 보내주셨던 기말레포트에 대한 혹독한 평을 읽으면서 자기성찰을 하기도 합니다. 제 경우를 생각해 보면 채점평 써주셨던 것을 기억하며 제가 쓴 글을 보완하거나 다시 쓰는 경우가 있기 때문에 교육적인 목적을 달성하신 것 같기는 합니다. 교수님께서는 채점평을 썼던 것이 학생들에 대한 피드백이나 학생들 발전에 도움이 되었다고 생각하시는지 여쭈어보고 싶습니다.

정인섭 : 네, 채점소감을 처음에 올리게 된 이유는 통상적인 학생들한테는 성적평가에 관한 피드백이 전혀 안가잖아요 결과로 성적표만 가지. 아까 이야기한 대로 특히 타과생들은 자기 나름대로 열심히 공부했는데, 방향을 잘못 잡거나 또는 법학 기초가 없다보니까 문제가 좀 생겼던 것 같습니다. 그래서 우선은 채점의 기준과 소감은 이렇다 하는 점을 좀 알려주면 학생들이 약간의 방향을 잡지 않을까 하는 생각을 했습니다. 개인적으로 또 다른 이유는 채점소

감을 공개하면 성적 이의제기 내방자가 좀 줄어들 것으로 기대했습니다. 그런데 그것은 확실한 효과를 거두었어요. 채점소감을 공개하고 나서는 성적에 이의제기 하러 제 방으로 직접 찾아오는 학생이 거의 없어졌어요. 사실 성적에 관해 이의제기를 위해 면담한다는 것이 피차간 굉장히 괴롭잖아요. 저도 괴로운데 학생은 얼마나 괴롭겠어요.

대학원에서는 사실 피드백을 더 주어야 된다고 생각했습니다. 아마 대부분의 학생들이 교수들로부터 별다른 지적을 받지 않다가, 석사논문 심사를 받을 때 처음으로 구체적인 지적을 받게 되지요. 아마 논문 초안에 대해 교수로부터 이게 도대체 글이 되냐는 식의 지적도 받을 것입니다. 그런데 학생의 입장에서는 대학원 수업을 들으면서 리포트를 열 몇 개를 냈지만, 한 번도 피드백을 못 받아본 학생들도 아마 있을 겁니다. 그러다가 석사논문 심사를 받을 때 갑자기 야단을 맞게 됩니다. 그래서 학교 다니는 과정에서도 글에 대한 피드백이 늘 주어져야 한다고 생각했습니다.

그래서 언제부터인가 대학원생에게 성적 평가 후 간단히 몇 줄 씩 적어 이메일로 소감을 보냈습니다. 사실 석사과정생은 레포트가 경우에 따라서는 논문의 씨앗이나 토대가 되는 경우도 많지요. 그리고 어떻게 보면 석사 때 레포트 쓴 주제에 대해 아마 평생 그보다 더 공부할 기회가 없을 경우도 있어요. 그래서 그것에 대해서 좀 코멘트를 해주어야겠다고 생각 했습니다. 또 수업시간에 발표할 때도 조금씩 메모를 합니다. 수업시간에 발표하는 태도나 발표 내용 그런 사항들을 종합해서 성적을 매기는데, 그때 이런 느낌을 받았다는 사정을 알려 주려고요. 한 5~6년 정도 했나? 몇 줄 되지 않는 간단한 평이니까 보통은 잘했다는 이야기는 없이 바로 문제점만 지적했습니다. 사실 제가 기술이 미진했던 것이지요. 처음 두세 줄은 칭찬을 적어 놓고 문제점 지적을 해야 하는데. 다른 교수들은 아무 소리 하지 않는데 유독 저만 특별히 잘못을 야단치는 소리를 하니 받는 사람 중에는 기분 나쁜 사람도 있었나보네요. (웃음) 한 번은 한 학생이 저에게 항의 메일을 보낸 적도 있어요. "당신은 좋은 선생은 아닌 것 같다. 뭐 이런 식으로 평을 하느냐?" (웃음) 저로서는 남들 하지 않는 성의를 애써 표시했다고 생각했는데, 받아들이는 사람에 따라서는 불쾌하다고 반응하니 그 이후부터는 그만두었습니다. 그 다음에는 "원하는 사람은 따로 연락하라고 해서 신청하는 학생에게만 의견을 주었지요.

신윤진 : 사실 저도 학부시절 선생님 국제법 수업 생각이 지금도 나거든요. 그

때 많이 감사했었는데요. 지금 채점평 말씀을 들으니까 더 존경의 마음이 듭니다. 이제 저도 채점을 하게 되면서 채점 자체도 쉽지 않은데 거기에다 한 명 한 명 채점평까지 해주신다는 것은 엄청난 노력과 정성이 들어가는 일일 것으로 생각됩니다. 저는 2002~2003년 정도에 선생님 수업을 들어서 채점평을 직접 받아 보지는 못했습니다만, 지금도 기억에 남아 있는 것은 항상 선생님께서 제가 어떤 질문을 드리든지 늘 거의 당일에 한두 줄 짧게라도 바로 답장을 주시고, 학부생인 저에게도 항상 경어체를 쓰시면서 인격적으로 존중해주시고 늘 한결같이 대해주신다는 것이었습니다. 이제 제가 학교에 있으면서 선생님처럼 학생들 한 명 한 명에게 그렇게 정성을 다하여 대하는 것이나 이메일 한 줄이라도 즉시 답변을 주는 것이 쉽지 않다는 것을 실감을 하고 있습니다. 학생들의 여러 요청이 올 때마다 선생님께서 학부 때 저희에게 어떻게 해주셨는지를 자주 떠올리면서 1분이라도 시간을 내어 바로 찾아보고 답을 주어야겠다는 다짐도 더 하게 됩니다. 선생님께서는 별다른 철학이 없다고 말씀하시지만 이러한 부분이 당연하게 일상화되어 계셔서 기억을 못하시는 것이 아닌가 생각됩니다. 그렇게 선생님께서 좋은 영향을 주셨던 학생 중 한 명이 저였다는 말씀을 드리면서 이 자리를 통해 감사드리고 싶습니다. 마지막으로 사람을 대할 때나 학생을 대할 때, 어떤 자세나 원칙을 가지고 계시는지 후배들에 대한 가르침 또는 조언의 차원에서 들려주셨으면 좋겠습니다.

정인섭 : 학생들도 다 성인이니까 함부로 대하면 안 된다고 생각합니다. 교수와 학생의 관계는 성인 대 성인의 관계이고, 하나의 인격체로서 다 똑같이 대우해야 하지, 상하관계라고 그렇게 생각해보지는 않았습니다. 사실 이메일 답신은 당일에 하지 않으면 다음날 가면 잊어버려요. 무조건 그때 바로 간단히 한두 줄이라도 답을 해주면 안하는 편보다는 낫지 않을까 하는 생각에서 그렇게 한 일이 습관이 된 듯합니다. 아까 이야기한 대로 좀 후회가 된다면 학생들에게 칭찬을 좀 더 많이 해줬으면 좋았을 것 같다는 생각을 너무 뒤늦게 알았다는 점입니다. 제가 다시 30년 전으로 돌아갈 수 있다면 조금 더 칭찬을 많이 해야겠다는 생각은 듭니다. 칭찬은 안했지만, 나중에 수업할 때는 그 엄격함이 많이 완화되지 않았어요? (모두 웃음)

이근관 : 그런 평도 없지는 않습니다. (모두 웃음)

정인섭 : 옛날에는 수업시간에 훨씬 더 야단도 많이 친 것 같은데… (웃음)

이근관 : 교수님께서 기억하지는 못하시지만 학생 입장에서는 상당히 큰 격려가 된 것 같다는 말씀을 좀 전에 해 주셨는데요. 저도 비슷한 생각을 합니다. 사실 학생들이 교수 연구실 문을 두드린다는 것 자체가 쉽지 않은 일이지요. 큰 용기가 필요한 일인데, 그때 보통은 바쁘실 텐데도, 학생들에게 성의를 가지고 한 마디라도 따뜻하게 말해주시면 학생들 입장에서 보면 큰 감명을 받는 일이라고 생각합니다. 그리고 교수님 말씀을 듣다보니 또 생각나는 것이 있는데요. 제가 교수님을 다른 분들한테 말씀드릴 때 자주 쓰는 표현이 있습니다. "그분은 초인적인 성실함을 가지신 분이다."라고 말씀드리는데요. 이것은 두 가지 의미를 내포하고 있습니다. 한편으로는 그 의미 그대로 입니다. 그리고 다른 한 편으로는 같은 학교에 있는데 "저 분은 저렇게 하시는데, 너는 메일을 보내도 답도 안하고 왜 그러냐?" 했을 때에 일종의 자기 방어를 위한 그런 복선의 의미도 없지 않습니다. 제가 워낙 그런 것을 잘 못하기 때문에 "저 분은 초인적인 분이시다. 인간인 나랑은 다르다." (모두 웃음) 교수님께서는 학생들에 대한 교육, 예를 들면 채점평이 대표적인 예입니다만, 또 연구 부분에서도 마찬가지라고 봅니다. 전수조사. 몇 년에 걸쳐서 국제법 관련된 관보를 전부 다 복사한다? 사실 그런 것은 그야말로 초인적인 성실함이 아니면 힘들 것 같습니다. 그런데 그 반면 그로 인해 받는 스트레스 같은 것은 없으신지요? 스트레스가 없는 사람은 없을 것 같긴 한데요. 얘기의 방향이 약간 좀 틀어지는 것 같기도 합니다만, 평소 사시면서 스트레스를 어떻게 관리를 하시는지 궁금합니다. 방금 말씀하신 대로 학생들한테 바로 당일 답장을 보내시고, 모든 면에서 챙기다보면 엄청난 스트레스가 발생할 것 같은데 그것을 다 해내시거든요. 저에게는 그것이 정말 경이롭게 보입니다.

정인섭 : 네, 적절한 답이 될지 모르겠는데, 대한민국에서 교수 생활이라는 것은 공부는 가끔 시간 날 때 조금만 하고, 대부분은 잡일을 하며 지내는 생활 같습니다. 교수 입장에서 훌륭한 평을 받는 연구 업적을 남기고 싶으면 결국 자신만을 위한 시간을 많이 확보해야 하는데, 사실 깨어있는 시간 중에서 내 공부할 수 있는 시간이 너무 적은 것 같습니다. 다들 저와 비슷한 사정 아닐까 싶은데… 젊을 때는 나이 먹으면 좀 나아지려나 했더니, 정년 퇴임에 이른 요새도 그렇게 잡일이 많습니다. (웃음) 나이대에 따라 잡일의 성격이 달라지기는 합니다. 결국 교수는 어떻게 시간확보를 하느냐가 제일 큰 스트레스 아닌가요? 한국에서 교수 생활을 하려면 각자 자기에게 맞는 방식으로 시간관리를

해야 할 듯 합니다. 잡일이 때로 자신에게 도움되는 부분도 물론 있지만, 한국에서는 교수의 역할이 과연 무엇인지 가끔 생각하게 할 정도입니다. 신 교수도 지금 잡일이 많겠지만, 문제는 나이 50이 넘어도 결코 그 문제가 해결되지 않아요. (웃음) 그때도 지금하고 비슷할 거에요. 이걸 어떻게 해소해야 하는가? 하여간 끊임없이 짜증나는 일이었지요. 결국은 포기해 버렸어요. '이 방식이 한국인의 삶이구나.' 하고.

이근관 : 그런 일은 초인적인 성실함을 가지신 분에게만 가는 것입니다. 저에게는 안 옵니다. (웃음)

<국제법의 미래>

김원희 : 교수님께서는 대한국제법학회와 서울국제법연구원을 위해 헌신적으로 활동하셨습니다. 대한국제법학회의 경우에 2009년도에 회장직을 맡으셔서 학회 숙원사업이었던 사무실 이전도 하셨고, 그 이전까지 연령별로 뽑던 회장 선출방식이나 이사-평의원 제도를 현재의 제도로 개선하여 학회의 미래에 대한 상을 바꾸어 놓으셨는데요. 그것이 10년이 지난 지금 학회를 운영하는 기본틀이 된 것 같습니다. 그리고 서울국제법연구원도 마찬가지로 엄청난 정성과 시간을 들여 헌신해 주신 것으로 알고 있습니다. 앞선 말씀에서 교수님께서 법학전문대학원 체제가 국제법학회의 위기에만 해당하는 것이 아니고, 오히려 국제법이 국내법과 융합해 사회에 더 많은 기여를 할 수 있는 기회도 된다고 말씀을 해주셨는데요. 그러면 그렇게 변화된 환경에서 대한국제법학회나 서울국제법연구원이 앞으로 어떤 방식의 작업이나 사회적 기여 등을 하는 것이 좋을지 여쭙고 싶습니다.

정인섭 : 제가 처음 교수되었을 때에 비하면, 학계 인원도 많이 늘었고, 자료환경도 천지개벽이라 할 정도로 여건이 좋아졌습니다. 과거에 비해 좋은 논문들이 많이 나온다고 생각합니다. 이제부터는 선진국의 학계가 일찍 달성했지만 아직도 우리는 못하고 있는 작업들을 좀 본격적으로 해야 되지 않을까 생각합니다. 지난번 학회 총회 때도 말했는데 주요 조약의 주석서도 이제 본격적으로 만들기 시작해야하지 않을까 생각합니다. 또한 국제법의 세부 분야에 관한 연구서도 나와야 하지요. 그리고 우리 지난날에 대한 사례 정리를 해야 한다고

생각합니다. 예를 들어 우리나라처럼 유엔과 밀접한 관계를 맺은 국가가 진짜 몇 없을 정도잖아요. 유엔의 존재는 우리 정부수립 시부터 지금까지도 하여간 뭔가 관계가 있는데, 우리에게는 국제법적 시각에서 집필된 제대로 된 유엔 개설서조차 없어요. 유엔이 무엇인가 그리고 유엔이 우리나라에서 무엇을 했었는가에 대해서 아무도 정리를 안 해 놓고 있습니다. 냉전시대 우리가 국제사회에서 치열하게 한 표라도 더 얻으려고 노력했던 일의 하나가 UNCURK (유엔한국통일부흥위원단) 해체결의를 막으려던 것이었잖아요. 그런데 지금에 이르러서는 UNCURK가 무엇인지도 전혀 정리되어 있지 않습니다. 하여간 우리가 우리 사례를 제대로 정리하고 있지 못하니, 외국책에 한국 사정이 소개되는 경우 부정확한 내용이 자주 발견됩니다. 한마디로 한국의 국제법 실행을 종합적으로 정리하는 작업을 국제법학회든 서울국제법연구원이든 중심이 되어 시작했으면 좋겠습니다.

이재민 : 지금 한번 돌이켜 보시면, 국제법을 공부하는 사람들, 국제법 학자, 연구자에게 있어 가장 중요한 요소, 자질은 무엇이라고 생각하시는지요? 물론 성실성이나, 집중력이나 이런 것도 필요하겠지만, 특히 국제법 연구자로서는 어떤 자질, 소질이 더 필요할까요?

정인섭 : 네, 학자가 되는데 있어서 지금 지적하신 것 말고 중요한 것이 뭐가 있을까 싶네요. 일단 법학은 노력을 투여하는 대로 결과가 나오는 분야라고 생각합니다. 노력과 시간 투여에 비례해 좋은 성과가 나온다고 생각합니다. 그 이외에는 왕도가 없는 것 같습니다. 전에 한 번 어떤 학생이 "국제법 공부하는데 어떻게 공부하는 것이 좋겠냐?"라고 질문을 해서 열심히 하는 것밖에는 답이 없다고 했습니다. 그랬더니 "그것은 우리 할머니도 하는 말이에요." 하고 화를 내는 거에요. (모두 웃음) 너무 무성의한 대답 아니냐 하는 소리였습니다. 일차적으로 노력이 제일 중요한 것 같고요. 국제법에 특유한 덕목이 따로 있어야 하는가는 솔직히 생각을 안 해봤습니다. 물론 개인적으로 외국어 능력이 탁월할수록 더 많은 성과를 낼 수 있는 기초가 되리라고 생각합니다. 외국어는 나이 들수록 배우기 어려우니까, 젊었을 때 기회가 되면 외국어에 대해 좀 신경을 쓸 필요가 있다고 생각합니다. 사실 요즘 학생들은 인접국 언어에 대해 너무 무관심한 것 아닌가 하는 생각이 들어요. 어떻게 보면 우리에게 있어선 제2외국어보다도 인접국 언어를 하는 것이 더 실용적인 도구가 아닌가 하는 생각을 합니

다. 그러나 하여간 연구자로서의 제1의 덕목은 꾸준한 노력이라고 생각합니다.

<앞으로의 여정>

이근관 : 교수님께서 이제 정년을 하시지만 평소 교수님의 삶의 모습을 봐서는 정년 퇴임 이후에도 현역 못지않게 왕성한 연구와 교육을 하실 것 같습니다. 정년 이후에 가장 연구하고 싶은, 가장 마음이 끌리는 주제가 무엇이 있으신지 여쭙고 싶습니다.

정인섭 : 아까 이야기한 대로 한 10년 이상 개정 안해도 팔리는 짧은 국제법 입문서를 하나 냈으면 하는 것이 희망 중 하나입니다. 그런데 정말 어려운 일이라고 생각합니다. 할 수 있는 능력이 될까 모르겠습니다.

그 다음에는 어차피 이제 정년을 통해서 제도권 밖으로 떨어져 나가게 되었으니까, 35년 교수생활에 대한 개인적 정리 작업도 늦지 않게 시작하려고 합니다. 5년, 10년 후에도 건강만 허락하면 할 수 있는 일인데 그런 일에 당장의 시간을 쓰는 것이 현명한 선택인가 하는 걱정은 좀 드는데… 선배 교수들을 보면 대부분 그렇게 생각하다가 결국 자신에 대한 정리작업을 제대로 마무리하지 못했던 것 같습니다. 얼마큼 할 수 있을지는 모르겠어요. 지난 교수 생활을 하면서 느낀 소회를 담은 글도 한번 모아볼까 생각하고 있습니다. 옛날 이한기 선생님은 수필도 좀 쓰시고 해서 제가 경험을 공유할 수 없는 시대를 사신 분이시지만 그 분의 논문 아닌 글을 통해 여러 정보를 얻을 수 있었습니다. 그러나 그 뒷 분들인 배재식, 백충현 선생님은 그런 글들을 안 남기셔서 제가 직접 보고 들은 것 외에는 그분들의 삶이나 생각을 알기가 어렵더군요. 그래서 자신의 경험을 정리해 두면 후학들에게 도움이 되는 부분이 있겠다는 생각이 들었습니다. 그래서 그런 정리나 기록들을 할 수 있을 때 틈틈이 해보려고 생각하고 있습니다.

또 하나는 국제학계를 위해서 내가 할 수 있는 것이 무엇이 있을까 생각하다가 '광복 후의 국제법학사'를 쓰면 어떨까 하는 생각을 하게 되었습니다. 그런 작업을 할 때 어려운 문제가 은사님들을 포함해서 잘 아는 분들에 대해 때로는 비판적 평가를 어떻게 소화하느냐 입니다. 그런 점을 어떻게 잘 처리할 수 있을지 몰라 아직 마음의 결정은 하지 못했습니다. 그 외에도 몇 개의 계획이 있기는 하지만 그것이 얼마나 실행될지는 모르겠습니다. 이야기해 봐야 항상 계획한 것의 몇 분의 일도 못하잖아요? 다들 경험이 있으시겠지만…

이근관 : 은퇴하신 이후에 공부, 연구 이외에 하시고 싶으신 것이 있으신가요? 아직은 워낙 건강하셔서 이런 표현을 쓰기는 좀 그렇습니다만 이른바 버킷리스트에서 1~2 순위에 드는 것들은 무엇입니까?

정인섭 : 없어요. (웃음) 지금 현재는 없습니다. 그게 불행한 일입니다. 왜냐하면 저도 한 2~3년 전부터 은퇴하고 나면 시골 어디라도 가서 있어볼까 생각은 해봤어요. 그런 것을 이미 준비하고 있는 친구를 견학하기도 하였습니다. 산골에 집을 준비한 한 친구가 자기 옆으로 이사 오라고 그러더라고요. 그런데 저는 서울에서 평생을 산 사람이라 그런지 가보니 그런 곳에 가서 살 자신이 없어요. 육체노동에 단련된 사람도 아니고. 전원생활이 쉽다고는 생각되지 않았습니다.

이근관 : 서울에 계시면서도 사교댄스를 배우신다든지 (웃음) 연구 이외에도 할 수 있는 것이 있지 않습니까?

정인섭 : 그런데 그런 취미나 기호를 교수 생활하면서 다 잊어버린 것 같아요. 그래서 제 처가 가끔 그래요. 결혼하기 전에는 사람이 감성도 더 풍부하고 지금처럼 메마르지 않았는데, (웃음) 법학 교수 생활을 몇십 년 하다보니까 완전히 무미건조한 사람이 되어버렸다고요. 그 말이 맞는 것 같습니다.

이근관 : 뭔가 정서적인 윤기를 회복하실 생각은 전혀 없으신지요. (모두 웃음)

정인섭 : 글쎄 그랬으면 좋기는 하겠는데… 어떻게 해야 되나요? 제가 아마 40중반쯤까지는 매년 소설을 몇 권씩 읽었어요. 특히 명절 연휴 때 시간 여유가 있으니 그 해에 화제가 된 소설들을 읽었습니다. 그런데 언제부터인가 안 읽게 되었어요. 그 이유 중 하나는, 이제 그런 것이 재미가 없어요. 나이를 먹을수록 소설 속에 나오는 이야기들이 재미가 없어지는 거에요. (웃음) 그리고 처가 아직 일을 하니까 긴 여행을 하기도 어렵습니다. 사실 여행도 바쁠 때 가야지 재미가 있다고 합니다. 시간 많을 때 가는 건 별로라고 하데요. (웃음) 좋은 방법 있으면 알려 주십시오.

이근관 : 오늘 제가 인터뷰 중에 교수님의 '초인적인 성실함'에 대해 말씀드렸

지만, 마지막 질문을 들으면서도 교수님의 국제법이란 학문에 대한 "total devotion" 을 느낄 수 있었습니다. (웃음)

정인섭 : 다른 재미있는 것을 못 찾았다는 것은 딱히 다른 재주가 없기 때문이 지요. 이 교수처럼 다들 경탄하는 와인에 대한 해박한 지식이나, 음식에 관한 지식 같은 것 등등…

이근관 : 혹시 관심이 생기시면 연락주십시오. (모두 웃음)

정인섭 : 그런데 그것을 외우려고 해도 그 다음날 바로 잊어버리니…

이근관 : 취미생활 등 교수님 개인적인 측면의 손실이 우리 국제법 학계나 서울대에서 국제법을 공부하는 후학들에게는 큰 이득이 되었던 것이 아닌가 라는 생각이 들면서 다시 한번 감사의 마음을 갖게 됩니다. 오늘 장시간 대담에 응해주셔서 감사합니다. 교수님께서 앞으로도 계속 현역 이상으로 활발한 교육 및 연구 활동을 해주실 것으로 믿고 기대하겠습니다. 앞으로도 계속 저희 후학들에게 많은 자극과 격려를 주시기를 부탁드립니다. 그리고 무엇보다 교수님 또 사모님을 포함한 가족분들의 건강과 행복을 기원합니다. 감사합니다.

(일동 박수)

서울대학교 법학연구소 Medvlla Iurisprudentiae

"Medvlla Iurisprudentiae"는 '법의 정수精髓·진수眞髓'라는 뜻으로, 서울대학교 법학전문
대학원에서 정년퇴임하시는 교수님들의 논문을 모아 간행하는 총서입니다.
법학 교육과 연구를 위해 일생을 보내고 정년퇴임하는 교수님들의 수많은 연구업적들
중 학문적으로 가장 가치있는 논문만을 엄선하여 간행하였습니다.
이 총서가 법학자의 삶을 되돌아보게 하고 후학에게 귀감이 되기를 바랍니다.

국제법 학업 이력서

초판발행   2020년 5월 13일

지은이   정인섭
펴낸이   안종만 · 안상준

편 집   한두희
기획/마케팅   조성호
표지디자인   조아라
제 작   우인도 · 고철민

펴낸곳   (주)박영사
                서울특별시 종로구 새문안로3길 36, 1601
                등록 1959. 3. 11. 제300-1959-1호(倫)
전 화   02)733-6771
f a x   02)736-4818
e-mail   pys@pybook.co.kr
homepage   www.pybook.co.kr
ISBN   979-11-303-3643-5 93360

정 가   30,000원